浙江省"地方政府创新实践研究"团队研究成果

I0110129

大转型：

开放社会秩序的生成逻辑

何显明 吴兴智 著

学林出版社

图书在版编目（CIP）数据

大转型：开放社会秩序的生成逻辑/何显明，吴兴智
著.—上海：学林出版社，2012.12
ISBN 978－7－5486－0453－2

Ⅰ.①大… Ⅱ.①何…②吴… Ⅲ.①社会秩序—研
究—中国—现代 Ⅳ.①D668

中国版本图书馆 CIP 数据核字（2012）第 268288 号

大转型：
开放社会秩序的生成逻辑

作　　者——何显明　吴兴智
责任编辑——曹坚平　李晓梅
封面设计——鲁继德

出　　版——上海世纪出版股份有限公司　学林出版社
　　　　　　地址：上海钦州南路81号　　电话/传真：64515005
发　　行——中国图书进出口上海公司
　　　　　　地址：上海市广中路88号　　电话：36357888
字　　数——29万
书　　号——ISBN 978-7-5486-0453-2/D · 14

目　　录

第一章　大转型：
社会管理创新的时代背景

　　各种形式的社会问题在叠加效应的作用下呈现出盘根错节式的治理困境，社会利益格局严重失衡催生的社会利益冲突不断加剧，社会分化进程中公平信念的消解导致社会不满情绪高涨、社会整合机制趋于瓦解……当下的中国正面临着社会转型带来的前所未有的社会失序挑战。社会失序不仅会极大地阻碍公众生活质量的提升，而且直接威胁着经济社会的可持续发展。作为对社会治理危机的反应，推进社会建设以实现经济社会的协调发展，加强和创新社会管理以实现对社会生活正常秩序的有效控制，业已成为执政党创新国家治理模式的重大现实战略。

　　在中国特定的语境下，社会管理泛指所有规范社会行为、协调社会关系以维护社会和谐秩序的活动，社会问题、社会矛盾构成了社会管理的主要治理对象。而社会管理创新则是通过改革社会管理的体制机制，完善社会管理格局以及社会管理的方式方法等等，提高解决社会问题、化解社会矛盾、缓解社会失序现象的效率的过程。社会问题、社会矛盾内生于社会发展进程之中，社会秩序的结构性特征直接决定了社会问题、社会矛盾的表现形式及其形成机理。要探索形成能够促进社会秩序走上良性循环的轨道，将社会冲突控制在不危及社会正常秩序的范围之内的社会管理体系，就必须将社会管理创新纳入整个社会变革进程，深刻地认识现阶段中国社会问题、社会矛盾的总体属性及其形成机理，把握社会治理危机的核心问题，明确社会建设与社会管理创新的时代主题，进而根据市场经济、民主政治、多元文化和开放社会条件下的社会生活的运行机理，积极探索和建构现代开放社会的社会秩序支撑体系，增强社会认同的基础。

　　大转型是当下中国社会变迁的历史主题。现代化进程中的社会转型，既包括经济结构的持续变动、社会结构的深刻变迁，也包括政治体系及政府管理体系的现代转型。经济生活、政治生活、社会生活、文化生活的结构性变迁及其相互制约的错综复杂关系，共同构成了当下中国大变革的现实图景，这其中发生的各个层面上的结构性失衡和功能紊乱现象,则构成社会问题、社会矛盾集中爆发的真实背景。尽管中国社会治理的危机,有着复杂的社会历史根源,但从总体性讲,现阶段中国大部分社会问题、社会矛盾的集中爆发,并非中国特有的现象,而是有着显著的发展阶段性属性,是大转型时代社会急剧变迁引发的社会阵痛的表现形式。几乎所有发达国家在社会大转型时代都曾在不同程度上经历过类似的社会阵痛。理解大转型时期社会失范、社会解组现象的发生逻辑,总结和反思发达国家社会转型的成功经验及其蕴含的现代社会秩序的生成机理,拓展社会管理创新的视野,是把握社会管理创新的历史主题的重要前提。

一、社会失范:转型社会的阵痛及其治理

社会转型是以现代化为主题的社会结构及社会秩序的变迁过程。作为内生型社会变迁的典型,西欧社会的转型是各种现代性因素的积累及其相互促进、相互转化的长期演进过程。这一渐进的转型过程可以追溯到 14～15 世纪的民族国家、资本主义生产方式的产生,其后又经历了宗教改革运动和人文主义复兴,以及 17～18 世纪的政治体制变革。而社会转型最深刻、最剧烈的时代,无疑是18 世纪后半叶以来的工业化、城市化带动的社会生活秩序的变革,狭义的社会转型指的就是从简单的、贫困的农业社会向复杂的、分化的和富裕的工业社会的发展过程。① 英国当代思想家吉登斯认为,现代性意指在欧洲封建社会之后所建立的而在 20 世纪日益成为具有世界历史性影响的行为制度与模式。"现代性"大略等同于"工业化的世界"②。工业革命给现代资本主义体系的发展提供了强大的动力,促进了资本主义体系在全球的扩展。工业主义和资本主义构成了现代性的两个维度,正是资本主义与工业主义的结合,掀开了从传统社会向现代社会的大转型。

1. 社会碎片化与个体原子化

工业化和城市化极大地加快了社会转型的速度,并使社会转型直接演变为大众生活方式、交往方式的革命性变迁。18 世纪后期以来,几乎所有目光敏锐

---

① [德]沃尔夫冈·查普夫:《现代化与社会转型》,陈黎等译,社会科学文献出版社 1998 年版,第140 页。

② [英]安东尼·吉登斯:《现代性与自我认同》,赵旭东、方文译,三联书店 1998 年版,第 16 页。

的思想家都意识到,他们目睹和经历的社会变迁具有划时代的意义,人类社会将会因此而进入一个全新的时代,他们纷纷用自己最重要的理论范畴来诠释社会转型深刻而丰富的内涵。圣西门(Saint - Simon,1760 - 1825)最早描绘了工业社会的前景,成为"工业社会的预言家"。曾担任过圣西门私人秘书的社会学创始人孔德(Augusta Comte,1798 - 1857)同样将"工业社会"视为人类社会发展必然前景。马克思基于社会形态发展演变的理论,将这一转型诠释为从封建社会向"资本主义社会"的变迁过程。赫伯特·斯宾塞(Herbert Spencer,1820 - 1903)在《社会进化》中则将这一变迁过程概括为从军事社会向工业社会的过渡,认为新的工业社会是建立在志愿合作和个人自我节制的基础上的,社会等级、职业和住地均具有很强的可变性。马克斯·韦伯(Max Weber,1864 - 1920)基于理性化的视角,将社会转型理解为一个"祛魅化"的过程,一个从"巫魅社会"向现代理性化社会的转变过程。滕尼斯(Ferdinand Tonnies,1855 - 1936)将这一过程解释为共同体(Gemeinschaft)向社会(Gesellschaft)的转变,这其中,共同体是基于自然意志(如情感、习惯、记忆等)而形成的社会有机体,而社会是基于"选择意志"而形成的一种目的性的联合体。"社会应该理解为一种机械的聚合和人工制品。社会的基础是个人、个人的思想和意志。在人类的发展史上,社会的类型晚于共同体的类型。""共同体是古老的,社会是新的。人们说语言的、习俗的、信仰的共同体,却说职业的、旅行的、学术的、商业的社会。"①涂尔干(E-mile Durkheim,1858 - 1917)则以机械团结(mechanical solidarity)与有机团结(organic solidarity)来界分传统社会与现代社会,前者以强烈的集体意识将同质的个体结合在一起,而后者则是建立在发达的社会分工和个人异质性基础上的相互依赖的合作关系。

工业化和城市化进程带来了以往难以想象的财富积累,社会关系的深刻变迁也赋予了社会成员前所未有的社会流动机会以及自由选择的空间。但是,社会大转型过程中整个社会生活秩序在短暂的历史时期内发生革命性变革,却大大超出了社会正常的自我调适的可能性空间,超出了社会成员心理和情感承受能力极限,社会生活的结构性失衡更是不可避免地使社会生活陷入了空前的混乱境地。马克思和恩格斯在《共产党宣言》中对西欧社会的这一变迁过程作了

---

① [德]滕尼斯:《共同体和社会:纯粹社会学的基本概念》,林荣远译,商务印书馆1999年版,第58 -144页。

生动的描述:近代工业革命与资本主义生产方式的结合,导致"一切固定的古老关系以及与之相适应的素被尊崇的观念和见解都被消除了,一切新形成的关系等不到固定下来就陈旧了。一切固定的东西都烟消云散了,一切神圣的东西都被亵渎了,人们终于不得不用冷静的眼光来看待他们的生活地位,他们的相互联系"。"资产阶级在它已经取得了统治的地方把一切封建的、宗法的和田园诗般的关系都破坏了。它无情地斩断了把人束缚于天然首长的形形色色的封建羁绊,它使人与人之间除了赤裸裸的利害关系,除了冷酷无情的'现金交易',就再也没有任何别的联系。"①

围绕现代资本主义生产方式推动人的发展由"人的依赖"到"物的依赖"转变,马克思深刻地阐述了西方社会的大转型及其伴生的种种社会问题。在马克思看来,"我们越往前追溯历史,个人,因而也就是进行生产的个人,就显得越不独立,越从属于一个较大的整体"。② 资本主义社会形态的最大特点,是发达的交换制度将"人的依赖纽带、血统差别、教育差别等等"统统打碎,"各个人看起来似乎独立地自由地互相接触并在这种自由中互相交换"③。人们摆脱了各种人的依赖关系,成为"孤立化"的人。摆脱人的依赖关系并不意味着人的真正自由,社会分工决定了人们要满足自己的需求只能通过交换实现,于是商品交换具有了普遍性、全面性,人的社会联系由此不再直接表现为生产者个人之间的相互关系,而是表现为物与物之间的关系,作为交换媒介的货币因此成为"万能之物",成为"最高的善"。人的不自由在此集中表现为人对物的依赖以及人与人之间的相互隔绝、对抗和冷漠,它把宗教的虔诚、骑士的热忱、小市民的伤感这些感情的神圣技法,淹没在利己主义打算的冰水中。"④

传统社会习俗、道德观念的解体,个人主义的生存逻辑,以及交易准则在社会生活各个领域的扩张,从根本上瓦解了社会内在凝聚力,使社会生活秩序受到了全面的侵蚀,并派生了大量的社会失范现象。所谓社会失范,一方面是指社会的价值与规范体系产生紊乱而导致功能丧失,无法指导和约束社会成员的思想与行为,使整个社会秩序呈现无序化状态;另一方面也是指社会成员违背主导的社会规范的行为。⑤ 涂尔干的社会学就是以反思现代社会的失范(anomie)现象

---

① ④ 《马克思恩格斯选集》第 1 卷,人民出版社 1975 年版,第 253 页。

② 《马克思恩格斯选集》第 2 卷,人民出版社 1995 年版,第 87 页。

③ 《马克思恩格斯全集》第 46 卷(上),人民出版社 1979 年版,第 110 页。

⑤ 朱力:《失范范畴的理论演化》,《南京大学学报》2007 年第 4 期。

为起点的。在涂尔干看来,社会失范状态"造成了经济世界中极端悲惨的现象,各种各样的冲突和紊乱频繁产生出来"①,使社会陷入危机状态,甚至使社会秩序走向全面瓦解。涂尔干把当时的社会危机概括为三个方面:一是经济危机,主要表现为 19 世纪频繁发生的"工商业的危机和破产";二是社会危机,主要表现为越来越激烈的劳资冲突,工人和雇主之间的"永无休止的敌对状态"成为"工业社会的显著特征";三是精神危机,一个突出表现是自杀率的直线上升,从 19 世纪初到 19 世纪中后期不到 50 年的时间内,自杀率在西方几个主要的发达国家里增长了 3 倍、4 倍甚至 5 倍。"工业和金融危机之所以使自杀率提高,并非由于贫穷的加剧,因为繁荣的高峰期也有同样的效果,而是由于它们是危机、是动荡,它们打乱了旧有的秩序。任何打破平衡动态的动荡,即使它带来更多的利益,激起民众的活力,实际上都是使自杀率增加的一种因素。一旦社会秩序出现重大更迭,无论是骤降的好运还是意外的灾难,人们自我毁灭的倾向都会格外强烈。"②

涂尔干认为,随着城市的形成与发展,以及人口密度的增加、社会交往范围的扩大和频率的增加,社会劳动分工将趋于日益精细化,而劳动越加分化,个人也越贴近社会,因为个人也就越依赖于构成社会的其他各个部分,这就使得社会的联结方式发生了根本性改变,即机械团结向有机团结发展。问题在于社会分工并不总是能够正常地发挥它的功能,"分工就像所有社会事实一样,或者像更加普遍的生物事实一样。表现出了很多病态的形式,就正常状况而言,分工可以带来社会的团结,但是在某些时候,分工也会带来截然不同甚至是完全相反的结果"③,即社会"失范"。涂尔干将"失范"看作是"一种病态现象"④,一种反常的社会形式,是分工无法形成有效的合作机制或者说不能产生社会团结的表现。"失范"现象的恶化将可能导致社会解组(Social Disorganization),即由于丧失了社会联系,社会整体蜕变为一种个体相互分裂的原子式堆集的状态。涂尔干认为,工业化刺激并解放了个人欲望,当个人的欲望不能受到有效的社会约束,那么受欲望驱使的行为就没有可以预见的规律,人与人之间就不可能结成任何稳定的合作关系,也就不可能出现任何形式的社会团结和社会秩序,社会就可能出

① [法]埃弥尔·涂尔干:《社会分工论》,渠东译,三联书店 2000 年版,第 14 – 15 页。
② [法]爱米尔·杜尔凯姆:《自杀论》,钟旭辉等,浙江人民出版社 1988 年版,第 205 页。
③ 同①,第 313 页。
④ 同上,第 15 页。

现功能紊乱和解组。

社会生活秩序的混乱不可避免会波及人们的精神世界,进而加剧社会转型的阵痛。与 18 世纪启蒙主义思想家对人类文明发展合理化、秩序化、高尚化前景的浪漫主义憧憬截然不同的是,自进入现代社会以来,人类社会发生了空前的精神危机和价值混乱。意义迷失、精神颓废、道德堕落日甚一日,虚无主义、享乐主义、拜金主义的迷雾四处弥漫,各种反社会、反文化的行为比比皆是,令人触目惊心,这一切构织成了一幅与工业社会创造的物质文明成就极不协调的精神画卷。现代化的历史进程给人类带来了空前的物质生活享受以及展示人类理性力量与尊严的无穷机会,同时也把人类拖入了一个文化价值全面失范的生存境遇之中,给人类带来了剧烈的心灵阵痛。

所谓价值失范,按照结构功能主义社会学家帕森斯(Talcott Parsons)的解释,是指"规范秩序的全面瓦解"。墨克斐(R. M. Maciver)则提出,价值失范是一种反社会秩序的倾向,失范的人退缩到他的自我中,对社会的一切规范都持不信任态度。按照他的解释,价值失范更重要的是一种文化心理现象,一种人的道德根基被连根拔起的特殊心理状态。失范者不再有任何价值标准,只受一些不相关的驱力驱使,他不再有生存的连续感、义务感、责任感,他"嘲弄别人的价值,他唯一的信仰就是否定的哲学。他生活在既无将来又无过去的一条窄线上"①。

任何社会都不同程度地存在着价值失范现象,但现代化进程却使它成为一种普遍的社会文化现象,表现为传统的以及尚未确立权威的现代价值秩序,一并失却对人的思想与行为的规范导引作用。人们普遍丧失了对终极价值的信仰,丧失了终极关怀的精神慰藉,原先视为神圣的生活理想、人生准则以及崇高的精神追求,遭到肆意的反叛与亵渎。人生于斯世,必须建构起一整套终极的价值信仰体系,借以解答一些人生的形而上问题,赋予自己的有限性生存某种意义色彩,使生存获得终极价值的关怀。这种终极价值信仰在历史上构成了一个民族文化的精神内核,它通过宗教信仰等对人的世俗生活产生深刻的制约、规范作用。然而,近代以降,世俗化、功利化的浪潮却从根本上摧毁了这种神圣的信仰体系,导致"一切终极而最崇高的价值从公众生活中隐退"(韦伯语)。更重要的是,现代化进程在动摇、瓦解传统的价值秩序之后,并未为人们提供一种新的,充分体现人性尊严的价值信仰,使之成为生命意义新的荫护所,而是将终极信仰本

---

① 转引殷海光:《中国文化的展望》,中国和平出版社 1988 年版,第 591 页。

身摧毁了。在失却终极价值理想的生存处境中,世界不再有什么神圣、永恒的东西,人生不再有崇高的价值与意义可言。一种无家可归、四处漂泊的放逐者意识笼罩着人们的心灵。温馨的故园已被焚毁,维系着世代和谐与持久意义的生命纽带已经断裂,现代人由此陷入了难以名状的心灵阵痛与精神焦虑之中。

基督教信仰曾经为西方社会提供了个体安身立命的基础。启蒙运动确立了理性的权威,人们一度以为人类的理性意识足以支撑社会的进步和个体的幸福,但正如中世纪思想家帕斯卡指出的那样,人脱离上帝的监护,同时也是一次放逐。当人在无限的时空中颠沛流离的时候,他实际上显得既渺小又可怜。"我们是驾驶在辽阔无垠的区域里,永远在不定地漂流着,从一头被推到另一头。……我们燃烧着想要寻求一块坚固的基地与一个持久的最后据点的愿望,以期在这上面能建立起一座能升到无穷的高塔;但是我们整个的基础破裂了,大地裂为深渊。"①大转型时代西方社会的精神阵痛最深刻的隐喻,就是哲学家尼采的宣言:"上帝死了,你们天天进的教堂是上帝的坟墓!"②在福柯看来,尼采的出现构成了西方思想史上的一次断裂。"尼采指出,上帝之死不意味着人的出现而意味着人的消亡;人和上帝有着奇特的亲缘关系,他们是双生兄弟同时又彼此为父子;上帝死了,人不可能不同时消亡,而只有丑陋的侏儒留在世上。"③对于基督教世界来说,上帝的死亡无异于抽掉了社会道德的根基,正如陀思妥耶夫斯基说过的那样,上帝死了就意味着什么都可以干了。以传统的眼光来看,这意味着潘多拉之盒的开启,"人心不古",物欲横流成为活生生的现实。终极价值信仰的崩溃,导致虚无主义、享受主义成为个体唯一可能的价值信念,从而极大地加剧了社会失范的深刻性与普遍性。

大转型时代社会秩序面临的最大威胁,无疑是社会内部的分裂及日益频繁和激烈的社会冲突。在宗教信仰、道德习俗逐步失却原有的对社会行为的规范作用的背景下,工业主义与资本主义生产方式的结合,使贪婪的资本成为支配社会转型的主导性力量,制造出了原始积累时期的种种社会罪恶,造成了自由竞争时代社会利益格局的严重失衡,使社会利益冲突逐步发展成为社会的两极分化以及劳工阶级与资产阶级的阶级对抗。这正是马克思无产阶级革命理论诞生的

---

① [法]帕斯卡尔:《思想录》,何兆武,上海人民出版社2007年版,第33页。
② [德]尼采:《查拉图斯特拉如是说》,楚图南译,湖南人民出版社出版1987年版,第147页。
③ 杜小真选编:《福柯集》,上海远东出版社2003年版,第80页。

基本历史背景。事实上,阶级对抗局面不仅是这一时期涌现出来的形形色色的社会主义思潮关注的社会焦点,也是统治集团最为担忧的影响社会和谐稳定的政治威胁。就在法国1848年革命爆发之前,托克维尔就曾警告上层社会:"此刻,我们正在火山口上酣睡,我对此深信不疑……凭着无法分析但却可靠的直觉,难道你们感觉不到欧洲的土地再次战栗起来了吗?难道你们感觉不到……你们是否知道从现在起一年,一个月,或许一天后,法国会发生什么事呢?你们一无所知,然而,你们所知道的,就是暴风雨就在天边,正向你们迎面扑来,你们会听任它抢在你们前头吗?"①同样是在1848年,英国思想家密尔也明确提出,"在人类进步的现时代,当平等的观念每天都更加广泛地在贫苦阶级中传播的时候,把人分为雇佣者和被雇佣者两个世界的阶级则不能被认为是合理的,从而也不可能取得人类的进步……如果富人根据某种自然法理论把穷人看作为奴仆和依从,而反过来富人被穷人视为猛兽,无法实现期望和尊重,并在某种程度上要给富人以让步。在两个阶级之间对正义完全缺乏尊重则标志着雇佣者和被雇佣者之间的分裂。"②从英国持久的宪章运动,到法国的1848年革命和1871年的巴黎公社,19世纪中后期作为西欧社会转型最为剧烈的时代,社会主义运动的高涨正表明社会分裂已经走到阶级决裂的边缘。

2. 寻求新的社会整合机制

社会失范、社会解组、社会冲突都意味着转型期是一个社会巨变时代,一个社会秩序的重构时代。在旧的社会整合机制失灵,社会认同基础瓦解,导致传统社会秩序分崩离析的背景下,重建社会的整合机制和认同基础,在社会分化和社会分工不断细密化的过程中形成能够包容和化解社会冲突的新的社会生活秩序,就成为社会建设和社会管理的核心问题。从西方社会转型的历程来看,分化和冲突常态化的社会秩序何以可能的问题,正是古典社会学理论的逻辑起点,而社会和谐、社会团结、社会整合等旨在缓解、治理转型社会问题的议题则成为社会主流思想的时代主题。

在社会学的视域中,分化与整合有机地统一于社会发展进程之中,社会建设的根本任务就是在社会不断分化的过程中达成新的整合。现代技术和市场经济

---

① [法]托克维尔:《回忆录:1848年法国革命》,周炽湛、曾晓阳译,上海人民出版社2005年版,第52页。

② 李宏图:《"权利"的呐喊——19世纪西欧的社会冲突与化解》,《探索与争鸣》2007年第6期。

的发展,打破了传统的社会秩序,带动了社会结构的不断分化。原有的相对稳定的社会阶层逐步分化为众多有着不同的利益、不同的价值观念和生活方式的社会群体,利益格局和价值观念、生活方式的多样化,撕裂了传统血缘关系、宗法关系、地缘关系及宗教关系的社会团结纽带,瓦解了传统社会的整合机制。社会成员在挣脱了原有社会关系的束缚,获得了前所未有的自由和权利的同时,也逐渐沦为孤零零的原子式个体。几乎所有发达国家在社会转型阶段都经历过这样一个社会分化所伴随的社会碎片化过程。重新建立社会内部的有机联系,于是也就成为构建和谐社会秩序的核心问题。"社会分化提出了使社会整合成为可能的文化意义或功能原则的建立问题"①。

"整合"(integration)概念的最早使用者是19世纪英国著名社会学家赫伯特·斯宾塞。斯宾塞认为,"整合"至少包含两层涵义:一是社会结构的各个部分之间的相互依赖性;二是对这些社会结构各个部分的协调和控制。② 社会整合的内在要求是促进社会各子系统之间以及社会其他要素之间的有机统一,防止破坏社会统一因素的产生和蔓延,它"既能使社会维持其作为社会系统的完整性,又能够使社会进入更高级的适应能力。"③在现代社会,法律等正式制度构成了维系社会秩序的主要支撑力量,而各种类型的社会组织则成为社会整合的重要载体。社会组织的自我服务、自我管理功能为社会个体提供了新的共同体归属,社会组织之间以及它们同政府的各种错综复杂的合作关系,则构成了社会联系的新的纽带。

从社会变迁的现实进程来看,西方社会生活秩序的重建,主要是从两个方面展开的。一方面,针对利益分化不断加剧,特别是两极分化现象所造成的经济增长乏力以及社会矛盾日益尖锐,社会运动高涨的趋势,西方国家在20世纪30年代以来普遍加强了对市场经济运行的国家干预,健全社会利益调节机制、建立全民性的社会保障体系、强化弱势群体的谈判地位,成为西方主要国家避免孤立的社会个体权益遭受资本力量侵蚀的重要方式。美国以罗斯福新政为开端的社会改造和社会建设运动,欧洲的福利国家建设,都极大地强化了政府校正市场失灵、维护社会和谐的职责,并在保障个体的社会权利、推动经济的结构转型以及

---

① [法]马尔图切利:《现代性社会学——20世纪的历程》,姜志辉译,译林出版社2007年版,第18页。

② 张翼:《社会整合与文化整合》,《兰州商学院学报》1994年第1期。

③ [美]安东尼·奥勒姆:《政治社会学导论》,葛云虎译,浙江人民出版社1989年版,第135页。

缓和社会矛盾方面取得重大进展。另一方面,社会自主意识的觉醒及政府基于实现利益均衡的现实需要的支持,极大地促进了社会组织的成长。各种形式的非政府组织,成为社会个体利益表达、利益保障的重要组织载体,重新为社会成员提供了共同体的归属。实践证明,"只有当社会能够给予其个体成员以社会身份和社会功能,并且社会的决定性权力具有合法性时,社会才能够成为社会。前者建立社会生活的基本骨架——社会的宗旨和意义;而后者则为这一骨架丰满血肉——给社会赋形并创造社会制度。如果个人都被剥夺了社会身份和社会功能,那就不会有社会,有的只是一堆杂乱无章的社会原子,在社会空间中毫无目标地飘游浮荡。"①

在社会价值观念日趋多元化的变革过程中,通过社会主流群体的示范引导以及公共领域提供的社会族群之间的沟通对话机制,塑造形成社会主流价值,作为价值认同的基础,是社会整合的重要基础。价值整合所形成的社会认同及社会凝聚力,使社会道德秩序的重建成为可能。在西方的社会转型过程中,古典社会学家都突出强调了价值整合和道德重建对于维护社会秩序的基础性作用。针对法国在大革命及其后出现的社会动荡局面,孔德就曾提出,"当全部指导思想为一个集体的全体成员所采纳,并形成一个整体时,社会才会有真正的统一性"②。为此,孔德创立了"人道教"作为新的社会精神秩序的重要支撑,强调"为了平衡并调整每一个体的天性,为了在形形色色的主观个体中创建一种联系,宗教是必需的。这样的一种宗教的特征在于,要在体质、治理与道德层面去完善人性"③。涂尔干同样认为,"人们的欲望只能靠他们所遵从的道德来遏制。如果所有的权威都丧失殆尽,那么剩下的只会是强者统治的法律,而战争,不管它是潜在的还是凸显的,都会是人类永远无法避免的病症"。④ 为此,他主张建立一种与现代社会分工结构相适应的多层次的社会道德体系,来抑制工业社会物质财富的快速增长所刺激的个人物欲的膨胀。

社会阶层不断分化并形成各种形式的利益冲突,是市场经济和开放社会条件下的常态现象。利益分化和利益冲突如果缺乏必要的调节机制,就可能使社

---

① [美]彼得·德鲁克:《工业人的未来》,余向华、张珺译,机械工业出版社2006年版,第20页。

② [法]雷蒙·阿隆:《社会学主要思潮》,葛志强等译,华夏出版社2000年,第61页。

③ [意]罗伯托·希普里阿尼:《宗教社会学史》,高师宁译,中国人民大学出版社2005年版,第35页。

④ [法]埃弥尔·涂尔干:《社会分工论》,渠东译,三联书店2000年版,第14–15页。

会矛盾不断激化,威胁甚至直接瓦解社会秩序。社会整合的核心,是通过利益整合形成相对均衡的社会利益结构。为此,就需要借助于必要的国家干预,形成社会利益的调节和整合机制,一方面通过强化政府的基本公共服务功能,建立健全社会保障体系,为弱势群体提供最基本的生存安全保障机制,避免弱势群体因生存危机而成为威胁社会和谐的对抗性力量;另一方面则通过建立健全节制资本力量的放纵行为的法律体系和税收调节机制,避免社会财富过度向少数社会群体集中。从西方国家社会转型经验来看,能否通过利益调节形成一个中产阶级占主流的社会结构,是实现社会和谐的关键。托克维尔就曾以美国为例,对中产阶级的"稳定器"功能进行了系统的阐述。在他看来,中产阶级在所有阶级中对财产所有权所带来的激情"表现得最为坚定和执拗",他们把损失全部家产视为"最大的灾难",天然反对动乱和"革命"。"在文明国家,只有没有什么可失的人才会起来造反",中产阶级拥有的东西甚多,害怕失去既得利益,他们是维护社会稳定的天然力量。美国作为一个具有很高的异质性的移民国家之所以能够保持社会的基本稳定,一个重要原因就在于"几乎所有的美国人都是小康之家"①。德国思想家西美尔也认为,中间等级对于社会的稳定发挥着"缓冲地带或者防震垫的作用"。中间等级作为一个流动的阶级,通过接纳上升的下层阶级和退化的上层阶级,既增进了社会各阶级的相互理解,也增强了社会结构的弹性。因此,如有较强的中间等级作缓冲过渡,社会变迁就往往以循序渐进的方式进行;相反,如没有中间等级的存在或中间等级弱小,社会变迁往往一发生就很迅猛激烈,甚至会突然发生革命。②

以法律为主干的制度体系,作为约束社会行为的基本规范,作为社会成员相互认同的底线,是社会整合的另一重要实现方式。转型社会生活秩序的剧烈变迁,隐含着一种深刻的危机,那就是整个社会生活的信任危机。从主体的在场与否的角度看,承诺可分为"在场"承诺与非"在场"承诺。"在场"承诺所表达的是熟人社会的有限交往关系,非"在场"承诺表达的则是超越熟人社会的普遍交往关系。③ 基于"在场"承诺所形成的是当面、在场的可信任性,基于非"在场"承诺所形成的是不在场的可信任性。前现代社会的承诺是熟人社会中的"在

---

① [法]托克维尔:《论美国的民主》,董果良译,商务印书馆1997年版,第57–58页。
② [德]盖奥尔格·西美尔:《社会学——关于社会化形式的研究》,林荣远译,华夏出版社2004年版,第133–135页。
③ 高兆明:《信任危机的现代性解释》,《学术研究》2002年第4期。

场"承诺,这种承诺以行为主体之间知根知底的了解以及熟人社会的有效监督制约为前提,其信任总是指向特定的人的。而现代社会非"在场"交往,则使得传统的那种承诺及其监督制约机制失去了效力,这就需要引入一种能够为人们普遍接受的媒介来维系社会的信任关系。在这种信任结构中,人们的信任往往不再指向具体的人,而是指向某种抽象的非人格化的制度规范。因此,现代社会的信任机制,是与现代性制度体系相联系的"抽象体系中的信任机制"。① 换言之,人们对他人和社会的信任,在很大意义上是对以法律规范为代表的形式主义制度的信任。人们相信,如果自己的利益因他人的违约而受到损害,违约者将会受到法律的制裁。"现代性多元开放社会中的信任,深深植根于这种现代制度性承诺及制度性承诺的可信任性中。正是制度性承诺及制度性承诺的可信任性,与个人承诺及个人承诺的可信任性的交互作用,构成现代性社会的现实信任关系。"②英国著名法律史学家亨·萨·梅因在总结西方社会结构转型时曾经说过:"所有进步社会的运动,到此处为止,是一个'从身份到契约'的运动。"③传统社会结构是一种以身份为核心的高度凝固化的社会结构形式,每个人从生下来那一天起就先赋性地获得了自己的身份规定,不同的身份先天地赋有相应的权利、义务及行为准则。现代社会不断增强的流动性与异质性以及个体社会地位的平等化,决定了不可能再以某种先赋性因素为准则来规范人们的行为,而只能以契约的方式来确定行为主体的权利与义务,以法律体系来规范社会成员的行为,减少社会行为的不确定性因素,使社会行为的理性预期成为可能。

3. 社会的再组织化

社会的再组织化,是克服社会碎片化和社会成员原子化现象,重建社会秩序的最重要途径之一。西方社会在前现代时期在国家权力之外就存在大量以血缘、地缘、业缘为联结纽带的社会组织,如行会、教会、公社等。这些组织不仅为社会个体提供了归属感和安全感,而起到了缓解国家与个体矛盾的作用。齐格蒙特·鲍曼用近乎诗化的语言描绘了共同体的这种温馨:它就像是一个家,在它的下面,可以遮风避雨;它又像一个壁炉,在严寒的日子里,靠近它,可以暖和我们的手……在这个共同体中,我们可以放松起来——因为我们是安全的,在那

---

① [英]吉登斯:《现代性的后果》,田禾译,译林出版社2000年版,第74页。
② 高兆明:《信任危机的现代性解释》,《学术研究》2002年第4期。
③ [英]梅因:《古代法》,沈景一译,商务印书馆1959年版,第96-97页。

里,即使是在黑暗的角落里,也不会有任何危险(诚然,这里几乎没有任何"角落"是"黑暗"的)。在共同体中,我们可以相互很了解,我们可以相信我们所能听到的事情,在大多数时间里我们是安全的,并且几乎从来不会感到困惑、迷茫或震惊。对对方而言,我们相互之间从来都不是陌生人。①

在《共同体与社会》中,滕尼斯指出,传统社会的血缘共同体、地缘共同体和精神共同体,是基于情感、习惯、记忆等自然意志形成的社会有机体,在这种共同体中,社会成员借助于面对面的交往获得了稳定的精神依托。② 随着传统社会组织在工业主义和资本主义冲击下趋于解体,失却了共同体关怀的社会成员逐渐沦为孤零零的个体,产生了严重的孤独感和人际疏离感。首先是,工业主义打破了共同体的封闭结构,将社会个体从熟人社会抛入了一个陌生人的世界。社会化大生产将劳动力作为一种重要的生产要素聚集到城市中来,直接摧毁那种使具有亲密的面对面的关系的共同体秩序,"个人之间的'社会关系'越来越受制于大型工厂、国民经济、大城市和民族国家等仅涉及人们生活的极抽象部分的大型非人格化群体"。③ 正如塞内特指出的那样 ,相对于乡村的共同体生活,"城市就是一个陌生人可能在此相遇的居民聚居地"。城市中的陌生人尽管进行着面对面的接触,但这种接触属于非个人的、表面的、短暂的,从交往的深度和持久性上讲,"陌生人的相遇是一件没有过去(a past)的事情,而且多半也是没有将来(a future)的事情……"④其次,随着资本主义生产方式将世界各个角落生产和消费都裹挟进全球化进程,金钱抹去了所有个性的差异,将原先笼罩着道德面纱和人情温暖的人际关系打落在利己主义的冰水之中,进一步消除社会成员与小共同体的各种内在联系。"都市人会和商人、顾客、家庭的仆人,甚至是和经常交往的朋友斤斤计较。这些理性的特征与小圈子的特性很不一样。在小圈子里,人们相互了解彼此的个性,因而形成一种温情脉脉的气氛,人与人之间的行为不只是服务和回报之间的权衡。"⑤再次,社会地位、身体的平等化及商品经济催生的个人主义,由于失却了共同体道德的约束,反过来也成为摧毁传统社会

① [英]齐格蒙特·鲍曼:《共同体》,欧阳景根译,江苏人民出版社 2003 年版,第 2 - 3 页。
② [德]斐迪南·滕尼斯:《共同体与社会》,林荣远译,商务印书馆 1999 年版,第 65 页。
③ [美]大卫·格里芬:《后现代精神》,王成兵译,中央编译出版社 1998 年版,第 13 页。
④ [英]齐格蒙特·鲍曼:《流动的现代性》,欧阳景根译,上海三联书店 2002 年版,第 148 页。
⑤ [德]西美尔:《大都会与精神生活》,载于汪安民等主编:《现代性基本读本》,河南大学出版社 2005 年版,第 188 页。

组织网络的腐蚀性力量。托克维尔在考察美国社会时,最关切的问题就是,"个人主义造成的普遍的漠不关心"将使美国社会遭遇严重威胁。这种随着身份平等而扩大的个人主义,"是一种只顾自己而心安理得的情感,它使每一个公民与其同胞大众隔离,同亲属和朋友疏远。""个体主义首先使公德的源泉干涸"①,可能导致对社会的肢解,"一种倾向是使人们径自独立,并且可能使人们立即陷入无政府状态;另一种倾向是使人们沿着一条漫长的、隐而不现的、但确实存在的道路上走上被奴役的状态。"②

社会的碎片化和个体的原子化,是转型社会诸多社会问题的重要根源。孤零零的个体由于失去了小共同的庇护,沦落为野蛮的资本力量和放纵的行政权力随意侵害的无助的羔羊。同时,缺乏归属感和安全感的原子式个体,在虚无主义、享乐主义的驱使下,也极易无视社会生活规范,放纵个人行为,不断加剧社会失范现象。面对这一现实,重建社会关联,为社会个体提供新的组织依托,进而在国家与个人之间建立缓冲地带,就成为重构社会秩序的必然选择。涂尔干就曾明确提出,"要想治愈失范状态,就必需首先建立一个群体,然后建立一套我们现在所匮乏的规范体系"。③ 涂尔干认为,社会不等于乌合之众,次级群体是构成我们社会结构的基本要素,"如果在政府与个人之间没有一系列次级群体的存在,那么国家也就不可能存在下去。如果这些次级群体与个人的联系非常紧密,那么它们就会强劲地把个人吸收进群体活动里,并以此把个人纳入到社会生活的主流之中"④。只有借助于"法人团体"、"职业群体"这些"次级群体",才能建构形成"个人、次级群体与国家"互动式的社会结构,使个体免于国家的暴政。在涂尔干看来,在职业群体里,群体成员从中获得了相互认同和沟通的关系纽带,激发出了对团结互助的热情,而且从中获得一种能够遏止个人利己主义膨胀的的道德力量。通过建立各种职业团体,培育职业伦理,能够防止国家权力不断集中和个体原子化的两极化倾向,增进社会的有机团结。托克维尔同样也把结社视为控制个人主义、利己主义膨胀的有效途径。结社创造了一种公共的生活方式,一种公共参与的方式,它有助于帮助社会成员走出以自我为中心的狭小生活天地,摆脱孤零零的生存状态,形成关心公共利益的公民意识和参与能力。

① [法]托克维尔:《美国的民主》(下卷),董果良译,商务印书馆1988年版,第625页。
② 同上,第838页。
③ [法]埃弥尔·涂尔干:《社会分工论》,渠东译,三联书店2000年版,第17页。
④ 同上,第40-41页。

"人们关心公共利益最初是出于必要,后来转为出于本意;原来靠心计完成的行为后来成为本能,而为同胞的幸福进行的努力劳动,则最后成为他们对同胞服务的习惯和爱好。"①

显而易见,社会转型社域下的社会建设和社会管理,其现实目标就是重构社会生活秩序,避免社会分工和利益结构的分化造成社会严重分裂,利益冲突走向大规模的阶级对抗,最终导致社会共同体的瓦解。而在市场经济、民主政治、多元文化、开放社会的条件下,重构社会生活秩序的核心问题,则必须通过政府角色功能的调适以及社会组织的建设,形成市场经济、政治国家与公民社会既相互独立又相互支撑的现代社会治理结构,避免社会分化形成资本力量垄断化、行政权力集权化与个体的原子化、无助化的两极化格局。在此,国家的角色功能主要体现为健全市场经济运作的规则系统,限制资本力量对社会生活秩序的侵蚀,同时国家的法律体系及政府的社会保障功能充分保障个体的社会权利;而社会组织或公民社会的功能,则在于为国家与个体冲突建立缓冲地带,一方面借助于利益表达的组织化和利益协商的理性化,为国家平衡社会利益格局提供组织载体,避免国家直接面对愤怒的乌合之众的局面;另一方面通过社会的再组织上化,摆脱社会个体孤零零的生存困境,为个体抵御资本力量和行政权力的侵害提供组织的依托。

二、中国社会秩序问题的一般生成机理

在人类社会发展的任何历史阶段,都必然地存在一系列影响社会进步、社会团结以及社会成员生活质量的社会问题、社会矛盾,它们构成了社会管理实践最直接的治理对象。社会发展不同的历史阶段,生产方式及受其制约的社会生活方式和社会关系的联结方式的差异,决定了社会问题、社会矛盾有着不同的表现形式和生成、发展机理。要创新社会管理模式,有效地治理盘根错节的社会问题,缓解社会紧张关系,就必须以历史的眼光来审视社会问题、社会矛盾的属性,把握重大社会问题、社会矛盾生成、演化的内在机理。

毫无疑问,社会建设、社会管理作为重大战略问题的提出,本身就是对中国发展进程中的社会矛盾凸显挑战的回应。现阶段社会问题的丛生及社会矛盾的

① [法]托克维尔:《美国的民主》(下卷),董果良译,商务印书馆1988年版,第634页。

尖锐化,固然同中国发展模式自身的缺陷有着重要的内在关联,但从总体上讲,仍然是转型期社会结构失衡、社会关系失调的反映,其表现形式及发生机理具有鲜明的社会发展的阶段性属性。

改革开放实践重新启动了中国的现代化进程,中国社会也随之进入了社会秩序急剧变动的转型期。经过三十多年的快速发展,中国已经进入了工业化的中后期和城市化的快速推进期。借鉴早发国家的历史经验,这正是社会变动最为剧烈和深刻的高风险时期,旧的社会秩序的解组及其伴随的社会失范和利益冲突,构成了转型期社会问题、社会矛盾的主要根源。就此而言,当下中国社会秩序面临的挑战,同发达国家当年经历的社会阵痛无论在表现形式上还是发生机理上,都是相似的,其发生具有一定的客观必然性。因而,社会建设和社会管理创新面临的实质性问题,同样也是如何在激烈的社会分化过程中重建社会生活秩序,顺利地渡过社会转型的阶段性之坎。

如果说建国后三十年国家主导的现代化进程是在计划体制的背景下展开的,其派生的社会失范及社会解组现象借助于行政化的社会管制而得到了有效控制,同时也使社会发展的活力受到了严重窒息的话,那么改革开放以来的现代化进程由于与市场化改革以及行政放权改革联系在一起,其引发的社会变革的深刻程度是改革前三十年无法比拟的,现实社会秩序也因此而遭遇了前所未有的冲击。以市场化改革为重要驱动力的工业化和城市化进程,促进了当代中国生产方式、生活方式、社会关系模式及思想观念的革命性变革,塑造出了社会组织及社会个体全新的生存和发展逻辑,塑造出了国家与社会成员的全新的关系。正是社会生活秩序在短期内发生的深刻而剧烈的变迁,使得国家、社会组织和个体都承受着适应社会变革的巨大压力,并使社会秩序在新旧制度和思想观念的激烈碰撞中发生了一系列的功能紊乱,派生出了一系列严重的社会问题。

1. 社会秩序的功能性紊乱

在工业化、城市化及市场化改革快速推进的过程中,同社会分工体系的迅猛发展不相适应的是,不同区域、不同领域之间无法自动地形成紧密的合作网络,新旧制度的交替无法有效实现制度间的耦合关系,极易出现社会秩序的功能性紊乱。社会化大生产及市场经济的效率,来自于建立在日益细密化的社会分工之上的合作秩序。但社会分工不会自动形成高效的合作秩序,它需要在不间断的试错过程中确立不同行为主体之间的合作关系,需要通过建立健全社会行为的规范体系来引导社会成员增进合作。按照涂尔干的分析,正常的社会分工是一种由职业专门化所体现的社会功能分化过程,它在破坏机械团结的同时,也为有机团结创造有利条件。但社会分工并不总是正常地发挥它的功能,反常的分工在破坏机械团结的同时,并没有创造新的社会联结形式,容易引起社会动荡。如过快的分工在削弱了传统价值规范的同时,因为没有建立起新的价值规范,会造成社会调节的故障,无法维系人们之间的正常联系;建立在社会不平等基础之上的强制性分工无法有效维持稳定的社会结构,反而会引起阶级斗争,造成社会动荡。

更重要的是,工业化和市场经济的发展意味着分工合作秩序的不断扩展,意味着经济发展需要不断超越地域、行业的限制,在更大的空间范围进行资源的有效配置,形成日益扩大的分工合作秩序。在《社会分工论》中,涂尔干就以合作秩序的扩展为例探讨了社会失范的客观必然性。在所谓的环节类型的社会(segmentary of society)中,每个不同环节都有不同的经济市场,每个市场的范围十分有限,生产者和消费者的距离很近,因此很容易对交易行为的成本收益进行估算,并对交易对象的行为作出合理的预期。但是随着组织类型社会(organized of society)的不断发展壮大,不同的环节市场融合起来了,最终形成了一个大的社会市场。市场的界限大大拓展,甚至民族之间的界限也被打破。如此一来,生产者与消费者的对象都广泛地扩展到整个一般市场当中,彼此的关系变得越来越间接。生产者看不到或想象不到整个市场的样子,消费者也不能了解生产者,更无法直接与生产者沟通。这样,生产与交易没有了限制与规定,只能任由市场胡乱地发展,一切原来在小市场中的直接关系已经消失了,取而代之的则是无人能了解与预测的无规范状态。① 涂尔干讲的这种现象也就是哈耶克所说的自生自发的扩展秩序的演化进程。显然,市场经济的分工合作秩序,是在长期试错性过程中逐渐演化生成的,这其中必然地包含着合作失败及合作规则失灵等现象。

必须指出,社会分工合作秩序扩展的内涵,远不止市场交易形态的蜕变和空间范围的突破。社会资源配置方式的变迁,社会个体及组织行为逻辑的改变,必然促使整个社会生活秩序的结构性变迁。换言之,市场体系的有效运作,不仅需要有成熟的市场机制,健全的市场规范体系,而且需要有与之相匹配的整个社会生活秩序,包括政治制度、法治体系、政府管理模式,乃至社会文化价值系统。哈耶克把市场体系视为整个人类相互合作的文明秩序,即所谓的自生自发的"扩

---

① [法]埃弥尔·涂尔干:《社会分工论》,渠东译,三联书店2000年版,第329-330页。

展秩序"(extended order)的重要组成部分,强调在以市场机制为代表的人类合作与竞争机制的作用下,无数个体和组织的互动行为,会促使文明秩序在自生自发之中不断扩展演进。"秩序的重要性和价值会随着构成因素多样性的发展而增加,而更大的秩序又会提高多样性的价值,由此使人类合作秩序的扩展变得无限广阔。"①这些与市场经济体系相适应的人类社会生活秩序复杂微妙的演化,可以理解为市场秩序全方位的扩展过程。参照西方社会的历史经验,伴随现代扩展性市场经济成长的,是整个社会结构、政治制度、文化体系乃至社会行为主体精神世界的持续性的深刻变革,各种现代性因素错综复杂的互动关系,共同构成了人类文明秩序的扩展进程。随着市场逻辑向社会生活各个领域的广泛渗透,市场体系及其与之相适应、相补充的政治制度、社会结构和文化体系共同构成了一个庞大的市场化的社会秩序。

中国目前处于转型期社会秩序变革最为深刻和剧烈的历史阶段。快速推进的工业化和城市化进程在短期内使整个国家的生产方式、资源利用方式,以及整个民族的生存环境发生了革命性的变革。市场化的改革,不仅带来了要素资源大规模的跨地区流动,而且从根本上改变了社会组织和社会成员的行为逻辑,并使社会关系、社会结构发生了历史性的变迁。无论是生产方式、社会资源配置方式的革命性变革,还是社会成员生活方式、生活空间和人际关系的历史性变迁,都使社会正常秩序面临着史无前例的深刻挑战,使整个民族在几千年的历史长河中形成的社会秩序的生成机制和修复机制处于瓦解、重构的剧烈变动之中。客观地讲,这样一种在世界历史上罕见的社会大转型过程中,社会问题的集中涌现,社会关系的紧张化,以及社会矛盾的尖锐化,共同形成一种社会秩序的整合危机,具有深刻的历史必然性,在一定意义上是无法避免的。

转型社会普遍的整合危机深刻地根植于社会整合机制转换过程的复杂性以及这一过程因社会结构失衡、新旧制度和思想观念激烈碰撞可能导致的社会秩序的混乱。一种相对稳定的社会秩序,往往需要在上百年甚至数百年的试错性的历史演进过程中生成,需要有一个社会生活的规则与社会成员行为方式的塑造、规训、调适以及各种社会生活规则和制度安排之间错综复杂的磨合过程。在社会生产方式、资源配置方式和民族生活方式剧烈变动,为人们所熟悉的传统社会秩序逐步瓦解的背景下,适应新的社会分工模式和社会分化机制的整合机制

---

① [英]哈耶克:《致命的自负》,冯克利译,中国社会科学出版社2000年,第90页。

的形成过程,必然伴随着各种形式的功能性紊乱,使现实的社会秩序在较长的一段历史时期里处于一种令人难以适从的混乱境地:快速推进的工业化进程与市场主体社会责任感及生产安全监管体系建设的脱节,导致生产事故、环境污染甚至生态灾难频繁发生;城市批量化的消费方式与食品安全监管体系建设的滞后导致食品安全一再成为公众关注的焦点;社会信任机制从特殊主义的人际信任到普遍主义的抽象信任转换的障碍,导致普遍化的社会信任危机;从熟人社会到陌生人社会的变迁,致使社会道德约束机制失灵,越轨行为泛滥……如此等等。

在新的社会分工基础上形成有效的合作秩序,在社会急剧分化过程中维系起码的社会认同,形成新的社会整合机制,使脱离了传统生活轨道、失去了生活目标和精神归属的社会成员重新获得相对稳定和安全的生活环境,是转型期社会秩序重建的基本问题。在工业化和城市化进程中,社会秩序面临的最大挑战,莫过于大量离开农村,放弃了传统的生产方式和生活方式,进入农村寻找新的生活机会的农民,如何顺利融入城市的经济生活和社会生活。统计显示,我国目前的城市化率已超过50%,但总体上城市水平依然滞后于工业化水平。这其中一个关键性的问题,就在于大量在城市流动打工的农民工并未真正融入城市。他们既没有融入城市的基本物质条件,更没有获得转化为市民所需要的基本福利保障。随着新生代农民工逐步成为农民工的主体,农民工市民化的体制障碍已经成为社会整合危机重要根源。

据国家统计局公布的数据,2009 年全国农民工总量为 2.3 亿人,外出农民工数量为 1.5 亿人,其中,16 岁 - 30 岁的占 61.6%。据此推算,2009 年外出新生代农民工数量在 8900 万左右,如果将 8445 万就地转移农民工中的新生代群体考虑进来,我国现阶段新生代农民工总数约在 1 亿人左右,新生代农民工已占我国职工总数的一半。① 同父辈相比,新生代农民工对城市生活的认同度更强,更期望能够融入城市,改变自己作为农民的社会身份和生活方式。全国总工会的一项调查显示,对于职业身份,在新生代农民工中,认为自己是"农民"的只有32.3%,比传统农民工低 22.5 个百分点,认为自己是"工人/打工者"的占 32. 3%,高出传统农民工 10.3 个百分点;而在 20 世纪 90 年代出生的农民工中,这一差异更加明显,认为自己是"农民"的仅占 11.3%,这一比例几乎是传统农民

---

① 全国总工会新生代农民工问题课题组:《关于新生代农民工问题的研究报告》,《工人日报》2010年 6 月 21 日。

工的五分之一,认为自己是"工人/打工者"的占34.5%,这一比例是传统农民工的2倍多。对于传统的农民工而言,城市只是打工时临时栖息的地方,他们只是城市的过客。而对于新生代农民来说,农村不再是他们的精神故乡,城市才是他们向往的希望之地。据中国青少年研究中心发布的新生代农民工研究报告,在新生代农民工中,有55.9%的人准备将来"在打工的城市买房定居",远远高于17.6%的农业流动人口整体水平。① 问题在于,中国城市现有的公共服务和管理模式却远远没有做好接纳入他们的准备。按照全国总工会新生代农民工问题课题组的调查统计,新生代农民工的平均年龄在23岁左右,这意味着这一庞大的社会群体要在城市打工期间普遍面临着从恋爱、结婚、生育到子女上学等一系列人生问题。在目前城市二元的社会身份和福利体系下,这些初次外出务工时大多只有初中文化水平的农民工,无论工作还是生活都长期处于城市生活的边缘,普遍缺乏融入城市的工作技能和收入保障。传统农民工在城市务工遇到困难时会很自然地选择退回农村,但对于新生代农民工来说,即使是在城市生活无着,他们也轻易不愿退回农村。即使退回农村,他们也无法像父辈那样重新顺利地融入农村生活。从成长经历来看,新生代农民工即使出生、成长在农村,他们在务工前的经历也同城市里的同龄人一样,缺少从事农业生产劳动的经验。据统计,89.4%的新生代农民工基本不会农活。② 由此,中国特殊的城市进程造就了一个庞大的在城乡两端都处于边缘地位的特殊社会群体,一个逃离农村又融入不了城市,进而又回归不了农村的无根群体。他们及他们的下一代能否改变自己的生存境遇,最终顺利融入城市生活,直接关系到社会转型的成败。

2. 社会秩序公平性信仰的消解

社会利益结构的迅速分化,特别是期间伴随的种种体制性的不公平现象,直接动摇了社会成员对社会秩序公平性的信任,这是转型期中国社会整合危机日益加重的重要催化剂。这种对整个社会秩序认同感的丧失,意味着社会整合危机已经深入社会成员最基本的生存信念之中。

改革开放以来,中国重新启动了工业化、现代化的历史进程,在国家强烈的赶超心理和民众脱贫致富愿望的共同驱使下,中国迎来了急速工业化的时代。在经济迅速发展同时,"经济体制深刻变革,社会结构深刻变动,利益格局深刻

---

①② 全国总工会新生代农民工问题课题组:《关于新生代农民工问题的研究报告》,《工人日报》2010年6月21日。

调整,思想观念深刻变化",共同汇聚形成了整个社会生活秩序和社会结构"三千年未有之大变局"。虽然经济的发展使社会财富得以迅速积累,但急功近利式的"跨越式"发展,不可避免地使社会利益结构出现了严重失衡。特别是近十多年来,社会结构转型升级与非帕累托改进的改革攻坚相互交织,更是使社会利益分化及利益结构失衡达到了相当严重的程度,直接威胁到了社会共同体秩序的维系。

一般说来,转型期是社会利益结构分化,特别是收入差距扩大和社会财富占有集中化最为醒目的时代,但中国现有的利益结构分化已远远超过了大部分发达国家曾经达到的严重程度。从城乡差距来看,收入分配的差距已经由改革开放初期的 2.1∶1 扩大到了 3.3∶1,远远超过了世界上 2∶1 左右的一般水平。从阶层之间的收入差距来看,基尼系数已经达到 0.5 左右,进入了收入分配差距悬殊的境地。孙立平的研究表明,中国正在迅速形成一个庞大的底层社会,社会结构同时呈现碎片化和两极社会的形态,以及正在加速的"断裂"与"失衡"。所谓"断裂社会"则是指整个社会分裂为相互隔绝、差异鲜明的两个部分——上层社会和底层社会,经济财富及各类资源越来越多地积聚于上层社会或少数精英分子手中,而弱势群体所能分享到的利益越来越少,他们与社会上层精英分子的社会经济差距越拉越大,从而形成与上层社会相隔绝的底层社会。[1] 李强的研究则发现,中国社会阶层结构呈现倒"丁字型",即下层数量庞大,中层、上层均匀分布,但人数都很少的社会形态,这种社会结构极为少见,属于一种分化异常严重的结构。由此,我国已经进入一种"社会结构紧张"状态,即"由于社会结构的不协调,而使得社会群体之间的关系处在一种对立的、矛盾的或冲突的状态下,或者说,社会关系处于一种很强的张力之中。在这样一种状态之下,社会矛盾比较容易激化,社会问题和社会危机比较容易发生。"[2]

更值得关注的是,这种社会利益结构的迅速分化,是在社会公正秩序受到严重侵蚀的背景下发生的,它使得广大的社会弱势群体产生了强烈的相对剥夺感,进而将自己的弱势处境和无法改变的命运归因于社会秩序的不公平。马克思曾经指出:"一座房子不管怎样小,在周围的房屋都是这样小的时候,它是能满足社会对住房的一切要求的。但是,一旦在这座小房子近旁耸立起一座宫殿,这座

---

① 孙立平:《断裂: 20 世纪 90 年代以来的中国社会》,社会科学文献出版社, 2003 年版,第 59 页。
② 李强:《"丁字型"社会结构与"结构紧张"》,《社会学研究》2005 年第 2 期。

小房子就缩成茅舍模样了。这时,狭小的房子证明它的居住者不能讲究或者只能有很低的要求;并且,不管小房子的规模怎样随着文明的进步而扩大起来,只要近旁的宫殿以同样的或更大的程度扩大起来,那座较小房子的居住者就会在那四壁之内觉得不舒适,越发不满意,越发感到受压抑。"①虽然改革 30 多年来中国社会各群体的生活水平都有了显著的提升,但相对剥夺感却极大地削弱了人们真实的幸福感,因而人们不仅很少表现出对社会的感恩意识,反而对社会形成了越来越强的排斥感甚至对立感。

一是一些地方在片面追求经济增长绩效的过程中,将"效率优先、兼顾公平"的改革价值导向等同于不惜牺牲公平、公正换取增长效率的短期行为。"增长压倒一切"的发展模式,使得政府公共服务功能长期低下,公共资源的投入过度集中于具有政绩效应的投资项目和"面子工程",民生问题得不到应有的关注,社会保障体系建设进展缓慢,导致为改革付出较大代价的弱势群体无法充分分享改革发展的成果,弱势群体对社会的认同感、归属感、亲近感被不断削弱,而社会不公平感和被排斥感则不断增强。

二是社会利益的急剧分化,不同社会群体利益冲突的加剧,特别是政府协调、整合社会利益,维护社会公平秩序功能的弱化,导致社会各群体之间越来越难以对改革和发展形成基本共识,群体之间的心理隔阂和情绪对立日益严重。一方面是全民性的社会保障体系建设还刚刚起步,中低收入群体的收入水平以及他们获得的社会保障还远不足以消除他们对未来的生存焦虑;另一方面是高收入群大规模的移民潮及"裸官"、"裸商"现象,同样显示出"社会精英"群体对社会未来信心的严重缺失。2011 年两份涉及财富和移民问题的研究报告引起了广泛热议。2011 年 5 月至 9 月间,中国银行与胡润研究院面对面地访问了全国 18 个重点城市的千万级别以上的高净值人群,共获得 980 份有效问卷。他们平均财富达 6 千万元以上,平均年龄 42 岁。根据中国银行与胡润研究院发布的《2011 中国私人财富管理白皮书》(Private Banking White Paper 2011),中国高净值人群中拥有海外资产的已达到三分之一,在目前没有海外资产的高净值人群中,也有将近 30% 的人在未来三年有进行海外投资的计划。14% 的高净值人群目前已移民或者在申请移民中,还有 46% 的高净值人群考虑移民。而资产在 1 亿以上的高净值人群中,有移民意向的人比例更高,达 74%。招商银行联合贝

---

① 《马克思恩格斯选集》第 1 卷,人民出版社 1995 年版,第 349 页。

恩资本发布的《2011 私人财富报告》则称，中国个人资产超过一亿元人民币超高净值企业主中，27% 已经移民，47% 正在考虑移民，个人资产超过一千万元人民币的高净值人群中，近 60% 的人士已经完成投资移民或有相关考虑。虽然移民潮的出现有多种原因，但未来社会发展的不确定性及由此引发的焦虑感无疑是一个重要因素。在社会分化不断加剧的过程中，社会底层与所谓的"精英群体"共同显示出对未来缺乏信心的焦虑感，无疑是一个令人不安的重要现象，它极易催生出社会的对抗情绪，形成拉美式的"草根愤怒"与"精英恐慌"的恶性循环。

　　三是腐败的盛行，特别是官商勾结致使弱势群体的利益受到严重损害的现象的一再发生，为弱势群体理解自身的处境和社会不公平现实，提供了最直接、最有"说服力"的问题归因。最终的结果，是社会底层越来越普遍地弥漫着"仇官"、"仇富"、"仇不公"的不满情绪，带有浓厚的民粹主义倾向的左倾思潮开始在民间发酵。

　　社会秩序的公平性信任，是社会凝聚力的核心。一般而言，只要社会大部分成员内心里还对社会秩序的公平性持有最低限度的信任，即使是他们中的许多人对社会生活存有诸多抱怨，社会秩序的认同感也不致发生整体性危机，社会秩序的公平性信念将会引导大部分社会成员将自己在现实生活中遇到的令人沮丧的失败经历，归因于自身的能力或机遇的欠缺。相反，一旦社会大部分人动摇乃至丧失了对社会秩序公平性的信任，所有社会成员都有可能将自己的失败归咎于社会的不公或政府的腐败，其结果必然是社会对立意识的弥漫。据统计，近年来全国发生的群体性事件，已经由 1994 年的 1 万起增加到 2003 年的 6 万起，增长了 5 倍。同时群体性事件的规模也在不断地扩大，参与群体性事件的人数年均增长 12%，由 1994 年的 73 万多人，增加到了 2003 年的 307 万多人，其中百人以上的群体性事件由 1400 起增加到 7000 多起。[①] 另据《瞭望》新闻周刊报道，有关部门统计显示，2005 年全国共发生社会群体性事件 8.7 万件，2006 年更是超过了 9 万起，群体性事件发生的频率一直处于上升势头。[②]

　　目前，社会底层不满情绪的发酵已经出现了一个值得高度关注的迹象，即不

---

　　① 汝信、陆学艺、李培林：《2005 年中国社会形势分析与预测》，社会科学文献出版社 2004 年版，第 297 页。
　　② 赵鹏等：《"典型群体性事件"的警号》，《瞭望》新闻周刊 2008 年第 36 期。

满情绪的指向,已经从对身边有恶迹的官商个体的憎恶发展到对整个干部群体和富人群体的敌视,"从对具体工作人员的质疑发展到对政权体制的不满"①,进而形成了"为富不仁"、"为官必贪"的刻板印象,甚至"用'官黑一伙'、'警匪一家'来表示对国家法律制度的绝望"②。正是这种四处涌动的不满情绪,这种长期积累的怨赍,构成了泄愤型群体性事件参与者的共同心理基础。"这些没有直接利益诉求的参与者之间虽然没有共同的利益基础,却都有一种共同的情绪,即一种强烈的怨气,只有当众人心中的强烈不满情绪指向同一个主体时,人们才会冒险去参加与自己没有直接利益关系的冲突。"③有了这样一种共同的心理基础,这样一种定势化的社会现象认知模式,一起偶发的民事纠纷,只要当事者分别是人们心目中强势群体和弱势群体中的一员,他们就很容易被符号化、脸谱化为对立的两极,事件就很容易被解读为强势群体恃强凌弱的恶劣行为,进而通过认同弱势一方调动起自己的不满情绪,并从参与群体行动中体验到自己对社会正义的伸张。

3. 原子式个体的生存困境

社会碎片化过程中的社会成员的原子化,在极大地加剧了个体的生存焦虑的同时,将会导致社会团结的纽带逐步松弛甚至断裂,使和谐社会建设因为社会资本的稀薄而陷入困境。

转型期社会秩序面临的一大冲击,就是传统的建立在血缘、亲缘、地缘、业缘基础的社会联结纽带被市场经济的利益驱动机制斩断,传统的社会成员对小共同体的归属转变为孤零零的个体独自面临一个陌生、令人不安的世界。由此隐含着的一种深刻的危机,就是整个社会生活的信任危机。信任是相互承诺及其合理期待,它所标识的不只是个体间的私人交往关系,更重要的是一种共生共在的存在范式。④吉登斯认为,个体的生存需要获得一种"本体性安全"(ontological security),它是"大多数人对其自我认同之连续性以及对他们行动的社会与物质环境之恒常性所具有的信心","一种对人与物的可靠性感受"。⑤而信任的对立状态便是这样一种心态,"它应被准确地概括为存在性焦虑或忧虑"。⑥这

①② 于建嵘:《中国的社会泄愤事件与管治困境》,《当代世界与社会主义》2008年第1期。

③ 黄顺康:《重大群体性事件冲突阻断机制探析》,《贵州社会科学》2009年第1期。

④ 高兆明:《信任危机的现代性解释》,《学术研究》2002年第4期。

⑤ [英]安东尼·吉登斯:《现代性的后果》,田禾译,译林出版社,2000年版,第80页。

⑥ 同上,第87页。

是一种随生活世界不确定性因素的大量出现以及人们对生活世界的陌生感陡然增加而产生的精神焦虑。传统社会人们相互间的信任关系,建立在共同的生活经历、共同研究的生活场景和"群体共有的伦理规范"①之上,对这种规范的普遍认同,构建了共同体生活中一种强大的无形压力,迫使人们自觉服从世代相传的规范秩序。这种生活秩序,使得人们在作出某种行为选择时,可以对他人和社会的反应作出合理的预期,并由此产生一种生活的稳定感和自信心。然而,现代社会的流动性与异质性,却使传统的熟人社会发展成为现代陌生人的社会,这就在很大程度上打破了人们对共有规范的认同,造成了人们无法合理预期他人行为的心理紧张,并诱发出大量机会主义行为。

个体的原子化,以及原子式个体自我利益最大化的行为方式,是市场逻辑向社会生活领域全面扩张的必然产物。马克思和恩格斯都曾对这一现象进行深刻的解剖。马克思指出,"人的孤立化,只是历史过程的结果。最初人表现为种属群、部落体、群居动物——虽然不是政治意义上的政治动物。交换本身就是造成这种孤立化的手段。它使群的存在成为不必要,并使之解体。于是,事情就成了这样,即作为孤立个人的人便只有依靠自己了"②。恩格斯同样描述道:"人类分散成各个分子,每一个分子都有自己的特殊生活原则,都有自己的特殊目的,这种一盘散沙的世界在这里是发展到顶点了。这样就自然会得出一个结论来:社会战争,一切人反对一切人的战争已经在这里公开宣告开始③。"

个体的原子化一方面极大地加剧了个体对于社会的疏离感,以及生存的无助感和焦虑感;另一方面也瓦解了社会成员之间的相互联系,从个人主义、机会主义的行为准则中派生出大量越轨行为,极大地增大了社会冲突的概率。正如托克维尔当年分析的那样,这种原子式个体的个人主义行为逻辑,"是一种只顾自己而心安理得的情感,它使每一个公民与其同胞大众隔离,同亲属和朋友疏远。因此,当每个公民建立了自己的小社会以后,他们就不管大社会而任其自行发展了……"④。在此,"人人都没有援助他人的义务,人人也没有要求他人支援的权利,所以每个人既是独立的又是软弱无援的。他们的独立性,使他们在与自

---

① ［美］弗兰西斯·福山:《信任——社会道德与繁荣的创造》,李宛容译,远方出版社1998年版,第34页。

② 《马克思恩格斯全集》第46卷上,人民出版社1979年版,第497页。

③ 《马克思恩格斯全集》第2卷,人民出版社1957年版,第304页。

④ ［法］托克维尔:《论美国的民主》下卷,董果良译,商务印书馆1988年版,第625页。

己平等的人们往来时充满自信心和自豪感;而他们的软弱无力,又有时使他们感到需要他人的支援,但他们却不能指望任何人给予他们以援助,因为大家都是软弱的和冷漠的。"①

如果说西方社会的转型,在传统的社会联结方式趋于解体之际,毕竟还有宗教信仰根深蒂固的影响,有各种职业团体成长以及随后的"保卫社会"运动的出现,那么,在当下的中国,原子式个体的生存困境及其给社会秩序的维系带来的挑战,却非常缺乏消解其负面影响的社会资源。由于传统的建立在血缘、亲缘、地缘、业缘基础的社会联结纽带早已被建国后的政治运动铲除,随着农村人民公共体制的解体,城市单位体制社会管理功能的剥离,国家对社会成员控制机制的弱化,使个体原子化的负面影响迅速暴露出来。在国家对民间组织依然抱有某种戒备心理,其成长还面临的种种体制障碍的情况下,相当一部分社会成员事实上已经陷入了没有任何组织归属的生存境地。在个体严重缺乏团体的归属和关怀,丧失各种人际联结的纽带,必须独自面对整个变动不居的世界,以致他在应对现实生活的挑战陷入求助无门的境地时,抛却道德、社会舆论的束缚,奉行最极端的唯我主义,就可能成为其生存的基本策略,其结果必然是社会道德的底线不断被突破,各种社会规范受到肆意的践踏,普遍意义的信任合作关系无法正常发育。

原子式个体的生存焦虑深刻地根植于生存意义的迷失。传统农业社会向现代工业社会的变迁,给人类的行为方式、价值信仰体系乃至整个精神世界带来了巨大的冲击。在传统社会,每一个社会共同体在长期的社会生活中都会形成世代相传的价值观念体系,生活在传统社会的人们自幼通过耳濡目染,可以很自然地习得为社会所接受的价值观念和生活模式。这种生活模式和整个社会生活秩序尽管也有损益现象,但总体上讲,它在前工业社会是相当稳定的。转型社会的一个显著特征,是社会秩序的变动不居状态。生活在这个时代的人们经历和接受的社会变迁信息,可能超过了他们祖先上千年经历的总和。从某种意义上讲,这种社会变迁的急剧程度、深刻程度已经超过了社会个体心理调适能力的极限,不可避免地使社会个体陷入了焦虑不安的境地。正如马克思和恩格斯描述的那般,在资本力量的驱动下,"生产的不断变革,一切社会状况不停的动荡,永远的不安定和变动,这就是资产阶级时代不同于过去一切时代的地方。一切固定的

---

① [法]托克维尔:《论美国的民主》下卷,董果良译,商务印书馆1988年版,第845页。

僵化的关系以及与之相适应的素被尊崇的观念和见解都被消除了,一切新形成的关系等不到固定下来就陈旧了。一切等级的和固定的东西都烟消云散了,一切神圣的东西都被亵渎了"①。

转型社会的剧烈变迁,以及社会秩序的混乱,普遍地造成了人们精神世界的纷扰,虚无主义、享乐主义的盛行,极大地削弱了凝聚社会的精神力量。在欧美国家,与工业化、城市化、商业化进程相伴的,是启蒙运动推崇的工具主义理性对传统绝对价值的彻底颠覆。尼采喊出的"上帝死了"这一惊世骇俗之声,最早宣告了价值虚无时代的降临。对于西方社会来说,上帝的死亡,基督教信仰的崩溃,意味着沿续上千年的传统安身立命的精神根基被连根拔起,意味着所有价值观念、道德规范统统失却了神圣的基础。福柯深刻地指出,尼采的出现构成了西方思想史上的一次断裂,"尼采指出,上帝之死不意味着人的出现而意味着人的消亡;人和上帝有着奇特的亲缘关系,他们是双生兄弟同时又彼此为父子;上帝死了,人不可能不同时消亡,而只有丑陋的侏儒留在世上"。② 终极信仰的崩溃,迎来的必然是虚无主义的盛行。在尼采看来,虚无主义"是迄今为止对生命价值解释的结果",它是"最高价值自行贬值;没有目的。没有对目的的回答"。③既然没有上帝,没有绝对价值,一切都是虚无,那么人们唯一能做的便是在现世生命中抓紧时间尽情享乐,穷奢极欲。

当下中国诸多的社会问题、社会矛盾,同样有着深刻的精神根源。从五四新文化运动打倒"孔家店",以西方多元价值解构传统以儒家思想为核心的价值信仰体系,到建国以后以狭隘、扭曲的社会主义、集体主义价值全面清算西方输入的个人主义价值,再到改革以来出现的传统集体主义价值的信仰危机,在短短的半多个世纪内,中国的主流价值系统经历了三次革命性的颠覆,几乎掏空了残留在人们心间的绝对价值信仰。于是,在商业文化的兴盛过程中,拜金主义、享乐主义成为"大彻大悟"之后唯一可能的生存哲学。然而,这种浅薄的世俗价值观念终究无法给予人们终极价值关怀的精神慰藉,赋予人生的超越意义,使人在喧嚣的世俗诱惑中保持一种心灵的平静。于是乎,急功近利、盲目攀比、心浮气燥几乎成为转型期社会心态的流行病,短视的目光、狭隘的心胸、偏执的情绪、焦虑

---

① 《马克思恩格斯选集》第 1 卷,人民出版社 1995 年版,第 275 页。
② 杜小真选编:《福柯集》,上海远东出版社 2003 年版,第 80 页。
③ [德]尼采:《瞧!这个人:尼采自传》,黄敬甫、李柳明译,团结出版社 2006 处版,第 280 页。

的心态成为刺激、助长各种社会冲突的重要诱因。

三、中国社会秩序问题生成的特殊语境

虽然现阶段中国社会问题的集中涌现、社会关系的紧张及社会矛盾的凸显具有社会转型的阶段性属性，是转型期具有共性的社会解组、社会失序现象的反映；但是，对照发达国家转型期经历的社会阵痛及其消解过程，我们却完全可以说，中国特殊的国情，特殊的发展经历及发展模式，极大地加剧了社会阵痛的深刻程度和广泛程度，也放大了社会风险，给社会秩序的重构带来了极大的挑战。

1. 巨型国家社会转型的复杂性

中国超大规模的人口、疆域，以及举世罕见的复杂国情，不仅放大了转型期社会问题、社会矛盾的发生概率，而且极大地增加了相关问题治理的难度。面对巨型国家出现社会失序的风险及其可能产生的灾难性后果，国家治理主体更可能倾向于对创新社会治理模式采取高度审慎的态度。这种审慎的态度一旦演变成为一种封闭、保守的政治心态，则可能使现有的治理模式的固疾长期难以得到有效校正，导致长期积累的社会问题、社会矛盾久拖不决，甚至形成社会问题、社会矛盾盘根交错，无从下手的困境。

首先，巨大的人口规模与贫乏的自然资源禀赋的非对称性造成的人均资源严重匮乏，使中国长期面临如何实现巨型的贫困社会的有效治理的难题。一个国家的自然资源禀赋不仅直接影响着经济和社会的发展潜力，而且会从根本上制约国家治理模式、社会管理模式的选择。正如王沪宁指出的那样，社会资源总量与社会调控形式之间有着密切的关联性。资源的贫富直接关系到社会体制有多大能力和手段去统合其庞大的基层结构。社会资源总量大，潜在地允许更多地采用参与式或分散式的社会调控方式；社会资源总量小，潜在地要求更多地采用集中式的社会调控，否则有限的社会资源将很难用于社会发展最需要的领域。总量上不能满足社会总体需求的资源分配模式会导致社会紊乱、失控和无序，社会调控的一个重要方面便是控制由社会资源总量贫弱引发的矛盾。① 人口多，底子薄，是中国作为一个大国最基本的国情。人均资源占有的严重贫乏隐含着相对集中的社会调控模式的必然性，而过大的人口及疆域规模又极大地提升了

---

① 王沪宁：《社会资源总量与社会调控：中国意义》，《复旦大学学报》1990 年第 4 期。

集体式调控和治理的成本。因此,"中国国家治理最根本的困境是大国治理与治理资源严重匮乏的矛盾"①。相对于美国建国之初地广人稀,人均拥有的资源极其丰富的国情,巨型国家给中国国家治理带来的压力、挑战丝毫不逊于机会。

其次,社会内部的异质性与发展的巨大不平衡性,使中国的社会治理始终面临着体制的普遍适用性与社会整合的有效性的矛盾。对于一个大国来说,社会的异质性与区域发展的不平衡性决定了很难用一种统一的模式去应对各地不同的治理问题,但在治理技术相对落后的时代,治理模式的多元化(体制的多元性及政策体系的多元性)又容易遇到社会整合的难题。中国区域发展的不平衡在世界各国当中都是极其罕见的。正如王邦佐指出的那样,"这个超大规模社会是多维的,它在发展中衍生出的问题也是多方面的,是其他社会不可能出现甚至是独一无二的"。② 胡鞍钢以"一个中国四个世界"、"一个中国四种社会"③来表达中国区域发展的严重不平衡状态。"一个中国四个世界"意味着中国城乡之间、地区之间的发展不平衡远远超过了西方社会国与国之间的差距,而"一个中国四种社会"意味着人类在几千年的历史长河中形成的依次递进的四大文明形态即农业社会、工业社会、服务业社会及知识社会同时并存于当下的中国。当西部一些地区正处于工业化的启动阶段,社会矛盾主要体现为发展不足造成的贫困现象时,东部沿海城市则已遭遇发达国家的种种后现代社会问题。这就意味着国家用统一的管理体制和公共政策去治理转型社会的问题,必然无法充分照顾到各地社会问题、社会矛盾的不同表现形式及其特殊的生成机理,无法取得预期的成效。而要充分照顾到各地发展水平及治理条件的差异,就必须赋予地方相当大的社会问题治理的自主权,但"一收就死,一放就乱"的困境预示着现有的体制框架还远远没有准备好如何适应不同地区的多元化治理模式带来的社会整合难题。

再次,"后发"、"外生"的民主实践境遇,决定了中国在社会转型过程中需要把握更多、更微妙的总体平衡。后发展的时空背景虽然意味着可以广泛地借鉴早发国家的历史经验,但各种现代性价值诉求的同时提出,也打乱了现代化的时

---

① 唐皇凤:《大国治理:中国国家治理的现实基础与主要困境》,《中共浙江省委党校学报》2005 年第 6 期。

② 王邦佐:《中国政党制度的社会生态分析》,上海人民出版社 2000 年版,第 188 – 189 页。

③ 胡鞍钢:《中国战略构想》,浙江人民出版社 2002 年版,第 2 – 4 页。

序模式,使得在西方历史上依次提出和解决的社会问题、社会矛盾会在同一时期生成,令人应接不暇,从而使中国更需要对整个发展进程进行宏观驾驭,需要在改革与稳定、经济建设与社会建设、市场化与民主化、民主化与法治化等等之间保持必要的张力,以化解和控制全面推进各项建设可能产生的巨大的社会失序风险。

毫无疑问,巨型国家的特殊国情,的确在很大程度上赋予了保持国家治理模式的相对稳定性,保持国家对整个发展进程的政治和行政控制的合理性。中国几千年来的国家治理,形成了一种对"乱"的特殊政治敏感性,转型期社会问题、社会矛盾的集中涌现,更是极大地增强了权力中心对社会风险的顾虑。问题在于,一旦这种大国治理的风险意识和审慎态度,转变成一种惰性的政治力量,"稳定压倒一切"的价值取向就可能成为阻碍改革的盾牌。这样,任何一种可能冲击现有社会秩序的社会冲突现象的出现,都有可能成为强化行政权力控制的充足理由。其结果是,各级权力中心都可能在自上而下的政治压力的作用下对社会冲突、变革作出过激反应,从而不断延缓社会治理模式创新的进程。

与此同时,后发的境遇,现代化进程开启之后遭遇的种种挫折以及只争朝夕的赶超战略,决定了中国的转型历程必然是一个高度压缩的剧烈变革进程。我们需要以一百年甚至几十年的时间走完发达国家几百年的发展历程,这也就意味着发达国家当年花几百年来消化的社会问题、社会矛盾有可能浓缩在中国几十年的发展进程之中,这将极大地压缩社会问题、社会矛盾治理的回旋余地,增大社会秩序转型的难度。

改革开放三十多年来的社会变迁,在中华民族的历史上,堪称"三千年未有之大变局"。整个民族的生产方式、生活方式、生活环境、人际关系、思想观念等等都在几十年间发生了前所未有的革命性变迁。由此提出的社会生活秩序的重建以及社会管理体系创新任务的艰巨性和复杂性,在世界范围内都是极其罕见的。如果说发达国家工业化、城镇化、国际化、信息化呈现为一个依次递进的发展过程,不同阶段的社会问题、社会矛盾都有一个逐步缓解和化解的历史过程的话,那么,后发的境遇决定了中国的发展必将面临工业化、城镇化、国际化、信息化同步推进,体制转轨(计划经济向市场经济转变)与社会结构转型相伴而行的局面,面临不同时代的社会问题在转型时期同时出现的严峻挑战。这种社会变迁的叠加效应,不仅增大了社会转型时期社会问题、社会矛盾的发生概率,增强了社会问题、社会矛盾的连锁效应,而且极大地放大了社会失序的风险。

概括地讲,当下中国盘根错节的社会问题和社会矛盾,既有改革之前束缚经济社会发展活力、压制个体社会权利以及长期的短缺经济积累的社会贫困等一系列历史遗留问题,有渐进性改革伴生的体制改革不配套以及"稳定压倒一切"导向下的体制改革动力严重不足造成的社会问题的长期累积,也有社会结构转型带来的社会失范、社会解组、社会失序等共性问题。这些具有不同的历史和体制根源的社会问题、社会矛盾的相互交织,特别是诸多体制改革的长期延宕、诸多社会问题的久拖不决,极大地增加了现阶段社会秩序转型和重建的难度。从某种意义上说,在社会矛盾错综复杂的新形势下,一味延续以往"摸着石头过河"思维惯性,试图以零打碎敲式的技术性调整,以头痛医头、脚痛医脚式的权宜性管制措施来控制社会秩序,已经很难实现社会的动态和谐,更不可能实现社会的长治久安。创新社会治理理念,加强社会管理体制改革的总体性设计,推动整个社会治理模式的创新,已经成为当下中国社会秩序建设无法回避的重大现实课题。

2. 政府主导型发展模式的社会效应

中国极其特殊的政府主导型发展模式,特别是行政权力对整个发展过程中强大而具体的控制和干预,虽然创造出举世瞩目的增长奇迹,但客观上却扭曲了经济社会发展的自然过程,人为地打乱了经济发展与社会成长的协调关系,极大地加剧了发展失衡和社会不公平现象,其形成的体制惯性已经使诸多社会问题的缓解陷入积重难返的困境。

众所周知,改革开放重新启动的中国社会转型,发生在计划经济陷入破产边缘的特殊历史背景下。长期积累的民生凋弊现象,使执政党的执政合法性遭遇严峻挑战。国门打开之后西方国家发达的物质文明强烈的示范作用,使执政党和普通民众在"发展是硬道理"这一认识上形成了强烈的共识。这样,延续计划体制全能型政府的角色定位和政府运行机制,通过下放权力,调动各级党委政府发展地方经济的积极性,成为实施赶超型发展战略的必然选择。"以经济建设为中心"和"增长第一"的发展导向,在追求短期经济增长绩效最大化的政府行为逻辑的作用下,不可避免地使中国政府主导型的发展模式形成了经济建设、政治建设、社会建设、文化建设之间以及经济内部内部各种关系(如投资与消费、国有经济与民营经济、经济发展与体制改革等等)的严重失衡,不仅经济发展面临人与自然以及人与人之间关系的双重不可持续性,而且使得在经济发展各个阶段积累的社会问题没能得到及时化解,使社会正常秩序的维系严重缺乏社会建设、政治建设和文化建设的支撑。

政府主导型发展模式人为加剧的发展失衡局面突出反映在经济建设与社会建设,特别是民生改善的不协调上。对于迫切期望加快经济发展的各级政府来说,短期内拉动经济增长最有效的办法,就是扩大投资规模。为此,各级政府不仅在国民财富分配占有了相当大的份额,而且急切地通过出让土地等方式获得大量社会财富,从而实现以投资规模优势赢得区域经济竞争优势。这正是民生改善长期滞后于经济增长,居民收入增长长期滞后于政府收入增长,甚至形成国富民穷局面的症结所在。根据公布的财政预算数据,我国政府财政收入占 GDP 的比例在 1992 – 2008 年间已从 12.9% 上升到 19.5%。如果再加上政府的社保基金收入、土地出让金收入、预算外资金收入和其他没有列入以上项目的收入,政府实际收入占 GDP 的比例可能接近 40%。与政府收入持续高速增长形成鲜明对照的是,居民在社会财富分配中占有的份额却持续下降。根据国家统计局的地区生产总值收入法构成的有关数据,我国劳动者报酬占 GDP 的比重在 1978 年至 1998 年间保持在 50% 以上,从 1999 年开始,比重逐步下降,从 1998 年的 53.12% 下降到 2007 年的 39.74%。[①]

对短期经济增长速度的追求,导致政府将越来越多的社会财富集中到自己手中,这直接造成了居民收入增长缓慢,民生的改善长期无法赶上经济增长的速度。虽然我国政府收入占 GDP 的比重同一些发达国家相比并不显得特别突出,但同发达国家政府预算收入主要用于社会保障和公共服务相比,我国的各级政府的收入长期集中在行政开支和政府投资上。这就不可避免地造成了公共服务的供给滞后于经济发展的局面,加剧了社会利益失衡,导致内需不振问题长期无法有效破解。教育、医疗、社保作为最重要的基本公共服务,是市场经济条件政府的核心职能,但集中了越来越多的社会财富的政府并没有切实地承担这些职能,以致政府在这些领域的支出比重长期低于那些同中国经济发展水平相当甚至更低的国家。2008 年政府医疗卫生支出仅占当年财政总支出的 4.4%,政府教育支出在财政支出中的比例也一直徘徊不前,2006 年才刚刚超过 GDP 的 3%。[②] 社保问题则更为突出。我国按全部城镇就业人员为基数计算,2008 年四项基本社会保障(失业、工伤、医疗、养老)的覆盖率仅在 41% – 55% 之间。只相当于 13 亿人口的 11% 左右。[③]在农村,不仅社保、医保普及面小、福利低,而

---

①③ 王小鲁:《我国国民收入分配现状、问题及对策》,《国家行政学院学报》2010 年第 3 期。
② 王延中、龙玉其:《改革开放以来中国政府社会保障支出分析》,《财贸经济》2011 年第 1 期。

且长期在城市从事建设和服务业的农民工得不到同等的社保和医保。截至 2009 年第二季度末,全国农村外出务工者达 1.51 亿人,其中参加养老保险者占 15.88%,参加医疗保险者占 27.5%,参加失业保险者占 10.1%,参加工伤保险者也仅占 33.5%。[①] 有学者的研究表明,我国每年在基本民生的公共投入占 GDP 的比重逼近世界倒数第一。我国社会保障、公共教育、公共卫生三项基本民生指标支出占国内生产总值比重约分别为 3%、2.9%、2%。除了柬埔寨、津巴布韦等国比我国低之外,绝大部分国家都高于我国。这种现象与我国的经济总规模位居世界第四、外汇储备总额高居世界第一形成鲜明的对比。[②]

实践证明,在中国现有的政治与行政体制下,由于缺乏有效的社会压力机制和民主决策机制,政府主导型发展模式在奉行"效率优先"、"增长第一"的发展导向的过程中,很难实现"兼顾公平"的发展初衷。在一切都可能为发展速度让步和牺牲的局面下,不仅公平竞争的市场机制可能受到行政权力及其庇护下的资本力量的扭曲,而且基本公共服务供给水平的低下以及形式色色的腐败行为都将不断加剧社会公平秩序的瓦解。根据国家统计局的数据,1978 年全国的基尼系数为 0.331,2000 年达到了 0.417,超过了国际上公认的警戒线,2008 年更是达到了 0.466。[③] 北京师范大学收入分配与贫困研究中心在 1988 年、1995 年、2002 年、2007 年进行了四次全国范围内的大型居民收入调查,结果显示,从 1988 年至 2007 年,收入最高 10% 人群和收入最低 10% 人群的收入差距,从 7.3 倍上升到了 23 倍。[④] 社会分配收入严重不公平现象,极大地助长了社会对立情绪的滋长,瓦解了公众对社会秩序公平性的认同感。从大量群体性事件的发生背景中,我们都不难发现,社会公平感的缺失,已经成为反社会情绪滋长、蔓延的重要诱因。

经过三十多年的调整和适应,中国政府主导的"增长第一"的发展模式,已经形成了一种强大的体制性力量,已经内化在了政府的行为逻辑之中,形成了一种强大的路径依赖现象。一旦经济增长面临内部和外部的挑战,就会很自然地通过进一步强化政府干预,强化政府的资源配置功能,扩大政府的直接投资来避

---

① 丛亚平、李长久:《中国基尼系数实已超 0.5》,《经济参考报》2010 年 5 月 21 日。
② 《专家建议每年投入 3 千亿建立初级社会保障体系》,http://news.qq.com/a/20060807/001485.htm
③ 龙玉其:《中国收入分配制度的演变、收入差距与改革思考》,《东南学术》2011 年第 1 期。
④ 《中国贫富差距逼近社会容忍"红线"》,《经济参考报》2010 年 5 月 10 日。

免经济增长的滑波。从某种意义上说,2008年以来中国应对世界金融危机的一整套做法,正是政府主导型发展模式特征的集中写照,这一过程中付出的巨大代价,特别是经济危机与社会危机的连锁反应,充分说明现阶段中国大量的社会问题、社会矛盾深刻地植根于中国的经济发展模式之中。如果不能正视现实,深刻地反思这一发展模式扭曲经济、政治、社会、文化建设关系的根本局限,甚至一叶障目,沾沾自喜于所谓的中国应对金融危机的成功经验,社会建设就始终无法被摆到同经济建设同等重要的位置上,社会管理和社会和谐秩序的建设就可能因为缺乏社会建设的有力支撑而陷入疲于奔命的境地。

综上所述,改革开放以来我国所形成的政府主导型的发展模式,在提升地方政府的自主性、充分发挥地方政府整合资源、组织经济建设的主导作用方面是极富成效的,但由此形成的重经济增长轻社会建设等流弊,却极大地延缓了社会管理体制的创新步伐,弱化了社会管理的社会建设基础,使得在改革发展进程中积累的大量社会问题、社会矛盾没有得到及时的消化,甚至出现了集中性、交叠性涌现的趋势。在社会利益格局急剧分化,大量的体制性问题导致社会公平秩序受到严重侵蚀,社会各群体之间的认同感日益弱化,激烈的社会冲突事件大量出现的局面,预示着中国的发展已经面临人与自然、人与人关系的双重不可持续境地。就此而言,加快社会建设、创新社会管理模式已经成为推动中国发展方式转型的重要内容。

从执政党的发展意识形态调整来看,加强社会建设和创新社会管理作为科学发展观话语体系的重要内容,已经成为完善中国特色社会主义事业布局的重要组成部分。十六大第一次将社会管理确立为政府的四大职能之一。2004年9月,十六届四中全会第一次提出"构建社会主义和谐社会"的新命题,强调要"把和谐社会建设摆在重要位置",并初步提出了建立"党委领导、政府负责、社会协同、公众参与"的社会管理格局的思路。2005年2月,胡锦涛在省部级主要领导干部提高构建社会主义和谐社会能力专题研讨班上的讲话中指出,"随着我国经济社会的不断发展,中国特色社会主义事业的总体布局,更加明确地由社会主义经济建设、政治建设、文化建设三位一体发展为社会主义经济建设、政治建设、文化建设、社会建设四位一体"。随后召开的十六届五中全会再次强调,"中国特色社会主义事业,是经济建设、政治建设、文化建设、社会建设有机统一、互为条件、不可分割的整体"。这标志着执政党开始把社会建设提高到与经济建设、政治建设、文化建设同等重要的地位上,试图着力扭转经济、政治、社会、文化建设,特别是经济建设与社会建设之间的失衡局面。十七大报告中对四位一体的总体布局做了正式确认,提出"要按照中国特色社会主义事业总体布局,全面推进经济建设、政治建设、文化建设、社会建设",并以专题形式就"加快推进以改善民生为重点的社会建设"问题进行了系统阐述,指出"社会建设与人民幸福安康息息相关。必须在经济发展的基础上,更加注重社会建设,着力保障和改善民生,推进社会体制改革,扩大公共服务,完善社会管理,促进社会公平正义,努力使全体人民学有所教、劳有所得、病有所医、老有所养、住有所居,推动建设和谐社会"。2011 年初,在中央专门召开的省部级主要领导干部社会管理及其创新专题研讨班上,胡锦涛第一次就社会管理及其创新作出全面系统的理论阐述。

按照马克思主义的基本理论,"物质生活的生产方式制约着整个社会生活、政治生活和精神生活的过程"。① 一种成熟的发展模式,必须适应社会发展的内在规律,形成促进经济建设、政治建设、社会建设、文化建设协调发展的有效机制,必须根据经济基础和社会结构的变迁,不断优化社会治理模式。从科学发展观的提出,到社会建设的战略性地位的凸显以及社会管理创新思路的逐步明晰,加快社会建设和创新社会管理,合乎逻辑地构成了中国发展模式的合理化过程的重要组成部分,是适应转型期社会秩序大变革的必然要求。

---

① 《马克思恩格斯选集》第 2 卷,人民出版社 1995 年版,第 32 页。

第二章 历史的参照：
超越社会转型的陷阱

从社会转型的视野来审视，当前中国社会问题、社会矛盾集中式涌现，具有明显的发展阶段性属性，在一定程度上是社会转型特有的社会解组、社会失序现象的综合反映。传统农业社会向现代工业社会、乡村社会向都市社会转型，是走向现代文明不可逾越的历史阶段。工业化、城市化所引发的社会生产方式、交往方式、生活方式以及社会结构的急剧而深刻的变迁，将不可避免地导致转型期的社会秩序出现相当程度的混乱，诱发出一系列严重影响社会共同体存续及经济正常发展的社会问题。在此，一方面是传统共同体秩序趋于解体，另一方面却是新的社会秩序尚处于艰难的生成过程之中；一方面是经济快速发展，社会财富以先辈难以想象的规模涌现出来，另一方面却是社会问题丛生，社会矛盾不断激化；一方面是个体获得了前所未有的自由和机会，另一方面却是人们越来越普遍和强烈地感受到生存的孤独感、虚无感甚至绝望感。就此而言，社会冲突的普遍化及社会矛盾的激化，乃是转型社会的共同现象，是发达国家都曾或多或少经受过的社会阵痛。生活在英国工业革命狂飙时代的现实主义小说大师狄更斯（1812－1870）在《双城记》中的感叹，成为转型社会人们复杂的现实生活感受的真实写照："这是一个最好的时代，也是一个最坏的时代；这是明智的时代，这是愚昧的时代；这是信任的纪元，这是怀疑的纪元；这是光明的季节，这是黑暗的季节；这是希望的春日，这是失望的冬日；我们面前应有尽有，我们面前一无所有；我们都将直上天堂，我们都将直下地狱。"

马克思曾经指出："工业较发达的国家向工业较不发达的国家所显示的，只是后者未来的景象。"[①]无论就工业化、城市化和国民收入水平，还是社会秩序面临的严峻挑战而言，现阶段中国经济社会发展的整体状况同20世纪初的美国都

---

① 《马克思恩格斯选集》第2卷，人民出版社1995年版，第100页。

极为相似。困扰当下中国的主要社会问题,从社会分配不公、利益结构失衡、腐败盛行、道德退化,到社会抗议特别是群体性事件的高发;到经济转型升级遭遇市场瓶颈,到公共服务体系和社会保障体系的脆弱严重制约经济的健康发展,美国都曾经历过,并基本上在20世纪一二十年代达到历史的峰值状态。① 借鉴美国及其他发达国家应对社会转型众多社会问题的挑战,顺利渡过社会转型的阶段性之坎的历史经验,对于认清社会管理命题蕴含的"真问题",廓清社会管理创新的思路,是大有裨益的。正如马克思曾经指出的那样,"一个社会即使探索到了本身运动的自然规律,它还是不能跳过也不能用法令取消自然的发展阶段。但是它能够缩短和减免分娩的痛苦"。②

一、社会的成长: 进步主义运动与社会自主意识的觉醒

南北战争结束之后,美国经济经历了高速的增长,美国社会也随之进入了从传统农业社会向现代工业社会变迁的转型时期。1860年,美国工业产值仅居世界第4位,到1894年就迅速超过英国,跃居世界首位。从1865年至1900年,美国工业产值增长了500%,工业产值占社会总产值的比重从33%上升到53%③,进入工业化的中后期。伴随工业经济迅速发展的是城市化进程的快速推进。1790年美国进行第一次人口普查时,城市人口只占总人口的5.1%,1840年达到10.8%,1870年达到25.7%,1900年达到32.9%,1920年城市人口第一次超过农村人口,达到总人口51.2%。④ 1870年至1920年的半个世纪,成为美国城市化发展最快的历史时期。大体上,内战结束至20世纪初的所谓"镀金时代"(Gilded Age),是美国工业化和城市化高歌猛进的时代,也是社会转型引发的社会变革最为剧烈的时代。正如美国历史学家亨利·康马杰指出的那样,19世

---

① 不少学者都注意到了这种相似性,并进行了富有启示的比较研究,参见王绍光:《美国进步时代的启示》,中国财政经济出版社2002年版;马骏、刘亚平:《美国进步时代政府改革及其对中国的启示》,格致出版社2010年版;Yang, D. Remaking the Chinese Leviathan: Market Transition and the Politics of Governance in China. Stanford: Stanford University Press. 2004.

② 《马克思恩格斯选集》第2卷,人民出版社1995年版,第101页。

③ 李庆余、周桂银:《美国现代化道路》,人民出版社1994年版,第49页。

④ 林玲:《城市化与经济发展》,湖北人民出版社1995年版,第63页;侯文蕙:《征服的挽歌——美国环境意识的变迁》,东方出版社1995年版,第55页。

纪90年代是美国历史的分水岭,"在分水岭的一边,主要是一个农业国家","在分水岭的另一边,是现代的美国,它主要是一个城市化的工业国家"①。

1. 大转型时期的美国社会秩序危机

相对于英国、荷兰、法国等欧洲老牌工业化国家,美国借助于后发优势及其丰富的资源,工业化、城市化推进速度更快,压缩式发展进程引发的社会变迁也表现得更为剧烈和深刻。在政府软弱无力,规范市场经济发展的相关法律体系还很不健全的情况下,经济的快速发展和社会财富的巨大增长并没有带来社会的和谐稳定,相反,自由放任的经济发展环境和优胜劣汰、适者生存的社会达尔文主义生存法则诱发出的是一个贪婪的资本肆意侵蚀社会正常秩序,以致社会问题丛生、社会矛盾不断激化的混乱景象。

事实证明,没有政府的适当规制和干预,没有活跃的社会自组织力量对资本肆虐的抵御,自由放任的市场经济不可能在"看不见的手"的引导下自动形成良好的社会秩序,而只会在走向自由竞争的反面即垄断的同时,使社会陷入弱肉强食的丛林状态。19世纪末以来,美国出现了企业兼并的狂潮。1899年美国185家垄断公司拥有资本总额30亿美元,占全国制造业资本的三分之一。② 到1914年,产值100万以上的制造业企业占制造业企业总数的2.2%,其所雇佣的职工则超过全行业职工总人数的三分之一,产值更是占整个制造业总产值的49%。③凭借垄断的优势,一些巨无霸式的垄断公司的收入和雇员远远超过了州政府,得以轻而易举地操纵整个行业的经济活动,进而"强有力地影响着各个主要政党的活动,使得这些政党成为它们利益的代言人,并在很大程度上操纵着联邦、州和地方政府的政策过程"④,以致后来担任美国总统的伍德罗·威尔逊也感叹说:"如今的美国政府只不过是这些特殊利益集团的养子。"⑤

在垄断公司势力迅速膨胀而政府监管体系软弱不堪的背景下,官商勾结、权钱交易的腐败现象便不可遏制地蔓延开来。当时的一位参议员博伊斯·彭罗斯曾这样直言不讳地描述官商之间的关系:"我们相信分工的好处……你们把我

---

① [美]亨利·康马杰:《美国精神》,南木等译,光明日报出版社1988年版,第63页。

② [美]阿瑟·林克、威廉·卡顿:《1900年以来的美国史》(中册),刘绪贻译,中国社会科学出版社1983年版,第38页。

③ [美]福克纳:《美国经济史》,王锟译,商务印书馆1964年版,第80页。

④ [美]埃里克·方纳:《美国自由的故事》,王希译,商务印书馆2002年版,第175页。

⑤ [美]理查德·霍夫斯达特:《美国政治传统及其缔造者》,崔永禄、王忠和译,商务印书馆1994年版,第127页。

们送进国会,我们就通过法案使你们赚钱;你们把赚的一部分利润捐献作为我们的竞选经费,让我们再进国会制定更多的法律,使你们发更大的财。使我们留在这里是你们的责任,而我们的责任则是立法。"①权钱交易使资本力量得以轻而易举将州长、议员、法官及从事具体公共事务管理的官员玩弄于股掌之间,大公司操纵美国政治成为路人皆知的事实。就连后来的塔夫脱总统(1909－1913 年在位)也曾深有感触地说:"时至今日,某几个大公司的高级职员和董事已经能够一方面下令订购钢轨或工业设备,另一方面命令派代表出席州、县或全国的政治性会议,而且不论哪一方面都满有把握地认为一定能照办不误。在本世纪初,人民开始充分认识到他们几乎被富豪集团所控制。"②

"19 世纪末 20 世纪初成为了美国历史上政治腐败最为猖獗的时期"③。腐败已经像瘟疫一样在社会各个角落蔓延。1905 年,美国《文摘杂志》刊载了一位法国人绘制的美国政治地图,对美国 45 个州的政治腐败状况进行了分类,其中只有 6 个"没有腐败,政治清明", 25 个"完全腐败", 13 个"特别腐败"。④ 对财富的疯狂追逐与腐败的盛行,极大地腐蚀了清教徒传统的价值信仰和道德观念,导致大众思想观念和生活方式普遍浮躁化和粗鄙化。投机发财、一夜暴富成为人们最大的梦想,拜金主义、享乐主义成为流行的价值观念和生活方式,世纪初的美国也因此经历了一个精神上的"饥饿时代"。

20 世纪初的大转型时代,是美国社会利益结构失衡最为严重的时代。1900 年,美国的国民收入达到 170 亿美元,个人平均收入为 327 美元,处于世界最高水平。⑤ 而据查理斯·斯布尔 1896 年的统计, 当时 1% 的美国人占有近一半的国家财富,12% 的美国人拥有近 90% 的国家财富。⑥ 与富豪、政客大发横财形成鲜明对照的是,大部分普通民众生活困苦,充其量只处于温饱到小康阶段。据统计,1890 年美国普遍劳动者平均每周劳动时间为 58.4 小时,每小时平均工资为

① [美]吉尔伯特·菲特:《美国经济史》,司传淳、方秉译,辽宁人民出版社 1981 年版,第 382 页。

② [美]梅里亚姆:《美国政治思想》,朱曾汶译,商务印书馆 1988 年版,第 18 页。

③ [美]阿密泰·艾乔尼:《美国首府政治腐败内幕》,陈银科等译,河南人民出版社 1992 年版,第 110 页。

④ Mowry, George. The Era of Theodore Roosevelt and the Birth of Modern America, 1900—1920. New York: Harper Torch Books, 1958.

⑤ 转引谭融、游腾飞:《论美国进步主义运动的历史背景和思想基础》,《青海社会科学》2011 年第 1 期

⑥ [美]塞缪尔·埃利奥特·莫里森等:《美利坚共和国的成长》,南开大学历史系美国史研究室译,天津人民出版社 1979 年版,第 267 页。

0.21 美元,1895 年则分别为 58.1 小时和 0.21 美元,1900 年分别为 57.3 小时和 0.22 美元。① 由于入不敷出,贫寒人家让未成年子女外出做工挣取微薄报酬是相当普遍的现象。仅在 1890 - 1900 年间,美国 14 至 16 岁的童工就增加了 36% 以上,从 300 万上升到 410 万人。14 岁以下做零活的非法童工更是难计其数。② 爱德温·马卡姆 1906 年发表在《世界主义者》9 月号上的《荷锄人的成长》,是 "扒粪运动" 期间很有影响力的一篇著名报道,报道严厉抨击了美国普遍存在的童工制以及劳动时间冗长、劳动条件恶劣、工资报酬微薄等状况。根据马卡姆的调查,美国在各个纺织厂里工作的童工共有 8 万名,其中大多数为女孩,最小的只有 8 - 9 岁,有的甚至只有 4 - 5 岁。报道还列举了北卡罗莱纳州劳动委员会统计的该州纺织厂使用童工的情况。当时该州共有 261 家棉纺厂,雇用了近四万名工人,其中就有近 8000 名儿童。这些工人的日平均工资是 57 美分,而妇女的平均工资是 39 美分,儿童则是 22 美分。③

　　1890 年至 1917 年间, 约有 1800 万移民进入美国, 其中绝大部分来自欧洲贫困家庭。他们中的许多人到美国后很长时间找不到像样的工作, 只能聚居于城市贫民窟中。1890 年, 仅纽约市就有 50 万居民住在贫民窟。④ 近代中国思想家梁启超这一时期曾经游历过美国, 他在 1900 年写的《新大陆游记》中这样描述了纽约贫民窟的生活景象:"天下最繁盛者莫如纽约,天下最黑暗者殆莫如纽约。""一座楼中,就居者数十家,其不透光不透气者过半,燃煤灯昼夜不熄,入其门秽臭之气扑鼻。""'朱门酒肉臭,路有冻死骨',吾于纽约亲见之矣。"⑤

　　同贫困的生活境遇相伴随的还有恶劣的劳动条件及习以为常的生产事故。这一时期,一方面是经济快速发展形成了对能源、资源的旺盛需求,另一方面则是生活水平低下以致普通劳动者命贱如蚁,其结果只能是企业主良心泯没,任由生产事故频繁发生。据新闻记者威廉·哈德的调查,美国钢铁公司南芝加哥工厂 1906 年一年就有 598 人伤亡,其中死亡 46 人,短期丧失劳动能力 184 人,永久性丧失劳动能力 368 人。如果算上 13 周之内丧失劳动能力的人,则可能有高

　　① [美]吉尔伯特·菲特:《美国经济史》,司传淳、方秉译,辽宁人民出版社 1981 年版,第 483 页。
　　② 王春来:《转型、困惑与出路—美国"进步主义运动"略论》,《华东师范大学学报》2003 年第 5 期。
　　③ [美]林肯·斯蒂芬斯:《新闻与揭丑——美国黑幕揭发报道经典作品集》,展江译,海南出版社 2000 年版,第 404 页。
　　④ 黄绍湘:《美国通史简编》,人民出版社 1979 年版,第 426 页。
　　⑤ 梁启超:《新大陆游记》,湖南人民出版社 1981 年版,第 44 页。

达 1200 人被卷入了各种各样的事故。如果算上造成轻微痛感的烫伤之类的小纰漏,每年至少有 2000 起事故。① 而从全国的情况来看,"美国每年有 536165 人因工业生产而死亡或残疾"。② 另有资料表明,19 世纪、20 世纪之交,美国工厂因工业事故丧生者,每年达 35000 人,致残者 50000 人。③ 美国生产事故的峰值年份是 1907 年,这一年的 12 月一个月之内死亡人数达 3242 人,西弗吉尼亚一次矿难就夺去了 362 位矿工的生命。1911 年 3 月 25 日纽约三角工厂大火,因无良企业主以防盗为名锁住了工场通道,导致一场大火夺去 146 名年轻女工的鲜活生命,其情形同 1993 年 11 月的中国深圳致丽玩具厂大火事件(致死 87 人)有着惊人的相似之处。

恶劣的生存环境、严重失衡的利益结构以及权力和资本对社会公平秩序及道德体系的野蛮践踏,不可避免地激化了社会矛盾。19 世纪末,美国工人运动进入高潮时期, 1893—1898 年间,平均每年发生的工人罢工多达 1171 次。④ 1894 年普尔曼公司引发的铁路工人大罢工有 60 万人参与,一度导致美国西部铁路交通瘫痪,最终在最高法院对罢工发出禁令,联邦政府据此出兵弹压才将罢工平息下去。1890 年代还发生了美国历史上最大的一次农民运动——"人民党"运动,运动锋芒所向同样是垄断资本对农业经济及农民利益的损害,是"新奴隶制"不仅将农场主同时也把"缝纫女工、媒矿工人和制铁工人"统统变成了"百万富翁的奴隶主束缚下"的奴隶。⑤

2. 黑幕揭发与社会觉醒

随着社会矛盾日趋尖锐,特别是在一些重大恶性事件的刺激下,19 世纪末以来,少数富有良知的知识分子,开始致力于揭露社会的重重黑幕,唤醒人们对于摧残人性尊严、践踏人的基本生存权利的生存环境的反思,掀起了著名的黑幕揭发运动(亦称"扒粪运动")。针对经济垄断、政治腐败、道德失范、贫富悬殊等一系列严峻的社会问题,富有正义感的新闻记者和作家陆续加入到揭露社会黑暗面的队伍中来,他们揭露的残酷甚至血淋淋的事实,他们发出的正义呐喊,唤

①　[美]林肯·斯蒂芬斯:《新闻与揭丑——美国黑幕揭发报道经典作品集》,展江译,海南出版社 2000 年版,第 378－379 页。

②　同上,第 379 页。

③　李剑鸣:《大转折的年代——美国进步主义运动研究》,天津教育出版社 1992 年版,第 32 页。

④　Harold Faulkner. Politics, Reform and Expansion. London:1956. 28

⑤　埃里克·方纳:《美国自由的故事》,王希译,商务印书馆 2002 年版,第 190 页。

醒了社会的良知,激励了公众的变革愿望,也给政府应对社会问题施加了强大的舆论压力,为进步主义运动的兴起奠定了重要的社会心理基础。

19世纪后期,陆续有黑幕揭发文章见诸报端,如1881年3月亨利·乔治在《大西洋月刊》上发表的揭露美孚石油公司内幕的《大垄断企业的故事》,1894年亨利·德雷斯·特劳埃德出版的揭露美孚石油公司操纵市场和向立法者行贿等黑幕的《危害共和国的财富》等等。这一时期美国还出版了像《镀金时代》(1873年)、《美国政客》(1884年)、《养家糊口的人》(1882年),《不义之财》(1892年)等大量暴露社会黑暗面的文学作品。① 进入20世纪以来,随着社会问题引起广泛的社会关注,一大批专门刊载揭发黑幕文章的杂志大量出现,越来越多新闻记者和作家揭开了社会各领域存在的令人震惊的黑幕。据统计,1900 – 1915年间,黑幕揭发者大约发表了2000篇文章。黑幕揭发运动揭露的黑幕事实,涉及垄断企业对经济的操纵、官商勾结的腐败、劳动者的悲惨生活、血汗工场、不良企业的制假售劣等各种社会问题。当下中国百姓深恶痛绝而又无可奈何的主要社会问题、社会矛盾的美国版,都曾被黑幕揭发运动暴露在光天化日之下。

"黑幕揭发运动"的高潮是在1902 – 1912年间,代表作品是1903年1月发表于《麦克卢杂志》上三篇重磅炸弹,即林肯·斯蒂芬斯的《城市的耻辱》、艾达·塔贝尔的《美孚石油公司的历史》、雷·斯坦纳德·贝克的《工作的权力》三篇文章。被誉为"揭开地狱盖子的美国新闻人"林肯·斯蒂芬斯先后调查了多个城市政治状况,收集了大量政客与企业家结盟,操纵政府行为的材料。1904年他将其揭露城市政治腐败的文章结集出版,取名为《城市的耻辱》,对当时的社会舆论产生了极大的影响。埃达·塔贝尔从1902年11月开始在《麦克卢尔》杂志发表《美孚石油公司史》,连载15个月,全面揭露了美孚石油公司的种种恶行,如采用不公正手段对付竞争对手,以欺诈、勒索、贿赂、暴力等手段扩大势力等等。1906年辛克莱出版了揭露屠宰托拉斯生产劣质肉内幕的《屠场》,以大量的事实揭露了美国肉类食品加工存在的检验形同虚设,以及用长满了脓疮的残老病牛加工制作罐头牛肉,掺入令美国人反胃的动物内脏、猪油、牛板油及废弃的小牛肉残沫制作罐装鸡,甚至在香肠制作中掺入死老鼠肉等惊人事实,令举国为之震动。

---

① 参见许国林:《黑幕揭发运动与20世纪初美国社会变革》,《河南大学学报》2005年第4期。

1906 年 3 月，《世界主义者》杂志发表了戴维·格雷厄姆·菲利普斯的文章《参议院的叛国罪》，文中不仅采用了诸如"叛国"、"无耻"、"掠夺"、"强盗"等充满道德义愤的激烈言词，而且公开指名道姓地抨击了二十多位参议员，称他们是财团的代言人。该文的发表激怒了西奥多·罗斯福总统，后者在一次公开的演讲中以"扒粪者"（Muckrakers）指称从事揭丑的记者，借以讽刺黑幕揭发者眼睛专注于那些可耻和肮脏东西。不料，黑幕揭发者不但不以为耻，反而欣然接受了这一称号，西奥多·罗斯福的讥讽反而变成了揭露运动的命名仪式。

黑幕揭发运动在聚焦社会问题、唤醒公众良知、营造社会改革舆论氛围方面产生了重要的作用。正如美国一位历史学家所说的，揭发黑幕"实在是一场世俗性的'大觉醒'，因为那些新闻记者借用基督教福音派的比喻，力图揭发全国的罪恶意识"。① 在黑幕揭发运动的刺激下，一大批富有正义感的知识界人士、律师、宗教界人士和政治家们着手在社会各个领域推动社会改良运动。其中比较有影响的便有社会服务处运动和社会福音运动及政府改革运动。② 社会服务处是当时一些宗教人士和大学毕业生们设立在城市贫民区的一种民间社区福利机构。社会服务处运动以改善社区居民生活环境，加强邻里合作和促进"分裂阶级间的友好关系"为宗旨，主要为城市贫民提供生活救济、文化教育和卫生服务。当时从事这种社区福利工作的服务处多达四百多家。

"社会福音运动"是由宗教界人士发起的宗教服务社会运动。"社会福音"一词最早出现于 19 世纪 90 年代，当时，一些思想开明的宗教界人士在佐治亚州创办了《社会福音》杂志，传播一种强调宗教应该承担社会使命的"新神学"思想。③ 他们面对问题丛生的社会，重新阐释了基督教的福音理论，将教会和教徒的使命从拯救个人灵魂，扩展为拯救社会与社会中人，强调"必须像拯救个人一样去拯救社会"。从 1908 年开始，美国基督教的各个宗派纷纷将社会福音作为本宗派的行动纲领，并就广泛的社会问题展开跨宗派合作，从而将运动推向高潮。在此后近半个世纪的时间里，新教各教派怀有社会改革思想的神职人员以及一些其他社会改革力量在"社会福音"的旗帜下开始了紧密的合作，在缓解劳资纠纷、改造贫民窟、稳定社会秩序进行了大量尝试，也取得了一些社会

---

① 塞缪尔·埃利奥特·莫里森等：《美利坚共和国的成长》（下），南开大学历史系美国史研究室译，天津人民出版社 1991 年版，第 358 页。
② 李颜伟：《从美国进步主义运动的领导主体看运动的特性》，《天津大学学报》2008 年第 6 期。
③ 参见李颜伟：《美国"社会福音运动"探析》，《天津大学学报》2009 年第 1 期。

成效。

3．进步主义运动与社会主流价值的重塑

在新世纪降临之际，各种社会变革诉求共同汇集成了一场声势浩大的全国性改革浪潮，这便是美国历史上所谓的"进步主义运动"（The Progressive Principle Movement）。"进步主义运动"并不是一场发生在某一具体时间、地点的统一运动，而是泛指19世纪末20世纪初发生在美国政治、经济、文化诸领域的各项改革运动。

进步主义运动作为社会各个领域的变革诉求和实践共同汇聚形成的一场社会改良实践，是在美国社会转型的阵痛期，在各种社会问题的累积、社会矛盾的激化已经威胁到社会秩序的稳定的背景下出现的，是"绝大多数美国人对新近工业化和城市化引起的问题的反应"[①]。虽然美国学术界对这场运动的实践主体及运动性质至今仍有较大的分歧，国内学术界也提出了诸如"资本主义体制的自我调节和完善"[②]、"文化重建运动"[③]、"中产阶级崛起"[④]等多种界说，但在我们看来，从社会转型的视野来考察，进步主义运动的实质乃是社会的成长及其对资本力量侵蚀社会秩序的自主抗拒。

美国在转型时期经历的社会阵痛充分表明，在政府角色定位还受到"守夜人"政府理念的制约，对市场经济的发展完全采取自由放任态度的条件下，社会的成长对于市场经济的健康发展，对于缓解工业化、城市化快速推进引发的社会阵痛，是至关重要的。没有政府的规制和社会的抗衡，市场经济自生自发的演进，不可能自动地带来合理的经济秩序和社会秩序，而只会在资本贪焚欲望的支配下，走向自由竞争的反面，并带来社会正常秩序的毁灭。

美国社会成长的轨迹显示，在传统的社会秩序不可避免地趋于解组，甚至社会基本的公平正义也受到资本力量的野蛮侵蚀的情况下，中产阶级的觉醒及其对于社会重建责任的自觉担当，是社会成长的重要催化剂。进步主义运动的行动主体尽管来自社会不同领域，职业角色各异，但中坚力量是无疑是中产阶级。经济学家钱德勒研究了260位进步主义运动领导人的背景和职业，发现他们绝

---

① ［美］阿瑟·林克、威廉·卡顿：《1900年以来的美国史》上册，刘绪贻译，中国社会科学出版1983年版，第61页。
② 王春来：《转型、困惑与出路—美国"进步主义运动"略论》，《华东师范大学学报》2003年第5期。
③ 李剑鸣：《大转折的年代——美国进步主义运动研究》，天津教育出版社1992年版，第95页。
④ 李颜伟：《美国进步主义运动与中产阶级改革者的崛起》，《天津大学学报》2010年第2期。

大多数是信奉新教伦理的白人中产阶级———律师、教授、工程师、新闻编辑、农场主、中小商人与企业家等。① 美国史学家罗伯特·威比在《寻求秩序》一书中，也用"城市新中产阶级"的概念来定义进步主义者，认为进步主义运动的实质就是新中产阶级致力于以本阶级的一套全新价值观念体系去取代过时的传统观念，他们呼吁并带头进行社会改革，希望籍此消除工业化引发的社会矛盾，实现社会的和谐稳定。②

南北战争结束以后，随着城市经济的快速发展，美国城市中产阶级在数量上急剧增长。由大学教师、新闻记者、自由撰稿人、律师、工程师、企业管理层等构成的城市中产阶级，受过良好的教育，且富有理想和社会正义感。他们面对社会秩序的瓦解，特别是不断被揭发出来的腐败现象和社会苦难，率先觉醒，以强烈的社会责任感和忧患意识，发出了改造社会的强烈心声，并通过黑幕揭发运动和多种形式的社会改良实践，形成了社会重建的强大诉求。一般而言，在社会转型时期的利益大分化格局中，社会上层群体即使对社会失范的现象有一定认识，既得利益群体的社会地位也决定了他们往往很难摆脱利益的羁绊，成为社会觉醒的先驱力量。而社会层底群体虽然对社会现实强烈不满，但现实处境决定了他们往往无暇顾及个人和家庭生存以外的问题，或者只能停留于对抗性的情绪宣泄。在利益格局严重失衡，社会对立情绪不断高涨的格局中，唯有中产阶级才能真正承担起平衡社会利益诉求，凝聚社会共识，塑造社会主流价值的特殊责任。

中产阶级对社会变革的呐喊，不仅唤醒了公众和政府对社会问题的关注，而且其致力于社会改良的建设性姿态也有效地弥合了社会意识的裂痕。塞缪尔·亨廷顿认为，美国历史上有四个"信念激情"时期，19世纪20－40年代即为其中之一。"信念激情"时期政治氛围的最大特征就是"广泛而强烈的道德义愤"③，人们普遍被一种"唤醒的道德激情"所支配，而且充满了"向善主义、乐观主义、理想主义的冲动"④。当社会既得利益群体沉耽于权钱交易带来的粗鄙的放纵感、成就感，而社会底层基于自身的生存体验不断积蓄起对社会的绝望感时，放任社会裂痕的扩大，就意味着社会最终走向决裂式的革命。而中产阶级由其社会地位决定，更容易倾向于以建设性的姿态来谋求社会的改良，弥补上层与底层

---

① 李庆余：《美国如何构建和谐社会?》，《南方周末》2006年11月17日。
② 李颜伟：《从美国进步主义运动的领导主体看运动的特性》，《天津大学学报》2008年第6期。
③ ［美］塞缪尔·亨廷顿：《失衡的承诺》，周端译，东方出版社2005年版，第104页。
④ 同上，第106页。

之间利益诉求的裂痕。自上世纪初以来,以中产阶级为主体的改革倡导者就以"进步派"自居,此后"进步主义"成为一种时尚,主张社会变革的人都乐于自称"进步派"。正如有学者指出的那样,20世纪初年美国改革者广泛采用的"进步"一词,并非传统意义上的"落后"的反义词,而是源于当时一种流行的社会信念,即人们普遍相信,通过人的主观努力可以推动社会的进步。① 即使是那些极富道德激情的黑幕揭发者,也没有表现出对社会的绝望,而是秉持社会进步的信念,致力于社会改良事业。

正是在这样一种积极而务实的社会态度的支配下,进步主义运动逐步营造出了社会改造的基本共识,美国社会的主流价值发生了明显的有利于增进社会信任和合作的转向。在此,传统的"适者生存"的社会达尔文主义逐渐被关注社会公平、社会团结的观念所冲淡,传统的个人主义思想被强调个体社会责任的新个人主义取代,自由放任的政策导向也开始向主张适度国家干预的新国家主义转化。在进步主义运动发生之前,美国流行的价值观念是个人奋斗与"适者生存"的社会达尔文主义。这种社会主流价值观念几乎完全将社会平等价值排除在了自由范畴之外,也完全否定了政府干预社会不平等的合理性,即穷人们应当为他们所处的不幸境地负责。当时美国最有名的社会达尔文主义者耶鲁大学教授威廉·格莱姆·萨姆纳就曾提出,自由的正当涵义应当是"对政府权力的彻底否定"和对不平等现象的坦然接受。在一个自由的社会里,"无人有权""要求他人给予帮助,也无人可以被要求来帮助他人"②。而到了19世纪90年代,社会达尔文主义和自由放任式的自由定义已经遭到来自各方面的批评和攻击,批评者不光包括了劳工和平民党人,也包括了教士,他们为正在出现的工业秩序中的不平等现象而震惊;同时还包括了新一代的从事社会科学研究的知识分子,他们建议为建立社会平等,采用国家能动主义的政策。③

进步主义运动最有影响的思想家赫伯特·克罗利阐述的"美国生活的希望",最为集中地反映了这种社会主流价值的转变。克罗利指出,美国生活希望的实现不仅需要最大限度的经济自由,而且还需要一定的制度约束,不仅要尽可能多地满足个人的需求,而且需要个人的服从,并具有忘我的无私精神。"财富

---

① 王春来:《转型、困惑与出路——美国"进步主义运动"略论》,《华东师范大学学报》2003年第5期。
② [美]埃里克·方纳:《美国自由的故事》,王希译,商务印书馆2002年版,第182–183页。
③ 同上,第193页。

权利和经济权利集中于少数缺乏责任感的人手中，这是我们政治机构和经济机构实行混乱无序的个人主义所造成的后果。这对国家的民主也是极不利的，这将导致政治弊端和社会不平等最终成为一种体制。"①克罗利描绘了一个能够得到社会各阶层广泛认同的社会和谐前景，那就是："个人成为国家的缩影，为个人的独特目的而努力；国家成为一个放大的个人，它的目的就是关心人们生活的改善。在国家生活中每个人都会找到自己的位置。"②

　　社会的成长不仅需要有社会自主意识的觉醒，而且需要凝聚形成推动社会变革的现实力量。除了新闻记者、思想家、大学教授们营造的公共舆论，社会组织的发育无疑是提升社会自组织能力的关键。值得注意的是，进步主义时期正是美国的社会团体如雨后春笋般涌现出来的重要时期。新旧世纪之交，以社会改革为己任的全国性组织开始大量出现，逐步成为社会各领域改良实践的重要推动者和组织者。1890 年，争取妇女选举权为宗旨的美国妇女选举权协会和致力于保护女工、废止童工、改进教育、保护消费者权利、保护自然资源的妇女俱乐部总联盟宣告成立；1897 年，致力于帮助北方黑人姑娘的白玫瑰产业协会在纽约成立；1898 年，全国消费者联盟成立；1899 年，旨在调解劳资冲突、推动劳工立法的全国公民联合会成立；1904 年，全国童工委员会成立；1906 年，美国劳工立法协会和美国娱乐场所与消遣协会成立；1910 年，黑人运动的第一个全国性领导机构全国有色人种协进会成立；1911 年，改善纽约黑人工业条件委员会、全国保护黑人妇女联盟、城市黑人条件委员会三个组织合并为全国城市联盟，其宗旨是反对种族歧视、改善城市黑人聚居区的条件和防治流行病。③ 几乎在同一时期，积极参与社会事务的各种宗教团体（如基督教劳工会、社会服务联盟、新美国基督教会联合会、基督教社会主义协会等等）以及以保护自然资源为宗旨的社会组织也纷纷建立起来。

　　知识群体的呐喊，黑幕揭发运动营造的强大社会舆论压力及由此形成的舆论监督传统，社会组织的发育及其推动的社会各领域的改革，共同形成了一种督促、推动政府进行社会改革的社会现实力量。在社会力量的推动下，一些政界人

---

　　①　[美]赫伯特·克罗利：《美国生活的希望：政府在实现国家目标中的作用》，王军英等，江苏人民出版社 2006 年版，第 21 页。

　　②　同上，第 354 页。

　　③　邓超：《美国进步主义时期的社会控制与社会主义运动的衰落》，《当代世界与社会主义》2009 年第 4 期。

士也开始顺应社会变革诉求,推动了反垄断、反腐败的政府改革。其中最有成就的便是西奥多·罗斯福和伍德罗·威尔逊两任总统。西奥多·罗斯福不仅推动国会在 1890 年通过了美国第一部重要的反垄断法律,即"谢尔曼反托拉斯法",而且曾经以强迫煤矿接受政府调解的方式,表达了政府对有组织罢工的支持态度。威尔逊则推动国会于 1914 年通过了"克莱顿法"和《联邦贸易委员会法》,为反垄断诉讼提供了有利武器。在他的努力下,1912 年美国国会批准了宪法第 17 条修正案,规定由人民直接选举参议员,在遏制制度性腐败方面取得了重大进展。

进步主义运动时期美国政府实施的多项社会改革,都是在社会力量的直接推动下完成的。在黑幕揭发运动暴露出城市贫民窟存在的难以忍受的生存境遇之后,纽约市和芝加哥市分别在 1901、1902 年颁布了建造经济公寓和普通住宅的法律。到 1917 年已有 40 个城市、11 个州制定了有关提供经济公寓的法律规定。1906 年厄普顿·辛克来出版的《屠场》引起了全社会对食品安全的焦虑,直接催生了当年出台的《纯净食品法及药品管理法》和《肉类管理法》两部法律,成为美国食品行业发展的转折点。1907 年西弗吉尼亚州的矿难夺走 362 个鲜活的生命,在社会各界的推动下,生产安全问题引起政府切实关注,美国随后出台了多项监管法律,建立了工业事故赔偿制度,并于 1910 建立了专门从事生产安全监管的美国矿务局,从而使美国的工业事故伤亡率在 1910 年前后出现了拐点。1911 年 3 月 25 日的纽约三角公司火灾则成为工厂劳动立法的重要依据。事故发生后国际妇女服装工人联合会组织 10 万工人参加遇难者追悼大会,纽约市随即建立了有 25 个成员参加的"改进工作场所安全委员会"。根据委员会的建议,到 1914 年,纽约州共通过了 34 项改善工人工作条件和劳动安全的法律,美国进入了"工厂立法修法的黄金时期"。三角公司大火后来也被称作"改变美国的一场火灾",以致在罗斯福政府担任劳工部长的珀金斯女士后来称"这一天是新政的开始"。

二、新国家主义:政府角色的历史性转型

进步主义时期社会力量的成长,虽然在推动政府与民间力量合作解决累积的社会问题、缓解日益紧张的社会矛盾方面取得了一些成效,但并没有改变美国利益结构整体失衡,并严重制约经济持续增长和社会和谐稳定的大局。显然,正

处于成长过程中的相对脆弱的社会力量并不足以抗衡资本力量对社会秩序的全面侵蚀。

1. 新国家主义与罗斯福新政

一战以后，美国经济依然保持了快速增长，大萧条之前还曾经历了著名的"柯立芝繁荣"（1923－1929 年）。1919－1929 年美国民生产总值从 742 亿美元增长到 1031 亿美元。[①] 但是，国民收入分配失调现象也达到了登峰造极的地步。美籍印度经济学家巴特拉曾经分析指出，1922 年，美国 1% 的家庭拥有国民财富的 31.6%，但到了 1929 年，所占份额却快速达到 36.3%。[②] 与此同时，大部分美国家庭的生活还处于温饱水平。1929 年，美国住在城市的家庭总数为 2750 万个，其中有近 1200 万个家庭年收入在 1500 美元以下，占美国家庭总数的 43% 多，其中更是有 600 万个家庭收入在 1000 美元以下，占美国家庭总数的 21% 强，有近 2000 万个家庭年收入在 2500 美元以下，大约占美国家庭总数的 71%。据估计，当时维持像样的生活标准，家庭年收入起码要达到 2500 美元。[③]

社会改良带来的进步远远满足不了各阶层强烈的变革诉求，期望政府突破"守夜人"式的角色定位，改变自由放任的经济政策，在社会变革中发挥更大的积极作用，逐步成为社会思潮变动的重要趋向。"延续内战时期的传统和镀金时代的改革计划，一个由具有改革思想的中产阶级知识分子、重新兴起的妇女运动、工会活动家和社会主义者组成的广泛联盟开始出现。他们立志重新复活能动主义式的国家政府的思想。"[④]

进步主义运动时期，主张强化政府干预职能的所谓"新国家主义"思想已经浮出水面，并为越来越多的人所接受。当时最有声望的政治学家之一，赫伯特·克罗利在《美国生活的希望》一书中提出，"改革是不可避免的，改革的目标是重建社会而不是恢复旧状态，改革的核心问题是扩大政府职能，加强国家对经济和社会生活的干预"。[⑤] 克罗利明确主张抛弃杰斐逊主义，奉行"新国家主义"，以

① 刘绪贻、杨生茂：《美国通史》第 5 卷，人民出版社 1994 年版，第 3 页。
② ［美］莱维·巴特拉：《1990 年大萧条》，中国国际信托投资公司国际研究所译，上海三联书店 1988 年版。
③ ［美］阿瑟·林克：《1900 年以来的美国史》（上），刘绪贻译，中国社会科学出版社 1983 年版，第 297 页。
④ ［美］埃里克·方纳：《美国自由的故事》，王希译，商务印书馆 2002 年版，第 222 页。
⑤ ［美］赫伯特·克罗利：《美国生活的希望：政府在实现国家目标中的作用》，王军英等，江苏人民出版社 2006 年版，第 224 页。

适应社会变迁的客观要求。政治学家李普曼也提出,自由并不是没有计划或不受政府控制,也不是无政府主义的代名词,"清静无为和软弱政府,那是对自由主义的曲解"①。尽管美国社会的政治思想传统有着相当深厚的对强大行政权力的恐惧和戒备意识,但饱尝了自由放任的社会苦果之后,软弱无力政府也逐步引起了人们的不满和反思。正如美国学者梅里亚姆所指出的,这一时期,"对政府管得凶的恐惧心理减退了,对自由竞争的无限信仰也减退了;取而代之的是认识到一定要有一个组织完善的政府,这个政府具有广泛的权力去控制不公平的竞争,提高社会效率和促进普遍福利"。②

1901 年,因标新立异,强烈主张强化政府干预而被美国政界称为"疯子"的西奥多·罗斯福登上总统职位,美国政治的主流思想加快了向"新国家主义"靠拢的步伐。西奥多·罗斯福公开阐明:"民主的目的现在只能以汉密尔顿的手段达到,一个强大的中央集权国家,政府增加对经济生活的干预及在政治上摆脱特殊利益集团的关系,这就是发展的方针。"③在连任竞选中,西奥多·罗斯福更是明确提出了"新国家主义"的竞选纲领,主张将政府作为加强监管措施的有效机构,扩大对经济活动的干预,控制垄断企业的过度发展,以保护个人自由与平等,缓和社会矛盾,实现"宪法中的共同福利"。

显而易见,社会转型的阵痛无法通过社会的渐进式成长来自我消化,转变政府的角色职能,强化政府对经济社会发展的行政干预,已经成为维护社会和谐,避免社会走向分裂的必由之路。1929 年大萧条的来临,更是使"新国家主义"的主张从少数人的倡导演变成了大多数人的共同愿望。

1929 年的大萧条足以称得上是现代资本主义经济有史以来最惨烈的一场经济危机。据统计分析,1929 - 1933 年,美国工业生产下降了一半,出口贸易下降到三十年来的最低点; 约 86000 家企业破产,1700 万人失业,占全部劳动力四分之一以上,在业工人工资削减 35% -40%;农业总收入下降 60%,一百多万农民破产,沦为佃农或农业工人。④ 危机最严重的时期,约 2500 万美国人在挨

---

① [美]亨利·斯蒂尔·康马杰:《美国精神》,南木等译,光明日报出版社 1994 年版,第 327 页。

② [美]梅里亚姆:《美国政治学说史》,朱曾汶译,商务印书馆 1988 年版,第 217 页。

③ [美]理查德·霍夫斯达特:《美国政治传统及其缔造者》,崔永禄、王忠和译,商务印书馆 1994 年版,第 242 页。

④ 刘绪贻:《罗斯福"新政"的历史地位》,载中国美国史学会:《1981 -1983 年美国史论文集》,三联书店 1983 年版,第 243 页。

饿,以致失业者在垃圾堆里与鸡犬争食,一些地方甚至出现了饿死人的事件。据1932年9月《幸福》杂志估计,当时美国有3400万成年男女和儿童无法维持生计,约占全国总人口的28%(1100万户农村人口未计在内),流浪人口达200万,仅纽约一地1931年记录在案的倒毙街头的案件就有2000余起。

从某种意义上说,20世纪20年代的美国,经济社会发展的失衡及其复杂的内在关联同当下的中国有很大的相似性。在经济保持较高的增长速度的情况下,丛生的社会问题、社会矛盾勉强还能够被掩盖住,实力不济、捉襟见肘的政府虽然四处救火,但日子总算还能挨过去。一旦经济增长连续几年发生大滑坡,各种社会问题、社会矛盾便迅速全面激化,并相互交织在一起形成社会的总体危机。众所周知,20年代本身就是资本主义世界危机四伏的时代,列宁差不多就是在这个时期根据资本主义国家社会问题、社会矛盾的积累和激化现象,得出了"帝国主义是资本主义的最高阶段"、"帝国主义是无产阶级革命的前夜"的结论,判定"寄生的或腐朽的资本主义"已处于奄奄一息的"垂死"状态。大萧条的降临,极大地恶化了经济社会形势,社会的紧张局面似乎都正在印证着列宁的预言:失业大军和饥饿民众到处游行示威,多个城市爆发了数以千计的民众占领市议会大厦、政府大楼,冲击银行等激烈举动,在农村"愤怒的火花"到处迸发,一些地方甚至出现了武装冲突事件。

在应对危机的种种措施均宣告无济于事之后,悲观、绝望的情绪已经开始在统治集团中弥漫开来。前任总统柯立芝在临死前几天说:"在其他萧条时期,总是可以看到一些可靠的东西,你可以寄希望于它们。而现在,当我环视四周,我看不到任何让位于希望的东西。看不到任何有希望的人。"危机时在位的胡佛总统顽固坚持自由放任政策导向,拒绝采取大规模的政府干预行动,最终也完全动摇了对经济恢复的信心,在向新总统交权之际,胡佛竟然发出了这样的哀叹:"我们已经到了山穷水尽的境地,我们已经无能为力。"[1]历史学家汤因比曾经这样概括了当时美国社会的心态:"这个伟大、古老、一直成功的社会的成员正在自问:西方的生命及其成长历程,是不是在他们的时代很可能将达到终点。"[2]毫不夸张地说,怀疑资本主义经济能否继续存活下去已经成为一种相当普遍的社会心态。

---

[1] 黄安年:《论胡佛总统反危机的自愿联合政策》,《世界历史》1986年第9期。
[2] 刘绪贻、杨生茂:《美国通史》第5卷,人民出版社1994年版,第17页。

1933 年 3 月 4 日,富兰克林·德兰诺·罗斯福就任美国第 32 届总统。甫一上任,罗斯福总统就要求召开国会特别会议,在短短的一百天内,国会特别会议通过了 70 项法案,其中包括 15 项重要法案,掀开了大变革的时代。罗斯福应对危机的一系列社会变革措施后来被称作"新政"(New Deal),核心理念是三个 R,即改革(Reform)、复兴(Recovery)和救济(Relief)。"新政"大体上经历了两个阶段,第一阶段自 1933 年起至 1934 年底,是应急治理阶段,主要通过整顿金融、农业、工业来恢复经济、救助困难群体,遏止资本主义经济体系的崩溃。真正对美国经济社会构成深远影响的第二阶段,从 1935 初延续到 1939 年,重点是以社会变革、社会建设来推动经济社会的协调发展。罗斯福"新政"并非是单纯的应急性的权宜之计,而是一场资本主义经济、社会、政治体制"伤筋动骨"的大手术。"新政"秉持西奥多·罗斯福和伍德罗·威尔逊总统开其端绪的"新国家主义"改革思路,以政府角色的大转型,来推进社会建设,进而以社会的转型推进经济社会的协调发展。可以说,罗斯福"新政"奠定了现代资本主义体系市场、国家、社会既相互独立又相互支撑格局的重要基础。从政府转型推进社会转型的角度来看,罗斯福"新政"最重要的内容主要体现在三个方面:

一是调整社会利益结构,通过救济贫困、保障就业及税收调节,抑制社会财富分配两极分化的趋势。帮助失业和贫困群体渡过难关,是罗斯福政府面临的最急迫的问题。1933 年 5 月,美国出台《联邦紧急救济法》,并成立了联邦紧急救济署,一开始就拨出 5 亿美元来解决失业者的最低生活需要。随后又不断追加拨款,前后拨出 260 多亿美元(约占联邦政府 1933 – 1934 年平均预算支出的一半)用于解决贫困家庭的最低生活需求。为解决失业问题,新政逐步将单纯救济改为"以工代赈",先后成立民政工程署、工程兴办署和公共工程署,结合公共基础设施建设的需要,实施了三万多个新办工程,吸收了几百万个失业工人从事植树护林、水土保持、道路建筑等工程建设,创造了大量的就业机会,并使失业救济逐步演变为成为联邦政府半永久性的职责。几乎在颁布《联邦紧急救济法》的同时,国会出台了《全国工业复兴法》,并成立了"全国复兴署",负责召集工商界、劳工组织和消费者共同拟定公平竞争法规,目的是"在整个工业界开展一个大规模的合作运动,以达到广泛的再就业,缩短工作周,实行合理工资,防止不公平的竞争和灾难性的超产"。由于法案及复兴署的要求没有得到各行业的广泛响应,联邦政府还于 1933 年 7 月 21 日发起了一场声势浩大的"蓝鹰运动",由罗斯福签署的包括禁止童工、规定最高工时和最低工资标准等条款在内的

"总统再就业协议"副本送达全国各地的企业主手中,只有签署了"协议"的企业方可从国家复兴署领取"蓝鹰"标识,张贴在商店橱窗、工厂大门和产品包装上,消费者则以抵制不带"蓝鹰"标识的产品来支持这个运动。结果在 3 个半月的时间内,全美国二百多万雇主在"总统再就业协议"上签字,《全国工业复兴法》颁布的 2 年多时间里,美国共制定和颁布了 557 个行业公平竞争基本法规,189 个补充法规。①《全国工业复兴法》和《联邦紧急救济法》通过加强政府与企业及企业内部劳资双方合作的方式,在有效遏制企业破产潮的同时,在保证就业方面取得了明显的成效。到 1935 年,全国就业人数比 1933 年增加了 400 万人。②

新政还用政府补贴、政府收购等方式提高农民收水平。1933 年 5 月,国会通过《农业调整法》,法案规定通过缩减农业产量的办法来消除农产品"过剩"现象,政府与生产者签订合同,对农产品实施限量生产,政府负责补偿减少耕地和产量的损失,剩余农产品则由政府收购。从 1932 年到 1936 年,美国农业总收入增加了 50%,农民的全部现金收入也从 1932 年的 40 亿美元上升到 1935 年的近 70 亿美元。③

在想方设法提高中低收入群体特别是贫困阶层收入水平的同时,"新政"对税收政策进行了大规模的调整。1935 年 6 月通过的《财产税法》,在降低低收入者的税率的同时,提高高收入者的税率,按照累进的方式,对于年收入超过 5 万美元以上的高收入群体额外增收最低 1% 的税,年收入超过 500 万元以上者,将征收 75% 的税率。1935 年起,又开始加征遗产税和财产移赠税,以防止巨富们通过分散、移赠财产而逃避纳税。1936 年通过的《税收法》进一步深化了税制改革,对公司特别是垄断企业的利润进行了限制。法案规定,公司所得税以 2000 美元为起点,征收 8% 的税,公司所得超过 4 万美元以上部分,征收 15%。

显然,新政在收入分配上的一系列改革,基本指导思想,就是要通过"抽肥补瘦",抑制收入两极分化的趋势,并以税收杠杆建立长期的社会利益平衡机制。这不仅有效地扩大了低收入群体对经济发展成果的分享,满足了社会中下层对社会公平的价值诉求,而且形成了一个非常有利于中产阶级成长壮大的收入调节机制,促进了美国社会结构从两极分化到中产阶级占据主体地位的转型,

---

①　胡国成:《塑造美国现代经济制度之路》,中国经济出版社 1995 年版,第 239 - 240 页。
②　王昌沛:《罗斯福新政扩大消费与内需改革策略探研》,《郑州大学学报》2010 年 4 期。
③　杨目、赵晓、范敏:《罗斯福"新政":评价及启示》,《国际经济评论》1998 年第 7 期。

对美国成功地进入消费社会也起到了重要的推动作用。

二是着手建立全覆盖的最低限度的社会保障体系,将保障公众基本的社会权利确立为政府的重要职责。美国经济虽然在 19 世纪末就领跑世界,但自由放任的政策导向直接阻碍了政府对社会保障责任的承担,因而相对欧洲国家,美国社会福利立法明显滞后。如德国在 1883 年就制定了疾病保险法,1884 年通过了工人赔偿法,1889 又通过了一些旨在对老年人和丧失劳动能力的人给予保险的法案。英国在 1894 年通过了工人赔偿法,开始实行社会保险计划,1911 年又增加义务健康保险。法国也在 1921 年开始实行疾病、母亲、残疾、老年保险。相形之下,美国只是在 1908 年通过了只在几个州实行的工人赔偿法。1929 年的大萧条暴露出来的贫困阶层生活无助的现实,极大地强化了社会各界对政府介入社会保险的政策诉求。为此,罗斯福在 1933 年的就职演说中,明确将"免于匮乏的自由"同"免于恐惧的自由"、"言论自由"、"信仰自由"一道并列为公民享有的"四大自由",作为政府必须给予保障的重要职责。罗斯福认为,如果对老者和病人不能照顾,不能为壮者提供工作,不能把年轻人注入工业体系之中,听任无保障的阴影笼罩每个家庭,那就不是一个能够存在下去,或是应该存在下去的政府。[①] 在 1934 年 6 月 8 日的咨文中,罗斯福再次强调,"根据我国宪法,联邦政府所以建立的目的之一是'增进全民之福利',提供福利所依存的这种保障也是我们明确的职责……家庭安全、生活保障、社会保险——在我看来乃是我们向美国人民提出的最低限度的承诺"。"我希望政府有可能,作出一项长期的明确政策,每年拨出一笔巨额专款,以使每年工作不是出于临时的权宜,而是本着经过深思熟虑的全面目标"[②]。这意味着政府承认享有最低限度的社会保障是公民享有的基本社会权利。

1935 年 8 月 14 日,美国正式颁布了《社会保障法》。这是美国历史上第一个由联邦政府承担义务、面向全体民众的,以老年保险、失业保险和未成年人保障为核心内容的综合性社会保障法案。法案规定凡年工资在 6000 美元以下者必须参加全国老年保险,费用由雇主与雇工平摊。到 65 岁时,参保者可以得到每月 10 – 85 美元不等的退休金。对于年龄在 65 岁以上的人群,实行养老金制度,由联邦政府和州政府共同分担保险费用。同时建立失业保险体制,失业者每

---

① 转引自孙立平:《重建社会:转型社会的秩序再造》,社会科学文献出版社 2009 年版,第 46 页。
② 《罗斯福选集》,关在汉译,商务印书馆 1982 年版,第 60 – 61 页。

周可领到 15 至 18 美元的失业保险金。据统计,当时美国约 3000 万公民"直接受益于失业补贴、养老金以及保护儿童和防止疾病的进一步的设施"①。除了养老和失业保险,"新政"期间美国还出台了一系列社会保障法案,涉及医疗保险、最低工资、最高工时、最低存款保险、对困难户的住房保障和廉价住房供应等等。《社会保障法》的实施意味着政府开始承担起对人民的基本生活负责的责任,这是美国走向现代福利国家的开端。"1929 至 1939 年这十年间,公共福利与救济事业的进展,比起美国殖民地建立后 300 年间的进展还大。"②

三是强化工会的谈判地位,调整和规范劳资关系,为社会和谐奠定坚固的基础。工业化时代利益结构失衡的核心,是劳资之间不平等的权利关系。对当下中国社会建设最具有启示意义的是,罗斯福新政一直把调整劳资关系,改变工会的弱势地位作为最重要的社会改革内容。新政最早通过的法案之一,《国家工业复兴法》第七条就明确规定,联邦政府保证工会有自发组织及进行集体谈判的权利,将劳资协商合作作为振兴工业的重大措施。1935 年通过的《全国劳动关系法案》更是明确规定,雇员享有自发组织、建立、参加工会,自主地选出代表参加劳资谈判、签订集体议价合同的权利,当局和雇主不得以任何方式禁止罢工和干涉工会组织的内部事务,法院有责任审理违反该法的任何控诉案。在法案的支持下,工会组织的会员规模迅速扩大。1900 - 1940 年间,美国工会会员占全部劳动力的比例从 2.8% 上升到 15.5%,工会会员占非农业雇员的比例从 5.2% 上升到 26.9%。③"30 年代初那些(大规模生产的基础工业中)中层经理在做出雇佣(开除,提升,工资工时与劳动条件)的决策时,很少被迫认真考虑工会的要求"④的情况发生了根本性的扭转,工人不再任意受资本家摆布,他们开始借助工会的力量与资方进行博弈和抗衡。1938 年,国会又通过了《公平劳动标准法案》,设置了最低工资和最高工时,规定超时工作需支付加倍报酬。

在新政以前,美国政府对于劳资纠纷的态度同当下中国一些地方政府极为相似。一方面,自由放任的政策导向使政府倾向于对劳资纠纷采取不干预态度,甚至为了加快经济发展或者因为利益关联而采取偏袒资方的态度;另一方面,基

①　《罗斯福选集》,关在汉译,商务印书馆 1982 年版,第 86 - 87 页。
②　[美]威廉·爱·洛克藤堡:《罗斯福与新政:1932—1940 年》,朱鸿恩译,商务印书馆 1993 年版,第 378 页。
③　梁晓滨:《美国劳动市场》,中国社会科学出版社 1992 年版,第 72 页。
④　杨目、赵晓、范敏:《罗斯福"新政":评价及启示》,《国际经济评论》1998 年第 7 期。

于对阶级革命的恐惧心理,政府往往又倾向于将罢工视为社会动乱,甚至动用军队对罢工进行镇压。经济大危机及其产生的严重社会危机使罗斯福为代表的统治集体意识到,"饥肠辘辘的,衣衫褴褛的劳动大军不仅很难为它(资产阶级)带来高额利润,连它自身的生存也会受到威胁"[1],从而逐步转变了政府的立场,确立了政府作为社会利益冲突的中立的调节者的定位。而在新政时期,鉴于劳动者一方在劳资纠纷处于明显的弱势地位,罗斯福政府甚至采取了更多支持劳动者一方的政策导向。新政不仅以一系重要法案为劳动者通过组织工会维护自身的正当权益提供了法律依据,而建立了相应的政府职能部门来专门负责处理劳资纠纷。根据《全国劳工关系法》设立的全国劳工关系委员会被授权主持各地工会选举,制止雇主妨碍工会组织活动的行为,从而在一定程度上扭转劳资双方博弈的不对等局面,工会由此逐步成为社会利益博弈的重要政治力量。

2. 政府转型及其社会影响

罗斯福新政在上述三个方面实施的重大改革,既是挽救经济危机的措施,更是旨在缓和社会矛盾、维护社会和谐秩序的重大创新。无论是调节社会财富分配格局和社会利益结构,还是建立社会保障体系,规范劳资关系,都是社会建设的核心内容,新政的变革逻辑,概括地讲,就是以政府转型推动社会变革和社会建设,进而以社会转型推进经济转型,奠定经济可持续发展的社会基础和动力支撑。

罗斯福新政是"新国家主义"的延续和强化,它否定了自由放任的政策导向和社会达尔文主义的传统主流价值,极大地改变了资本主义国家的政府职能定位。古典自由主义意义上的自由放任是美国建国以来奉行的重要立国准则,可以说美国坚持自由放任,反对政府干预经济的态度,比欧洲任何一个国家都更为坚决。开国时期的最有影响力的政治家之一杰斐逊就曾说过:"管得最少的政府,就是最好的政府。"在他的第一次就职演说中,杰斐逊也明确提出:"政府明智而俭朴、除应防范人们相互伤害外,无需多加干涉,应任其自主各营业并谋求改善。并且不应剥夺劳动者挣得收入"[2]。杰斐逊的这一思想构成了美国政治思想传统的重要组成部分。在新政之前,尽管西奥多·罗斯福和威尔逊政府都有过一些强化政府干预的尝试,但最小的政府及自由放任依然是主导性的政府

---

① 转引吴必康:《英美现代社会调控机制》,人民出版社2001年版,第190页。
② 钱满素:《美国文明》,中国社会科学出版社2001年版,第.41页。

理念,政府的职能定位也没有根本性的改变。大萧条期间在位的胡佛总统依然是彻头彻尾的传统政府理念的信奉者。1928 年 10 月 22 日,胡佛在"靠奋斗的个人主义哲学"著名演说中系统地阐述他的政治信仰:"美国制度是建立在一种自治政府的特殊概念之上而以地方分权为基础的"。"美国制度是个人奋斗的自由放任主义","正是通过这种创造性和事业心,我们的人民才变得无比强大"。"如早有人要研究欧洲恢复延缓的原因,他就会发现,其主要原因,一方面是由于抑制了个人主动性,另一方面是由于政府管事过多"。甚至在危机最严峻的时刻,胡佛在 1932 年 12 月 6 日发表的最后一篇年度国情咨文中还宣称:"我们已经建立一个十分独特的个人主义的体系,我们的一切政府活动都不应该忽视它。因为靠了它,我们取得了其他国家所望尘莫及的成就!""美国体系的背景及进步的活力,要求我们准予一切社会和经济势力享有最大程度的活动自由——只要这样的活动既不妨碍机会均等,又能鼓动我们的人民主动性和创造性"①。

新政之后,不仅国家干预经济和社会生活的合法性得到了确认,而且政府的职能借助于新政期间实施的改革而发生了实质性的改变,政府特别是联邦政府的职能和权力有了空前的扩展。新政期间联邦政府设立的许多管理、规制经济活动的机构,如"国家产业复兴局"、"国家劳工关系局"、"农业经济调整署"、"农业信贷总署"、"防止水土流失局"、"公共工程管理局"、"联邦紧急救济署"、"证券交易委员会"、"海运委员会"、"民航局"、"联邦房屋管理局"等等,大部分都保留了下来。联邦政府还加强了中央银行—联邦储备银行,建立了联邦储备体系和"联邦储蓄保险公司",加强了管理跨州交通运输的州际商务委员会。②通过立法和公共政策对经济运行进行宏观调控,由此逐步成为政府的常规职能。

从社会转型的角度讲,以新政为开端的政府转型,影响最大的莫过于以改善民生、维护社会公平为主旨的基本公共服务供给(如救济贫困、保障就业)和社会保障体系建设(失业、医疗、工伤、养老保险)开始被纳入政府的职责范围,进而逐步发展成为政府的核心职能。它通过政府对经济社会事务的适度干预,极大地缓解了转型期的社会阵痛。从某种意义上讲,新政扩大政府干预的多种改革,都是在特定的情境逼迫之下推出来的。正如美国学者罗斯巴德指出的那样,

① 黄安年:《论胡佛总统反危机的自愿联合政策》,《世界历史》1986 年第 9 期。
② 陈启懋:《罗斯福"新政"是现代资本主义的开端》,《美国研究》2006 年第 2 期。

"大萧条的主要影响在于,美国人开始普遍接受这样的观点,即'自由放任的资本主义'必须受到批判。在经济学家和不懂经济学的公众中,普遍的观点认为,在 20 年代,资本主义得到了广泛的重建,而悲剧性的萧条则说明旧时的自由放任主义已经不再起任何作用了。在 9 世纪,自由放任下的资本主义总使人们感到不稳定,总是招致萧条,而现在,它更糟糕,人们已经对之忍无可忍了。"①大萧条表明,社会秩序变动最为剧烈的转型时期,完全依靠社会或者说民间自发的力量,来克服社会解组、社会失序现象,特别是逐步激化的社会冲突是不切实际的。政府的介入,特别是主动承担起基本公共服务供给和社会保障体系建设的职责,建立转型社会的安全阀,是避免社会秩序走向瓦解以及社会冲突走向社会革命的重要保证。因此,尽管罗斯福新政也受到一些人的攻击,但新政扩大的政府职能和权力在美国历史上不仅没有被逆转,反而得到了不断的加强。继罗斯福之后,二战之后美国第一任总统杜鲁门继续推行"公平施政",巩固并扩大了"新政"的成果。肯尼迪总统的"新边疆"政策,同样沿续了罗斯福的社会经济改革,实施了大规模的"向贫困开战"计划。约翰逊总统更是提出了建设"伟大的社会"的计划,扩大了政府干预的范围。

新政影响深远的另一项重大改革,是调整和规范劳资关系。其实质是在社会利益关系处于严重失衡境地时,政府主动扶持弱势群体形成利益表达、利益维护的组织化机制,强化弱势群体的利益博弈能力。毫无疑问,作为资本主义体系的护卫者,罗斯福不是也不可能是劳工群体的天然利益代言人。"罗斯福无意发动一场革命,也无意为美国创造一种新的体制结构。相反,他是在设法医治一个资本主义社会的暂时疾病,通过护理使它恢复健康。只是因为常规疗法再也不能奏效,他才试用了试验性疗法。"②罗斯福令人钦佩的地方,是在重大的历史转折关头所表现出来的政治家的眼光、胸襟和气魄。罗斯福深切地意识到,如果不能改变劳资关系的现状,不能让劳工群体更多地分享经济发展和社会进步的成果,获得最基本的社会权利保障,社会的和谐稳定将无从谈起,政府也必然要陷入层出不穷的罢工事件甚至激烈的社会对抗运动的应急管理之中。为此,他不惜得罪既得利益群体,明确地支持劳工群体通过自主地组织工会来维护他们自身的政治利益,并用法律和行政手段制止、打压企业主破坏工会组织活动的行

① [美]罗斯巴德:《美国大萧条》,谢华育译,上海人民出版社 2009 年版,第 23 页。
② [美]内森·米勒:《罗斯福正传》,祥里等译,新华出版社 1985 年版,第 414 页。

为。新政实践充分地表明，利益表达、利益博弈的组织化以及社会权力格局的均衡化，乃是实现社会和谐的治本之道。

三、和谐之道：市场、政府、社会的良性互动

从 19 世纪末进步主义运动的兴起，到罗斯福新政，再到战后持续一二十年的"向贫困开战"、健全社会保障体系的一系列社会变革，美国完成了社会结构的重大转型，奠定了现代资本主义体系市场、政府、社会相互独立又相互支撑的治理格局，实现了经济的百年繁荣，在社会异质性日益增强的过程中保持了社会的长期稳定。尽管美国的经济社会发展有许多得天独厚的优势，但半个多世纪的社会转型，特别是以政府转型促进社会成长，进而以政府转型和社会转型奠定经济发展强大的内在驱动力的经验，依然为我们思考社会转型背景下的社会管理创新提供了有益的启示。

1. 政府转型与经济结构转型

古典经济学曾经对经济与社会发展及其关联性作了一个重要预设，那就是相信在市场自由竞争机制这一只"看不见的手"的引导下，市场交易将会自发地形成一种日益扩大的分工合作秩序。在这种预设中，不仅政府的角色没有得到应有关注，社会独立于市场的自主性价值及其对经济复杂的制约关系也没有被纳入市场经济发展的前置性条件的讨论当中，经济与社会被视为一种具有天然的协调性的一体性关系。然而，现实世界的市场经济却从来不是在进步、和谐的单一声调中扩展演进的，工业化、城市化进程展开的市场经济秩序不仅没有自动地带来社会和谐，反而制造出了大量的苦难和罪恶，使社会陷入了严重的对立冲突和秩序混乱。从空想社会主义者对原始积累时期的资本主义的道德批判开始，对现代资本主义的道德正当性和现实合理性的批判从没停止过，当 1929 年的大萧条降临时，资本主义世界的相当一部分有识之士都以为资本主义体系的崩溃将无法避免。

对于转型期的社会阵痛，当然可以从不同的角度来解读。传统的社会发展形态理论从两大逻辑出发推导出了资本主义体系必然崩溃的命运。一方面，依赖市场调节的资本主义经济体系无法克服生产的"无政府"状态，会宿命性产生"周期性经济危机"，生产能力与消费能力的严重失衡最终将使经济的发展陷入难以为续的境地；另一方面，资本主义经济体系的社会利益冲突，逐渐将集中地

体现为资产阶级与无产阶级之间无可调和的冲突,这种冲突在资本贪婪欲望的驱使下形成的"无产阶级绝对贫困化"现象,最终将导致两大阶级之间的彻底决裂,葬送资本主义体系。单从经济体系决定社会结构和国家功能的角度来讲,上述逻辑无疑有很大的说服力。但从市场、国家(政府)、社会之间错综复杂的互动关系来看,这种分析逻辑却在很大程度上忽略了国家和社会的自主性力量对市场逻辑的反制作用。市场经济总是相嵌于特定的国家制度体系和社会生活秩序之中的,尽管市场的演进逻辑内含着将市场经济扩展为市场社会的趋势,但在特定条件下,社会自组织能力的提升同样也可能对市场的扩展逻辑构成一种有效的制约作用,阶级国家也可能基于阶级的长远利益而强化国家的自主性,对资本力量践踏劳动者权利的野蛮行为加以适度约束,将市场经济的运作、市场秩序的扩展限定在不至引爆阶级革命的范围之内。

发达国家的历史经验表明,市场经济发展到一定程度,的确会面临其自身无法摆脱的困境,这时,社会的成长及政府的转型就会成为摆脱这一困境的重要支撑条件。尽管人们对西方世界到底如何走出了1929年的大萧条还存在着很大的分歧,但在我们看来,没有20世纪30年代以来的政府转型和社会转型及其创造出的一系列新的社会条件,资本主义世界恐怕确实很难单纯依靠市场的自我修复机制走出这场空前的经济和社会危机。

20年代的美国正处于产业结构转型升级的重要转折点。美国学者埃里克·方纳在《美国自由的故事》中这样描述了美国当时的经济转型局面:"一直要到进步时代,全国性的市场体制才真正得以形成和巩固,中心城市出现了巨型百货公司,市郊有连锁店,专为农村和小城镇居民服务的邮购转销店也得以建立,这样,全国的消费者都能买到从各地工厂源源不断生产出来的,选择范围很大的商品。到1910年,美国人可以买到电动缝纫机、洗衣机、除尘器和电唱机;到1920年,美国的公路上奔驰着800万辆汽车。低工资和收入分配的不平等显然限制了消费经济,直到第二次世纪大战之后,消费经济才得到全面发展并自成一体。"①概括地讲,大萧条前夜的美国,日常生活用品的市场已基本饱和,产业结构正处于重大调整时期,以住房、汽车和家用电器为代表的耐用消费品的生产能力已经具备,但相应的消费市场却无法及时扩容。孙立平概括了实现生活必需品向耐用消费品时代过渡的五个基本条件,即必要的城市化水平、相对完善的

---

① 埃里克·方纳:《美国自由的故事》,王希译,商务印书馆2002年版,第216—217页。

基础设施、消费信用制度的建立、社会保障制度的成形、收入分配结构的相对合理。在大萧条之前,除了城市化(一半以上的人居住在城市)以外,其他几个条件美国都不具备。① 这其中,最关键的是社会收入结构的相对均衡与社会保障体系的建设,它们都不是市场体系自身能够解决的问题。罗斯福新政除了初期应急的措施外,主要变革内容都属于社会建设的范畴。新政通过调整社会利益结构、建立社会保障体系,在缓解经济发展的瓶颈效应上取得了重大进展,二战以后美国沿续新政的一系列社会改革,更是为产业结构的调整和经济发展内在驱动力的培育,创造了有利的社会条件。

低工资和收入分配的不均衡限制消费经济发展,是 20 年代美国经济面临的最大问题。新政通过促进就业、救济贫困家庭、改革税收体制、强化劳工通过工会组织维护自身权益的能力等一系列社会变革,有效地缓解了利益结构的失衡以及社会贫困群体规模过于庞大的局面。据统计,1929 年到 1941 年,美国年收入在 2000 美元以下的贫困家庭比例下降了 22%。② 中低社会阶层收入水平的提高,意味着社会总体消费能力的提升,而潜在的耐用消费品消费群体的大规模扩大则极大地缓解了消费市场的瓶颈制约作用,强化了经济增长的内在驱动力。

当然,收入水平的提高并不等于社会有效需求的同步增长,要让中低收入群体将增加的收入直接转化为消费,一个必要的前提是减少影响个人和家庭生活的不确定性因素,降低潜在的消费群体对未来生活风险的预期,提振他们的消费信心。尽管新政期间美国建立的社会保障体系还是初级形态的,但社会保障体系不断完善的趋势依然传递了一个重要的信号,那就是那些长期制约实际消费能力的生活负担如失业、医疗、养老、教育、住房等大额支出,将会因此得到极大缓解,人们的消费信心由此被前所未有地激发出来。长期折磨西方社会的周期性经济危机(也就是当下中国面临的产能过剩、内需不振问题)由此得到了极大的舒缓。大体上,西方国家的社会保障体系建设起步于 19 世纪、20 世纪之交,并在三四十年代进入了全面建设福利国家的时代。显而易见,西方国家前前后后不约而同地走上福利国家的道路,既有政治和社会的原因,也有促进经济持续发展的考量。一个不争的事实是,虽然战后西方国家依然会发生周期性经济危

---

① 孙立平:《中国需要一场罗斯福式的社会改革》,凤凰锐评,2009 年 4 月 27 日。
② 刘绪贻主编:《当代美国总统与社会现代美国社会发展简史》,湖北人民出版社 1987 年版,第 39 页。

机,但其引发的经济社会震荡却趋于平缓,1929 年式的大萧条再未发生过。正是社会利益结构的相对均衡及健全的社会保障体系,极大地提振了公众的消费欲望,使西方社会形成了以居民消费为经济增长主要驱动力的发展模式。

从经济转型与社会转型的关联性来讲,当下中国经济发展面临的瓶颈效应及相关社会问题的形成机制同大萧条之前的美国有着惊人的相似之处,同样具有明显的发展阶段性属性。因此,能否通过公共服务型政府建设以及治理模式的创新推进社会转型,使经济增长方式从主要依赖投资驱动和外需驱动转变为主要依靠居民消费来支撑,形成经济增长与社会进步的良性互动,既是实现经济可持续发展的必由之路,也是实现社会和谐的治本之道。

2. 政府转型与社会结构转型

有效地控制社会秩序,避免社会利益冲突走向你死我活的阶级对抗,是平稳地渡过社会转型期的另一个重大挑战。应当说,大萧条时代甚至之前的美国已经出现了各种社会矛盾向劳资之间的阶级对抗转化的迹象。20 世纪初,西奥多·罗斯福就曾发出警告,"大富豪的极端愚蠢、贪婪和傲慢"、"不正当的发财方法"、"加上工商业和政治中的腐败,已在公众的心目中初步产生了一场非常有害的激动和愤懑,这种情况已在社会主义宣传的大量增长中表现出来了。"[1]新政之后,美国的阶级对抗趋于缓解,以致美国几乎没有出现过像样的社会主义运动。在新政之前,美国几个以社会主义为旗帜的政党就一直没有形成很大的气候。19 世纪、20 世纪之交比较活跃的社会主义工人党,人数最多时也没有超过6000 人,经历了几次分裂之后,更是一蹶不振。成立于 1898 年的社会民主党最初只有 4636 名党员,后来同工人党合并组成社会党,也因为内部多次分裂而不断衰落,党员人数从 1919 年的 10 万多人锐减到 1920 年的 2.6 万人。[2]

1906 年德国思想家维尔纳·桑巴特出版了《为什么美国没有社会主义?》一书,就此进行了探讨。桑巴特提出,按照社会主义革命的相关理论,资本主义的发展必然导致工人阶级中社会主义运动的发展,美国作为最发达的资本主义国家,从理论上讲社会主义运动也应当是最为活跃的。但事实却是,美国是一个"没有社会主义的国家","美国工人阶级当中根本没有社会主义"[3]。对此,桑

---

① 黄安年:《美国社会经济史论》,山西教育出版社 1993 年版,第 310 页。

② 陆镜生:《美国社会主义运动史》,天津人民出版社 1986 年版,第 269、399 页。

③ [德]桑巴特:《为什么美国没有社会主义》,赖海榕译,社会科学文献出版社 2003 年版,第 28 页。

巴特提出了物质替代和价值替代的解释。所谓物质替代，是指美国工人阶级比欧洲工人阶级生活富裕，相对优越的物质生活环境避免了反对派及社会民主主义倾向在美国无产阶级当中的发展，"在烤牛肉和苹果派上面，一切社会主义的乌托邦都烟消云散了"。[①] 而所谓的价值替代，是指美国工人获得了更多的向上发展的流动机会，所谓的"美国梦"或者说"美国主义"成为社会主义的替代物。桑巴特提出的问题引起了长期的讨论，美国政治学家李普塞特1977年也写过一篇与桑巴特之书同名的论文，后来又出版了《这里没有发生：为什么社会主义在美国失败了》一书，强调了美国文化的独特因素，特别是"反国家主义和个人主义传统抵消了社会主义对美国工人群众的吸引力"。[②]

在我们看来，美国劳资矛盾之所以没有发展成为激烈的阶级对抗，更没有因此而催出声势浩大的社会主义运动，虽然存在着某些与美国国情和历史传统相关联的特殊条件，但从根本上讲，它与进步主义运动、罗斯福新政以来形成的政府转型、社会转型与经济转型相互匹配的社会结构有着密切的关系。一方面，相对完善的公共服务体系和社会保障体系以及工会组织拥有的强大的利益博弈能力，使美国劳工阶级较多地分享了经济发展成果，从根本上摆脱了绝对贫困化的境地，日益富足的物质生活使劳工阶级不但没有成为现代资本主义体系的"掘墓人"，反而对资本主义体系形成了某种认同感。另一方面，美国通过社会转型所保持的社会相对平等和民主的传统以及相对畅通的社会流动机制，加上得天独厚的资源条件和没有历史包袱的国情，使得社会中下层群体获得了更多的转变为中产阶级的流动机会。建国以来，美国因为地广人稀，资源丰富，一直是中产阶级成长的沃土。1841年，美国的《宅地法》规定，一个定居者可以用最低价购得160英亩土地。这使得普通移民也很容易通过自己的辛勤劳动成为一个中产阶级，以致工业化之前，农场主、小业主、小商人就构成了美国社会的主体力量。工业化之后，城市经济的快速发展，再加上新政以来实施的种种政府干预措施逐步演变成调节社会利益关系的制度体系，城市新生的中产阶级队伍快速成长起来，逐步形成了一个由公司经理、专业人员、教师、推销人员、办公室人员等共同构成的庞大的中产阶级，并占据了社会的主体阶层地位，成为维护社会稳定的重要力量。

---

① ［德］桑巴特：《为什么美国没有社会主义》，赖海榕译，社会科学文献出版社2003年版，第190页。

② Seymour Martin Lipset and Gary Marks, It Didn't Happen Here: Why Socialism Failed in the United States, W. W. Norton & Company, 2000.

必须看到,无论是物质替代还是价值替代,都很难完全归结于美国特殊的国情,而是与政府干预、社会成长与市场经济发展的互动关系有着密切的关系。这其中,基于国家自主性建立起来的社会利益格局的均衡机制是至关重要的。以罗斯福新政为例,在利益结构失衡达到足以诱发激烈的阶级对抗的背景下,新政采取的很多改革措施在一定程度上完全可以说,是通过主动吸纳某些社会主义因素而完成了对资本主义体系的自我改造。尽管罗斯福根本不是什么社会主义者,但他推行种种促进社会公平的改革措施,恰恰正是当时欧洲社会主义运动所追求的目标。罗斯福曾明确提出:"政府应当关心使那些愿意工作的人有事可做。让人民免于挨饿,有房子住,生活过得不错,有适当的教育水平,这些是政府关心的事。除了这些以外,另一件没有提到的事是,保护个人的生命和自由不受社会上那些企图以牺牲别人的利益而取得荣华富贵的人们之害。他们同别人一样有权受到政府的保护。"①这种改革导向在当时的人们看来无疑是极具社会主义色彩的。也正是因为如此,包括《社会保障法》在内的许多新政措施从一开始就受到了右翼的攻击。在《社会保障法》的听证会上,就有人抨击说"这个法案是从《共产党宣言》第十八页逐字逐句抄来的"②。卸任总统胡佛批评包括《社会保障法》在内的新政是"社会主义"的,是"对整个自由哲学的否定"。③

同上层社会对新政的社会主义取向的指责形成鲜明对照的是,城市中产阶级、劳工、移民与黑人都是改革的坚定支持者,以致城市—劳工—有色种族被称为"富兰克林·罗斯福大联合"。可以说,正是由于中产阶级和劳工群体对新政以后形成的社会体制的认同,极大地削弱了社会主义运动的社会基础。共产国际七大以后,美共领导人白劳德就公开宣称社会主义纲领要同"杰斐逊创立的民主"有机结合,要求美共"跟着罗斯福走,一切服从罗斯福的政策"。在白劳德的影响下,美共很快便自行解散了。与此相印证的是,美国虽然有强大的工会组织,但它们从来不谋求社会主义革命,而是长期满足于争取劳资妥协,在捍卫所谓"美国人的价值观"方面历来比讲求实用主义的政府与商界更为极端。事实上,美国的工人往往比资本家更"反共",工会比商界更"冷战化"④。在经历了

① [美]伯恩斯:《罗斯福传》,商务印书馆1987年版,第275-276页。

② 王春良:《世界现代史》(上),山东人民出版社1988年版,第330页。

③ [美]威廉·爱·洛克藤堡:《罗斯福与新政:1932—1940年》,商务印书馆1993年版,第378页。

④ 秦晖:《为什么美国没有社会主义》,天涯社区天涯论坛,http://www.tianya.cn/publicforum/content/no01/1/115326.shtml

半个多世纪的社会改革之后，美国所塑造的现代资本主义体系因为从多个方面吸纳了某些社会主义价值而同传统的资本主义有了很大区别。萨姆松（Leon Samson）甚至就此提出，"美国资本主义是资本主义的社会主义形式"①。

3. 市场、政府、社会互动中的国家自主性

从19世纪、20世纪之交的进步主义运动，经由罗斯福新政，再到60年代约翰逊总统的"伟大社会"建设，美国自由竞争的市场经济、适度干预的政府规制、快速成长的公民社会的互动关系，深刻地印证了波兰尼的"双向运动"理论。卡尔·波兰尼（Karl Polany,1886－1964）是20世纪最重要的经济史学家，对现代市场经济产生以来的西方经济社会秩序变动作出了深刻的阐释。在1944年出版的《大转型：我们时代的政治经济起源》一书中，波兰尼提出："就近百年而言，现代社会由一种双向运动支配着：市场的不断扩张以及它所遭遇的反向运动（即把市场的扩张控制在某种确定方向上）。市场体系快速地发展着，它吞没了空间和时间。与此同时，同步的反向运动也在进行中。它不只是社会面临时的一般防御行为；更是对损害社会组织的那种混乱的反抗。"②这里所说的社会自我保护运动，指的就是在社会保护原则支配下的政府干预和社会的再组织化，"它运用保护性立法、限制性团体和其他干涉手段作为自己的运作手段"③。在波兰尼看来，正是在面对市场挑战的过程中，工会、合作社等各种社会制度、社会组织和社会规范应运而生，社会发展进入了一个以"协同"和"参与"为主题的时代，它们将市场的作用限制在社会能够控制的限度内，避免了市场恶性膨胀而最终导致人类社会走向自我毁灭。

事实证明，完全放任市场经济按照自身的逻辑发展，不会产生社会的持续繁荣和谐，而只会彻底瓦解社会的公正秩序，甚至自由竞争的市场经济本身也会自我毁灭。市场经济不可能在社会真空环境中运作，它总是相嵌在特定的制度环境和社会关系网络之中的，对市场经济完全采取放任自由的态度，最终只会导致资本贪婪的欲望诱发出社会生活中各种恶的因素，形成严重侵蚀社会公平，导致社会冲突不断加剧的"坏的市场经济"。市场经济的健康发展需要理性的政

①　秦晖：《为什么美国没有社会主义》，天涯社区天涯论坛，http://www.tianya.cn/publicforum/content/no01/1/115326.shtml
②　[英]卡尔·波兰尼：《大转型——我们时代的政治与经济起源》，冯钢译，浙江人民出版社2007年版，第112页。
③　同上，第114页。

府、成熟的社会的引导和制约。

从进步主义运动到罗斯福新政,是美国社会成长的关键时期。正是这一时期,借助于黑幕揭发运动,美国形成了公共舆论关注社会现实问题、参与公共权力监督的传统,形成了以捍卫社会公平正义和公共理性为职志的公共领域。也正是在这个时期,美国人结社的热情和艺术得到了极大的展示,如雨后春笋般涌现出来的社会组织在广泛参与公共事务的过程中提高了社会的自组织水平。回顾美国这段历史,社会成长的重要意义突出体现在:首先,作为社会自主意识觉醒的重要标志,公共舆论和公共领域的建构,不仅是促使人们深刻认识资本力量侵蚀社会公平秩序的危害性,营造解决社会问题、化解社会矛盾的舆论氛围的重要前提,也是培育社会共识和社会主流价值的重要方式。黑幕揭发运动开创的公共舆论干预机制,作为重要的民意表达机制和公共理性凝聚机制,在聚焦社会问题的基础上,营造出了社会各界携手合作,共同致力于校正市场经济诱发的负面社会问题,推动社会进步的的共识。这对于促进经济社会的协调发展无疑是至关重要的。其次,各种类型的社会组织的成长,直接塑造出了多元的社会问题的治理主体,有效地提高了社会的自我管理水平。进步主义运动期间,大量的社会问题都是由公益性社会组织直接从事治理或督促政府解决的。再次,具有自主性的社会组织,在表达和维护社会各群体的权利方面发挥了不可替代的作用,对野蛮的资本力量和放纵的行政权力构成了一种有效的抗衡机制。进步主义运动时期的许多事例都充分地表明,社会组织的压力机制是促进政府转型以及监督公共权力运作的重要力量。最后,利益表达和利益博弈的组织化,是实现社会利益结构均衡化,维护社会公平秩序的重要途径。倘若没有工会组织强大的利益博弈能力,我们就很难想象 19 世纪后期美国那种尖锐的劳资关系能够得到有效扭转,更难以想象工会组织会演变为一个热衷于劳资关系理性协调的利益主体。

当然,社会的成长有赖于市场经济的发育,更值得关注的是,政府的扶持同样是加快社会成长的重要推动力。公共舆论及公共领域功能的有效发挥,以政府保障言论和出版自由为前提,工会组织强大的谈判能力离不开《全国劳动关系法案》、《公平劳动标准法案》等一系列法案的有力支持,而中产阶级队伍的壮大,更是得益于新政开其端绪的社会利益关系调整和社会保障体系建设……如此等等。显而易见,在社会转型的关键时期,政府的角色对于社会和谐秩序的建设是决定性的。这种决定性作用并非体现在政府能够在多大程度上包揽社会问题、社会矛盾的解决,而是体现在政府能否摆脱既得利益群体以及政府自身短期政治利益的束缚,立足于国家自主性,平衡社会利益关系,积极主动地致力营造市场、政府、社会的良性互动关系。

在现代政治学的视野中,"国家自主性"(The Autonomy of the State)是一个反映国家与社会关系的重要范畴,它所强调的是国家能在何种程度上超越共同体中各种社会政治力量的制约,而保持自身的超越性和公共性。在马克思主义看来,政治国家从总体上讲,"不过是市民社会的正式表现"①,但作为"从社会中产生但又自居于社会之上并且日益同社会脱离"②的机构,任何国家都需要"采取一种虚幻的共同体的形式"③,履行一定的社会公共职能,因而也具有相对的自主性。在马克思恩格斯之后,国家自主性的概念在西方的多个政治学流派中得到了进一步的阐释。20 世纪 70 年代兴起的西方新马克思学派,在马克思恩格斯的基础上提出国家"仲裁者"的概念,对国家自主性的政治功能进行了专门考察。希腊著名学者尼科斯·普朗查斯认为,前资本主义时代国家自主性不明显,资本主义国家由于强化了制度化政治权力的统一性,一方面体现出了对经济的相对独立,另一方面又体现出政治上的自主性,即"国家对阶级斗争领域的关系,特别是其针对权力集团和派别的相对自主性,并扩大到针对权力集团的同盟和支持力量的相对自主性"。④ 这种自主性"代表一定的限度,也就是限制这些阶级的经济权力,使其实际上不生效力"⑤,即国家在一定程度上表现出超越统治阶级利益的自主性。普朗查斯认为,资本主义国家的相对独立性是国家内部一种特殊的调和机制,它能够弥补资产阶级的分裂使他们在政治上统一组织起来,还能以出让部分经济利益的方式向被统治阶级作适当的妥协以维护其政治统治。拉尔夫·密利本把国家自主性理解为国家相对于统治阶级利益的某种超越性,即国家并非绝对听从统治阶级使唤的简单工具,而是具有相对独立的公共利益追求。"如果政府要想有效地保卫这些利益,它们就必须拥有相当程度的自主权,用以决定所采取的办法,断定应对其他对立的利益集团的势力作出何种让步以及使用何种手段才能很好地遏制来自下层的压力。"⑥在密利本德看来,

① 《马克思恩格斯选集》第 4 卷,人民出版社 1995 年版,第 532 页。
② 同上,第 166 页。
③ 《马克思恩格斯全集》第 3 卷,人民出版社 1977 年版,第 37 - 38 页。
④ [希]尼科斯·普朗查斯:《政治权力与社会阶级》,叶林等译,中国社会科学出版社 1982 年版,第 284 - 285 页。
⑤ 同上,第 209 页。
⑥ [英]拉尔夫·密利本德:《英国资本主义民主制》,博铨、向东译,商务印书馆 1988 年版,第 117 页。

国家自主性根源于资本家的利益的离散性,国家的政策行为只有相对独立于统治阶级的特殊利益追求,才能有效地维护既有的政治秩序,保证资产阶级的长期统治。

时和兴在系统地梳理西方国家自主性理论发展演变的基础上,概括了理解国家自主性的四个向度。他认为,国家自主性的根本形式表现为国家权力的统一与权力结构的完善;国家自主性的决定因素在于国家权力所代表的利益与社会上各种单个或集体形式的特殊利益相脱离,即公共利益的独立性;国家自主性的动态过程表现为公共政策的制定过程,即在这一过程中,国家权力免受个别势力干预以及制定的公共政策与国家代表的公共利益相一致的程度;国家自主性的直接结果表现为国家政策的贯彻能力。①国家自主性强弱反应了国家与社会关系的不同状态。国家缺乏应有的自主性,意味着国家权力公共功能的削弱,国家的政策导向过度向某些社会利益集团倾斜,或者说为某些利益集团所操控,无法发挥社会利益"仲裁者"、"协调者"的功能。

罗斯福新政在一定意义上正是现代资本主义体系转型过程中国家自主性提升趋向的反映。新政作为挽救资本主义体系的重要尝试,在一定程度上超越了资产阶级狭隘、短视的目光,以关注劳工和社会底层利益,维护社会公平的方式,摆脱了资本主义体系面临的灾难性危机。在匹茨堡的竞选演说中,罗斯福就联邦预算问题明确提出:"假如我们公民中任何一部分人陷入饥饿或者极度贫困,因而有必要增加拨款以至预算失去平衡,我也将毫不迟疑地把全部实情告诉美国人民,并请求他们允许我得到那笔增拨款项。"②在为政府干预的合理性作辩解时,罗斯福还援引林肯的观点来阐明自己的立场:"我相信亚伯拉罕·林肯的话,他说:'为人民群众去做他们需要做、但做不到、或者依靠他们分散的个别的力量所无法自己做好的事,这就是政府的合理的宗旨。'"③正是这样一种摆脱了资本力量赤裸裸的俘获作用的国家自主性,使美国"通过社会利益关系的调整、社会结构的转型和社会制度的建设","通过重建社会来拯救经济进而重建资本主义","将一个赤裸裸、血淋淋、人吃人的原始资本主义转变为有福利制度和公民社会来保障的、可持续的现代资本主义"④。

---

① 时和兴:《关系、限度、制度:政治发展过程中的国家与社会》,北京大学出版社 1996 年版,第 121－124 页。

② 钱满素:《美国自由主义的历史变迁》,三联书店 2006 年版,第 101 页。

③ 《罗斯福选集》,关在汉译,商务印书馆 1982 年版,第 75 页。

④ 孙立平:《以重建社会来再造经济》,《社会学研究》,2009 年第 2 期。

　　概括地讲,从进步主义运动到罗斯福新政,再到战后持续推进的社会建设,美国半个多世纪的社会转型,给我们的最大启示,就是转型期旨在维护社会和谐秩序的社会管理,需要从经济转型、社会转型、政府转型共同构成的社会结构大转型的宏大视野中寻找体制创新的突破口,这种大社会意义的治理方式创新,必将是一个持续性、联动性的体制变革过程,其有效的变革路线图将可能是:以政府角色及政府运行机制的现代转型,培育和扶持社会力量的成长,推动社会阶层结构和利益结构的现代转型,进而以政府转型和社会转型,为经济转型升级创造适宜的社会环境,奠定经济可持续发展内在驱动力。

第三章　中国传统社会秩序控制模式及其变迁

就社会秩序变革的深刻性而言,当下中国发生的社会大转型,足以同春秋战国至秦汉帝国之际的社会大变革相媲美,堪称三千年未有之大变局。秦汉统一王朝的建立,不仅结束了封建割据、诸侯争霸的历史,而且开创了延续两千年的"大一统"政治格局,形成了专制王朝依托官僚行政帝国对政治、经济、社会、文化秩序进行一体化控制的局面。由于中华文明的"早熟",加之相对封闭的人文地理环境对人们思想视野的限制,传统的"大一统"社会控制模式形成了很强的自我修复机制,其演变发展甚至陷入了某种"锁定"状态,以致两千年来中国社会秩序及其控制模式始终没有发生结构性的变革。直到近代中国遭遇前所未的西方强势文明的全方位冲击,被强制性地拖入全新的社会变革轨道,不得不接受西方国家建构的经济、社会及政治生活的逻辑时,中国传统的社会秩序的维系模式及其演进逻辑才受到了根本的颠覆。

随着帝制这个传统"大一统"社会控制模式的中轴的突然断裂,分崩离析的近代中国陷入了社会秩序的"总体性危机"。凭借政党强大的意识形态动员和组织渗透,中国共产党人最终在重建国家过程中实现对社会的重建,克服了近代中国"一盘散沙"式的社会秩序混乱。建国以后,革命年代的社会动员方式演变为党的一元化领导体制下的国家体制建构,政治、经济、社会、文化生活全部被纳入了国家体制的控制之下,形成了一个国家权力统摄一切的全能主义政治体系和"总体性社会"(Totalitarian Society)结构,以国家体制的力量和政治动员的效力完成了对社会生活的全面整合。这种社会整合模式虽然在动员社会资源实现执政党的社会改造计划方面显示了强大的效力,而且维持了社会局势的稳定,却严重窒息了社会发展的活力。改革开放以后,市场化改革带来的社会资源配置方式的革命性变革,逐步确立起了经济生活、社会生活的新的规则系统,推动了经济社会生活的结构性变迁,同时也使得建立在全能主义国家和"总体性社会"

基础上的一元化的社会秩序控制模式逐渐失灵。正视社会秩序面临的严峻的挑战，我们真正需要反思的，不是如何强化体制内的力量，延伸国家体制的权力触角，扩张体制内组织网络的社会覆盖面，将社会生活重新纳入国家体制一体化的控制，而是如何根据市场经济、民主政治、开放社会和多元文化的发展大趋势，逐步扬弃一体化的社会秩序控制模式，培育出一种政府主导下的社会协同治理的新秩序，完成社会治理模式的现代转型。

一、传统"大一统"秩序及其解体

中国传统的社会秩序控制模式，有着与西欧国家不同的生成机理。西欧社会秩序的生成过程呈现出了分化与整合双向运动的特征，其社会秩序的整合是建立在社会多元力量的长期互动基础上的。封建体制下封建领主在其领地相对独立的治理权力，中世纪后期新兴城市通过特许状获得的自治权力以及悠久的法治传统，都构成了对封建王权扩张的有效制约。因而近代西欧社会秩序的生成，既保留和演化出了深厚的社会自治传统，同时也将国家权力控制社会的能量限制在了特定的范围。相形之下，秦汉以降的中国社会秩序呈现出了极为鲜明的"大一统"控制格局，专制统治者一元化的绝对权力，几乎将体制外的自主性的社会力量扫荡殆尽，并借助于官僚行政帝国的力量形成了对政治、经济、社会、文化秩序的自上而下的全面控制，整个社会秩序的"治"与"乱"由此从根本上取决于行政控制的效力。

1. "大一统"社会秩序控制模式

理论界一般认为，商周时代的中国是宗法贵族主导的"家天下"式的治理结构，在此，家国一体，天子以大家长或宗主的身份行使统治权力。史籍所记载的帝尧之仁德"光被四表，格于上下"，"协和万邦"，舜之仁政令"天下咸服"（《尚书·尧典》以及禹王威势"东渐于海，西被于流沙，朔南暨声教，讫于四海"（《尚书·禹贡》等等，都说明当时的政治秩序与社会秩序具有高度的整合性。春秋战国时期，诸侯割据，以下犯上，礼乐崩坏，周王朝势力衰落，在诸侯之间以强凌弱的纷争和混战中，以宗法关系为纽带的社会秩序分崩瓦解，中国历史进入到了一个重要的大转型时期。面对诸侯割据和混战造成的生灵涂炭、民不聊生、人心不古的局面，人心思定，结束社会秩序的混乱局面成为人们共同的诉求。先秦诸子出于对"天下一统"秩序瓦解的不安，纷纷提出救世方案，以期天下重新归于

"一"。

"大一统"语出战国时期的《公羊传·隐公元年》:"何言乎王正月,大一统也。"这里,大即张大,一统即统一于一,大一统即张大一统,其实质就是强调"一"的本根性和权威性。先秦诸子百家大多主张建立统一的权威体系,"大一统"实际上反映了他们共同的政治诉求。如孔子主张"礼乐征伐自天子出",老子强调"道生一,一生二,二生三,三生万物",孟子期望天下"定于一",荀子多处论及"一天下",《韩非子》全书到处充斥着"霸天下""制天下""王天下""一匡天下""强匡天下"的说法。秦建立统一帝国之后,奠定江山一统格局,进而又通过"废封建"、焚书坑儒及推行车同轨、书同文等统一政策,初步形成"大一统"的社会控制格局。其后,经历代王朝统治者的强化,"大一统"的社会控制体系逐步健全,形成了网罗一切的政治整合模式。

概括地讲,"大一统"的社会控制体系,是一种一切围绕巩固专制王朝统治秩序,将整个社会生活纳入政治权力控制范围,剪灭任何威胁或损害专制统治权威的自主性力量,从而以强制性的政治手段保证社会局势平稳的社会控制模式。

(1) 江山一统:绝对一元化的政治权威体系。"大一统"秩序的轴心,是专制王朝的绝对权威,整个"大一统"秩序都围绕着巩固专制王朝的绝对权威来运转。秦始皇宣称的天子"五独",即"天下独占,地位独尊,势位独一,权力独操,决事独断",最典型地反映了建立"大一统"体制的意图。概括地讲,天子"五独",集中反映了中国专制王权的两大特征。

一是绝对的一元政治主体格局。在此,既没有中世纪欧洲那种封臣对封君权力的分割,也不允许有独立于王权的教会组织的权威。在整个所有可以控制的地域范围内,专制君主是唯一的权力中心。秦始皇统一中国之后明确宣布:"六合之内,皇帝之土","人迹所至,无不臣者"。事实上,不仅专制王朝的统治者表现出"天下一家,卧榻之侧岂容他人酣睡"的霸道占有欲望,知识群体也普遍认同一元政治格局,甚至形成了一则治,二则乱的思维定势。《诗·小雅·北山》最早对此作了明确的表述:"普天之下,莫非王土;率土之滨,莫非王臣。"孔子称"天无二日,民无二王"(《孟子·万章上》),管子说"使天下两天子,天下不可理也"(《管子·霸言》),荀子则言:"君者,国之隆也……隆一而治,二而乱。自古至今,未有二隆争重而能长久者"(《荀子·致士》)。《吕氏春秋》融百家学说为一体,其思想主张集中反映了诸子百家在这一问题上的思想共识:"王者执一,而为万物正。军必有将,所以一之也;国必有君,所以一之也;天下必有天子,所以一之也;天子必执一,所以专之也。一则治,两则乱。一则安,异则危"(《吕氏春秋·执一》)。因此,所谓的"大一统",说到底就是"君一",就是君王权威的独一无二。在整个中国政治思想史上,除少数思想异端曾经萌发过无君论的思想主张外,几乎都是"王者执一"的认同者,很少认真地思考过"二而治"的可能性。

二是君主凌驾于一切的无上尊严。正如《白虎通·号》所言,"或称天子,或称帝王者何? 以为接上称天子者,明以尊事天也;接下称帝王者何? 明位于天下至尊之称,以号令臣下也"。"所以尊王者也,以天下之大,四海之内,所以共尊者一人耳"。汉帝国大一统秩序最重要的阐释者董仲舒也提出,"国之所以为国者,德也;君之所以为君者,威也。故德不可共,威不可分。德共则失恩,威分则失权。失权则君贱矣,失恩则民散矣"(《春秋繁露·保位权》)。为君者,独享至尊至贵,超越人世间所有身份等级。君主"口含天宪","言出法随",凌驾于所有法律之上。在"大一统"秩序中,一切权力属于帝王,君主的权威不受任何制约。"君天下曰天子。朝诸侯、分职、授权、任功,曰余一人"(《礼记·曲礼下》)。虽然君主在决策过程中需要听取建议,但决事独断是专制君主维护自身权威的不二法门。李斯称君主"独制于天下而无所制也"[1],康熙说得更清楚:"天下之权,唯一人操之,不可旁落。"[2]

在"大一统"秩序中,帝王处于所有社会关系的中枢地位,是一切权力、权威的源泉。帝王甚至是天人关系的枢纽,他是"天"之子,奉天承运,是人道与天道的沟通者。董仲舒解释"王"字的含义时明确宣称,"三画而连其中谓之王。三画者,天、地与也","取天、地与人之中以为贯而参通之,非王者孰能当是"(《春秋繁露·王道通三》)。几千年来,中国的思想家和治国者从未设想过多元制衡的权力格局,始终把政治秩序归结为以帝王为中心和顶端的纵向隶属关系,维护这种权力关系,既是社会控制的根本目标,也是实现这一目标的根本途径。显然,这样一种"大一统"政治的专制程度,是欧洲历史的封建制度无法望其项背的。马克斯·韦伯曾经将中西方共有的家长制传统区分为两种形态,即中国的家产制(Patrimonialism)与西欧的封建制,认为"封建制度是家产制的一种边缘形式,它倾向于规范化的、固定的领主与封臣的关系"。而中国的家产制是家长

---

① 《史记·李斯传》。
② 《清圣宗实录》卷259,康熙年六月丙子。

制的典型形式,其特点是传统主义和专断意志。家产制权威只受传统的制约,除了传统之外,它不受任何法律、规范或契约的制约。"纯粹的家长制支配形式没有任何法律的限制。"帝王作君作师,兼最高的世俗统治者与最高的祭师之职能于一身。"一个具有神圣不可动摇的传统的国王和一个具有绝对自由的专横与仁慈的国王并存。"①这无疑道出了"大一统"专制政治的实质。

(2) 政经一体:利出一孔的"超经济强制"。在"大一统"秩序中,不存在相对独立于政治的自由经济秩序,政治权力始终保持着对经济活动的任意处置和干预。一方面,中国的君主专制是一种家天下的秩序,整个天下都不过是帝王的私有产业,帝王拥有全国土地和财富的产权。秦始皇确立皇帝制度时就曾宣布:"六合之内,皇帝之土。"宋代程颐曾就此解释说:"天子居天下之尊,率土之滨,莫非王臣……凡土地之富,人民之众,皆王者之有也。"②马克思和恩格斯曾经指出,东方社会一切现象的基础是不存在土地私有制,这是了解东方社会的一把真正的钥匙,也是东方全部政治史和宗教史的基础。③ 安德森在《绝对主义国家的系谱》一书中也提出,"在亚洲各地,君主从来拥有对自己领土上土地的绝对权利……那里的人民都是君主的佃户,君主是唯一的所有者。"④这些论断完全符合中国的历史。既然天下的土地和民众都是君主的私有产业,那么,自然也就不存在什么民众独立的合法权益。管子说得很清楚,国家"利出一孔","予之在君,夺之在君,贫之在君,富之在君"。(《管子·国蓄》)

另一方面,由于经济活动和经济秩序只是整个"大一统"秩序的一个组成部分,因而专制君主及其权力体系理所当然地拥有对其进行任意干预的自由。马克思在描述欧洲中世纪封建领主与农奴的关系时,曾一再使用"超经济强制"这一概念,用以指称政治权力对经济活动的干预,以及由此获得的远远超出按一般经济规则所能够得到的丰厚收益。在马克思看来,"行政权力"在社会生活占据的支配地位,造成了"权力也统治着财产"的现象,以致它可以"通过如任意征税、没收、特权、官僚制度加于工商业的干扰等等方法来捉弄财产"⑤。在中国传

---

① 转引自李强:《传统中国社会政治与现代资本主义——韦伯的制度主义解释》,《社会学研究》1998 年第 3 期。

② 《周易程氏传·大有》。

③ 《马克思恩格斯全集》第 28 卷,人民出版社 1995 年版,第 256 页。

④ [英]佩里·安德森:《绝对主义国家的系谱》,刘北成译,上海人民出版社 2001 年版,第 501 页。

⑤ 《马克思恩格斯全集》第 4 卷,人民出版社 1965 年版,第 330 页。

统社会,权力的高度一元性及其权威的绝对性,使得政治对经济的干预远远超越过西欧历史上的"超经济强制"现象,已经达到了随意处置的地步。在"大一统"秩序之下,整个经济活动是围绕满足专制王朝的欲望、巩固王朝的统治秩序而展开的。"政府不着眼于提倡扶助先进的经济,以增益全国的财富,而是保护落后的经济,以均衡的姿态维持王朝的安全。"政府也"不鼓励各地发展其特产,而制造一种人为的平衡"[①]。从秦朝"颛川泽之利,管山林之饶",到汉代发明的国家专卖制度,王朝统治者只要眼红某个赢利丰厚的产业,就可以随时实行国家垄断。甚至看到某个巨商大贾腰缠万贯,也可以随便找个理由,籍没其全部家产。清初思想家黄宗羲对"大一统"秩序下君主吞噬天下之利的局面作了深刻的总结:"以君为主,天下为客,凡天下之无地而得以安宁者,为君也。是以其未得之也,荼毒天下之肝脑,离散天下之子女,以博我一人之产业,曾不惨然,曰:我固为子孙创业也。其既得之也,敲剥天下之骨髓,离散天下之子女,以奉我一人之淫乐,视为当然,曰:此我产业之息也。然则,为天下之大害者,君而已矣。""以天下利害制权皆出于我,我以天下之利尽归于己,以天下之害尽归于人"[②]。

(3) 政社一统:扫荡一切体制外的自主性力量。"任何一个专制势力的社会决不允许任何其他权力存在。一切不同的倾向都会被排斥和追杀。占统治地位的原则从来不允许一种不同的原则在它的旁边显露和起作用。"[③]中国"打天下者坐天下"的霸道政治逻辑,以及绝对一元的政治权威体系,决定了专制王朝对游离于国家体制控制之外的社会自主性因素有着超乎一般专制统治者的政治戒心。站在专制王朝统治者角度来看,任何一种社会自主性力量,无论是商业势力、官僚势力,还是宗教势力、宗族势力,都会直接或间接地损害帝王的绝对权威,甚至都可能依循"彼可取而代之"的心理,萌生不臣之心。同欧洲一直存在多种制约王权扩张的社会自主性力量的历史形成鲜明对照的是,中国的专制王朝将整个社会生活都纳入了"大一统"秩序的控制范围,并运用国家的强制性力量清除了社会自主性力量成长的空间。

在欧洲的历史上,封建体制隐含的封君与封臣的契约关系及其赋予封建领主的种种特权,包括在领地内相对独立的治理权力,不仅使土地贵族扮演了维护

---

① 黄仁宇:《中国大历史》,三联书店1997年版,第2-3页。
② 黄宗羲:《明夷待访录·原君》
③ [法]基佐:《欧洲文明史》,程洪逵等译,商务印书馆1998年版,第21页。

自由权利,抵制王权扩张的"第一行动集团"角色,而且奠定了地方自治的重要基础。在古代中国,自秦始皇"废封建",行郡县制之后,分封体系及贵族势力不复存在,国家政权一竿子插到底,建立起了强大的自上而下、层级隶属的政治控制体系。承担国家治理职责的各级官员,其任职资格、职位的获取,都直接来自帝王的授予,对帝王的效忠,而不是对地方黎民负责或对自己的身份负责,是他们的第一行为准则。因此,中国的官僚群体完全依附于"大一统"体制,是体制的既得利益群体,他们不可能扮演西方贵族在历史上的那种专制王权的抗衡者的角色。

古代中国虽然历朝都曾出现过繁荣的城市商业经济,但从未因此而出现西方那种自主治理的城市以及相对独立且能够联合起来抗衡王权的市民阶层。韦伯在分析传统中国社会时,就中西方的城市进行了比较,认为"中国以及所有东方的城市,缺乏政治上的特殊性。中国的城市,既非古希腊等地的城邦国家(Polis),也没有中世纪那样的'都市法',因为它并不是具有自己政治特权的'政区'"①。事实上,中国古代城市无一例外都是政治中心,城市商业经济都是在服务政治中心的基础上发展起来的。"城市一直是皇权控制的中心或地方割据势力的中心","在中国封建社会的刚性体制下,体制外的权力中心不存在,而体制内的权力中心则是皇权统治下的城市。皇权受到城市和乡村两方面的支持。在皇权统治下城市中,不存在一个以乡村封建势力对立面出现的市民阶层或市民阶级"。② 由于不存在相对独立的自治城市,加上权力任意捉弄财产,商人缺乏合法权利保护的局面,即使是在商业经济较为繁荣的时期,富裕的商人也从来没有奢望自己能够组成一个相对独立的利益集团,更不用说提出"无代表不纳税"的政治主张。

横向的社会组织是缓解自上而下的政治强制力量压迫孤单的社会个体的缓冲机制,但"大一统"秩序恰恰就是要建立起一种强大的王权直接操控没有任何反抗能力的孤立个体的局面。历代王朝的统治策略都极力弱化民众横向的联系,着力强化他们对自上而下的权力体系的依附。古代中国之所以缺乏普遍主义的社会信任,一个重要原因,就是在专制政治体制下,人们一直就缺乏具有广泛参与性的公共生活传统,缺乏家族以外的公共生活的经验积累。同古希腊人很早就形成了公共生活传统的情形有很大不同,中国大一统政治体制对老百姓参与公共生活有着极强的排斥力。出于维护专制统治绝对权威的考虑,历代统

---

① [德]韦伯:《儒教与道教》,洪天富译,江苏人民出版社1995年版,第21页。
② 厉以宁:《资本主义的起源》,商务印书馆2003年版,第455—456页。

治者对于任何可能削弱或妨碍自身权威的蛛丝马迹都保持着高度的戒备。如严格禁止民间结社,严厉打击宗教的组织化行为等等。在政治体制内部,更是不允许发生任何意义的横向关系。在古代中国,臣下结盟,形成横向势力,历来是触犯专制体制之大忌的行为,历代统治者都实行严厉的"禁党"政策,禁止臣下从事任何横向往来和政治交结,"散其党,收其余,闭其门,夺其辅,国乃无虎"①。安德森就指出,中国传统专制主义的重要社会结构基础便是臣民被消除一切差别的平等,彼此之间没有横向联系与协作关系,有的只是依附和效忠于皇帝。换言之,没有作为人的人人平等,有的只是作为皇帝奴仆的人人平等。"在共和国中人人都是平等的。在专制国家中人人也是平等的。在共和国,人人平等是因为他们就是'一切',在专制国家,人人平等因为他们'什么都不是'。"②为了便于控制民众,秦汉以来,专制王朝通过"编户齐民"制度建立起了对基层民众严密的控制体系。这种控制体系"把个人从家族的樊篱中拉将出来,使个人与国家建立了直接而简洁的权利义务关系,建立和巩固中央集权的君主专制政体。靠着这架机器和法律,社会生活的各个方面毫无例外地置于专制王权的支配之下。国家享有一切权利,个人都承担全部义务"。③ 在此,法律也不可能给予民众任何权利的庇护。因为法律从来都是"王法",即帝王的刑民之具。同西方古罗马时代就蔚为大观的民法体系相比,中国古代只有苛严的刑法体系,法律"既不维护传统的宗教价值,也不保护私有财产。它的基本任务是政治性的:对社会施以更加严格的政治控制"。④

(4) 政教一统:君师合一的思想控制体系。思想、学说的一元化是"大一统"秩序的重要组成部分,先秦诸子在构想"王天下"的蓝图时,几乎都将思想一统视为当然之意。所谓的"天下有道则庶人不议"⑤,"圣王不作,诸侯放恣,处士横议,杨朱、墨翟之言盈天下"⑥等等,都把思想的多元化视为乱世之源。秦始皇时,吕不韦就献策"听众人议以治国,国危无日矣"。⑦ 李斯更是建议"别黑白而

---

① 《韩非子·主道》
② [英]佩里·安德森:《绝对主义国家的系谱》,刘北成译,上海人民出版社2001年版,第96页。
③ 武树臣:《"横的法"与"纵的法"——先秦法律文化的冲突与终结》,《南京大学法律评论》1996年秋季卷。
④ [美]D·布迪、C·莫里斯:《中华帝国的法律》,朱勇译,江苏人民出版社2003年版,第7页。
⑤ 《论语·季氏》
⑥ 《孟子·滕文公下》
⑦ 《吕氏春秋·不二》

定一尊","有敢偶语《诗》、《书》者弃市"。汉代在巩固大一统政治秩序的过程中,董仲舒也及时献策:"《春秋》大一统者,天地之常经,古今之通谊也。今师异道,人异论,百家殊方,指意不同,是以上亡以持一统,法制数变,下不知所守。臣愚以为诸不在六艺之科,孔子之道者,皆绝其道,勿使并进,邪辟之说灭息,然后统纪可一而法度可明,民知所从矣。"①在他看来,思想多元化必然导致政治和法制上的混乱,进而瓦解帝国的统一秩序。为此,他提出"罢黜百家,独尊儒术"的主张,凡是不能纳入官方意识形态的思想文化因此都当作异端邪说扫除干净。秦汉以后,确立帝王君师合一的权威,"以吏为师",实现思想一统,成为历朝的基本国策,其目的就是要让天下人的思想观念统一到帝王的意愿上来,专制帝王由此同时成为最高精神权威,思想文化领域的争论最终都以钦定为标准。

教权与王权的分离、对峙,是西方政治生活和社会生活的重要传统。在中世纪,教会组织不仅牢牢控制着社会思想文化和民众的精神信仰,而且凭借其强大的组织体系长期同封建王权分庭抗礼,成为制约王权的重要力量。而中国本土的道教和本土化的佛教,一个显著的特色,是山头林立,门派众多,没有西方基督教那种自上而下,层层控制的严密组织体系.构不成对王权的抗衡。佛教和道教的竞争及各自内部的门派之争,更驱使各教派为获得正统地位主动依附于王权,"不依国主,则法事难立"。② 帝王因此得以超然于各教之外,掌控各教之命运。一种宗教或某一教派,是有益于教化还是"歪理邪说",是应当扶持倡导还是取缔扫荡,均以帝王之意志为转移。

综上所述,"大一统"秩序借助于江山一统、政经一统、政社一统、政教一统的整合机制,建立起了一个庞大的自上而下的权力控制网络,将整个社会生活都纳入了国家体制的网罗之中。正如徐复观曾经指出的那样,中国传统社会是"以绝对化的身分,绝对化的权力为中核"的,专制皇权体系如同一架结构严密的机器,"一切文化、经济,只能活动于此一机器之内,而不能轶出于此一机器之外"③。

2. "大一统"体制下民间社会秩序

"大一统"的国家体制当然不是传统中国控制社会秩序的唯一方式,民间的

---

① 《汉书·董仲舒传》
② 《高僧传》卷五,《释道安传》。
③ 徐复观:《两汉思想史》第1卷,华东师范大学出版社2001年版,第92页。

宗法伦理及士绅阶层同样是维系社会秩序需要借重的力量。一方面,任何社会秩序的维护都需要将秩序的规则内化为道德准则,将遵从规则演变为个体的道德义务,形成软硬结合的控制体系,给国家强制性的权力运作披上道德温情的面纱;另一方面,受古代治理技术的限制,国家庞大的疆域和人口规模,使得专制王朝很难将权力渗透到社会生活的每个角落,国家财政也无法供养一支庞大的足以直接控制整个社会的官僚队伍。

　　单纯依靠国家暴力机器控制社会秩序的局限性,在秦王朝二世而没的命运中就已经表现得很清楚。汉代的统治者意识到,"秦始皇设刑罚,为车裂之诛,以敛奸邪,筑长城于戎境,以备胡、越,蒙恬讨乱于外,李斯治法于内,事逾烦天下逾乱,法逾滋而天下逾炽,兵马益设而敌人逾多。秦非不欲治也,然失之者,举措太众、刑罚太极故也。"①从汉代"以孝治天下"开始,道德约束在社会控制体系中的作用逐步得到重视,成为暴力控制的重要补充。从控制手段来讲,古代中国的社会控制模式基本上是"德礼政刑、综合为治"②。我们从清代康熙制订的《圣谕十六条》就可以清楚地看到这种软硬兼施的控制思路:"敦孝弟以重人伦,笃宗族以昭雍睦,和乡党以息争讼,重农桑以足衣食,尚节俭以惜财用,隆学校以端士习,黜异端以崇正学,讲法律以儆愚顽,明礼让以厚风俗,务本业以定民志,训子弟以禁非为,息诬告以全良善,诫窝逃以免株连,完钱粮以省催科,联保甲以弭盗贼,解仇忿以重身命。"

　　在秦始皇废除分封制度之后,专制王朝的财政直接来自从农户征收的税收。"从历史记录看,中国是世界上唯一从公元前迄20世纪始终直接向各个农户抽税的国家。"这样,"政府的实力,以其能否向大批小自耕农征取粮食及人力为准则"。③这种落后的财政体制显然无法供养一支庞大的官僚队伍,以便将国家权力直接渗透到广大农村地区。因而,秦汉以来,自上而下的国家政权建设只到县一级为止,县以下则不得不借重民间力量来维持正常社会秩序。正是在这个意义上,马克斯·韦伯提出:"中华帝国正式的皇权统辖权只施行于都市地区和次都市地区。出了城墙之外,中央权威的有效性便大大地减弱乃至消失。"④费孝通则提出,国家权力在乡下是"悬空了的权力","皇权统治在人民实际生活上

　　① 《新语·无为》
　　② 张晋藩:《中国古代法律制度》,中国广播电视出版社1992年版,第3页。
　　③ 黄仁宇:《中国大历史》,三联书店1997年版,第47、49页。
　　④ [德]韦伯:《儒教与道教》,洪天富译,江苏人民出版社1995年版,第110页。

看,是松弛和微弱的,是挂名的,是无为的"。①

尽管理论界对传统社会是否存在真正意义上的乡村或宗族自治存在着很大分歧,但国家权力无法对广大乡村实施直接的行政控制,确是事实。就此而言,"传统中国乡村社会的控制结构,由国家政权和乡村权威两者结合而成,实际上存在两种形式,一种是官方的行政控制系统;另一种是非官方的控制系统"。② 民间或者非官方的社会控制机制,包括乡约、族规、家法等制度和习俗,以及以乡绅为代表的精英力量和宗族、乡里等组织。这其中,士绅阶层发挥作用是关键性的。

传统社会的士绅阶层,主要包括现任和退职的文武官员以及封赠、捐买的实或虚衔之官;有功名而未仕的举、监、生、员。他们是传统中国非官非民的一个特殊社会阶层,他们享有制度赋予的特权,包括参加特殊的礼仪、免除徭役、不受刑罚、减税等优待,并有特殊的生活方式。③ 士绅一方面拥有国家赋予的种种特权,同体制内的权力网络有着千丝万缕的交结,另一方面又长期生活在乡村,拥有为乡民所尊重的知识及地位权威,富有外来官员所缺乏的"地方性知识",因而是国家控制乡村社会的重要依托。按照费正清的估算,清末人口已达4亿之众,拥有正式编制的国家官员却不到2万名,同时有功名的士绅却约有125万之多。④ 士绅身处官民之间,是国家体制与体制外的民间社会的主要沟通者。乡村社会秩序的控制,在很大程度上是通过士绅的作用实现的。他们凭借其拥有的与国家体制紧密相联的象征性资本,往往成为宗族组织和乡里及保甲组织的实际主持者,其拥有人脉资源也使他们成为主持乡村公益事业、慈善事业的不二人选。

在国家政权与民间社会关系的处理上,虽然士绅阶层也可能会在抵制基层官吏对乡民的盘剥,庇护乡民利益方面起到一些积极的作用,但他们同样不可能成为代表民间社会,抵制王权控制的独立政治力量。从某种上说,士绅阶层同样是专制体制的既得利益群体,他们在乡村享有的权威,全部依赖于国家给予的特权及文化资本。专制王朝之所以会允许士绅发挥在乡村治理中的主导作用,正

① 费孝通:《乡土中国生育制度》,北京大学出版社1998年版,第63页。

② 许纪霖、陈达凯:《中国现代化史》第1卷,上海三联书店1995年版,第78页。

③ 张仲礼:《中国绅士——关于其在19世纪中国社会中作用的研究》,上海社会科学出版社1991年版,第32页。

④ [美]费正清:《美国与中国》,张理京译,世界知识出版社1999年版,第38页。

是基于自身能够有效控制士绅的信心。对此,张仲礼曾经作了很好的总结:"绅士包括了代表国家权力的官吏队伍成员。然而,这种权力无论从物质上说抑或精神上说,都不是代表绅士一个集团的利益而是更广泛的多元利益组合的一种理性化表现。在一方面官吏制度国家依赖绅士来控制和管理社会,并依赖于它提供行政官员。另一方面国家通过对社会成员加入这个统治集团的控制,在制度上对绅士加以节制。这种节制依靠国家控制的有固定入选数额的科举制度以决定能否进入绅士阶层,乃得以实现。这种制度的节制与意识形态的控制双管齐下。意识形态控制迫使绅士们白首穷经,钻研儒学信仰的那些君权至上的准则。因此绅士同国家的关系有双重性质,既支持着国家,又为国家所控制。"①就此而言,士绅阶层同样是"大一统"秩序的权力之网的组成部分,国家恰恰是通过他们之手,间接地将国家权力间接渗透进了乡村生活。

更重要的是,我们也不应过分夸大传统乡村社会的自治属性。一方面,无论是宗族自治还是乡绅治村,都是以绝对服从专制王朝的权威、自觉维护既有的政治秩序为前提的,"大一统"的政治体制决不会容忍绅权过度膨胀和宗族势力过分扩展。明初的浦江郑氏故事足以说明这一点。"浦江郑氏九世同居,明太祖常称之。马皇后从旁綦之曰:以此众叛,何事不成? 上惧然,因招其家长至,将以事诛之"。② 在这样一种政治环境下,家族治理同样奉行"讲政治"的最高原则,他们自己在制定家规、族规时总是把"遵守政府法令"作为首要条款,对于家内、族内出现的"异端",有时家族法比国家法的处罚更严厉。③ 另一方面,"政不下县"虽然是事实,但这只是说国家政权建到了县一级,而决不是说县以下完全听任乡村自治。按照秦晖的研究,汉代县以下实行乡—亭—里制,与里相适应的还有社、单之职的设置。里为行政组织,社为祭祀组织,单为民政、社会组织,均设有多个职位。"汉之一里为户仅数十,而以上三系统设职就不下 20 个。虽未必每里全设,亦足惊人。以上诸职连同承担情治、信息职能的亭邮系统,上接乡一级诸机构,组成了一个严密的控制网络。"④秦汉以后,"历代乡里制度都是以对全体乡村居民进行什伍编制为起点,以'什伍相保'、'什伍连坐'为基本组织原

---

① 张仲礼:《中国绅士——关于其在 19 世纪中国社会中作用的研究》,上海社会科学出版社 1991年版,第 1 页。

② 方孝标:《钝斋文选》

③ 魏建国:《中国传统社会权利来源于国家授予性的成因及影响》,《法律科学》2010 年第 6 期。

④ 秦晖:《传统中国社会的再认识》,载《传统十论》,复旦大学出版社 2004 年版。

则的。它是君主专制主义国家政权结构在最基层的行政单位,拥有按比户口、宣布教化、督催赋税、摊派力役、维持治安、兼理司法的职权"。① 同时,县级政权的机构,也远比人们想象得要庞大。虽然正式官员不多,但编外人员的队伍却相当可观。据瞿同祖的研究,清代州县衙门负责拟制、传递公文及档案的书吏,大县有1000多人,中县有700–800人,小县也有100–200人;负责执法的衙役,每县也有数百人;充当门卫或县官与书吏联系人的长随,州县20人,县丞10人。此外,还有"刑名"、"钱谷"、"征比"、"挂号""书启"等幕友。②

概括地讲,在"大一统"秩序中,以集权化的专制体制为后盾,运用国家的强制性力量对社会生活进行全面管制,形成政治、经济、社会、文化一体化的整合机制,是传统社会秩序控制的主要方式。以乡约、族规、家法等为制度形式,以乡绅为主体力量,以宗族、乡里等基本载体的乡村自治虽然在一定意义上存在,但同西方历史上的城市自治,以及现代意义的市民社会却不可同日而语,其存在受到皇权的严厉控制,其功能也仅限于弥补皇权对社会秩序控制的不足。

3. "大一统"秩序解体与近代中国的"总体性危机"

传统"大一统"秩序及其社会控制模式,是伴随专制帝国的诞生而逐步形成的,经过历代王朝的修补、完善,"大一统"秩序日益成熟,形成了一张将整个社会生活网罗在其中的密不透风的权力控制之网。由于中华文明的相对早熟,这种政治体制及社会控制模式长期没有遭遇外部优势文明的挑战,生活在"大一统"秩序中的人们一直缺乏一种反思这一体制的参照系统,因而这一社会控制模式无论是制度变迁还是观念演变都陷入了一种几乎无法摆脱的"路径依赖",以致无论在专制统治者眼里还是知识精英群体的心目中,"大一统"秩序都是天下唯一可能的社会控制模式。诚如林毓生所言,"从教育制度与非儒家的文化、思想资源来看,整合中国政治秩序与文化道德秩序的'普遍王权',在传统时代,从未遭受到颠覆性的挑战"。③ 梁漱溟也曾经指出:"我可以断言假使西方化不同我们接触,中国是完全闭关与外间不通风的,就是再走三百年、五百年、一千年也断不会有这些轮船、火车、飞行艇、科学方法和'德谟克拉西'精神产生出来。"④

① 赵秀玲:《中国乡里制度》,白钢序,社会科学文献出版社1998年版。
② 瞿同祖:《清代地方政府》,范忠信等译,法律出版社2003年版。
③ 林毓生:《为何传统中国的政治秩序与文化道德秩序基本是一元的?》,载公共论丛《经济民主与经济自由》,三联书店1998年版。
④ 梁漱溟:《东西文化及其哲学》,商务印书馆1999年版,第72页。

　　客观地讲，"大一统"秩序与"大一统"观念，也曾产生过积极的历史作用。它是塑造中华民族向心力和凝聚力的重要力量，也是保证中华文化在经历种种浩劫之后依然能够长期传承的重要依托。但是"大一统"的社会秩序控制模式让中华民族付出的巨大代价，却是社会活力的长期的窒息，是整个社会文明长期无法走出专制政治的牢笼。顾准对此的评价应当说是相当中肯的，"没有大一统，兴起于一隅的文明不可能大规模传播。然而一旦大一统，原来促使文明萌发起来的那种个人创造性，在军事独裁下也就被压抑下去，那种蓬勃奋发的精神状态就逐渐被'内向'、'精神安宁'、以至'天国来世'的观念所代替掉了"。①

　　就社会秩序控制的有效性而言，"大一统"模式的致命缺陷，是整个社会秩序的维系完全依赖于自上而下的政治专制力量。如前所述，"大一统"的社会秩序控制模式，是以维护专制王朝的统治为根本目标的，社会控制的主要手段则是官僚行政帝国自上而下的权力强制。因而专制王朝能否克制自己的贪婪欲望，行政帝国能否保持有效运作，直接决定着社会秩序控制的成败。马克思在总结东方社会兴衰存亡的历史规律时曾经指出："我们在一些亚洲帝国经常可以看到，农业在一个政府统治下衰败下去，而在另一个政府统治下又复兴起来。在那里收成取决于政府的好坏，正像在欧洲随时令的好坏而变化一样。"②正因为如此，古代中国社会秩序的控制始终无法摆脱这样一种治与乱的循环：王朝建立的初期，统治集团注重汲取旧王朝覆灭的教训，期望新王朝能够避免重蹈覆辙，一方面采取轻徭薄赋的政策，另一方面对官僚队伍严加整治，吏治相对清明，社会秩序也就迎来了难得的平稳时期。然而，随着承平时间渐久，财富增加，王朝统治者的忧患意识逐步淡漠，穷奢极欲之心日炽，上行下效，吏治逐渐败坏，贪腐之风日盛。为满足整个行政帝国骄奢淫逸的需要，国家机器汲取资源达到敲骨吸髓的程度，最终，官逼民反，社会板荡，直至经过一场腥风血雨博杀，成王败寇，夺得天下的军事统治者建立新的专制王朝。

　　马克斯·韦伯曾注意到中国传统家产制政体运作的一个悖论性现象：一方面，皇帝的权威凌驾于一切之上，可以随心所欲地做任何事情。与此相适应，中国有庞大的官僚队伍，"官员的职责简直是包罗万象"，政府的边界是不存在的；另一方面，中国又始终没有建立统一而有效的官僚制度，中央政府管理和控制社

---

① 《顾准文集》，贵州人民出版社1994年版，第288页。
② 《马克思恩格斯选集》第2卷，人民出版社1995年版，第763页。

会的实际能力相当有限。韦伯认为,问题的根源出在中国财政体制的落后上。国家财政收入除了满足皇室的享受外,根本无法保障官员依靠薪俸维持相对体面的生活,"官吏只得像一个封建领主那样,从自己征来的捐税中支付行政经费,并将剩余留给自己。这样的结果是,传统中国公共财政形成某种独特的制度。中央政府规定各省州的纳税数额,而省州也规定其下属府县的纳税数额。以此类推,层层大包干"。① 这样,官员的贪腐与财政体制的落后就形成了恶性循环,吏治的败坏也就成为专制王朝无法摆脱的宿命。

如果说在历史上"大一统"秩序能够通过改朝换代得以不断重建和复制的话,一旦这种体制在近代遭遇西方强势文明前所未有的全面冲击,政治、经济、社会、文化一体化的社会整合机制就出现了全面失灵,陷入了难以修复的境地。首先,由于专制帝国无法抵御列强的"坚船利炮",国家主权不断遭受列强分割、蹂躏,专制王朝再也无法保持自己的绝对权威,中央政府逐渐失去对整个行政体系的政治整合功能,内乱频仍,地方势力强盛,整个"大一统"秩序由此失去了强有力的政治权威的支撑。其次,由于专制王朝无力保持完整的国家主权,不得不接受列强施加大量不平等条约,中国经济被拖入极不合理的国际经济秩序之中,沦为列强的原料供给地和商品销售市场,小农经济陷入全面破产的境地。大量的战争赔款,更是使国家财政陷入崩溃境地。再次,政治和经济整合功能的衰败,不可避免地导致了社会秩序的混乱。在激烈的社会动荡中,不仅整个社会的规则系统日益松弛,原先能够起到社会秩序控制补充作用的民间道德化和习俗化的控制机制也逐步失灵。最后,随着西方文化的大量输入,与传统文化整合模式格格不入的新的价值观念开始在沿海口岸城市和部分知识群体流行,为人们思考社会秩序提供了全新参照系统,传统的修身齐家治国平天下的社会改良思路和人生轨迹丧失了天经地义的合理性。这其间,科举制度的废除,更使社会整合模式发生严重危机。在"大一统"的整合模式中,无论是承担社会控制职责的帝国官员,还是主导乡村治理的绅士阶层,都是通过科举制度挑选出来的。用美国学者罗兹曼的话来说,"科举制度曾经是联系中国传统的社会动力和政治动力的纽带,是维护儒家学说在中国的正统地位的有效手段……它构成了中国社会思想的模式。由于它被废除,整个社会丧失了它特有的制度体系。"② 一旦科举

---

① [德]韦伯:《儒教与道教》,洪天富译,江苏人民出版社 1995 年版,第 70 页。

② 罗兹曼主编:《中国的现代化》,比较现代化课题组译,江苏人民出版社 1995 年版,第 338 页。

制度废除,知识群体"上失其根,下失其路",逐步从专制王朝的支撑力量演变成体制的离心者甚至反叛者。"上失其根"意味着专制王朝因为关上了吸纳知识精英的大门而丧失了对他们吸引力和感召力。"下失其路"则意味着大批失意的士绅无法再在乡村维持旧日的荣光,不得不进入城市另寻出路,导致乡村秩序的控制者逐步为"土豪劣绅"取代,"乡村成了一个文化精英遗弃的地区,宗法关系淡化,地主与贫困农民的冲突开始尖锐,广大乡村遂成为一块酝酿革命的温床"。①

到晚清时期,中国传统的"大一统"秩序已经陷入全面危机,一体化的社会整合机制已经完全失灵。而当帝制最终被推翻时,社会整合的中轴也就被彻底摧毁了。"大一统"的各种整合机制,都是以帝王的绝对权威为依托的,帝制在社会整合系统中具有极为重要的符合象征意义。几千年来人们从来没有设想过天下没有皇帝会是怎样一种情形,因而帝制的结束,对社会秩序的冲击力足以同西方"上帝死了"的震撼相提并论。正如"上帝死了就意味着什么都可以干了一样",皇帝没了,"天下"也几乎不成其为"天下"。中国传统的社会秩序由此真正陷入了"一盘散沙"式的"总体性危机"。

二、全能主义国家的社会控制模式

近代中国的"总体性危机"是与民族的生存危机直接联系在一起的,建立现代民族国家由此也就成为"救亡"及克服"一盘散沙"局面的现实出路。借助于国家和政党强大的政治动员能力,新中国完成了对社会秩序的全面整合,告别了近代中国"一盘散沙"式的社会秩序危机。然而,随着政治动员的历史经验逐步转化为国家的体制性建构,新中国又在全能主义国家的政治结构下形成了一种国家全面管制社会的"总体性社会"。虽然这种社会控制模式成功维持了社会秩序的刚性稳定,但社会发展及社会自主治理的活力却受到了极大的窒息,中国传统的强国家弱社会的格局非但没有被打破,反而因为国家权力的空前膨胀而得到强化。

1. 告别一盘散沙:民族国家的社会整合进程

近代中国遭遇了"数千年未有之变局",由于专制王朝无法整合全社会的力

---

① 何怀宏:《选举社会及其终结》,三联书店1998年版,第422页。

量来回应西方强势文明的挑战,整个社会秩序陷入了前所未有的大混乱。如前所述,"大一统"秩序是以专制皇权为中心的,为强化专制皇权几乎已将社会的自组织力量摧毁殆尽,因而一旦专制政治体系崩溃,中国迎来的不仅是政治秩序的危机,而是整个社会秩序的全面瓦解。这是"一种涉及中国社会的各个层面的总体性危机;危机的各个方面存在着内在的联系,即它们植根于中国的历史或过去,从而对中国来说,摆脱危机的唯一道路就是与自己的过去实行最为彻底的决裂"①。

"总体性危机"充分地暴露了传统中国缺乏社会自主治理的组织网络,无法自发地形成和维系社会凝聚力的致命缺陷,"一盘散沙"就是对这种完全依赖自上而下的权力控制的社会秩序走向崩溃的生动写照。1901 年梁启超在《十种德性相反相成论》一文中最先描述了近代中国"一盘散沙"的秩序危机:"合群云者,合多数之独而成群也。以物竞天择之公理衡之,则其合群之力愈坚而大者,愈能占优胜权于世界上,此稍学哲理者所能知也。吾中国谓之为无群乎?彼固庞然四百兆人,经数千年聚族而居者也。不宁惟是,其地方自治之发达颇早,各省中所含小群无数也;同业联盟之组织颇密,四民中所含小群无数也。然终不免一盘散沙之诮者,则以无合群之德故也。"孙中山更是一再痛陈"一盘散沙"的社会格局是中国积贫积弱的重要根源。"中国人的只有家族和宗教的团体,没有民族精神,所以虽有四万万人结合成一个中国,实在是一片散沙,弄到今日,是世界上最贫弱的国家,处国际中最低的地位。"②20 世纪三四十年代,中国学者在探讨中国社会变迁道路时,更是普遍将"一盘散沙"视为中国社会结构最突出的问题。社会学家潘光旦曾经激愤地指出:"人们常说中国是一盘散沙,我要否认这一点。我比它作一团面粉,由于滴水及虫蛀混成一个个发霉的或虫蛀的小团,连沙子都不如,不能再有一点用处。"③费孝通针对中国传统社会秩序概括出来的著名的"差序格局"命题,同样揭示了中国人缺乏基于普遍主义的社会认同的局限。

克服社会秩序的"总体性危机"是近现代中国政治革命与国家建设的核心问题。"由于传统社会是在帝国体系下被整合为一个整体的,社会自身没有强

---

① 汪晖:《现代中国思想的兴起》上卷第 1 部,三联书店 2004 年版,第 11 页。
② 《孙中山选集》,人民出版社 1981 年版,第 621 页。
③ 《潘光旦文集》,北京大学出版社 2000 年版,第 61 页。

大的力量和机制来推动自身的整体整合,所以,这个社会的组织与运行对国家权力的依赖是这个社会的内在属性。这种依赖决定了帝国体系解体之后的国家建构,首先要建构的是国家权力核心,并通过这个核心建构基本的秩序。"①传统的专制帝国虽有不受限制的专断权力,却无法有效地将国家权力渗透于社会生活的各个角落。现代民族国家建构,为中国改变这一局面提供了重要的历史契机。"现代国家的建构是一个政治权力自下而上集中和自上而下渗透的双向过程"②。一方面,现代国家将政治权力从各种经济、社会、文化等单位集中到自身,形成统一的国家"主权",使国家超越地域、宗族等,成为国民唯一的政治效忠对象;另一方面,现代国家的权力从统一的中心不断向外发散,覆盖到国家疆域范围内的所有人群,渗透到社会生活的各个领域。西方国家在现代民族国家的成长历程中,社会秩序的整合机制都发生过重大变迁,以国家权力为后盾的法律和抽象制度成为支撑整个社会秩序的重要支柱。

晚清时期,专制王朝也曾试图通过一系列机构设置和委任,变乡土地方权威为国家在基层的政权分支,使国家权力渗透到社会基层。这种地方权威的"官僚化"进程,事实上触及了乡村社会结构的基础框架,使乡土地方权威的授权来源发生了重要的变化,地方权威"公共身份"的授权来源转移至官府系统。③ 但是,国家延伸地方权力机构,并将基层社会纳入其控制之下,无法使地方权力的运作形成一种对地方民众负责的责任机制,反而瓦解了地方的权威体系,形成了"国家政权内卷化"④困境,使得代表国家的地方权威演变成一种外部强加给乡村社会的压迫性力量。

将社会秩序重建设整合于现代国家的建设过程,是国民党和共产党的共同选择。鉴于晚清的教训,孙中山曾将"党治"视为实现国家权力向社会基层全面渗透的根本出路。"二次革命"失败之后,孙中山有感于党人的人心涣散,"致党魁则等于傀儡,党员则有类散沙"⑤,决心以家长制的组织形式重建中华革命党,

---

① 林尚立:《有效政治与大国成长——对中国三十年政治发展的反思》,《公共行政评论》2008 年第 1 期。

② 徐勇:《政权下乡:现代国家对乡土社会的整合》,《贵州社会科学》2007 年第 11 期。

③ 张静:《基层政权》,浙江人民出版社 2000 年版,第 30 页。

④ 杜赞奇:《文化、权力与国家——1900－1942 年的华北农村》,王福明译,江苏人民出版社 1995 年版,第 66 页。

⑤ 《孙中山全集》第 3 卷,中华书局 1984 年版,第 97 页。

进而实现以党治国。"吾人立党,即为未来国家之雏形。"①其后,俄国革命中的政党政治动员的效力使孙中山深受启发,俄国"一党政治"成为其政治改造的蓝本。"法、美共和国皆旧式的,今日唯俄国为新式的;吾人今日当造成一最新式的共和国。"②1924年的国民党的改组,基本指导思想就是效法俄国革命,"先由党造出一个国来",然后"把党放在国上",由党来行使对国家的"治权","一切军国庶政,悉归本党负完全责任"③。为此,国民党逐步建立了"一党治国"的党国体制,从中央到地方,逐级建立党部,由政党直接控制政府,政府则演变为政党决策的执行机构。这种高度集权的"一党治国"体制,有力地提高了国家自上而下的政治整合能力,为国民党动员社会力量完成北伐起到了重要保障作用。但是,国民党的党国体制实际上不过是以政党的整合机制来强化国家权力机关自上而下的权威体系,执政党始终只是一个悬浮在上层的政党组织,而没有将自己的组织及其整合功能延伸到广大农村,从而实现以政党广泛的社会动员来支撑国家的权威体系。毛泽东对此有过深刻的总结,那就是,"占全国人口百分之九十以上的工农劳动群众还没有动员起来"④,"国民革命需要一个大的农村变动,辛亥革命没有这个变动,所以失败了"。⑤

亨廷顿在总结政党在发展中国家政治变迁中的作用时曾经指出,"政党是一个现代化组织,为成功计,它又必须把传统的农村组织起来"。"一个政党如果想首先成为群众性的组织,进而成为政府的稳固基础,那它就必须把自己的组织扩展到农村地区"。⑥这其实正是共产党区别于国民党,并成功夺取政权的关键所在。中国共产党之所以能够将广大农民动员到自己的旗帜下,一个根本原因,是将政党的社会政治动员功能发挥到了极致,成功建立起了一种利益整合机制和社会组织整合机制。一方面,中共在农村推行的土地改革,使亿万农民获得了赖以生存的土地,从而使农民基于切身利益,对中国共产党及其建立的农村政权形成了认同感。正如胡绳指出的那样,现代中国的政治变革,"农村问题恐怕是最关键的问题,当时许多人也感到这个问题重要。阎锡山在山西搞自治,办村

---

① 《孙中山全集》第3卷,中华书局1984年版,第184页。

② 《孙中山全集》第6卷,中华书局1985年版,第56页。

③ 中国第二历史档案馆编:《中国国民党第一、二次全国代表大会会议史料》(上),江苏古籍出版社1986年版,第14—15页。

④ 《毛泽东选集》第2卷,人民出版社1991年版,第563页。

⑤ 《毛泽东选集》第1卷,人民出版社1991年版,第3页。

⑥ 塞缪尔·亨廷顿:《变化社会中的政治秩序》,王冠华等译,三联书店,1989年版,第402、401页。

治研究院,桂系在广西搞'模范省',都表示自己有一套治理农村的办法。晏阳初、梁漱敏也抓乡村建设,搞和平改良。他们都不能解决问题。蒋介石在农村问题、土地问题上毫无作为,这样实际上就把广大农村让给了共产党,其失败是必然的"。① 通过土地革命,中国共产党在广大农村成功地建立起强大的利益整合机制,形成了强大的政治感召力和凝聚力。另一方面,在国民党专注于城市,专注于政权体系的巩固的过程中,中国共产党却通过"政党下乡"②,在广大农村地区建立起了庞大的党的组织体系,通过党的基层组织,将政党的意志渗透到了农村社会的各个角落。政治动员是"统治精英获取资源尤其是人力资源为政治权威服务的过程"③,当中国共产党将政党的力量延伸到社会最底层,在广大农村形成发达的组织网络,进而以利益整合机制将广大农民纳入这样网络体系,就成功地实现了"组织千千万万的民众,调动浩浩荡荡的革命军"④的政治动员目的,社会秩序的重建因此也就被整合进了政治革命和新的国家建设进程。

　　2. 全能主义国家:社会动员的体制化

　　现代国家区别于传统国家的一个显著特征,是拥有更为强大的权力渗透能力,"政治中心能够领导、推动和批准在自己领土范围内发生的各种各样的社会活动,根据自己制定的、灵活多变的命令管理整个国家"⑤。通过政治动员,包括组织动员、思想动员及各种形式的政治运动,将政党的意志贯穿到社会的最底层,是中共赢得政权的最重要的历史经验。这种成功经验,加上政党与国家合二为一的党国体制,使得新中国将现代国家的权力渗透、权力控制能力运用达到了极致,并使这种超常规的政治动员方式转变成一种国家体制,一种全能主义国家的社会控制模式。

　　全能主义(totalism)是美国芝加哥大学教授邹谠提出的用以概括20世纪中国政治特征的一个重要概念,指的是"政治机构的权力可以随时地无限制地侵入和控制社会每一个阶层和每一个领域的指导思想。全能主义政治指的是以这个指导思想为基础的政治社会"⑥。邹谠强调,全能主义与集权主义(totalitarian-

---

　　① 胡绳:《从五四运动到人民共和国成立》,社会科学文献出版社2001年版,第32页。
　　② 徐勇:《"政党下乡":现代国家对乡土的整合》,《学术月刊》2007年第8期。
　　③ [美]沃马克:《中国政治》,顾速译,江苏人民出版社2003版,第77页。
　　④ 《毛泽东选集》第1卷,人民出版社1991年版,第115页。
　　⑤ [意]波齐:《国家:本质、发展与前景》,陈尧译,上海人民出版社2007版,第135页。
　　⑥ 参见邹谠:《二十世纪中国政治:从宏观历史与微观行动的角度看》,牛津大学出版社(香港)1994年版,第3页。

ism）是两个不同的概念，"全能主义政治一方面和我所谓的'权威主义政治'如中国传统君主专制政治，可以划分得很清楚，另一方面和德意志和意大利在30年代和40年代初的集权主义和个人独裁在理论上和实践上也不相同"，"因而政治全能主义并不必然与个人崇拜主义同步"①。全能主义反映的是一种特殊的国家与社会关系，即国家可以按照自己的意志进入社会生活各个领域、各个角落，而集权政治与分权政治相对应，涉及的是政治结构问题。在历史和现实社会，集权政治很常见，但全能主义政治却不多见，即使是古代中国的专制集权体制，也很难实现国家权力对底层社会生活的有效渗透。解读邹谠的相关分析，大体上，全能主义政治的基本特征是：党和国家的一体性和政治中心的一元性、政治权力的无限性和政治执行的高效性、政治动员的广泛性和政治参与的空泛性、意识形态的工具性和国家对外的封闭性。②

全能主义政治的出现在很大程度上是对近代中国"总体性危机"的反应。"在社会各种制度和组织正在解体的时期，只有用政治团体的权力深入社会的每个角落，去重建各种组织与制度，去解决社会领域中的问题，才能一面重建国家，一面重建社会"③。"先建立一个强有力的政治机构或政党，然后用它的政治力量、组织方法，深入控制每一个阶层和每一个领域"④。而一旦借助于政党的意识形态动员和组织渗透成功摆脱"总体性危机"，这种政治动员方式及其历史经验也就随之成为新中国国家制度建设的重要依据。于是，高度集中的计划经济体制、高度集权的政治体制与绝对一元化的意识形态控制机制的整合，共同形成了一个国家权力统摄一切的全能主义政治体系和"总体性社会"（Totalitarian Society）结构。

在改革之前的全能主义国家中，国家的政治整合是与政党的政治动员紧密一起的。在此，党的机构成为政治权力的中心，党的常设机构事实上取代了政府的日常机构，借助党所领导的政府机构以及执政党自身横向到边、纵向到底的组织体系，国家既可以通过层级控制的政府机构自上而下的下达各种行政指令，又可能通过党组织全国一盘棋式的政治动员，将党和国家的意志贯彻到社会生活

---

① 参见邹谠：《二十世纪中国政治：从宏观历史与微观行动的角度看》，牛津大学出版社（香港）1994年版，第25页。

② 席晓勤、郭坚刚：《全能主义政治与后全能主义社会的国家构建》，《中共浙江省委党校学报》2003年第4期。

③ 同①，第20页。

④ 同上，第2页。

的每个角落,从而使国家对社会生活秩序的整合能力达到了空前的程度。"在改革开放前的中国社会和中国政治形态中,党、国家与社会的关系是:党领导国家,国家主导社会,党通过国家或自身组织主导社会。在这样的关系格局下,只要党加强控制,党就能迅速积聚权力,从而拥有绝对的权力。"[①]

除了空前强大的政治整合能力,全能主义国家还建构起了前所未有的经济整合、组织整合、思想整合机制,并始终保留了运动式的社会治理机制。

国家全面垄断社会资源的分配,建立直接控制每个社会成员资源获取方式的经济整合机制,是全能主义国家控制社会秩序的最重要的手段。全国土地改革完成之后,国家通过推行农业、手工业和资本主义工商业的社会主义改造,逐步建立起了计划经济体制,国家垄断了全部社会资源的分配,借此全面控制了整个社会的经济生活。垄断性的资源分配模式意味着所有社会成员利益实现方式的高度一元化以及在生存资源获取上对国家的全面依赖。除了从组织渠道所获得的计划资源外,任何个体都无法通过其他渠道获得替代性资源。这意味着整个社会不存在任何自由的或者说体制外的资源和自由的生活空间。社会个体只有在满足组织(代表党与国家的单位或其它组织)提出的各种要求之后,才能从组织中领取按计划配给的生活资源。高度集中的经济权力强化了国家的政治权力,使国家权力成为个体不得不完全依附的强大力量,国家也因此得以直接控制个体的经济命脉。"任何控制一切经济活动的人也就控制了用于我们所有的目标的手段,因而也就必定决定哪一种需要予以满足和哪一种需要不予满足。"[②]空想社会主义者圣西门曾经直言不讳地说过,对不服从计划和计划委员会的人,要像牲畜一样来对待。托洛茨基则指出,计划体制使不劳动者不得食的社会理想演变成了"不服从者不得食"的可悲局面。哈耶克引用了圣西门和托洛茨基的话,深刻地揭示了计划体制垄断社会资源分配的严重政治后果,那就是:"如果我们面对一个垄断者时,我们将唯他之命是听。"当整个社会只有一个雇主时,人们除了接受雇主的一切要求,听从它的摆布之外别无选择。经济的强制,必然带来政治的强制与思想的强制。"所谓'强制',我们意指一人的环境或情境为他人所控制,以致为了避免所谓的更大的危害,他被迫不能按自己的一贯的计划行事,而只能服务于强制者的目的。除了选择他人强设于他的所谓较小危

①　林尚立:《当代中国政治形态研究》,天津人民出版社 2000 年版,第 322 页。
②　哈耶克:《通往奴役之路》,王明毅、冯兴元译,中国社会科学出版社 1997 年版,第 90、92 页。

害之情境以外,他既不能运用他自己的智识或知识,亦不能遵循他自己的目标及信念。强制之所以是一种恶,完全是因为它据此把人视作一无力思想和不能评估之人,实际上是指导人彻底沦为了实现他人目标的工具。"①当国家事实控制了所有社会成员的经济命脉时,事实上也就剥夺了个体自主生存和发展的经济根基。国家就可以借助于意识形态的灌输,形成对每一个社会成员思想观念和生活方式的强制性干预。在强大的意识形态压力的作用下,每个社会成员都不得不放弃个性化的生活选择,学会按照能为意识形态和社会生活环境接受的方式去生活,甚至通过主动迎合主流意识形态,获得向上流动的政治资本。任何一个思想意识和生活方式背离主流意识形态的人,都可能被标识为受资产阶级腐朽价值观念和生活方式腐化的落后分子,在日常生活中受到周围群众的严密监视,并在群众性政治运动中受到严厉的思想清算,甚至是侮辱性的人身攻击。建国以后所有政治动员和思想整合的有效性,实际上都建立在国家垄断社会资源的强大威慑力基础上。

建立国家控制下的社会组织网络体系,是全能主义国家控制社会生活的另一种重要方式。针对旧中国因传统社会整合机制瓦解而新的整合机制迟迟未能形成而出现的社会混乱局面,同时适应计划经济体制运作的需要,建国伊始,中国共产党就把建构一体化的社会组织体系,实现社会最大限度的整合,直至形成统一思想、统一意志、统一行动、统一步调的"全国一盘棋"局面,作为国家建设的重要任务。毛泽东明确提出:"我们应当将全中国大多数人组织在政治、军事、经济、文化及其他各类组织里,克服旧中国散漫无组织状态。"②在经济得到基本恢复之后,国家通过建立人民公社体制和单位体制,把所有的社会成员都纳入了行政化的组织网络体系。民国时期出现的相对独立于国家之外的社会自组织因素,如独立媒体、自由知识分子、教会大学、宗教组织等等,要么直接取缔,要么重新纳入体制之内,成为国家控制的组织网络体系的一部分。新中国在短短的几年内完成了整个社会全盘性的组织化改造,迅速建立起了一个高度组织化和一体化的社会。这种社会结构的基本特点是:所有社会成员无一例外地归属于某个的组织单元,所有组织单元都以党组织为领导核心,并纳入自上而下的行政化、等级化的组织网络体系。所有社会组织单元(城市中的单位和农村人民公社)除了发挥社会专业性功能外,无条件承担上级组织下达的各种政治和行

---

① 哈耶克:《自由秩序原理》,邓正来译,三联书店1997年版,第16－17页。
② 《毛泽东选集》第5卷,人民出版社1977年版,第9－10页。

政任务,从而成为事实上的社会管理主体。它们不仅有责任管理组织内部以及组织成员的所有事务,而且有义务积极参与党号召的所有公共性事务。概言之,所有组织单元均以党的意志为意志。需要指出的是,社会的全面组织化,是与计划经济条件下的垄断性社会资源配置方式相匹配的。社会个体的所有生活资源均来自于单位组织的配给,这种利益实现方式的单一化客观上造成了社会成员对其所归属的组织的全面依附,从而极大地增强了代表党和国家的各级组织的社会权威。新中国在特定的历史背景下建构形成的这种一体化的组织结构,完全改变了旧中国"一盘散沙"式的社会局面。借助于政治权威、行政力量特别是垄断性的资源配置方式,一体化的社会组织网络体系显示出了极其强大的社会整合功能,形成了社会成员绝对服从单位组织,单位组织绝对服从党的意志的社会管理格局。借助于这一社会整合机制,国家的意志可以畅通无阻地贯彻到社会的每个角落,执政党可以随时动员全社会的力量、调动所有资源来实现某一特定的目标。严格地讲,在这种社会结构中,党和政府并不需要设立专门的机构来从事社会管理,良好的社会秩序已经建立在了强有力的组织整合基础,建立在了社会成员对国家意志的绝对服从上。

全能主义国家社会整合模式的另一个显著特色,是力图将社会秩序的整合建立在高度统一的思想整合基础上,建立同质化的思想观念体系,以期实现"万众一心"的政治动员效果。建国伊始,国家对知识分子展开了大规模的思想改造运动。在社会各个群体当中,知识分子由于拥有较丰富的知识和文化修养,容易形成自己独立的见解,那些具有社会责任担当精神的知识分子则更是往往以批判社会现实为使命。"由于知识分子是批判他身处的社会的,因此,他与政治权威结构总是具有先天性的紧张关系的。"[1]这也就决定了知识分子的批判性角色定位,他们游离于政党意识形态之外的思想观念,必然成为国家加强思想整合的重要障碍。在延安时期,中共通过大规模的"延安整风",统一了全党的思想,建国以后,这种统一思想的政治运作经验很自然地推广到了全社会,成为"建立马克思主义在意识形态领域的一统天下"[2]的基本方式。1951年10月23日,毛泽东在全国政协一届三次会议的开幕词中第一次把知识分子摆在了思想改造的

①　金耀基:《知识分子在社会上的角色》,《台港暨海外学界论中国知识分子》,河南人民出版社1994年版,第50页。

②　于风政:《改造——1949 - 1957年的知识分子》,河南人民出版社2001年版,第208页。

首位:"思想改造,首先是各种知识分子的思想改造,是我国在各方面彻底实现民主改革和逐步实行工业化的重要条件之一①。"1949 - 1952 年,从教育界逐步扩展到文艺、科技、民主党派、政府机关、人民团体、工商、宗教等社会各界的"知识分子思想改造运动"正式拉开序幕。思想改造采取"分层过关的办法,即(一)先让大多数政治思想上没有严重问题的人很快过关;(二)再帮助一批思想作风上有较大毛病,但愿意改正错误力求进步的人过关;(三)少数政治上或思想上有严重问题的人,在群众的揭发、检举和严格的检查下,进行多次反复的检讨,然后过关;(四)直到最后学校总有极少数政治上或经济上有极严重问题的人过不了关的,对于这些人行政上可按其情节给以停职调职或撤职等各种处分。"②这场思想改造运动使大部分知识分子都完成了一次思想观念的"洗澡"。随后,执政党更是通过组织一连串大规模的思想大批判,如对电影《武训传》的批判、对胡适思想的批判、对梁漱溟"反动思想"的批判、对俞平伯《红楼梦》研究的批判、对胡风文艺思想的批判、对马寅初"新人口论"的批判等等,彻底清算了同国家意识形态不相符合的种种异质性思想在知识分子当中的影响。正如英国学者施拉姆在他 1966 年出版的《毛泽东》传中提到的那样,"'思想改造'的方法,自中华人民共和国成立以后的十六年中,一直被大规模和频繁地使用,以致这个过程已成为毛的中国的基本特征"③。这种思想改造正是国家对社会进行政治整合的基本方式之一,其目的就是促使知识分子完成从思想到情感的"脱胎换骨",打消所有对国家意志的游离、抵触,主动放弃所有可能游离于国家意识形态轨道之外的独立思考,以达成全社会思想的高度统一。

全能主义国家不仅建构了一整套以国家权力为后盾的社会整合体系,将国家权力渗透到了社会生活的各个角落,而且还广泛运用政治动员手段来干预社会生活,形成了一种独特的运动式治理模式。政治动员是中国共产党在革命战争年代广泛运用的一种社会资源整合方式,它运用思想灌输、政治施压及利益驱动等手段,来说服、诱导或强制社会成员认同、支持政党的政治主张,投身政党发动的社会变革进程。政治动员的最大特色,是政党超越常规程序和组织架构,直接面向公众,动用各种手段最大限度地激发公众的热情,不惜代价地整合社会资

---

① 《建国以来毛泽东文稿》第 2 册,中央文献出版社 1988 年版,第 95 页。

② 《建国以来重要文献选编》第 3 册,中央文献出版社 1992 年版,第 116 - 118 页。

③ [美]斯图尔特·施拉姆:《毛泽东》,中央文献研究室编辑组译,红旗出版社 1987 年版,第 24 页。

源投入政党确立的某一中心工作,以期在短期内取得显著的成效。在现代政治变革实践中,政治动员在革命党夺取政权的过程中得到了广泛运用,但一般来说,革命党在完成了国家重建任务之后都会逐步放弃使用政治动员的策略,以免国家正常秩序受到冲击。非常特殊的是,政治动员一直被以毛泽东为代表的共产党人当作最有效的国家治理方式,当作走群众路线的具体体现。建国后,毛泽东反复强调,"社会主义革命和社会主义建设,必须坚持群众路线,放手发动群众,大搞群众运动","什么工作都要搞群众运动,没有群众运动是不行的"。① 从土地改革、抗美援朝、镇压反革命,到"三反""五反"运动等等,政治动员都取得了立竿见影的短期效果,以致政治动员一直被当作一种政治优势保留下来。据一些学者不完全的统计,从1949—1976年27年间,全国性的社会运动发动了70余次。② 1949年10月至2009年9月,全国共发生各类运动式治理110次,平均每年发生2次。③ 美国学者迈斯纳曾经对革命后的苏联与中国进行了比较分析,苏联在革命胜利后不久就开始了社会秩序常规化的管理过程,许多旧制度都保留了下来,而中国与此截然不同:"1949年以后中国史的最显著特征也许是,共产党人付出了巨大的努力以扭转革命胜利后革命走向灭亡的普遍趋势,防止会导致丧失革命动力的'官僚主义的制度化',并保护革命目标和革命理想的内在生命力,从而使其成为现实社会活动的力量源泉。"④政治运动在和平年代社会治理过程中的广泛运用,固然与政党治理理念和方式的路径依赖有关,但更重要的是,它是国家政治动员能力的印证方式。大规模的社会政治动员,不仅是资源相对贫乏的国家破解治理难题的有效方式,也是验证国家政治整合能力以及权力中心的政治权威的有效性的重要手段。

　　3. "总体性社会":社会整合的政治化

　　全能主义国家建立的集政治、经济和意识形态控制为一身的一体化社会控制体系,极大地强化了国家权力对社会生活的控制能力。在此,政治控制与经济资源控制、组织控制和思想控制相互支撑、相互转化,形成了高度的契合。无论是经济资源控制、组织控制还是思想控制,都极大地强化了国家的政治权力,使

---

　　① 《建国以来毛泽东文稿》第七册,中央文献出版社1992年版,第433页。
　　② 周晓虹:《1951 – 1958:中国农业集体化的动力——国家与社会关系视野下的社会动员》,《中国研究》2005年春季卷。
　　③ 冯志峰:《中国政治发展:从运动中的民主到民主中的运动》,《甘肃理论学刊》2010年第1期。
　　④ 迈斯纳:《毛泽东的中国及后毛泽东的中国》,杜蒲等译,四川人民出版社1990年,第77页。

国家真正成为一个超级"利维坦"。借助于控制社会生活秩序的一整套国家体制建构,国家成功地将所有社会成员纳入了国家体制控制的范围。更重要的是,经济资源控制、组织控制和思想控制,极大地提高了国家权力对社会生活的渗透能力。借助于组织控制,国家将所有社会成员网罗进了行政化的组织网络体系,国家因此得以通过层级隶属的体制内组织而直接控制所有社会成员;借助于对经济资源的全面垄断,国家不仅直接控制了所有社会成员的经济命脉,而且得以根据社会成员的政治表现,即对国家意志的服从来进行稀缺资源的分配,从而形成了所有社会成员完全依赖于国家的生存境遇;借助于思想控制,国家权力得以渗透进社会成员最私密的领域,形成迫使所有社会成员自觉顺从国家意志的强大精神压力;借助于运动式治理机制,国家权力可以一竿子插到底,直接动员社会成员投身国家着力推进的社会变革,并及时将各种可能偏离国家控制的社会自主性因素清除掉。

上述几大社会控制机制相互匹配、相互支撑,形成了高度整合的控制社会生活控制模式。拒绝被纳入行政化的组织体系,试图保留作为体制外成员的自由生活空间,就意味几乎无法获得生存的基本资源;拒绝接受思想整合,就可能面临无法承受的组织处分和经济制裁;不愿响应国家的政治动员,就会被贴上负面的政治标签,不仅面临沉重的社会压力,而且还会带来利益的重大损失……。可以说,在这种国家权力一体化控制下的"总体性社会"结构中,不存在国家权力不能干预的领域,也不存在国家权力无法渗透进去的角落。

全能主义国家和"总体性社会"的体制建构,最大的"优势",是将国家(执政党)自主性提高到无以复加的程度,在整个社会生活中几乎不存在任何制约国家自主性的因素,因而一旦国家最高决策层对经济社会及政治形势作出了准确的判断,作出了正确的选择,国家就可以利用其组织优势,通过其特殊的资源整合机制和社会动员机制,最大限度地集中全社会的资源投入国家建设,并在短期内取得显著的成效。建国之后我国之所以能够在资源非常稀缺的背景下,实施军事、工业的赶超目标和重工业优先的发展战略,之所以能够在国民生活极为困顿的条件下完成原子弹研制等重大项目,离开这一体制是无法想象的。

由于国家将所有社会成员纳入体制管道进行有效管理,同时又通过资源的垄断性分配使全体社会成员完全依附于自身,国家形成了对社会秩序空前强大的刚性控制能力。因而,即使建国后我国经济建设遭遇极大的挫折,甚至发生千万计的人口饿死的惨剧,国家依然能够有效控制住整个社会秩序,而没有发生大规模的社会动荡。同样,即使"文化大革命"期间因为政党自身原因一度出现社会秩序的混乱,一旦国家下决心要改变这个局面,就可以在短期内迅速恢复社会正常秩序。就社会秩序的静态控制而言,我们甚至可以说,改革之前的社会整合机制和社会管理模式是相当有效的。

但是,全能主义国家的社会控制机制,充其量只能形成一种封闭、僵化、凝滞的社会秩序,并且是以压制社会成员权利、抑制社会发展活力为代价的。当国家垄断了全部社会资源的分配时,任何个人就只能通过国家的制度性安排,通过国家管辖的组织渠道,并按照自己户籍身份来获取基本的生存资源。尽管这种分配体制带有某种父权主义的保护成分,但客观上却造成了个人生存与发展对国家的全面依赖。所有社会成员都只能以完全顺从国家意志,遵从国家设定的生活方式,积极响应国家的政治动员,来换取生存的资源,或改善自己的生存处境,社会发展活力因此几乎被完全窒息。

全能主义国家社会控制机制的实质,是以政治整合替代社会整合。"总体性社会"的基本特征是:社会动员能力极强,可以利用全国性的严密组织系统,动员全国的人力物力资源,以达到某一国家目标,特别是经济建设、争光项目和应付危机;缺乏中间阶层的作用,国家权力的触角伸向穷乡僻壤,国家直接面对民众,中间缺少缓冲;社会秩序完全依赖于特殊主义的个人权威,社会极易走向一种自发的无政府、无秩序状态;社会自治和自组织能力差,全部社会生活呈政治化、行政化趋向,社会的各个子系统缺乏独立运作的条件,支配不同功能系统的是同一运行原则;社会中身份制盛行,社会流动受到严格限制,社会分化不足,同质性高,结构僵硬;缺少自下而上的沟通,民众的意见凝聚缺少必要的组织形式,因而与政策层次有较大的距离,并缺少可处理性。换言之,总体性社会是一种社会高度一体化、整个社会生活几乎完全依靠国家机器驱动的社会。① 在此,国家已经将所有社会组织纳入了体制控制范围,独立于国家,具有自主意志,能够充当国家权力与个人权利的缓冲器的社会组织早已不复存在。因此,全能主义政治体制下的国家自主性,是建立在对社会组织和社会个体自主性的全面剥夺基础上的。"这个社会中个人或集体的自由和权利没有受到道德、民意、法律、宪法的保障。他们的自由活动范围的大小和内容,是政治权力机构决定的。"② 更为特

---

① 中国战略与管理研究会社会结构转型课题组:《中国社会结构转型的中近期趋势与隐患》,《战略与管理》1998 年第 5 期。

② 邹谠:《二十世纪中国政治:从宏观历史与微观行动的角度看》,牛津大学出版社(香港)1994 年版,第 7 页。

殊的是,全能主义国家没有权力边界的概念,国家借助经济控制、组织控制和思想控制,将权力渗透进了社会生活的每一个角落。在国家权力无限扩张,社会自主性力量极度萎缩的社会政治化改造过程中,社会事实上已经完全为国家所吞噬。这样,所谓的社会秩序,就不再是各种社会自主性因素在长期的互动过程自发形成的社会有机联系,而是国家权力直接控制下的纵向隶属关系,整个社会秩序的维系完全取决于国家权力的刚性控制。

显而易见,全能主义国家所建构的"总体性社会",同传统"大一统"秩序存在着很大的同构性。虽然社会控制的主体以及控制的具体方式变了,但"强国家"、"弱社会"的格局,以政治整合替代社会整合,将整个社会生活秩序纳入国家体制的控制范围,国家以强制性权力直接面对社会个体的治理思路以及谋求社会生活的同质化的价值取向却有着很大的相似之处。其共同的结果则是国家权力没有边界,社会自组织力量极为羸弱,社会秩序缺乏自组织机制,过度依赖国家权力自上而下的控制。

在社会秩序完全同政治秩序捆绑在一起的条件下,全能主义国家对社会秩序刚性控制的成效,完全取决于国家权力体系运作的成效。如果国家的权力体系因为自身的腐败而无法正常运作,或者因为急于求成的变革而陷入混乱境地,整个社会秩序将会陷入灾难性的境地。正如李强在分析苏联社会转型时指出的那样,由于苏联解体前政治制度的特征是全能国家,即以国家及其各级基层组织作为组织社会的唯一力量,任何其他社会力量,诸如宗教、家族、行业与地域组织等,都没有合法存在的权利,因而都没有号召乃至组织社会的力量。因此,一旦国家出现危机,整个社会全然不存在任何可以维系秩序的力量。如果说政治权威的丧失在任何社会都会造成无政府状态,造成社会混乱的话,那么在全能政治的社会,政治权威的丧失所造成的社会混乱将是任何其他社会都无法比拟的。而且,十分可能的是,这种无序状态恐怕在相当时间内无法克服。原因在于,由于国家在相当长时间摧残了各种社会机制,社会在短期内很难生长出提供秩序的力量。① 中国实施的渐进式改革,特别是稳定压倒一切的改革导向以及执政党对整个改革进程强有力的控制,使中国在社会转型过程中成功地避免了社会秩序的崩溃式混乱。但也正因为如此,社会秩序的稳定机制依然过度依赖国家体制的整合功能,社会秩序的生成和维系机制转型长期滞后,使得当下中国社会

---

① 李强:《后全能体制下现代国家的构建》,《战略与管理》2001 年第 6 期。

秩序的治理,面临日益紧迫的转型压力。

三、中国社会治理模式的现代转型

改革开放30年来中国社会的变革可以理解为市场体系逐步发育,市场秩序逐步确立并向社会生活各个领域全面渗透和扩展的过程。参照西方社会的历史经验,伴随现代扩展性的市场经济成长的,是整个社会结构、政治制度、文化体系乃至社会行为主体精神世界的持续性变革,各种现代性因素错综复杂的互动关系,共同构成了人类文明秩序的扩展进程。市场经济体系的发育,不仅改变了经济生活的秩序,而且改变了整个社会生活秩序。在市场体系从西方几个国家的经济秩序扩展演变成为全球性的经济秩序的同时,市场的逻辑也不断从经济领域向社会生活的各个领域全面渗透,以市场机制为纽带的经济合作秩序,同与之相对应的社会、政治及文化体系的相互作用,共同构成了哈耶克意义上的人类扩展秩序自生自发的演进过程。中国的市场化进程是在与西方社会完全不同的背景下启动的,特定的历史背景和社会制度环境决定了中国市场化,不可能完全遵循西方那样自生自发的扩展、演进逻辑,但无论这一进程呈现出了怎样的本土特色,一个不可逆转的趋势是:一旦中国启动了市场化的变革,市场体系发育和市场秩序扩展的逻辑,终将引发中国整个社会生活秩序的深刻变迁。从某种意义上说,近30年来中国社会生活秩序变迁的深刻性,是几千年的历史长河中绝无仅有的。社会结构的大转型与社会生活运行机理的大变迁,既给中国文明秩序的演进注入了前所未有的生机与活力,铸就了中国融入人类文明进步潮流的不可逆转的进程,同时也使滥觞于革命战争年代,成熟于计划经济时代的社会治理模式,特别是全能主义国家社会控制模式以及政治整合机制逐渐趋于失灵。就此而言,中国社会秩序建构面临的挑战,远非社会管理具体方式方法的创新,而是整个社会治理模式的现代转型。

1. "总体性社会"整合机制的失灵

"总体性社会"政治化的社会整合机制,是建立在全能主义国家一整套独特的国家体制建构之上的,其对社会秩序的刚性控制,是以国家对社会资源的垄断性分配、对社会成员严密的组织控制和思想控制为前提的。市场化改革带来社会资源配置方式和社会组织形式的深刻变革,不仅极大地改变了国家的角色定位及权力运作范围,使中国逐步步入了后全能主义时代,而且从根本改变了社会整合机制的运作环境,使传统政治化的整合模式因为失去了原有的重要体制支撑而在社会秩序控制上呈现出了日益严重的失灵现象。

"总体性社会"的社会整合方式是高度政治化的,其对社会秩序控制的有效性直接取决于国家权力体系自身的运作状况。只有在权力中心能够有效地控制整个国家权力体系,全能主义国家自上而下的政治整合才不会出现失灵和失控现象。就此而言,一旦国家启动了改革进程,同时也就打乱了全能主义的国家社会控制机制,因为任何一种重大的体制改革都必然涉及国家权力体系的调整。这其中最为关键的是,旨在调动地方政府积极性的持续性放权改革,逐步打破了传统的中央高度集权的局面,形成了中央集权与地方分权并立的权力结构,极大地改变了公共权力的运行机制,弱化了权力中心保持全国一盘棋的政治控制能力。

改革开放以来中央与地方关系变革最重要的内容莫过于财政体制的改革。财政关系是政府间关系的核心,税收的征集和分配是从根本上影响中央与地方关系的"第二种基本方法"[①]。从80年代的包干制到90年代的分税制改革使中国的财政体制事实上具有某种"联邦化"[②]的属性,使各级地方政府演变成了事实上的利益主体,并在很大程度上重塑了地方政府的行为逻辑。在分权化的财政体制下,地方政府成为拥有独立的财力和财权,具有独立经济利益目标的公共事务管理主体,而不再仅仅是传统的统收统支财政体制下一个纵向依赖的行政组织。尽管这种管理主体地位是与越来越大的政府职责和行政压力联系在一起的,但却使地方政府的行为自主性得到了显著的增强,地方政府可以在相当程度上根据自己的偏好,自主地确立行政目标,并运用自己掌握的财权和财力,去实现自己的行政意图。换言之,相对独立的财力和财权,不仅确认了地方政府相对独立的利益,而且赋予了地方政府按照自主意志实现其行政目标以及不断扩张其自主性的现实能力。同时,区域之间日益激烈的发展竞争,也不断凸显了地方政府作为地方利益代言人的角色,使得地方政府无论是作为中央政府在地方的代理人,还是作为地方公众的代理人,都"必须有效地发展地方经济,维护和代

---

① [英]伊夫·梅尼等主编:《西欧国家中央与地方的关系》,朱建军等译,春秋出版社1989年版,第27页。

② Qian·Y. Weingast·B·R. Federalism, Chinese Style. The Political Basis for Economic Success in China. World Politics, 1995 (1). 钱颖一:《地方分权与财政激励:中国式的财政联邦制》,北京大学中国经济研究中心简报,2001年第34期。

表地方利益,满足地方人民,首先是地方官僚集团、社会精英、城市居民和国有企事业单位职工的生活福利,才能在一个地方获得强有力的支持和较高的权威,否则就会受到地方舆论的普遍谴责。"①地方政府作为相对独立的利益主体的角色的确立,直接派生出了其追求地方经济增长绩效及地方利益最大化的行为逻辑。由于中国的行政分权改革一直没有摆脱政策分权的局限性,持续性的放权并没有形成一种明晰化和刚性化的政府间权力及职责分工体系。这种国家治理体系的不成熟性所产生的必然结果,是地方政府的权力及行为边界始终处于含混不清状态,具有相对独立的利益结构的地方政府由此得以想方设法扩大行为的自主性空间,摆脱上级政府的控制,去实现其特定的行政目标。②

随着传统的中央高度集权的政治体制逐步让位于多元化的、中央集权与地方分权并存的权力新格局,中央与地方关系因为地方政府自主权的扩大,特别是地方政府自主性的膨胀而被注入了越来越多的新的制约因素。中央政府所面对的,不再是完全依附于自身所垄断的社会资源的计划指令的执行者,而是诸多追求着自身效用目标而同国家展开理性博弈的行为主体。上下级政府之间的关系也不再是简单的命令服从关系,而是被嵌入了越来越丰富的行政博弈,"上有政策下有对策"逐渐成为地方政府的理性选择。这种全新的权力格局决定了旨在控制整个社会生活秩序的国家宏观调控举措,其实际效果必然会因为各种错综复杂的行政博弈而被大打折扣。以往那种中央政府一声号令,各地令行禁止的局面已经一去不复返。

全能主义国家对社会秩序的严密控制,是建立在对全体社会成员的生存资源的垄断性分配基础上的。市场化改革带动的社会资源配置方式的重大变革,从根本上改变了国家与社会成员的关系,传统的社会管理模式因此丧失了最重要的体制支撑。在"总体性社会",所有社会资源均纳入计划体制,最终由单位组织分配给个人,个人几乎丧失了所有选择的机会,利益实现方式的高度一元化最终形成了个人依附于单位,单位听命于国家的社会控制局面。市场经济的发展使社会涌现出了日益增多的体制外资源,形成了相对独立国家的经济自由空间,其结果必然是,社会利益实现方式的多元化使社会成员在生存和发展上逐步摆脱了对国家及单位组织的依附,蜕变成为具有独立利益和自主意志的社会行

---

① 赵成根:《转型期的中央和地方》,《战略与管理》2000 年第 3 期。
② 参见何显明:《市场化进程中的地方政府行为逻辑》,人民出版社 2008 年版。

为主体。

从微观机制来讲,市场化改革及其带动的社会变革最深刻的意义,莫过于社会个体行为逻辑的重塑。当社会个体从没有任何意义上的自主选择权利,不得不完全依附于国家机器的"零件",蜕变成为具有独立利益和自主意志的社会行为主体时,他们就不再是由国家任意动员、驱使的对象,国家同他们的关系就不再是单纯的命令服从关系,而是注入了越来越多的平等契约的关系属性,嵌入了丰富的理性博弈的内容。这就意味着国家再也无法将社会成员单纯作为实现自己意志的工具,直接通过发号司令,驱动社会组织和社会个体去实现国家的意志。大量民告官事件和"钉子户"事件的出现以及民众对自身合法权益的执着捍卫表明,法律意识、平等意识、民主意识日前增强的社会个体,将会以各种方式拒斥公权力的放纵,自上而下的强制行为将面临越来越大的社会阻力。概言之,老百姓不再是过去那个老百姓。以传统眼光来衡量,原先"听话"、"好管"的普通民众正在日益广泛地"刁民化",他们不仅会拒绝牺牲自己的合法权益,而且可能公然质疑政府行为的合法性和合理性。政府没有受到严格界定的权力边界及其自身确立的行为准则将因此面临前所未有的质疑和挑战。同时,市场化进程中社会个体权利意识的历史性觉醒,使国家这个超级"共同体"泯灭个体独立价值的制度建构逐步丧失了其"天经地义"的合法性。在市场经济条件下,依法享有各项民主权利,享有市场主体自主选择权利的社会成员,根据自身的价值偏好努力实现个人收益的最大化,由此导致社会利益不断分化,并在这种分化过程中形成各种利益矛盾和利益冲突,是社会生活的常态。社会利益结构的分化意味着导致各级政府越来越难以全民利益或公共利益的天然代表身份进行公共决策和利益整合。更进一步讲,当社会个体拥有自己独立的经济利益,确立了不依附于单位组织和国家的生存根基之后,他们就会基于自己的利益诉求或对公共利益的关切,表现出参与公共事务管理的强烈愿望。以往那种国家借助于对社会资源的垄断性分配而直接控制社会成员的管理模式的有效性由此受到了根本性的挑战。显然,简单地沿用传统的行政控制手段已越来越难以实现政府的治理目标,推进执政方式、行政方式的民主化变革,更多地依靠民主协商、平等对话、共同参与来实现治理目标,已经成为治理方式创新的必由之路。

以行政化的组织体系将所有社会成员纳入国家体制的控制范围,是全能主义国家建构社会秩序的基本方式。在市场化的改革进程中,社会结构和社会组织形式的深刻变化,导致单位组织承载的社会管理和政治控制功能逐步弱化,传统的管制社会管理模式因此丧失了最重要的组织载体。单位是新中国各种社会组织普遍采取的一种特殊的组织形式，它集专业功能与政治控制及社会整合功能于一体，集政治统治与资源分配于一身，将所有社会成员特别是城市社会成员完全纳入了行政化的组织体系，使分散的社会个体成为唯国家意志是从的同质化的"单位人"。① 在此，国家通过单位机构的设置、资源的配给，进而又借助于单位组织的资源分配及社会管理、政治动员功能控制住了所有社会成员。"单位组织作为一种统治的'组织化'形式或工具，是中国社会的统治制度、统治结构的产物。单位组织凭借其至高无上的命令权力和独一无二的控制与分配资源的权力，迫使个人服从或依附单位组织，使得个人依赖于单位组织，从而实现对社会的统治。"②在一定意义上，所有单位组织都是国家意志的代表，国家通过单位来组织社会生活、进行社会管理。"国家是权力主体，组织（单位）则在一定程度上成为责任主体，成为国家责任的代理人"。③ 单位组织不仅有专业功能，而且具有经济、政治、社会等多方面的功能。就此而言，所有单位组织都是社会管理的主体，既承担着管理单位成员的责任，也承担着参与国家发动的所有政治动员实践的义务。"单位组织作为一种统治的'组织化'形式或工具，是中国社会的统治制度、统治结构的产物。单位组织凭借其至高无上的命令权力和独一无二的控制与分配资源的权力，迫使个人服从或依附单位组织，使得个人依赖于单位组织，从而实现对社会的统治。"④

改革开放以后，随着社会资源配置方式和社会组织形式的深刻变迁，传统单位体制的社会管理功能逐步趋于弱化。在农村，人民公社体制的解体使亿万农民获得了生产经营和社会流动的自主权，使他们摆脱了旧的社会组织体系的控制。在城市，随着住房商品化、就业市场化、社会保障社会化的深刻变革，体制内的单位组织对单位成员的控制能力大大弱化。与此同时，体制外的"新经济组织"和"新社会组织"的大量涌现，也使越来越多的社会成员溢出了单位体制的控制。事实上，规模不断扩大的新市民阶层，如进城农民工、个体工商户、第三产业从业人员、自由职业者以及形形色色的"社会人"，如失业下岗人员、未就业的大学毕业生和退役军人、新经济组织和新社会组织的从业人员等等，已经完成了

① 路风：《单位：一种特殊的社会组织形式》，《中国社会科学》1989 年第 1 期。
②④ 李路路、李汉林：《中国的单位组织：资源、权力与交换》，浙江人民出版社 2000 年版，第 50 页。
③ 孙立平、王汉生、王思斌、林彬、杨善华：《改革以来中国社会结构的变迁》，《中国社会科学》1994 年第 2 期。

从"单位人"到"社会人"的转变。由此产生的一个突出问题,是越来越多的社会成员溢出了体制内组织管理和控制的轨道,重新沦为没有任何组织归属的原子式个体。这既使国家面临社会治理组织载体缺失,管控手段无法落实的棘手问题,又使社会个体因为失却组织关怀而无法有效地抗拒野蛮的资本力量和放纵的行政力量的侵害,产生了深切的生存焦虑。正如德鲁克指出的那样,"只有当社会能够给予其个体成员以社会身份和社会功能,并且社会的决定性权力具有合法性时,社会才能够成为社会。前者建立社会生活的基本骨架——社会的宗旨和意义;而后者则为这一骨架丰满血肉——给社会赋形并创造社会制度。如果个人都被剥夺了社会身份和社会功能,那就不会有社会,有的只是一堆杂乱无章的社会原子,在社会空间中毫无目标地飘游浮荡"。① 要改变国家与个体共同面临的这一困境,根本出路,只能是在大力扶持和培育社会组织,实现原子式个体的再组织化,建立健全社会各群体组织化、制度化的利益表达机制和协商谈判机制,充分发挥社会组织在凝聚利益诉求、保障个体权益等方面的积极作用,进而积极推进治理结构的开放化,通过健全民主参与机制,构建社会协同治理的格局,以此来凝聚社会的基本共识和社会各阶层的相互认同,奠定社会和谐的坚实基础。

同样,随着社会结构的开放性和流动性日益增强以及社会价值观念的多元化和信息传播的扁平化、立体化,传统的建立在严格限制社会流动和严密的意识形态控制基础上的封闭式社会管理模式也变得越来越难以为继。网络世界的出现,从根本改变了人类社会的信息传递和社会交往方式,极大地改变着公共权力运作的社会环境。互联网创造的信息传递方式和交往方式使网络世界的运作完全超越了地域和空间的限制,使得窝居在私人空间的网民仅仅借助于手中鼠标,就可以在网络世界任意驰骋,同世界上拥有互联网的任何一个角落的人进行自由、平等的交流和对话。网络的沟通方式还使公众的参与具有了前所未有的直接性,任何一个网民都可以借助于自己获取的丰富信息对他所关注的公共事件作出反应和评判,以往只能被动接受宣传,或者只能通过他人发出的经过层层过滤的声音来接受信息的普通民众只要登录上网,就可以跨越官僚机构的等级壁垒,直接向最高领导人表达自己的利益诉求,发出自己真实的声音。更具有挑战性的是,无边界的迅捷信息传播实际上使网络具备了强大的自组织能力,能够在

① [美]彼得·德鲁克:《工业人的未来》,余向华、张珺译,机械工业出版社2006年版,第20页。

短时间内围绕公众普遍关切的公共问题形成强大的社会动员。这一切都使网络世界不仅有效地摆脱了以往政治权力施加的控制，而且反过来建构起了对政治权力从未有过的强大压力机制，传统的以控制信息传播为主要目标的一元化的思想整合机制再也无法轻易地实现自己的目标。

综上所述，建国以后在特定的历史背景和体制背景下形成的管制型社会管理模式，是以政府为包揽社会事务的单一管理主体，以社会资源的国家垄断性配置为体制支撑，以行政化的单位组织为运作载体，以自上而下的行政控制为主要手段。实践证明，虽然这种社会管理模式的形成有一定的历史合理性，但从总体上讲，这种片面追求全社会"统一思想、统一意志、统一行动、统一步调"的整齐划一式的社会控制模式，已经很难适应市场经济、民主政治、多元文化和开放社会条件下社会秩序生成和维系的基本逻辑，不符合"以人为本"的社会发展的核心价值，其本身也因为失去了原有体制的支撑而变得难以为继。

2. 运动式治理的两难困境

全能主义国家以运动式治理作为社会秩序的国家体制控制的重要补充形式。一旦社会生活出现了偏离国家意志的现象，而体制化的经济控制、组织控制和思想控制手段又难在短期内取得治理成效时，国家就会将整治这一现象确立为一个时期的中心任务，进而暂时抛开国家体制，直接以政治动员的方式调动全体社会成员的激情，集中全社会的资源投入这一社会现象的治理，以期取得常规治理手段无法实现的治理成效。

现代国家公共事务管理的体制建构普遍采用的是科层（官僚）制的组织运作模式。现代理性官僚制是一种依照职能和职位对权威资源进行合理配置，以层级制为组织形式，以世俗化、专业化的职业官僚为管理主体，以理性设置的制度规范为运作规则的管理模式。官僚制的形式合理性准则以及一切依照制度规范运作的行为逻辑，最大限度地消除了公共权力行使过程中的非理性因素，保证了行政行为的理性化和规范化。理性官僚制作为美德赞扬的特性是："没有憎恨和激情，因此也没有'爱'和'狂热'"[1]，"排除一切爱憎和一切纯粹个人的、从根本上说一切非理性的、不可预计性的感觉因素"[2]。古代中国虽然建立了庞大的官僚帝国，依靠官僚实施国家对社会的控制，但官僚队伍对专制权力的依附

---

① 马克斯·韦伯：《经济与社会》上卷，林荣远译，商务印书馆，1997 年版，第 250 – 251 页。
② 马克斯·韦伯：《经济与社会》上卷，译，商务印书馆，1997 年版，第 344 页。

性,决定了这种官僚治理并不具有现代官僚制的属性,充其量只能称之为人治条件下的特权官僚制,它"不是被运用来表达人民的意志,图谋人民的利益,反而是在'国家的'或'国民的'名义下被运用来管制人民、奴役人民,以达成权势者自私自利的目的"。① 受这种以官治民的思想传统的影响,建国以后我国虽然通过借鉴与移植苏联集权式官僚体制建立起了现代行政管理体系,但官僚队伍人格依附现象和特殊主义价值取向的广泛盛行,以及忠诚于制度规范的职业精神的阙如,都表明科层体制远未达到理性化的成熟水平。美国社会学家怀特(Whyte)非常有见的地把中国科层化发展过程中的问题归结为"结构"科层化与"功能"科层化的相互背离。② 虽然正规的科层组织已经取代传统的组织形式,各种资源和社会生活机会均已被科层组织掌握,但正式科层组织的各种理性化的形式规则、规范化的程序被有意识地加以拒绝或无意识地被忽视,在官僚组织中通行的并非法理性权威和普适性的、非个人化的规则体系,从而直接制约了官僚组织体系管理功能的有效发挥,影响了国家治理绩效的提高。

科层体制运作理性化水平的低下,决定了国家很难借助于科层体制实现对各种社会问题的及时、有效治理,特别是整个国家的治理一直受到"建设一个全新世界"的理想主义冲动和"只争朝夕"的急躁心理的左右的情况下,科层制这样一种适用于常态社会的规范化管理的体制更是容易暴露出效率低下的弊端。建国以后毛泽东一再表示对官僚体制的不满和不信任,与此有着密切的关系。与科层制的治理模式形成鲜明对照的是,革命战争年代创造并屡试不爽的运动式治理模式却能够借助意识形态的宣传鼓动以及其他强制性或诱导性手段,"通过激发自愿的首创性和广泛的资源开发,释放权威主义的协调所不能发掘的能量"③,将全体社会成员的注意力和热情全部集中到国家确定的中心任务上来,其不惜一切代价,不拘泥于一般程序规则的运作方式,就事论事而言的确具有显著的运作优势,在短期内取得的治理效果往往是科层制难以比拟的。正如韦伯所言,魅力统治和现代官僚制都是一种革命性的力量,但两者却有着根本性的区别。官僚制"是通过技术手段进行革命的,原则上讲……是'从外部'进行的,首先对物和制度,然后由此出发对人进行革命化,对人是在改变其对外界的

---

① 王亚南:《中国官僚政治研究》,中国社会科学出版社1981年版,第190页。

② 参见应星:《大河移民上访的故事》,三联书店2001年版,第360—361页

③ [美]林德布罗姆:《政治与市场》,王逸舟译,上海三联书店1996年版,第414页。

适应条件和可能是提高其对外界适应的可能性的意义上,通过合理的确定目的和手段,进行革命的。与此相反,魅力统治……‘从内部’出发对人进行革命化,并企图依照它自己的革命意愿,来塑造事物和制度"。①

运动式治理模式是一种打破常规的人力和资源动员模式,往往能够在需要集中力量,在短期内破解某些关键性问题的时候取得非凡成效。但也正因为如此,运动式治理极易造成对常规程序和规范的冲击,往往只是以牺牲其它事务治理的效率为代价换取在某一特定事项治理上的高效率。建国以后国家治理始终难以步入制度化、规范化的轨道,社会生活也长期无法进入常态状态,应当说,与运动治国的负面效应有着直接联系。鉴于运动式治理的负作用,特别是"文化大革命"这样持续性的政治运动所造成的社会秩序混乱,邓小平曾一再强调不能再搞过去那种大规模的群众运动。如 1981 年在谈到纠正思想战线上的软弱涣散状况时,邓小平指出:"对于当前的问题,要接受过去的教训,不能搞运动……批评的方法要讲究,分寸要适当,不要搞围攻,搞运动。"②1983 年在谈到社会治安的治理时,邓小平也提出:"进行这种斗争,不能采取过去搞政治运动的做法,而要遵循社会主义法制原则。"③

从某种意义上讲,改革开放实践在整个社会生活秩序变革上完成的一个重大的拨乱反正,就是推动沉湎于阶级斗争的非常态社会向常态社会回归。就此而言,告别运动式治理,健全社会生活的规范秩序,实现社会治理的法治化、制度化和规范化,是回应经济和社会发展趋势的必然要求。但是,对照改革开放以来的历史进程,我们却可以清楚地看到,运动式治理模式事实上并没有退出历史舞台,反而得到了更为广泛的运用,它已经从一种服务于政治斗争的政治动员实践,转变成为了破解经济社会发展重大难题的一种社会治理形式。显然,运动式治理的存在依然有其一定的客观依据。这里,首当其冲的便是,中国到今没有真正完成现代国家治理体系的建设,以往制约科层制理性化水平提高的诸多因素,非但没有随着科层体系的恢复和健全受到抑制,反而因为利益驱动而变本加厉,以致整个国家的行政管理效率持续下降。由于国家行政管理体制一直缺乏一种总体性的顶层设计,同时机构的膨胀又缺乏法制化的限制,层级之间和部门之间

---

① 马克斯·韦伯:《经济与社会》下卷,林荣远译,商务印书馆 1997 年版,第 451 页。
② 《邓小平文选》第 2 卷,第 390 页。
③ 《邓小平文选》第 3 卷,第 330 页。

职能交叉、权责不明现象日益加剧。而各种潜规则的盛行更是严重侵蚀了制度安排应有的效率。美国政治学家白鲁恂(Lucian pye)曾就此提出,中国尚未从传统国家转型成为一个现代国家。国家看似强大,但制度很脆弱,很多人感到政府太弱和政府管理的无效,很多人感到孤立无助,希望政府把许多事情管理起来,如提供基本的政治秩序,保证人民基本生活水准和生命安全等等。①

众所周知,在强烈的赶超意识的左右下,受制于全能主义国家的体制背景,改革开放以来中国形成了具有鲜明的政府主导色彩的发展模式。政府主导型发展模式的实质,就是借助于政府强大的资源整合功能,最大限度地汲取社会资源投入经济建设,以加快经济发展步伐。就此而言,政府主导型发展模式对运动式治理模式有着天然的亲近感。在区域经济发展竞争日趋激烈的背景下,承受着加快地方经济发展巨大压力的地方政府,要取得经济竞争和政治竞争的优势,短期内最有效的办法,就是借鉴运动式治理模式,把体制内和体制外的资源最大限度地整合到地方经济建设的重大项目上来。我们从一些地方政府把招商引资工作确立为地方一号工程,层层下达指标,人人落实任务,将相当一部分政府工作人员动员起来投入招商引资专项工作,进而不惜代价甚至不择手段地争夺项目和资金的工作方式,就可以清楚地看到运动式治理的创新运用。

美国学者詹姆斯·汤森等人曾相当敏锐捕捉到后毛泽东时代中国制度化运动存在一个深刻的悖论,即改革意味着中国生活的常规化,但它却是以动员的方式进行的。② 这种"制度化运动的悖论",集中体现了中国国家治理转型过程中管理常规化与逆常规化的冲突。事实上,各级政府在对待运动式治理的取舍问题上已经陷入了一种两难境地。即使上主观上清醒地认识到告别运动式治理是走向法治社会的必然要求,但改革过程积累的盘根错节的社会矛盾,科层制专业化管理的低效率,自上而下的考核压力,都使得地方政府事实上很难真正告别运动员式治理,甚至会在矛盾和压力的作用下,不断将经过一定调适的运动式治理方式推向各个领域。目前,凡是强调一把手负总责的专项治理,或多或少都存在着过多依赖运动式治理模式的现象,从征地拆迁、综治维稳、扶贫攻坚到申报卫生城市、争取重大项目落地,莫不如此,这就使运动式治理事实上从非常规的治

---

① 参见王绍光、胡鞍钢、周建明:《第二代改革战略:积极推进国家制度建设》,《战略与管理》,2003年第2期,第90—95页。

② 詹姆斯·R·汤森、布兰特利·沃马克:《中国政治》,顾速、董方译译,江苏人民出版社1995年版,第283页。

理方式演变成了常规化的治理方式。

　　进入新世纪以后,随着改革过程积累的社会矛盾逐步释放,社会关系日趋紧张,运动式治理方式越来越广泛运用到社会管理领域。一方面,社会矛盾表现形式及其成因的复杂性,日益暴露出科层制下的部门专业管理能力和管理方式的局限,打破部门界线,实施整体化治理成为有效应对复杂社会问题的必然选择;另一方面,维稳工作一票否决的压力机制,导致治理资源匮乏的地方政府逐步强化了短期化的社会矛盾反应机制,不得不大量采用运动式治理方式,最大限度地整合体制内和体制外的资源,来缓解影响地方稳定的突出问题。特别是在地方上出现了影响地方政府形象的重大社会性事件时,运动式治理几乎成为不二的选择。正如有学者分析者指出的那样,目前地方政府的运动式执法已经形成了一个规律的轮回现象:震惊社会的重大恶性事件发生→领导做出重要指示→政府有关部门召开紧急会议,部署专项整治行动→执法部门展开声势浩大的检查、处罚行动→总结表彰,宣布专项整治取得了丰硕成果。①

　　运动式治理模式在社会管理领域的频繁使用,深刻地暴露出现有的过度依赖国家体制力量的社会管理已经很难适应新时期社会秩序维系的客观要求。唐皇凤在分析社会治安综合治理模式的生成机制时指出,后发国家政治发展的内在逻辑与历史基础,决定了中国脆弱的政府体系与社会资源总量不足导致的国家治理资源匮缺,常规化的治安治理体系运作经常失灵,尤其是综合治理的基层组织网络很难有效运作起来,直接损害了治安治理的绩效。因而国家必须间歇性地以"严打"、"专项整治"、"集中整治"来弥补这种体制性缺陷。②

　　问题在于,一旦运动式治理模式被频繁用来应付社会紧张关系,社会治理方式的选择就很容易形成某种"路径依赖"效应。在众多社会矛盾的生成、发展涉及国家层面的诸多体制性、政策性问题,超越了地方政府的管理权限,而自上而下的刚性维稳考核压力又迫使地方政府必须有效地维持社会局势的当下稳定的情况下,治理资源严重匮乏的地方政府势必只能以运动式治理的方式,打破现有的部门分工格局及公共权力的程序化、法律化的运作规范,将体制内的资源全部

①　朱晓燕、王怀章:《对运动式行政执法的反思》,《青海社会科学》2005年第1期。
②　唐皇凤:《社会成长与国家治理——以中国社会治安综合治理为分析对象》,《中南大学学报》2007年第2期。

整合起来,运用大棒加胡萝卜的策略,想方设法控制住局面,保证辖区不出"乱子",而无法致力于破解引发社会问题、社会矛盾的体制性问题。这就是通常所说的"摆平式"维稳,即不计后果、不计成本、不择手段地追求当下的静态稳定。这种功利化、短期化、表层化的"为稳定而稳定"的治理模式,不仅导致社会维稳成本直线上升,而且给社会的长期和谐稳定留下重大隐患,不断放大了社会转型的风险。一方面,运动式治理超越常规行政规范,滥用行政干预,无限制地扩大了政府的职责范围,导致政府成为社会各种矛盾的焦点,政府信用受到日益严重的损害;另一方面,运动式治理短期化、功利化、表层化的行为取向,不断侵蚀着社会问题治理的常规制度安排和运作程序,导致政府常态管理效率日益降低,形成常规治理的低效率与非常规的运动式治理模式频繁使用的恶性循环,以致稍微复杂一点的问题,都要以运动式治理的方式,投入大量的人力物力才能暂时缓解。

3. 社会治理模式转型的现实挑战

有效的社会管理体制和管理模式总是与特定的经济、社会、政治及文化运行机制相匹配的。在改革开放已经经历了三十多年的今天,不仅社会资源的配置方式、社会的利益结构和组织形式发生了翻天覆地的变化,而且社会问题和社会矛盾的产生根源、表现形式也发生了深刻变化,简单地沿用传统的社会管理模式已经无法有效地应对复杂社会局势的挑战。严格地讲,在今天的新形势下,只有创新社会管理,才能切实加强社会管理,才能有效提高社会管理的科学化水平。为此,在社会管理的指导思想上,必须坚决避免将加强社会管理简单地等同于强化社会管控,进而片面依赖行政干预和政治控制来维系社会稳定,以管、卡、压、罚的行政手段来管理社会成员的思想误区。要围绕市场经济、民主政治、开放社会和多元文化条件下社会秩序的生成机制,大力培育社会自组织要素,积极探索政府主导下的社会多元主体的协同治理局面,逐步推动全能主义国家的社会管制向现代社会治理模式的历史性转型。

雅诺什·科尔奈指出,人类社会存在三种规制经济行为的基本协调机制,即作为官僚协调机制的政府;作为自利性交易关系总和的市场以及自愿互惠的联合性协调机制或公民社会(包括家庭、道德和各种社会团体)。在计划体制下,占据主导地位的是官僚协调机制或政府,而市场则处于从属地位,真正独立、自治的公民社会并不存在。伴随着转型的启动,上述国家治理模式发生了深刻变革。尽管官僚协调机制不会消失,但将退居其次,而市场将成为占据主导地位的协调机制,同时,公民社会也开始出现。① 改革开放三十多年中国社会结构发生的最深刻的变化,是社会资源分散化、利益结构多元化以及国家与社会相对分离。社会资源配置方式的变革以及社会资源占有的分散化,已经完全改变了以往那种国家垄断社会资源分配的格局,并从根本上改变了社会个体和社会组织的生存发展逻辑。而社会利益结构的多元化以及社会组织方式的演变变迁,也极大地改变了社会关系的结构,基于契约的社会横向关系的发展和扩展,不仅改变了传统的纵向隶属关系的支配地位,而且改变了社会秩序的生成机制。社会关系结构的变迁,说到底是社会权力结构的变迁。"社会变迁的实质是'权力多极化',而'权力多极化'的实质是经济领域和社会领域从政治领域的统治下逐步获得'解放'的过程。更确切地说,是经济领域和社会领域从政治领域夺取经济权力和社会权力的过程。其结果就是经济领域和社会领域的自主性逐步提高,它们的权力也逐渐形成"②。

　　无论国家秉持何种意愿,社会结构的分化及其对传统国家权力的侵蚀,是社会发展不可逆转的大趋势。那种国家垄断所有社会资源,并将所有社会成员网罗进行政化的组织体系的局面已经一去不复返。毋需讳言,在多种因素的作用下,建国以后形成的全能主义国家的社会秩序控制模式,同中国传统"大一统"秩序存在着某种结构上的同构性,整个社会秩序的维系过度地依赖国家权力的强制控制。在社会分化的趋势已经打破了全能主义国家社会秩序控制模式存在的合理性和现实可能性的背景下,执政党需要结合执政方式的创新,彻底走出"大一统"的迷思,告别全能主义国家的社会控制意识。要从根本上改变那种以为只有将全部资源控制在自己手里,所有的社会组织和个人都直接听命于自己才有安全感,才能体现自己的执政地位的错觉。斯大林曾经提出:"我们的苏维埃组织和其他群众组织,没有党的原则指示,就不会决定任何一个重要的政治问题和组织问题——这个事实应该认为是党的领导作用的最高表现。"③事实证明,这种把什么东西都抓在自己手里才放心的狭隘的执政理念和社会控制理念,正是导致苏联共产党的权力无限扩大,最终导致党成为社会矛盾焦点的重要思

　　① 雅诺什·科尔奈:《社会主义体制———共产主义政治经济学》,张安译,中央编译出版社2007年。
　　② 康晓光:《权力的转移———转型时期中国权力格局的变迁》,浙江人民出版社1999年版,第59页。
　　③ 《斯大林选集》第8卷,人民出版社1954年版,第36期。

想根源。对此,邓小平早就有过清醒的认识,1941年在明确反对抗日民主政府承袭国民党"党权高于一切"的指导思想时,邓小平曾经明确指出,有些同志把党的领导解释为"党权高于一切",其结果只能是"要钱的是共产党,要粮的是共产党,政府一切法令都是共产党的法令,政府一切错误都是共产党的错误,政府没有威信,党也脱离了群众"。① 这一真知灼见,至今依然有着重要的警示意义。

无论是传统"大一统"秩序,还是全能主义国家及其控制下的"总体性社会",都存在着一个深刻的悖论现象,即国家权力的无限扩张与国家对社会生活秩序有效整合能力的脆弱。迈克尔·曼(Michael Mann)的权力理论为我们理解这种悖论现象提供了有益的启示。迈克尔·曼把权力区分为专制权力和基础性权力,专制权力(despotic power)是国家精英可以在不必与市民社会各集团进行例行化、制度化讨价还价的前提下自行行动的范围,基础性权力(infrastructural power)指的是国家事实上渗透市民社会,在其统治的领域内有效贯彻其政治决策的能力(capacity),即国家有能力渗入市民社会,但国家政策的执行主要不是靠专制力量,而是依靠与市民社会之间制度化的协商和谈判。政治现代化的基本趋势是基础性权力的不断增强,因为只有基础性的权力才能够更有效地动员公共资源。② 根据这两种权力强弱的状况,迈可·曼对历史上以及现实中的国家作了分类,并把中华帝国归类为强专制权力弱基础性权力国家。英国学者约翰·豪(John Hall)曾对这种帝国的权力结构作了深刻阐述:"那些描述(传统)帝国的著作或者倾向于强调它们的强大,或者强调它们的软弱。但是,这两者都是现实的存在。帝国的悖论(而不是自相矛盾)是它们的强大——即它们的宏伟遗址、它们的专断、它们对人的生命的轻蔑——掩蔽了它们的社会软弱性。这种强大恰恰反映了其社会软弱性。这些帝国无力深入渗透、改变并动员社会秩序。"③全能主义国家虽然对社会具有极强的渗透力,但这种渗透是建立国家垄断社会资源,并将所有社会成员纳入国家权力控制下的组织网络中为前提的,一旦这两个前提不存在,或被极大削弱,国家的渗透能力就会直线下降,这正是当前各级政府普遍感觉社会治理资源严重匮乏,政府权威严重不足的重要根源。

---

① 《邓小平文选》第1卷,人民出版社1994年版,第11期。

② 参见李强:《国家能力与国家权力的悖论——兼评王绍光、胡鞍钢〈中国国家能力报告〉》,《中国书评》1998年第11期。

③ 转引李强:《国家能力与国家权力的悖论——兼评王绍光、胡鞍钢〈中国国家能力报告〉》,《中国书评》1998年第11期。

　　转型期中国社会治理遇到的一个重要现实挑战,就是国家治理模式难以在缩小国家权力范围的同时有效地增强国家的能力,在限制国家垄断权力的基础上强化国家提供公共物品的能力,在解构能主义国家的同时,实现现代国家构建。① 如何适应社会分化的趋势,创新社会整合机制,探索和建构后"总体性社会"的社会秩序的生成机制,是中国社会治理模式转型的实质所在。在此,执政党和国家不仅要积极顺应社会分化及社会组织形式变迁的趋势,推动国家与社会的分离,通过扶持社会自组织力量的成长,累积基于社会信任合作关系网络的社会资本,大力培育社会秩序的自组织机制,而且要顺应民主政治、法治社会的发展趋势,努力创新国家的整合机制,从而在国家与社会长期的试错性的互动过程中,形成以国家为后盾,以社会自治为主体的全新社会秩序。而在从全能主义国家的社会控制到现代社会治理迈进的转型时期,执政党和国家尤其需要加强社会整合机制的创新。

　　一是坚持以人为本,以实现好、维护好、发展好最广大人民群众的根本利益为社会整合的根本出发点和落脚点。中国共产党以执政为民为基本执政理念,社会整合从根本上讲,也要以维护公众权利为本位。所有的制度,所有的治理措施,都要以保护人民的权利、维护人民的利益为出发点。按照马克思主义的基本理论,社会建设和社会管理的终极目标,是实现人的全面自由发展。加强和创新社会管理,必须有前瞻性的战略眼光,通过保障、扩大人民群众的权利和自由,为每个社会成员的全面自由发展创造良好的社会条件。为此,必须始终坚持一切为了人民、一切依靠人民,把尊重人民、相信人民、保护人民、依靠人民的指导思想,贯彻到社会管理体制机制和方式方法创新的全过程。必须看到,只有切实保障和提升人民群众的各项权利,不断扩大人民群众生活的自由空间,才能有效提升人民群众对社会秩序的认同感,增强社会的凝聚力和向心力,奠定社会长治久安的牢固基础。在社会利益结构不断分化的背景下,执政党需要重新架构社会整合机制,以便把全社会最大多数人的利益和意志整合起来,作为改革和发展的基本导向。这种整合不是要回到传统,把不同利益群体整合到同一所有制、同一分配方式中来,而是要在不改变现有的社会资源配置方式,尊重不同社会群体的合法利益的前提下,按照公平正义的原则,进行利益结构的调整,努力实现社会

---

　　① 参见李强:《自由主义与现代国家》,载陈祖为等编《政治理论在中国》,牛津大学出版社(香港)2001年版,第166页。

利益结构的相对均衡。为此,必须确认不同社会群体利益诉求的正当性,进一步加强和完善党和政府主导的维护群众权益机制,形成科学有效的利益协调机制、诉求表达机制、矛盾调处机制、权益保障机制,使社会各群体的利益诉求都能够通过制度渠道获得便捷、畅通的表达,进而借助民主化的决策机制,统筹协调各方面的利益关系,保证社会各个群体都能够充分地分享改革发展的成果。

二是围绕重建社会公平正义信仰,推进社会价值的整合,为和谐社会秩序的构建提供强有力的精神支撑。社会成员能否对社会秩序的公平性形成起码的认同感,进而树立社会公平正义的信仰,是维系社会和谐秩序最重要的精神力量。社会的和谐稳定并不绝对排斥利益分化和利益冲突,问题的关键在于利益分化及利益冲突的解决是否体现了公平正义的原则。为此,执政党要旗帜鲜明地张扬公平正义的价值理念,把健全社会利益协调机制、促进社会公平正义作为加强和创新社会管理的核心内容。在社会价值观念日趋多元化的今天,执政党必须将公平正义确立为社会主义的核心价值理念,积极引导社会各群体围绕建立和维护公平正义的社会秩序达成基本价值共识。要通过健全民主决策机制,健全社会利益的协调机制,有效扭转社会利益结构失衡的趋势,逐步增强社会成员对利益格局和社会秩序公平性的信任;要进一步完善公平公正的竞争机制和社会流动机制,最大限度地限制金钱、特权等先赋因素对公平竞争机制的损害,使社会资源的分配、社会流动机会的获得都以公平公正公开的方式自由竞争,充分保障社会成员在机会面前的平等地位;要理直气壮对各种侵害公共利益和弱势群体利益的丑恶现象进行强有力的干预,树立执政党社会公平正义最坚强有力的捍卫者的形象,以此凝聚人心,实现社会价值的整合。

三是围绕建设社会主义法治国家的目标,推进依法执政、依法行政,建立健全以法律为准绳的社会规则体系。在现代开放社会,法律是构筑社会秩序的基本规则系统,是调节各种社会关系、处理各种社会矛盾的最终依据。经过三十多年的努力,我国在法治国家建设上已经取得了显著的成就,有中国特色的社会主义法律体系已经初步形成,原先无法可依的局面已经从根本上得到改变。在新形势下,加强和创新社会管理,维护稳定社会秩序的工作重点,应当转向引导全社会树立对法律和法治的信仰,将社会关系的调整、社会行为的规范、社会组织的管理等等纳入法律框架,充分发挥法律体系的社会整合功能。应当看到,中国现有的整个法律体系,都是在中国共产党的直接领导下制定出来的,是党所集中的全社会意志的体现。因此,法治是实现执政党意志的最好形式。为此,执政党应当尽最大的努力,去完善依法执政、依法行政体制机制保障,以司法公正确立法律作为规范社会行为、调节社会冲突的最高权威。只有充分树立法律的权威,才能从根本上改变目前存在的"信访不信法"的现象,逐步减轻信访工作的压力,才能扭转社会矛盾的焦点向党和政府集中的趋势,形成法治社会建设与执政党社会整合能力提升的良性循环。

四是围绕实现社会成员的再组织化,积极探索开放社会条件下的社会组织整合机制。任何社会的整合和管理都需要通过一定的组织载体来实现。就此而言,在新形势下加强和创新社会管理的一个核心问题,就是创新社会组织形式,实现社会的再组织化。改革开放以来,随着农村人民公社体制的解体和城市单位体制社会控制功能的弱化,社会成员在逐步摆脱了旧的社会组织形式的束缚之后,也在很大程度上失去了社会组织的依托,失去了对社会共同体的归属感。这种状态如果长期得不到改变,会给社会成员的心理带来多方面的负面影响,会不断强化社会个体的孤独感、无助感和社会疏离感,驱使社会个体向传统的血缘性团体、宗教组织甚至非法组织寻求精神庇护。面对市场经济的交易规则对社会生活各个领域的野蛮侵蚀,特别是资本力量挟持权力资本压制、践踏社会个体特别是弱势群体权益的现实,国家治理体系创新的一个核心问题,就是通过政府角色功能的调适以及社会组织的建设,形成市场经济、政治国家与公民社会既相互独立又相互制约的现代社会秩序,避免社会分化形成资本力量垄断化、行政权力集权化与社会组织碎片化、社会个体原子化和无助化的两极化格局。在此,国家的角色功能主要体现在健全市场经济运作的规则系统,限制资本力量对社会生活秩序的侵蚀,同时运用法律和公共政策构筑社会个体的权益保障体系;而社会组织或公民社会的功能,则在于为国家与个体冲突建立缓冲地带,一方面借助于利益表达的组织化和利益协商的理性化,为国家平衡社会利益格局提供组织载体,避免国家直接面对愤怒的"乌合之众"的被动局面;另一方面通过社会的再组织化,摆脱社会个体孤零零的生存困境,为个体抵御资本力量和行政权力的侵害提供组织依托。社会的再组织化,不是要重新将社会成员纳入行政化的组织体系进行控制,而是要在充分发挥各种类型的社会组织维护其成员的权益、满足社会成员的组织归属的心理需求的同时,使社会整合、社会管理获得新的组织载体。

第四章　现代开放社会秩序的
生成机理

　　加强和创新社会管理的现实背景,是市场经济、民主政治、多元文化、开放社会的发展大趋势,从根本上打破了传统封闭、静态的社会秩序的生成机理,使成型于计划经济时代,并与中国几千年来的"大一统"社会控制模式具有很强的同构性的管制型社会管理模式因为丧失了相应的体制支撑而逐步失灵。同发达国家在19世纪中后期以来面临的社会失序的严峻挑战一样,当下中国社会秩序及其生成机制转型的核心问题在于:如何在社会急剧而深切的大分化进程中形成新的社会整合机制,在社会利益冲突常态化的现实境遇中形成新的社会规则系统,有效地控制和化解社会冲突,避免因社会冲突的不断加剧而导致整个社会秩序的瓦解。

　　显然易见,无论对于政府还是公众来说,开放社会的秩序建构,或者说如何在最大限度地激发社会活力的同时有效地维系社会良好的秩序,都是一个全新的课题。市场经济的快速发展、社会结构的深刻变迁、社会生活中异质性因素的显著增长,使中国进入了一个纷繁复杂的全新世界,不仅普通民众对社会生活方式和生活环境的快速变迁及其夹杂的种种"看不懂"的社会现象倍感困惑,就是一向以掌控、驾驭社会秩序为职责,习惯以行政强制来控制局面的各级政府在面对激烈而复杂的社会冲突时也往往不知所措,深感"老办法不再灵光",以致大量社会问题的解决无从下手的困惑。在社会利益结构和思想观念、生活方式日益多元化,社会资源分布和占有日趋分散化,社会冲突逐步常态化的现代开放社会,必须适应开放社会秩序生成的内在逻辑,创新社会治理理念,努力探索和建构新的社会秩序的整合机制,在培育政府主导下的社会协同治理格局的过程中逐步增强社会的自组织水平,将社会管理模式的创新纳入现代市场经济体系的健全、中国特色的公民社会的成长与现代国家治理体系的建设良性互动的现代文明成长道路。

一、现代开放社会秩序的形塑力量

现代开放社会秩序及其生成机制截然不同于传统以血缘、地缘等为纽带建立起来的"共同体"秩序，它并非一个孤立的自生自发的系统，而是深刻地受制于市场交易规则对社会生活无孔不入的侵蚀作用，受制于现代国家对社会成员及其生活强大的渗透、规训和控制过程。同欧美发达国家早年的经历相比，中国建构现代社会秩序面临的压力和挑战无疑要艰巨得多。一方面，中国自古以来社会秩序一直依赖国家权力的强制性控制，体制外的自组织因素的发育受到了极大的压制。因而如果说发达国家社会秩序重建的主要问题是"保卫社会"的话，那么，当下中国紧迫的现实课题则不能不是"培育社会"或"社会建设"。另一方面，中国的市场经济体系和国家治理体系整体上还处于从初级形态向现代形态的蜕变过程，不规范的市场经济和相对落后的国家治理体系派生出来的种种问题，特别是失去约束的野蛮的资本力量和放纵的行政权力对社会生活秩序的侵蚀，极大地抑制和扭曲了社会自组织秩序的生长。面对这种现实境遇，深化国家治理体系创新，将行政权力的运作纳入法治轨道，并切实推进政府角色定位和管理方式的现代转型，藉此推进市场经济运作的规范化，在还权于市场、还权于社会的过程中建立政府与社会的合作关系，就成为促进社会自组织因素的成长以及社会管理格局创新的重要现实路径。

1. 市场规则对社会生活秩序的侵蚀

以血缘、地缘为纽带，以成员之间广泛而亲密的互动关系为特征的"共同体"，曾经是东西方世界共同的社会组织形式。正如马克思指出的那样，"我们越向前追溯历史，个人，从而也是进行生产的个人，就越表现为不独立从属于一个较大的整体最初还是十分自然地在家庭和扩大为氏族的家庭中；后来是在由氏族间的冲突和融合而产生的各种形式的公社中"①。工业化、城市化和市场化带动的社会大转型，催生出了全新的社会生产方式和生活方式，重塑了社会的联结方式和社会成员的行为逻辑，从根本上瓦解了传统社会的整合机制，使世界各国在转型时期普遍陷入了社会解组、社会失范的混乱境地。

---

① 《马克思恩格斯全集》第30卷，人民出版社1995年版，第25页。

按照滕尼斯的界定,共同体是基于如情感、习惯、记忆等自然意志形成的一种社会有机体,它"是一种持久的和真正的共同生活","一种原始的或者天然状态的人的意志的完善的统一体"①。由于共同体规模较小,共同体成员在日常生活中彼此之间有着非常密切的互动关系,它将每个成员真实的思想、感情、性格、品德等等都带入了面对面的交流之中,形成了非常浓厚的情感联系和强烈的共同体认同感。滕尼斯认为,共同体包括了三种不同形式的结合形式,即血缘共同体、地缘共同体和精神共同体。"血缘共同体作为行为的统一体发展和分离为地缘共同体,地缘共同体直接表现为居住在一起。而地缘共同体又发展为精神共同体,作为在相同的方向上和相同的意向上的纯粹的相互作用和支配。地缘共同体可以被理解为动物的生活的相互关系,犹如精神共同体可以被理解为心灵的生活的相互关系一样。因此,精神共同体在同从前的各种共同体的结合中,可以被理解为真正的人的和最高形式的共同体。"②这样一种在整个精神世界上都有着高度一致性的"共同体",是在长期的共同生活经历中逐步形成的,共同体成员共同分享的习惯、记忆、权威、信念以及相互之间"默认一致"的实践知识,使共同体内部形成了一种"共同的、有约束的思想信念作为一个共同体自己的意志",形成了"把人作为一个整体的成员团结在一起的特殊的社会力量和同情"③。尽管这种未经分化的社会关系抑制了个体独立人格的成长,但却让生活在其中的个体获得了重要的共同体归属感,获得了共同体成员之间以及他们同整个共同体的命运休戚与共的精神依托与责任担当。

工业化、城市化和市场化的社会大转型,不仅完全改变了人类的生存方式及空间形式,而且重塑了个体的行为逻辑,最终不可避免地导致了共同体秩序的解体。近代以来出现的工业化生产方式是一种社会化、系统化的生产方式,它完全改变了生产的具体组织方式和组织过程。在此,劳动力同原材料一道,被组织和配置到机器大生产过程之中,人的活动完全从属于机器的节律。就个体而言,工业化的过程就是共同体成员走出共同体世界,剥离掉原有的充满道德温情的血缘、地缘关系网络,而作为一种物件、一种商品,被配置到机器化的社会大生产之中的过程。"农民从农业生产的固定地块上解放出来并向工资劳动者转变的过

① [德]滕尼斯:《共同体和社会:纯粹社会学的基本概念》,林荣远译,商务印书馆1999年版,第54页。
② 同上,第65页。
③ 同上,第71-72页。

程,同时就是他们同散布于孤立、地方化的社区中解脱出来的过程,作为新兴的流动者,他们可以聚集在更为集中化的场所,靠机械化的制造业来进行生产。"① 工业主义是颠覆共同体的无可抗拒的力量。② 当越来越多的共同体成员走出共同体世界,集聚到城市这个陌生人集聚的世界,参与到工业化进程时,原先的共同体就不可避免地走向了式微,并使心中残留着共同体生活记忆的个体遭受了前所未有的心灵创痛。

城市作为一种人造的生活空间,极大地改变了人类的生存环境和生存方式。当共同体成员从各个固定而狭小的生活空间聚集到城市中来时,他们却再也无法将原先共同体内部的关系网络带入城市。正如美国城市社会学者帕克指出的那样,"在城市环境中,邻里关系正在失去其在更简单、更原始的社会形态中所具有的重要性","在那里,成千上万的人虽然居住生活近在咫尺,却连见面点头之交都没有,初级群体中的那种亲密关系弱化了,依赖于这种关系的道德秩序慢慢地解体了"。③

如果说工业化和城市化直接摧毁了共同体秩序的外在形式,那么,市场经济的发展,特别是市场交易规则向社会生活各个领域的渗透,则塑造出了个体全新的行为逻辑,从根本上瓦解了共同体内部的人际关系模式和行为准则。在市场交易规则的左右下,金钱成为衡量一切价值的最终圭臬,凡是无法兑现为货币的事物,无论是个人的道德尊严,还是温情脉脉的人际关怀都变得一文不值。正如西美尔在《货币哲学》中指出的那样,"从来没有这样一个东西能够像货币一样如此畅通无阻地、毫无保留地发展成为一种绝对的价值,一直控制我们实践意识、牵动我们全部注意力的终极目的"。④ 传统共同体世界中那些充满人际友善和道德温情的互助关系,由此统统被打落在斤斤计较的利己主义冰水之中。

在工业化、城市化和市场化带动社会结构急剧分化,引发社会秩序剧烈变动的过程中,几乎所有发达国家都经历过社会碎片化和个体原子化的过程。西欧社会大体上在19世纪中叶经历了最为混乱的社会秩序变动。面对社会分化过程中出现的严重整合危机,重新建立社会内部的有机联系、形成新的社会整合机制成为构建现代社会秩序的核心问题。西方社会学诞生,在一定意义上就是敏锐的思想者对社会整合危机作出的理论反应,而探索现代社会的整合(integra-

① [英]吉登斯:《民族–国家与暴力》,胡宗泽、赵力涛译译,三联书店2002年版,第179–180页。
② 参见吴玉军:《共同体的式微与现代人的生存》,《浙江社会科学》2009年第11期。
③ 冯钢:《整合与链合——法人团体在当代社区发展中的地位》,《社会学研究》2002年第4期。
④ [德]西美尔:《货币哲学》,陈戎女、耿开君、文聘元译,华夏出版社2002年版,第8页。

tion)机制,缓解、克服社会分化和社会解组过程中出的社会失范(anomie)及个体的原子化危机,也因此成为西方社会学历久弥新的重大课题。古典社会学的社会秩序理论的代表人物奥古斯特·孔德(Auguste Comte)基于社会有机体理论,提出了重建"中间社会"(intermediate society)的构想,主张以"中间社会"来协调人的感情,节制权贵的专横和利己行为,引导人们积极承担对社会、集体的责任,克服原子化个体的利己思想,以维持社会的共存与有序发展。滕尼斯则主张重建社区团结来克服个体原子化及社会整合危机。涂尔干基于其"社会团结"(social solidarity)理论,主张在社会分工的基础上建立"国家—职业团体—个人"的社会结构体系,充分发挥职业团体联结国家与个体的纽带作用,借以形成新的社会整合机制。可以说,古典社会学家都把重建社会秩序的重点放在了构建新的社会组织形式,以形成新的整合机制上。

有赖于发达的社会自治传统及其积淀的丰富的社会自治资源,西方在社会大转型的变革历程中,虽然传统意义的共同体秩序不可避免地走向了瓦解,但整个社会秩序并没有因此而崩溃,甚至也没有因为市场经济的高度发达而走上"市场社会",相反,社会自发形成的抵抗市场规则对社会生活肆虐的运动,在政府角色转型的有力配合,有效地制止了社会秩序的混乱,进而借助于社会组织的成长,实现了社会领域的相对自治。卡尔·波兰尼(Karl Polanyi)在《大转型:我们时代的政治与经济起源》中,对西方社会在市场经济发展过程中出现的市场与社会"双向运动"的内在逻辑进行了深刻揭示。波兰尼认为,自我调节的市场机制是人类历史上一种特殊的文明变异。在前资本主义阶段,经济是社会的有机组成部分,是一种"嵌入"(embedded)经济。而随着市场经济的发展以及市场逻辑向社会生活各个领域的扩张,到19世纪,经济开始脱离开社会并凌驾于社会之上,成为"脱嵌式"(disembedded)经济。波兰尼强调,近代出现的市场经济具有极强的自我扩张能力,会将自发调节、自由交易的教义扩张到社会生活的各个领域。"市场控制经济体系会对整个社会组织产生致命后果的原因所在:它意味着要让社会的运转从属于市场……一旦经济体系通过分立的、以特定动机为基础并被授予特殊地位的制度来运转,社会就必须以使该体系得以根据自身的法则运转的方式来型塑自身。"①"让社会的运转从属于市场"的趋势,意味着

---

① [英]卡尔·波兰尼:《大转型——我们时代的政治与经济起源》,冯钢译,浙江人民出版社2007年版,第50页。

人与自然都将沦为商品,作为要素纳入到市场过程。"终极而言,这正是由市场控制经济体系会对整个社会组织产生致命后果的原因所在:它意味着要让社会的运转从属于市场。与经济嵌入社会关系相反,社会关系被嵌入经济体系之中"。① 由此,人的盈利动机被视为一种至高无上的法则,市场成为社会生活的主宰,以致所有社会行为都要服从经济价值,受到市场的操纵,社会的自我调节功能受到了极大的损害。

不同于哈耶克的是,波兰尼否认自我调节的市场经济能够自发地形成良好的社会秩序,认为"如果允许市场机制成为人的命运,人的自然环境,乃至他的购买力的数量和用途的唯一主宰,那么它就会导致社会的毁灭。因为'劳动力'这种所谓的商品不能被推来操去,不能被不加区分地加以使用,甚至不能被弃置不用,否则就会影响到作为这种特殊商品的载体的人类个体生活。市场体系在处置一个人的劳动力时,也同时在处置这个标识上的生理层面、心理层面和道德层面的实体'人'。如果被剥夺了文化制度的保护层,人类成员就会在由此而来的社会暴露中消亡;他们将死于邪恶、堕落、犯罪和饥荒所造成的社会混乱。"人类社会自古以来形成的体现人的生存意义和尊严的种种自足性价值,因此受到了极大的贬抑。"毫无疑问,劳动力、土地和货币的市场对市场经济而言是不可或缺的,但是,任何社会都无法承受这样一种粗陋虚构的体系所造成的影响,哪怕是片刻之间。除非人类的自然的实体以及商业组织都能得到保护,能够与这个撒旦的魔方相对抗。"②

正是在大转型(The Great Transformation)过程中,西方出现了对抗、抵制自我调节的市场经济的社会保护运动。"就近百年而言,现代社会由一种双向运动支配着:市场的不断扩张以及它所遭遇的反向运动(即把市场的扩张控制在某种确定方向上)。市场体系快速地发展着,它吞没了空间和时间。与此同时,同步的反向运动也在进行中。它不只是社会面临时的一般防御行为;更是对损害社会组织的那种混乱的反抗。"③波兰尼所说的社会自我保护运动,指的就是在社会保护原则支配下的政府干预和社会的再组织化,"它运用保护性立法、限制性团体和其他干涉手段作为自己的运作手段"④。在波兰尼看来,正是在面对

---

① [英]卡尔·波兰尼:《大转型——我们时代的政治与经济起源》,冯钢译,浙江人民出版社2007年版,第50页。
② 同上,第65页。
③ 同上,第112页。
④ 同上,第114页。

市场挑战过程中,"社会奋起保护自己",工会、合作社等各种社会制度、社会组织和社会规范应运而生,社会发展进入了一个以"协同"和"参与"为主题的时代,它们将市场的作用限制在社会能够控制的限度内,避免了市场恶性膨胀而最终导致人类社会走向自我毁灭。通过考察 19 世纪英国的历史,波兰尼提出了"能动社会"(Active Society)的概念,"能动社会"概念强调的是,面对市场原则全面渗透人类社会生活,土地、劳动力和货币不断地被商品化,以致社会完全臣服于市场,蜕变为"市场社会"的局面,社会必须作出积极的回应,捍卫社会生活自足的价值,降服市场,重新将经济嵌入社会,使之成为"受规制的市场"(regulated market)①。

　　揆诸历史,我们看到,美国进步主义时期作为社会转型最为剧烈时期,正是"社会奋起保护自己"的关键时期。知识界和新闻界一大批信奉进步主义理念的人士掀起的"扒粪运动",对资本力量野蛮地侵蚀社会生活价值的种种丑恶现象的揭露和猛烈抨击,社会进步人士在社会各领域开展的多种形式的社会改良运动,都有力地促进了人们对"市场社会"问题的警觉。与此同时,进步主义时期也正是美国社会组织成长最为旺盛的历史时期,大量以捍卫弱势群体权利为主旨的全国性社会组织,都滥觞于这一时期。这种社会自发的自卫运动,不仅有力地增强了社会的自组织水平,改变了孤零零的社会个体遭受资本力量的肆意蹂躏,沦为"沉默的羔羊"的局面,而且形成了促使国家对弱势群体的权益进行有效保护的社会压力机制。

　　2. 国家权力对社会自由空间的挤压

　　近代以降,社会生活的自足性价值和社会自组织秩序遭遇的另一重大威胁,是拥有强大的渗透和监控能力的现代国家。按照吉登斯的界定,现代国家"是一种自立于其他民族之外的、独特的、集权的社会制度,并在已经界定和得到承认的领土内,拥有强制和获取的垄断权力"②。与"有边陲而无国界"的传统国家相比,现代国家不仅完全垄断了其统辖范围内的暴力或强制力量,而且借助于其系统化的监控、干预、规训能力,能够将其强制力量延伸到领土范围内的各个部分,渗透到社会生活的各个环节。"现代民族国家的产生,其目标是要造就一个有明确边界、社会控制严密、国家行政力量对社会全面渗透的社会;它的形成基础是国家对社区的全面监控。"③

---

① 沈原:《社会的生产》,《社会》2007 年版,第 2 期。
② 《布莱克维尔政治学百科全书》,邓正来等译,中国政法大学出版社 1992 年版,第 490 页。
③ [英]吉登斯:《民族—国家与暴力》,胡宗泽等译,三联书店,1998 年版,第 146 – 147 页。

米歇尔·福柯敏锐地觉察到现代国家权力在社会领域之中的全面扩散、连结与渗透。如果说传统国家将酷刑作为展示君主权力的基本方式,直接以赤裸裸的暴力威胁来实施权力运作的话,那么,现代国家则发明了"规训"这一精妙的权力运作方式。所谓"规训"是一种对人的肉体、姿势和行为进行精心操纵的权力技术,它通过诸如层级监视、规范化裁决以及检查等手段来训练个人,制造出只能按照一定的规范去行动的驯服的肉体。这种新型的权力不是简单地借助暴力、酷刑使人服从,而是通过日常的规范化的纪律、检查、训练来达到支配、控制的目的,把人变成为权力操纵的对象和工具。[①] "规训既不会等同于一种体制也不会等同于一种机构。它是一种权力类型,一种行使权力的轨道……使权力的效应能够抵达最细小、最偏僻的因素。它确保了权力关系细致入微的散布。"[②]"这种权力不是那种因自己的淫威而自认为无所不能的得意洋洋的权力。这是一种谦恭而多疑的权力,是一种精心计算的、持久的运作机制。与君权的威严仪式或国家的重大机构相比,它的模式、程序都微不足道。然而,它们正在逐渐侵蚀那些重大形式,改变后者的机制,实施自己的程序。"[③]

在米歇尔·福柯惊人发现的基础上,吉登斯进一步揭示了现代国家对社会成员全方位的监控,认为"监控是国家行政力量的必要条件,不管这种力量的目的何在","行政力量如今日益进入日常生活的细枝末节,日益渗入最为私密的个人行动和人际关系"[④]。在吉登斯看来,"监控"乃是权力规训的基础,现代国家在给公民提供经济权利保障的同时,也建立起了对每个公民出生、婚姻、经济状态、疾病、信用等各方面信息的详细记录,行政权力也因此介入到了日常生活的细枝末节,渗入了最为私密的个人行动和人际关系。在现代国家,信息控制连同极其迅捷的通讯、交通体系以及复杂的隔离技术,能够直接监视人的一举一动,因而生产出高度集中的国家权力。[⑤] 可以说,借助于庞大的组织网络、信息手段和监控技术,现代国家克服了传统国家无法将权威渗透到社会生活的细微角落的局限,使现代国家拥有了传统国家无法匹敌的对社会生活秩序的形塑能力。

20 世纪初以来,西方世界现代国家对社会生活塑造和控制能力呈现出迅猛

---

① 樊红敏:《论现代国家的理想型——以权力运作为视角》,《东南学术》2006 年第 4 期。
② [法]米歇尔·福柯:《规训与惩罚》,刘北成、杨远婴译,三联书店 1999 年版,第 242 页。
③ 同上,第 193 页。
④ [英]吉登斯:《民族—国家与暴力》,胡宗泽等译,三联书店,1998 年版,第 359 页。
⑤ 同上,第 360 页。

扩张的态势。面对市场规则对社会生活秩序的全面入侵,资本力量对劳动者的野蛮践踏以及市场失灵所造成的灾难性社会后果,西方社会的政治心态发生了历史性转变,对国家制止资本力量对社会公平秩序的侵蚀、校正市场失灵的热切期盼,超越了传统的对国家权力的本能式恐惧,主张加强国家对社会生活秩序干预的新国家主义成为西方社会的主流思潮。从罗斯福新政、欧洲福利国家建设,到凯恩斯主义大行其道,西方国家的政府职能不断扩大,并借助于建立全民性的社会保障体系、保障公民社会权利而将国家权力的触角伸向了社会生活的各个领域,渗入到了原先被认为公共权力绝对不可进入的个人的私密性空间。现代人在享受到了前所未有的社会权利的同时,也在生活的自由空间方面付出了巨大的代价。

问题在于,国家权力的渗透和扩张,是不可能有什么自制力的,它只会沿着扩张的惯性不断蚕食社会生活的自主空间,结果是"政府越来越多地作为一个侵犯性的管理机构存在于日常生活之中"①,直至将整个社会生活纳入自身的控制范围,将社会生活的自主空间挤压殆尽。现代国家权力扩张的这一态势,不可避免地与西方悠久的主张社会独立于国家而存在的思想传统发生了严重的冲突。众所周知,自由主义的思想传统一直对国家权力扩张危险持高度警觉的态度,17世纪以来,独立于国家的市民社会(Civil Society)被看作是一块不受国家直接干预的自足领地,是抵御国家、捍卫个人自由和权利的重要屏障。托克维尔就曾明确主张"以社会制约权力",认为一个活跃的、警觉的、强有力的由各种非官方社团组成的公民社会,是保证国家权力受到有效监督和制衡的关键。20世纪初,葛兰西提出了其独特的市民社会理论,他将上层建筑区分为两个层面,"一个可以被称作'市民社会',即通常称为民间的社会组织的集合体;另一个则是政治社会(political society)或国家。一方面,这两个层面在统治集团通过社会执行'领导'职能时是一致的;另一方面,统治集团的'直接统治'或指挥的职能是通过国家和'合法的政府'来执行的"。② 在葛兰西看来,国家包含了"市民社会","市民社会"是统治阶级行使其统治权的一种间接的工具。葛兰西之所以得出这一结论,从某种意义上说,正是因为他看到了自近代资产阶级民族国家建立以来,国家的发展过程也就是它不断向"市民社会"渗透、扩张的过程。③

① [英]戴维·赫尔德:《民主的模式》,燕继荣等译,中央编译出版社1998年版,第131页。
② 葛兰西:《狱中杂记》,人民出版社1987年版,第220页。
③ 唐士其:《"市民社会"、现代国家以及中国的国家与社会》,《北京大学学报》1996年版第6期。

　　值得注意是的,即使是国家主义盛行的时代,以社会制约国家的自由主义思想传统仍然是西方主流思想的重要组成部分。在自由主义看来,"没有社会制约的国家权力总是危险的和不可欲的,它是对专制主义的放纵"。①20 世纪七八十年代以来,"市民社会"(公民社会)概念重新复活,并很快从左翼学者的思想工具演变成主流话语,甚至形成了一种全球性的市民社会思潮。从思想渊源来讲,市民社会理论复兴的重要背景,是 19 世纪与 20 世纪之交初显并于 20 世纪中叶炽盛的形形色色的"国家主义",于现实世界中都表现为国家以不同的形式、从不同的路向对市民社会的渗透或侵吞。② 作为一种新的社会自卫运动形式,全球市民社会思潮在西方国家表现为重新调整国家与依旧存有的市民社会的关系的努力,在东欧国家呈现为重建原本有过的国家与市民社会的关系的努力。这一市民社会概念,按照查尔斯·泰勒说法,"并不是那个使用了数个世纪的、与'政治社会'具有相同含义的古老概念,而是体现在黑格尔哲学之中的一个比较性概念。此一意义上的市民社会与国家相对,并部分独立于国家。它包括了那些不能与国家相混淆或者不能为国家所淹没的社会生活领域"。③

　　市民社会理论复兴的直接诱因,是苏东剧变引发的国家与社会关系的反思。一般认为,苏东地区之所以走上专制和奴役的道路,一个重要根源,是集权化的国家完全吞噬了社会,国家权力的扩张因此失却了社会力量的抵制。受 80 年代波兰团结工会反抗专制体制经验的启示,公民社会成为人们心目中抵抗国家压制个人自由和权利的重要依托。正如怀特在总结这一时期的公民社会理论时指出的,"公民社会思想在任何关于民主化的讨论中都处于中心地位,因为它提出了社会力量在限定、控制国家权力并使之合法化方面所发挥作用这一主要问题"。④ 在这样一种社会背景下,自由主义以社会抵抗国家的思想传统再度受到青睐。美国学者麦克·布洛维就把社会与市场、国家截然对立起来,明确提出"公共社会学拒绝与市场和国家的共谋",主张建立全球公民社会,认为一个独

① [美]约翰·基恩:《市民社会与国家权力形态》,载邓正来、[英]J·C·亚历山大:《国家与市民社会:一种社会理论的研究路径》,中央编译出版社 2002 年版,第 120 页。
② 邓正来:《市民社会与国家——学理上的分野与两种架构》,《中国社会科学季刊》,1993 年总第 3 期。
③ 转引邓正来:《国家与市民社会:一种社会理论的研究路径》,中央编译出版社 2005 年版,第 3 页。
④ [英]戈登·怀特:《公民社会、民主化和发展:廓清分析的范围》,见何增科等编译:《公民社会与第三部门》,社会科学文献出版社 2000 年版,第 69 页。

立于国家并具有抗争和制衡力量的社会,完全能够自主、自治、能动的社会,是解决现代社会一切问题的一剂良药。①

然而,现代社会运行机制的高度复杂性以及国家在公共事务治理中承担的日益繁重的职责,决定了无论怎样反思国家权力对社会生活自由空间的挤压,也无法设想重新回到"大社会小政府"或"强社会弱国家"的历史格局,因而合作而不是对抗,成为反思国家与社会关系合乎理性的选择。在合作主义(corporatism)的视域中,国家与社会是一种协商、合作的关系,它通过一定的制度安排,将公民社会中的组织化利益联合到国家的决策结构中。② 20 世纪 90 年代以来,以米格代尔(Joel Migdal)、埃文斯(Peter Evans)、奥斯特罗姆(Elinor Ostrom)为代表的一批学者更是进一步提出了国家在社会中、国家与社会共治、公与私合作伙伴关系等理论,强调国家与社会存在着合作与互补关系,二者是互相形塑的。

需要指出的是,无论是怎样一种合作关系,哪怕是施密特(P. C. Schmitter)意义上的"国家法团主义"结构,社会组织的高度发达及其保持的相对自主性,都是建构国家与社会合作关系的前提。就现实世界而言,近几十年来,西方国家都出现了社会组织快速发展态势。萨拉蒙等人甚至提出,我们"置身于一场全球性的'社团革命'之中,私人自愿性团体即大量的公民社会组织几乎存在于世界的每一个角落,它代表了 20 世纪最伟大的创新。"③在"政府失灵"、"市场失灵"同时并存的治理困境面前,一个发达的能动社会,一个与国家适度平衡并形成合作关系的社会,不仅是保卫社会自足价值,维持相对独立于市场和国家的社会秩序的重要前提,也是实现现代公共事务有效治理的不可缺少的重要资源。

3. 社会建设与社会自组织秩序的成长

现代开放社会秩序的形塑,除却社会自身的自组织力量,市场与国家是两大关键因素。资本和权力,作为经济秩序和政治秩序的主导力量,都有极强的自我扩张潜能,本能式地倾向于将自己的运作规则扩展到社会生活的每个角落。任凭市场秩序自生自发的扩张,市场秩序就可能替代整个社会秩序,人类在几千年的历史长河中创造和保存下来的社会生活的自足性价值,乃至人性的尊严都可能被完全泯没。而放纵国家权力肆意介入社会生活,最终结果必然是个体的自

---

① 麦克·布洛维:《公共社会学》,沈原等译,社会科学文献出版社 2007 年版,第 59 期。

② 张静:《法团主义》,中国社会科学出版社 1998 年版,第 25 页。

③ [美]莱斯特·萨拉蒙:《非营利部门的兴起》,见何增科等编译:《公民社会与第三部门》,社会科学文献出版社 2000 年版,第 243 页。

由和权利被强大的国家机器彻底揉碎,社会完全为国家所吞噬。

在抵御市场规则和国家权力全面侵蚀社会生活方面,西方国家最大的优势,是在特定的历史过程中形成了悠久、强大的社会自治传统。从中世纪晚期的城市自治,封建体制下的地方自治和教会自治,到现代城市社区的自治,丰富多彩的社会自治实践,不仅培育、积淀出大量社会自组织因素,而且形成了珍视社会生活中种种不能用金钱衡量的自足性价值,执著地捍卫社会生活的自发秩序的思想传统。正是这种独特的历史传统以及分布在社会生活各个领域的自组织因素,使西方社会能够在社会秩序面临资本和权力的双重肆虐的境遇下,自发地孕育形成保卫社会运动。社会既可以联合国家的力量阻止市场规则在经济以外的领域横行,也能够联合市场的力量抵御国家权力对经济社会生活的肆意干预和控制,从而在市场秩序、政治秩序之外保留了社会生活相对自主的生存空间。

可以说,西方社会在社会大转型过程中,之所以表现出了较强的社会秩序的自我修复功能,得益于其在特定的历史背景和文化传统中形成的市场、社会、国家的三元互动关系。20世纪上半叶,在市场秩序的扩张暴露出资本力量无情践踏劳动者的权益和尊严,市场交易规则主宰整个社会生活以及市场失灵导致灾难性的社会后果等种种危及整个社会共同体秩序的背景下,社会自卫运动的兴起,国家干预市场经济运行的角色功能的强化,使西方世界有效地遏制了市场秩序对整个社会秩序的颠覆,既避免了社会完全沦为"市场社会",也避免了资本主义体系的崩溃。而20世纪下半叶,随着国家权力无孔不入地介入社会生活之中,构成对社会成员的自由生活空间的严重威胁时,公民社会理论的复兴、非政府组织的迅猛发展以及全球社团革命的出现,构成了新一轮的社会自卫运动,不仅促进了人们对国家与社会关系的再反思,而且推动了全球治理革命的发展。市场经济、公民社会与现代国家相互之间既相互制约、又相互补充的互动关系,构成了现代开放社会秩序形成和维系的中轴逻辑,它使社会生活的自足性价值和公民社会的自主性得到了较好的保存,并遏制了市场逻辑和权力逻辑对生活秩序的毁灭性吞噬。

自古以来,社会自治的思想传统和组织资源,就是中国极为稀缺的。"大一统"的专制秩序集政治、经济、社会、文化权威于一身,为彰显君权的独霸式权威,专制王朝几乎已经将体制外的社会自组织因素扫荡殆尽,直接以剥夺其他社会主体的自主性来保障专制权力的任意性。因此,在中国的历史上,除了有限的家族自治,严格地讲几乎不存在西方意义上的社会自治传统,社会秩序基本上依赖"专制权力"的强制性控制。因而一旦君主专制体制崩溃,近代中国迎来的不仅是政治秩序的空前混乱,而且是整个社会秩序,乃至文化秩序陷入"一盘散沙"式的"总体性危机"。

建国以后,高度集权的政治体制、高度集中的经济体制与高度一元化的意识形态控制体制相互匹配的耦合关系,使国家权力的扩张达到了前所未有的境地,得以任意地将权力的触角伸向社会生活的每一个角落,经济生活、社会生活、文化生活全部都被纳入了国家权力的支配和控制范围。在服饰、发型乃至语言都被赋予特定政治寓意情况下,事实上相对自主的、不受国家权力支配的社会自由生活空间已经荡然无存。全能主义国家及其支配下的"总体性社会"虽然有效地克服了近代中国"一盘散沙"的混乱局面,却严重阻碍了相对自主的经济秩序和社会秩序的发展,进而反过来严重制约了现代国家治理体系的建设。正如林尚立指出的那样,所有制的改造与国家对社会集中统一的控制,阻断了走出传统的中国社会在经济与产权上获得独立的可能;而党政不分的原则与体制,则阻断了国家在宪法和法律内拥有独立行使人民与宪法赋予的公共权力的可能。没有相对独立自主的社会,也就自然不可能形成与这种社会相适应的现代国家。所以,以党为核心的高度集权,不仅限制了现代社会在中国的发育和成长,而且限制了现代国家在中国的形成的发展,其结果就是导致整个国家陷入多重的危机之中。①

"总体性社会"秩序的核心,是以政治整合替代社会整合,将社会生活全部纳入政治生活的轨道,其最重要的体制支撑是垄断性的资源分配与行政化的组织控制。垄断性的资源分配使国家直接掌控了每个社会成员的经济命脉,形成了个体生存完全依附国家,自主选择的权利与自由趋于丧失的局面;而行政化的组织控制则将所有成员无一例外地纳入行政化的社会组织体系,国家借助行政化的组织(单位)网络得以有效地直接支配个体的行为。显然,全能主义国家对社会秩序的控制,实现的充基量只是一种静态和封闭的稳定,是以社会活力的窒息、社会成员自主选择权利剥夺为代价的,因而必然也是无法长期延续的。

市场化的改革带来了中国经济和社会秩序以及经济社会生活运行逻辑的深刻变迁,直接瓦解了"总体性社会"秩序赖以维系的两大体制支撑。市场化改革

---

① 林尚立:《走向现代国家:对改革以来中国政治发展的一种解读》,《当代中国政治研究报告Ⅲ》,社会科学文献出版社 2004 年。

带来的社会资源配置方式的革命性变迁,使得社会成员的利益实现方式和渠道日趋多样化,社会个体拥了越来越多的不依赖国家的生存资源,从而从根本上改变了社会个体与国家的关系,个体唯国家、组织之命是从的局面宣告终结。与此同时,社会资源配置方式的重大变革,不可避免地带来了社会结构和社会组织形式的剧变,人民公社体制的解体和单位体制功能的蜕变,使越来越多的社会个体脱离了传统组织网络的控制,演变成了自由而孤立的原子式个体,而在市场经济发展过程中涌现出来的大量"两新组织",作为体制外组织,也拥有了独立于国家控制的自主性。这一切,都意味着当下中国在面临传统社会秩序解体的严峻挑战时,无论主观意愿如何,事实上都不可能再回到传统,通过重新加强行政管控而实现社会的长治久安。

改革开放实践最重大的成就,是铸就了中国走向由市场经济、民主政治、多元文化、开放社会共同构成的现代文明的进程。顺应这样一种不可逆转的发展趋势,创新社会管理,维护社会和谐的根本之道,不能不是创新国家治理体系,通过还权于市场、还权于社会、还权于公民,来培育经济生活和社会生活相对自主的秩序。

毫无疑问,强大的国家主义背景以及社会自治传统的缺乏,决定了中国的社会治理创新很难走向西方式的社会自治,政府主导下的社会协同治理是社会治理模式创新唯一现实的目标。一方面,中国自治性的社会组织的发育还处于初级阶段,其自主性体质也亟待提高,建立在权力分化和权利意识普遍觉醒基础上的公民社会成长还需要一个漫长的过程;另一方面,政府职能转变以及转型社会出现的大量社会管理事务,迫切需要广泛借助社会力量来承担起相应的治理职责。因此,期望社会自治组织按照自生自发的演进逻辑发育,进而以社会自治以及社会组织的多元竞争,化解转型社会的治理危机,是不切实际的。更重要的,当下的中国迫切需要一个稳定的转型秩序。因此,合作、协商而不是竞争、对抗,才是社会自组织力量成长及其角色定位唯一可能的现实路径。毕竟只有在合作主义的制度框架下,国家才能解除对社会组织可能挑战自身权威以及多元竞争可能威胁社会秩序稳定的顾虑,社会组织才能获得自身发展以及在公共事务治理中发挥积极作用的合法空间。反过来,也只有当社会组织被纳入国家设定的制度性渠道,在公共事务治理中积极发挥建设性而不是挑战性的作用时,从政府转移出来的大量社会管理职能,以及政府无法有效承载的大量新涌现出来的管理职能,才有可能找到适宜的承接对象。

国家与社会协商、合作视域下的社会建设命题,非但没有弱化国家或政府在社会管理创新中的作用,相反,它极大地凸显了国家治理体系创新对于社会转型的决定性意义,即能否围绕理顺政府与市场、政府与社会的关系推进政府角色及管理方式的现代转型,是实现社会结构转型,构建政府主导下的社会协同治理格局的关键。着眼于市场经济、公民社会、现代国家者既相互独立又相互支撑的发展远景,正视中国特定的历史传统以及强大的国家主义背景,中国所面临的社会建设任务是极其艰巨的,它首先是一个培育社会而不是保卫社会的问题。正如有学者指出的那样,在业已建成市场经济的国度与正在实现市场转型的国度,人们在面对社会时,实践与认知的目标和任务颇为不同。前者是在原本已经有一个"社会"的基础上设法复苏和强化社会的各种机制,以抵御市场和权力双重入侵造就的"殖民化";而后者则是经历了再分配经济和与之匹配的集权体制的长期支配,自组织的社会生活机制不说被彻底消灭,至少也是在受到极大压抑之后,面对新的历史条件,重建或生产社会生活的各种制度和规范——我们必须先有一个社会,然后才能够保卫它。简言之,前者的任务是"保卫社会",后者的任务则是"生产社会",这是两种不同的认知逻辑和实作逻辑。① 强大的国家主义背景,早已体制化的政府主导型发展模式,决定了中国要培植社会的自组织因素,提升社会自主治理的水平,首先需要创新国家治理理念,积极主动地培育和引导社会组织的健康发展,进而通过赋权社会组织,引导社会组织积极参与到政府主导下的公共事务治理过程中来。

转型期中国社会建设除了迫切需要进一步加强公共服务体系,夯实民生保障的基础,一个带根本性的战略任务,是加强社会的组织建设,实现社会的再组织化。社会碎片化与个体原子化,是转型社会的普遍现象。建国以后,我们曾经通过健全行政化的组织网络体系,将全体社会成员纳入了国家体制的控制范围。实践证明,这种社会组织形式虽然能够在一定时期增强社会的凝聚力,却因为扼杀了组织和个体的自主选择权利,会窒息社会发展的内在活力。改革开放以后,社会组织形式的变迁使大部分社会成员完成了从"单位人"到"社会人"的转变。由此产生的一个突出问题,是越来越多的社会成员溢出了体制内组织管理和控制的轨道,重新沦为孤零零的原子式个体。由于缺乏必要的组织联结,国家直接面对众多的孤立个体,既使国家面临社会治理的组织载体缺失,管控手段无法落

---

① 沈原:《社会的生产》,《社会》2007 年第 2 期。

实的棘手问题,又使社会个体因为失却组织关怀而普遍地陷入了深切的生存焦虑,无法有效地抗拒野蛮的资本力量和放纵的行政力量的侵害。

在市场经济运作的规范体系尚不健全,公共权力的运作也没有得到有效约束的今天,缺乏组织归属、组织关怀的原子式个体无疑是最缺乏权益保障的,在强大的资本力量和行政权力面前,他们往往只能沦为被动挨宰的"沉默的羔羊"。正如有学者指出的那样,个体利益如果得不到有效组织化,则将失去有效参与的能力、信息、支持等资源,他们的利益将在相互冲突和高成本游戏的过程中被吞噬和淹没。分散的、数量上众多的个体在保护其权利的战场上却往往显得不堪一击;很多时候,分散的大多数个体在制度框架设定的游戏中注定要成为"悲怆的失败者"。① 其结果必然是越来越多的原子式个体在强烈的生存焦虑的煎熬下,在个人利益遭受毁灭性侵害而求助无门的绝望感的驱动下,对自我的生存困境作出极端化的反应,采用原始而极端的方式来表达自己的利益诉求或者宣泄对社会不公的不满,如以跳楼威胁来讨薪、以广场自焚来抗议强拆、以伤害幼儿等无助人群来报复社会、以杀害公职人员来宣泄激愤、以实施连环爆炸来制造轰动效应等等,造成地方政府疲于应付的困境。更值得的关注的是,个体的绝望、悲怆意识极易产生社会感染效应,助长弱势群体对整个社会秩序以及政府的对立意识。大量泄愤式群体性事件都表明,深陷"集体行动困境"的原子式个体,极易在偶发事件的刺激下演变成为情绪失控的"乌合之众",产生非理性的过激行为,对社会正常秩序形成极大的破坏作用。

组织化的利益表达和利益协商机制的缺失,客观上还造成了地方政府回应公众利益诉求所存在的进退失据的局面。当利益诉求以个体微弱的声音表达出来时,回应他们的往往是相互推诿、敷衍了事或者冷漠相向,甚至是强制性的"摆平",而当利益表达演变为"乌合之众"的群情激愤时,急于息事宁人的政府往往又变成"软弱可欺"的对象,政府形象因此受到极大的损毁。大量群体性事件发生、演变的逻辑表明,政府直接面对孤立的原子式个体的社会结构极易形成周期性的社会震荡,造成官民之间的负和博弈困境。对此,古典社会学家涂尔干早就有过相当敏锐的洞察:"如果在政府与个人之间没有一系列次级群体的存在,那么国家也就不可能存在下去。如果这些次级群体与个人的联系非常紧密,那么它们就会强劲地把个人吸收到群体活动里,并以此把个人纳入到社会生活

---

① 王锡锌:《利益组织化、公众参与和个体权利保障》,《东方法学》2008 年第 4 期。

的主流之中。"如果在国家与个人之间缺乏必要的团体中介，那么"国家与个人的距离越来越远，两者的关系也越来越流于表面，越来越时断时续，国家无法切入到个人的意识深处，无法把他们结合在一起"。①

超越官民之间负和博弈的困境的根本途径，是社会的再组织化，实现利益表达、利益协商的组织化与制度化。通过培育各种形式的社会组织实现社会的再组织化，一方面可以为弱势群体特别是原子式个体提供其生存不可缺少的组织关怀，化解过度紧张的生存焦虑，并有效地提高弱势群体的话语权，缓解"集体行动的困境"；另一方面，利益表达的组织化，可以有效地过滤利益诉求的非理性冲动，进而将利益诉求纳入公共政策过程，避免个体的极端化行为和群体的聚合行为的发生。同时，社会的再组织化，也为组织与组织、组织与政府之间的利益协商以及政府控制社会的整体局势提供了重要的组织载体。

社会的再组织化，不是要将公众重新纳入自上而下实施控制的行政化的组织网络体系，而是要着眼于培育有中国特色的公民社会，大力培育各种有助于增强社会成员归属感，提升社会成员自我管理和自我服务水平，增强社会各群体的相互融合及社会认同感的社区组织、民间组织，在引导社会组织参与公共事务治理的过程中培植、积累社会自组织因素，增强公民的社会关怀和参与意识，从而逐步提高社会自主治理的水平。

近些年来，中国各种形式的社会组织已经得到了快速发展，并在公共服务和社会管理参与方面显示出了巨大的潜力。一些学者根据近些年来社会组织成长以及公共服务体系和公共政策体系建设取得的成就，提出中国在 1990 年代短暂地经历了"市场社会"的梦魇之后，已出现了蓬勃的反向运动，并正在催生一个"社会市场"。在社会市场里，市场仍然是资源配置的主要机制，但政府通过再分配的方式，尽力将对与人类生存权相关的领域进行"去商品化"，让全体人民分享市场运作的成果，让社会各阶层分担市场运作的成本，从而把市场重新"嵌入"社会伦理关系之中。② 在我们看来，相对于强大的国家主义传统，中国社会组织的成长以及社会自主性的反向运动目前充其量还只能是说处于初级阶段，社会组织建设还需要进一步解决思想，更新社会治理理念，破除对社会组织可能存在的不必要的猜忌、戒备心理。要在健全社会组织发展和运行的法律与制度

---

① ［法］涂尔干：《社会分工论》，渠东译，三联书店 2000 年版，第 40 页。
② 王绍光：《大转型：1980 年代以来中国的双向运动》，《中国社会科学》2008 年第 1 期。

规范的基础上,大胆地尝试通过赋权社会组织、健全政府引导社会组织参与社会管理的有效机制,使社会组织和公民在广泛参与实践过程逐步提高自身的参与水平,提升社会组织的自主性品格。

二、现代开放社会秩序的基本规定

社会秩序的生成方式和维系方式,直接反映了社会共同体发展的文明水平。市场经济、民主政治、多元文化、开放社会发展背景下的中国特色社会主义社会管理体系,有着完全不同于以往的社会秩序及其维系方式的规定性。概言之,加强和创新社会管理,不是维护社会刚性稳定的权宜之计,更不是要限制社会成员的自由和权利,而是要遵循以人为本的发展理念,以最大限度激发社会活力、最大限度增加和谐因素、最大限度减少不和谐因素作为基本要求,努力实现激发社会活力与维护社会秩序、政府维稳与公民维权的有机统一,它将是一种全新的社会生活秩序的形塑过程,一个中国社会治理模式的现代转型过程。

1. 动态和谐:社会稳定的目标定位

现代开放社会的一个显著特征,是社会生活高度多元化。在社会大分化的进程中,社会利益结构、价值观念、生活方式的日趋多样化,不仅使整个社会生活的异质性程度不断提高,而且使各种形式的社会冲突成为社会生活的常态。不同的社会群体基于自身不同的社会地位、利益实现方式以及各自不同的文化背景和价值偏好,彼此之间在追求各自的生活目标的过程中发生各种形式的利益冲突和价值冲突,是现代开放社会最根本的内在规定性。衡量现代社会治理水平高低的基本尺度,不是能够在何种程度上消弭甚至根除社会冲突,而恰恰是能够在何种程度上容纳社会冲突,进而把社会冲突的化解纳入理性协商的轨道,避免社会冲突演变为激烈的社会对抗,危及整个社会秩序的安全。

对于社会冲突常态化的现代社会生活演进趋势,古典社会学家早就深谙其道。涂尔干在讨论"失范的分工"时就曾提出,永无休止的敌对状态是工业社会的显著特征。只要分工发展越过了某个特定阶段,敌对状态有时就是分工的必然结果。[①] 现代社会的有机团结无法直接借助各种机构相辅相成的分工合作来

---

① ［法］埃弥尔·涂尔干:《社会分工论》,渠东译,三联书店 2000 年版,第 316 - 317 页。

实现,各种机构之间的分工合作想要获得一种平衡状态,每次都必须进行一场新的斗争,因为平衡状态需要一种不断尝试错误的过程,在这个过程中,它们彼此存在敌对和冲突。因此,想要社会生活没有冲突,既是不必要的,也是不可能的。冲突几乎是社会分工演化过程中必然存在的状态,而且,社会愈分化,这种冲突状态愈频繁。① 齐美尔则将社会冲突理解为现代社会互动交往的一种形式,强调冲突并不一定引起社会各系统的崩溃和变迁,一定程度的冲突是社会群体形成和群体生活持续的基本要素,是促进社会有机体团结和统一、保持社会系统整体完整的必要过程。

在古典社会学的基础上,20 世纪 50 年代美国社会学家刘易斯·科塞对社会冲突的功能进行了系统的阐释。科塞从"冲突是一种社会结合形式"的命题出发,广泛探讨了社会冲突的积极功能,强调在一定条件下,社会冲突具有保证社会连续性、减少对立两极产生的可能性、防止社会系统的僵化、增强社会组织的适应性和促进社会的整合等正面功能。"冲突经常充当社会关系的整合器。通过冲突,互相发泄敌意和发表不同的意见,可以维护多元利益关系的作用。"② 需要指出的是,科塞讲的冲突,指的是不涉及社会核心价值、根本利益对抗的小规模社会冲突。在他看来,正是这种小规模的社会冲突的经常性发生,及时地释放了社会不满情绪和社会风险,避免了大规模的社会激烈对抗,发挥了"社会安全阀"功能。科塞指出,"冲突可能有助于消除某种关系中的分裂因素并重建统一。在冲突能消除敌对者之间紧张关系的范围内,冲突具有安定的功能,并成为关系的整合因素。然而,并不是所有的冲突都对群体关系有积极功能,而只有那些目标、价值观念、利益及相互关系赖以建立的基本条件不相矛盾的冲突才有积极功能。结构松散群体和开放社会由于允许冲突存在,这样就对那种危及基本意见一致的冲突形成保护层,从而把产生有核心价值观念的分歧的危险减少到最小程度。对立群体的相互依赖和这种社会内部冲突的交叉,有助于通过相互抵消而'把社会体系缝合起来',这样就阻止了沿着一条主要分裂线的崩溃。"③

美国著名政治学家西摩·马丁·李普赛特还将冲突功能论运用到了对民主

---

① [法]埃弥尔·涂尔干:《社会分工论》,渠东译,三联书店 2000 年版,第 325 页。

② [美]科塞:《社会冲突的功能》,孙立平等译,华夏出版社 1989 年版,第 144 页。

③ 同上,第 167 页。

政治的稳定机制的讨论之中,提出稳定的民主政治体制是冲突和一致的平衡。李普塞特指出,"分歧,在其合法的场合,有助于社会和组织的统一。"[1]这里所谓的"合法的场合",指的是对现有体制保持基本认同的前提下,社会各群体通过各种方式合法地表达自己的利益。在此,基本制度框架的相对稳定及政治主体对政治规则的一致性认同,与多元利益诉求的表达及其相互冲突,构成了某种均衡机制,"对社会或组织所承认的宽容准则达成共识,常常是基本冲突发展的结果,支撑这种共识需要冲突的继续"[2]。一方面,包容多元的表达乃至冲突的体制框架,本身就是纷繁复杂的多元政治冲突过程中多元政治主体逐步达成的基本共识以及共同认同的基本规则,冲突的频繁发生及其化解则成为对基本共识的不断重申和确认的过程;另一方面,正是包容多元的利益表达乃至政治冲突的能力使民主体制保持了自己特有的活力,获得了多元主体的认同。于是,民主政治呈现出了一种悖论性的现象:分歧、冲突事件不断上演,抗议之声不绝于耳,但政治局势却从未发生大规模的动荡,众声喧哗,看上去乱糟糟的政治生活却自有其特定的秩序,秩序与规则就隐藏在多元政治主体各逞其能的政治博弈过程之中。

　　中国正处于社会转型与改革攻坚相互交织的社会阵痛期,市场经济和开放社会条件下正常的利益冲突,改革过程长期积累的深层次问题和矛盾的释放,都使当下的中国成为各种形式的社会矛盾、社会冲突的高发期。因此,创新社会管理,构建和谐社会秩序,首先必须摆脱传统的静态稳定思维的束缚,树立动态和谐理念,对社会矛盾、社会冲突保持理性的包容和接纳态度。我们必须清醒地认识到,绝对的稳定和和谐是不存在的,纷繁复杂的社会冲突不是社会生活的反常现象,而是开放社会的生活常态。把和谐理解为一团和气,理解为"到处莺歌燕舞",是一种封建家长自我陶醉式的幻念。和谐的社会决不是没有矛盾和冲突的社会,而恰恰是能够容纳冲突,能够理性化解冲突的社会。一味地压制社会冲突,对社会冲突产生本能式的惊恐不安,实际上是一种政治不自信的表现。由此形成的以消除社会矛盾和社会冲突为目标的社会管理,势必只能坐视社会风险的不断放大,直至酿成大规模的社会激烈对抗。

　　加强社会管理,决不是要不惜一切代价、不计一切后果来维持社会的刚性稳

---

　　[1][2]　[美]西摩·马丁·李普塞特:《政治人:政治的社会基础》,张绍宗译,上海人民出版社1997年版,第1页。

定,更不是要把人管死,把社会管成一潭死水。在新形势下创新社会管理模式,必须深刻地反思和总结计划经济时代管制型社会管理模式留下的历史教训,着眼于提高整个社会的文明水平,把维护社会秩序稳定同激发和保护社会活力有机地结合起来,将最大限度激发社会活力、最大限度增加和谐因素、最大限度减少不和谐因素作为加强和创新社会管理的总体要求,努力营造既安定有序又充满活力的良好局面。社会管理工作同经济建设一样,说到底,只有激发全社会的创造活力,调动社会一切积极因素,凝聚全社会的智慧和力量,形成全社会共同参与的协同治理格局,才能真正促进和谐社会建设步入良性循环的轨道。正如杜威曾经指出的那样,"民主的基础是对人性之能量的信赖,对人的理智,对集中的合作性的经验之力量的信赖。这并不是相信所有这些都是完美的,而是相信,只要给它们机会,它们就能够成长,并不断创造用以指导集体行动所必需的知识与理智"。①

要实现社会动态和谐,就必须探索和建构动态管理的体制。中国现有的社会管理和维稳体制具有浓厚的政治承包色彩,极易形成社会管理维稳化、维稳摆平化的运作模式。在自上而下的刚性维稳压力的驱动下,地方政府的维稳工作思路和运作方式已经出现了日益严重的短期化现象,往往不计后果、不择手段,甚至通过压制正常的利益表达来人为地制造虚假的祥和氛围。这种软硬兼施,以追求"不出事"为目标的社会管理运作模式,丧失了对小规模的社会冲突最起码的容纳能力。片面追求短期维稳效果,停留于强制性的"摆平",为稳定而稳定,这种急功近利式的社会管理模式,不仅极易给社会的长期和谐稳定留下诸多隐患,而且由于滥用行政干预,无限制地扩大政府职责范围,实际上使政府成为了社会矛盾的焦点。社会组织建设长期滞后,弱势群体无法形成组织化和理性化的利益表达机制,正当权益一再受到资本力量和放纵的行政权力的侵害,社会不满情绪逐步滋长蔓延,而刚性维稳体制所形成的压制各种形式的社会冲突的社会管控模式,又使得社会不满情绪无法及时宣泄、舒缓,甚至日积月累形成民怨的"堰塞湖",最终形成民怨的无序释放的局面,这正是近年来大规模群体性事件发生、演变的一个规律性现象。这种现象的频繁发生,显示的正是典型的静态社会管理的内在逻辑:日常管理中对多元利益诉求和小规模社会冲突的压制,

___
① [美]杜威:《新旧个人主义——杜威文选》,孙有中等译,上海社会科学院出版社1996年版,第4-5页。

不断放大社会潜在冲突的参与规模和对抗性程度,"不出事"的表象往往恰隐含着不断加剧的社会风险,追求稳定和谐的体制建构恰恰成为诱发社会激烈对抗的重要根源。

遏制社会管理维稳化、摆平化趋势的关键,是深化体制改革,切实增强维稳体制的弹性,防止地方政府在过于苛刻的维稳责任压力的驱动下对社会矛盾、社会冲突作出过激反应,将压制社会冲突作为加强社会管理的基本目标。基于动态和谐的社会管理体制,应当引导地方政府积极致力于化解社会矛盾、社会冲突所反映出来的体制性、政策性问题,而不是压制和掩盖社会矛盾和社会冲突。要正视现有体制束缚地方政府手脚,将社会管理的资源、精力耗费地不切实际地追求"不出事"上的现象。对于各级政府来说,经常性地发生小规模的社会冲突并不可怕,关键在于如何将冲突纳入理性协商的轨道。富有弹性的动态社会管理体制应当引导和鼓励地方政府切实加强社会组织建设,健全社会各群体组织化、制度化的利益表达渠道,进而积极探索和建构利益协商的制度化平台,引导社会各群体通过理性协商来维护和实现自身的合法权益。

2. 权利本位:社会和谐的中轴原理

社会治理的实质是如何处理好个体与社会的关系,即如何在最大限度地提升和保障社会个体的权利及自由的同时,维持社会共同体相对稳定的生活秩序。加强社会管理的直接目的,是健全社会整合机制,增强共同体的凝聚力和向心力,形成相对稳定的社会生活秩序。但稳定的社会秩序却并非人类社会发展的根本目的,社会秩序的稳定只有在服务于社会全面进步和人的全面自由发展的前提下才是有意义的,万马齐喑、一潭死水式的稳定只能是一种自杀式的稳定,只能以社会共同体的爆炸式解体为结局。因此,在加强和创新社会管理时必须明确,社会管理本身不是目的,它是实现社会进步,提高社会文明水平的必要手段。顺应市场经济、民主政治、多元文化、开放社会的发展趋势,社会管理创新的一个核心问题,是把提升、保障社会成员的权利和自由,切实增强公众的幸福感和尊严感作为创新社会管理的出发点和落脚点。

借鉴发达国家的历史经验,市场经济和民主政治的发展过程必然是公众的社会权利的觉醒过程,而在社会利益结构、价值观念和生活方式日趋多样化的背景下,社会权利的普遍实现恰恰也正是开放社会实现社会认同的重要基础。20世纪30年代以来,保卫社会运动和政府转型都极大地凸显了个人的社会权利问题。英国社会学家马歇尔(T. H. Marshall)最早就社会权利应运而生的历史和现实的逻辑进行了论证。马歇尔将公民权利划分为三个组成部分,即民事权利(Civil Rights)、政治权利(Political Rights)和社会权利(Social Rights)。"民事因素由个人自由所必需的各种权利组成:包括人身自由,言论、思想和信仰自由,占有财产和签署有效契约的权利以及寻求正义的权利……与民事权最直接相关的机构是法院。政治的要素,我指的是作为政治权威机构的成员或此种机构成员的选举者参与行使政治权力的权利,与其相对应的机构是国会和地方政府的参议会。至于社会的要素,我指的是从享受少量的经济和安全的福利到充分分享社会遗产并按照社会通行标准享受文明生活的权利等一系列权利。"①立足于英国历史的深入考察,马歇尔认为,民事权利和政治权利的发展分别在 18 世纪、19 世纪取得了重大进展,但在 20 世纪之前,由于社会各阶级社会地位事实上的严重不平等,大部分民众事实上并没有能力实现形式上平等的民事权利和政治权利。只有民众普遍享有了社会权利,获得了基本的生存保障,公民权利才有可能得到真正的实现。

20 世纪 30 年代以后,欧美国家逐步走上了福利国家的道路。所谓福利国家就是对福利支出的主旨给予的一个制度承诺:对社会的公民权利和共同责任做出承诺,对"社会权利"给予法律保护。② 公民社会权利是福利国家的核心概念,它要求国家承担起社会权利保障的职责,使公众普遍享有"从某种程度的经济福利与安全到充分享有社会遗产并依据社会通行标准享受文明生活的权利等一系列权利"③。这一制度安排蕴含的一个重要的社会建设逻辑是:要实现社会和谐,就必须使社会的每个成员都享有共同的基本生存权利,以形成社会成员相互交往与合作的基本制度条件,形成社会成员对整个社会秩序的基本认同。帕森斯(Talcott Parsons)通过对西方历史上的"社会共同体"演化过程的历史社会学考察,提出西方的"社会共同体",经历了一个由基于特殊主义的社会共同体向基于普遍主义的社会共同体转变的过程。与这一过程相伴随的是一个公民权利的普遍化发展过程,两者具有同构性。④ 公民权利代表的共同身份地位提供了一种高层次的社会团结纽带,这种团结纽带超越并包容了种族和宗教等特殊

---

① T. H. Marshall, & Tom Bottomore. Citizenship and Social Class. London: Pluto Press. 1992. 8. 参见马歇尔:《公民资格与社会阶级》,刘继同译,《国外社会学》2003 年第 1 期。

② 郑秉文:《社会权利:现代福利国家模式的起源与诠释》,《山东大学学报》2005 年第 2 期。

③ 郭忠华、刘训练编:《公民身份与社会阶级》,江苏人民出版社 2007 年版,第 8 期。

④ 顾成敏:《现代公民权与社会团结》,《南京师大学报》2010 年 6 期。

纽带,连接了特定社会共同体范围内的所有社会成员,为现代社会的多样性统一提供了充分的基础。

市场经济、民主政治、多元文化、开放社会条件下的中国社会建设,同样是公民社会权利的实现与社会秩序的建构相统一的过程,落实和保障公民平等的社会权利,是社会管理创新的基本内容。其一,市场经济体系的逐步健全,意味着与之相适应的社会管理体系必须充分尊重社会成员作为市场主体依法享有的各项自主选择权利,尊重不同的利益主体的权益主张,而不能以公共利益为借口随意压制甚至侵害社会成员的权利,更不能将社会稳定建立在牺牲公众的权利和自由基础上。现代意义上的社会和谐并不排斥每个社会成员自主选择的权利,而恰恰建立在充分尊重他们的自主选择权利的基础上,它所追求的是每个人在尊重他人权利前提下追求自身利益而又各得其所的局面。其二,民主政治的发展方向,决定了社会管理体系的创新必须充分尊重公众在政治上的主体性地位,充分保障公众的知情权、选举权、管理权和监督权,进而积极主动地建立健全公众参与公共事务管理的渠道,以满足公众日益增长的参与愿望,形成社会管理广泛的公众参与基础。其三,社会利益格局和价值观念多元化背景下的社会管理体系创新,追求的只能是"和而不同"的动态和谐而不是整齐划一的静态和谐。社会多元化是社会进化、文明进步的表现,也是尊重个体自主选择权利的必然结果。它表现为多元化的价值偏好、行为模式、利益诉求等等的共容共存。那种一种偏好结构、一个决策主体、一种行为模式的管理体制是不可能形成富有活力的和谐秩序的。其四,开放社会条件下的社会管理体系,追求的是竞争中和流动中的和谐。市场秩序的扩展,社会多层次、全方位的开放,必然带来各种社会资源、生产要素在越来越大的范围内的自由流动和合理配置,带来社会成员日益频繁的水平流动及垂直流动。将社会成员固定在一个位置上,固定在一个不可更改的身份中,同现代意义的社会和谐概念是格格不入的。同时,社会资源的稀缺性决定了只要我们承认了社会个体的自主选择权利,社会成员对稀缺性资源的竞争就无法避免。有竞争,就会有成功和失败,开放社会的和谐不仅不排斥竞争,而且恰恰把公平竞争作为实现社会和谐的重要机制。

"权利永远不能超出社会的经济结构以及由经济结构所制约的社会的文化的发展。"[①]社会个体权利的实现程度,是衡量社会进步和文明水平的基本尺度。

---

① 《马克思恩格斯全集》第3卷,人民出版社1973年版,第12页。

经济社会发展的成果只有落实到个体权利的实现上才能彰显其真实的意义。保障每个社会成员的生存权利和尊严，已经成为现代文明国家的普适价值。联合国大会于1948年通过的《世界人权宣言》阐述的"社会权利"概念已经在世界范围内得到承认。该《宣言》明确提出，"每个人，作为社会的一员，有权享受社会保障，并有权享受他的个人尊严和人格的自由发展所必需的经济、社会和文化方面各种权利的实现，这种实现是通过国家努力和国际合作并依照各国的组织和资源情况"。我国于1997年签署的联合国《经济、社会和文化国际公约》更是明确肯定了社会成员应当享有工作、社会安全、免于饥饿、受教育以及参加文化生活的社会权利。从1990年开始，联合国每年发布《人类发展报告》，报告倡导的"人类发展"理念是：人类尊严、全民人权、自由、平等、公平和社会正义是所有社会的基本价值，人类发展的目标是扩大人的选择能力和自由权利，并最终让所有人过上有尊严的生活。

改革开放三十多年来中国经济的快速发展，从根本上改变了民众生存资源严重匮乏的局面，社会财富的积累也达到了以往难以想象的程度。但是，物质财富的积累并不等于社会成员权利实现程度的同步提高。事实上，在增长压倒一切的狭隘增长观的驱使下，现实的发展方式依然存在着相当严重的"以GDP为本"、"见物不见人"的现象。在科学发展观确立"以人为本"的发展理念的背景下，人的发展，特别是社会成员的权利和自由的实现，毫无疑问应当成为经济发展和社会管理的核心价值。在这方面，阿玛蒂亚·森"以自由看待发展"的思想无疑是值得我们借鉴的。针对传统发展观的狭隘性，阿马蒂亚·森指出，发展不仅仅在于个人收入水平的提高，也不仅仅在于个人经济目标的达到，更重要的在于包括健康、教育、不受他人压迫、自由迁移、自由表达以及自我实现等方面目标的达到。扩展自由是"发展的至高目的"，"发展可以看做是扩展人们享有的真实自由的一个过程"。① 只有"消除使人们几乎不能有选择、而且几乎没有机会来发挥其理性主体的作用的各种类型的不自由"，才"构成了发展"②。因此，对发展的恰当定义，必须远远超越财富的积累和国民生产总值以及其他与收入有关的变量的增长，经济增长本身不能理所当然地被看作目标。"发展必须更加关注使我们生活得更充实和拥有更多的自由。扩展我们有理由珍视的那些自

---

① ［印］阿马蒂亚·森：《以自由看待发展》，于真译，中国人民大学出版社2002年版，第1页。
② 同上，序言第24页。

由,不仅能使我们的生活更加丰富多彩和不受局限,而且能使我们成为更加社会化的人,实施我们自己的选择,与我们生活在其中的世界交往并影响它。"①

事实上,确立自由作为发展的首要价值,并不是阿玛蒂亚·森的独创见解,而是马克思主义最核心的价值立场。马克思、恩格斯都一再强调,"自由确实是人所固有的东西"②,"人的类特性恰恰就是自由和自觉的活动"③,"没有自由对人来说就是一种真正的致命的危险"④,并将未来理想社会概括为"以每一个个人的全面而自由的发展为基本原则的社会形式"⑤,认为这一理想"社会的每一个成员都能完全自由地发展和发挥他的全部才能和力量,并且不会因此而危及这个社会的基本条件"⑥。显然,自由是马克思主义的核心价值观,是社会发展的根本目的所在。重申马克思有关人的发展和社会发展的理论,对于反思中国发展模式的弊端无疑是非常必要的。如果说以牺牲自由实现快速增长的发展观是一种粗陋、狭隘的增长观的话,那么,以牺牲社会成员的权利和自由来维持社会秩序的稳定观,同样只能是一种短视、危险的稳定观。必须看到,在市场经济和民主政治条件下,只有切实保障和提升人民群众的各项权利,不断扩大人民群众生活的自由空间,才能有效提升人民群众对社会秩序的认同感,增强社会的凝聚力和向心力,奠定社会长治久安的牢固基础。有效的社会管理不应当也不可能建立在牺牲公民权利、压制公民自由空间的基础上。

3. 公正至上:社会融合的价值共识

社会管理的基本内容是通过协调社会关系、规范社会行为、解决社会问题,来化解社会矛盾、缓解社会冲突,增强社会成员的安全感、幸福感和对社会秩序的认同感,以实现社会秩序的和谐稳定。社会成员能否对社会秩序的公平性形成起码的认同感,进而树立社会公平正义的信仰,是维系社会和谐秩序最重要的精神支撑力量。从治本的角度讲,加强和创新社会管理,不是要用行政手段去压制社会利益冲突,而是要建立健全社会利益的协调机制,扭转社会利益结构失衡的趋势,不断增强社会成员对利益格局和社会秩序公平性的信任。这就要求我

① [印]阿玛蒂亚·森:《以自由看待发展》,于真译,中国人民大学出版社2002年版,第10页。
② 《马克思恩格斯全集》第1卷,人民出版社1956年版,第63页。
③ 《马克思恩格斯全集》第42卷,人民出版社1979年版,第96页。,
④ 同②,第74页。
⑤ 马克思:《资本论》第1卷,人民出版社2004年版,第683页。
⑥ 同③,第373页。

们必须把社会管理的工作重心,转向扎扎实实地解决社会矛盾、社会冲突背后的体制性、政策性问题。为此,必须进一步完善公平公正的竞争机制和社会流动机制,最大限度地限制金钱、特权等先赋因素对公平竞争机制的损害,使社会资源的分配、社会流动机会的获得都以公平公正公开的方式自由竞争,充分保障社会成员在机会面前的平等地位;必须进一步完善党和政府主导的维护群众权益机制,形成科学有效的利益协调机制、诉求表达机制、矛盾调处机制、权益保障机制,使社会各群体的利益诉求都能够通过制度渠道获得便捷、畅通的表达,进而借助民主化的决策机制,统筹协调各方面的利益关系,保证社会各个群体都能够充分地分享改革发展的成果;必须进一步健全最低限度的全覆盖的社会保障体系,鼓励企业、社会组织和个人开展各种形式的社会救助和慈善活动,为社会弱势群体提供基本生存安全保障。

正如孙立平指出的那样,与传统社会相比,我们身处其中的是一个更为复杂、更具风险、充满了不确定性的世界。在面临诸多压力和挑战的情况下,很容易形成对社会管理的误解,即将社会管理片面地理解为一种消极的、防范性的手段,误解为加强权力对社会的全面控制。社会管理的真正目的是改善人类的生存状况;而积极的社会管理则以主动的建设和变革为手段,以改善社会的状况、建设一个充满幸福感的、更好的社会为目标。① 毫无疑问,维护公平正义,正是实现社会管理从被动维稳向主动创稳转变的最根本的现实路径。

公平正义是社会的核心价值,是多元社会的价值认同基础。当代中国社会管理面临的最大的挑战之一,就是社会秩序的公平性遭受越来越广泛的质疑,导致以法律和制度构筑的外在社会秩序丧失了最重要的内在秩序的支撑。在一个社会秩序的公平性受到广泛质疑的社会,几乎任何一个社会个体都有充足的"理由"将自己遭遇的所有不幸归咎于社会的不公。唤醒和恢复公众对社会秩序公平性的信仰,需要切实推进服务型政府建设,通过实现基本公共服务均等化来落实每位社会成员的国民待遇,更需要推进民主政治建设,完善公共决策的民主化机制,从公共政策的决策机制乃至发展方式上落实公平正义的价值。

依法享有各项民主权利,享有市场主体自主选择权利的社会成员,根据自身的价值偏好,努力实现个人收益的最大化,由此导致社会利益不断分化,并在这种分化过程中形成各种利益矛盾和利益冲突,这是现代开放社会的生活常态,也

① 孙立平:《走向积极的社会管理》,《社会学研究》2011 年版,第 4 页。

是和谐社会建设面临的一个核心问题。人类社会发展的历史充分证明,人类社会不可能通过回避利益矛盾和压制利益冲突,来实现社会和谐。这是我们必须正视和接受的基本事实。更重要的是,利益的分化和冲突并不是洪水猛兽,它在不同的社会制度条件下会有截然不同的表现形式。只要形成了适宜的社会环境和制度约束条件,利益冲突的结局也完全可能由"你死我活"式的零和博弈或"同归于尽"式的负和博弈,演变为妥协中的双赢、分歧中的共容共存。在市场经济的条件下,我们可以,也只能在分歧中寻求均衡、在分化中寻求整合、在对立中求妥协,通过规范市场秩序,健全利益均衡机制,实现公平竞争中的社会和谐。概括地讲,基于公平正义的社会利益整合应当遵循三个基本原则。

首先,社会利益的分化必须建立在正义的基础上,建立在充分尊重市场规则和法治秩序的基础上。"正义的主题是社会基本结构,是社会主要制度分配基本权利和义务,决定由社会合作产生的利益之划分的方式。"[1]在转型时期,正义的首要内涵不能不是所有社会成员享有平等的社会权利,享有平等地竞争各种社会稀缺资源的机会,也就是享有机会平等。在按要素分配的市场规则下,劳动力、资本、知识、技术、管理等等都是生产要素,其提供者都是社会财富的创造者,都有按照自己的贡献参与公平分配的权利。诉诸社会现实,引发社会不满的最突出问题往往并非利益分化本身,而恰恰是利益分化的规则问题,是特权、先赋性因素等对规则公正性的破坏。

其次,社会利益分化必须控制在社会可承受的范围之内,避免两极分化形成社会的断裂。一个社会共同体要维系其最基本的凝聚力,保持最低限度的稳定和和谐,就必须能够将社会的利益分化和利益冲突控制在不引发激烈的对抗性冲突、不危及整个社会作为一个利益共同体存在的范围之内。换言之,和谐社会的游戏规则不能是"弱肉强食"、"赢家通吃",而必须是弱者与强者的共容共存。罗尔斯之所以强调社会和经济不平等的制度安排,必须"被合理地期望适合于每一个人的利益"[2],其意义正在于此。在一个社会的竞争和利益分化发展到失败者连生存的尊严和希望都被剥夺的地步时,社会和谐不仅对于弱者来说是一种奢望,对于强者来说同样也只能是一种幻想。

再次,社会的利益冲突必须有制度化的协商、均衡机制。在利益冲突普遍化

① 约翰·罗尔斯:《正义论》,中国社会科学出版社1988年,第5页。
② 同上,第56页。

和常态化的时代,要使利益冲突不致瓦解整个社会生活秩序,唯一的出路,是实现冲突各方的利益妥协。即通过建立健全利益表达的制度化渠道,使社会各阶层的利益愿望都能够通过制度化的合法渠道表达出来,进而借助于谈判、对话、协商等利益整合机制,使冲突各方的利益都能够通过妥协、退让的方式得到不同程度的实现,并在此基础上形成社会价值的基本共识,形成对维系利益共同体的社会共同利益的尊重。

社会管理既要形成社会生活的规范秩序,又要充分保障个体的权益和自由;既要维护社会稳定和谐,又要有效激发社会发展的活力,根本途径是推进民主政治建设。只有充分发展民主,让不同社会群体的利益诉求都能够得到自主的表达,并借助于民主化的公共决策机制来实现利益协调,才能促进社会利益格局的均衡化,实现社会公平正义;只有充分发展民主,落实人民群体的参与权、选举权、管理权、监督权,让人民群众在现实生活中体验到自身的主体性价值,才能有效增强社会成员的社会责任感,激发社会发展的活力。

近十多年来浙江各地在社会管理上创造的大量典型经验,如台州的"民主恳谈"实践、温岭的工资集体协商制度、武义的村务监督委员会、天台的村务民主决策"五步法"、杭州的"以民主促民生"实践等等,一个共同的特点,就是以民主促合作,以合作促信任,即通过认真落实人民群众的民主权利,扩大公民的有序参与,来建立政府及基层组织与公民的沟通、协作,进而在广泛的协商、合作过程中,增进彼此的了解和信任,最终促进社会问题、社会矛盾的理性化解,形成多赢的博弈格局。构建以人为本的社会管理体系,必须把加强基层民主政治建设同创新社会管理有机地结合起来,形成政治发展与社会治理相互促进的良性互动。要通过进一步健全基层组织的民主选举、民主决策、民主管理、民主监督的规范体系,从源头上最大限度地减少基层社会矛盾的产生;通过全面落实人民群众的知情权、选举权、决策权和监督权,充分调动人民群众的积极性,建立健全社会不和谐因素的排查机制和社会矛盾的预警机制;通过建立健全利益纠纷、利益冲突的民主协商机制,鼓励和引导社会各群体通过对话、协商、谈判来调节利益关系,学会以民主的方法,按照民主的程序来维护自己的权益,化解彼此间的利益冲突,如此如此等等。

4. 多元共治:社会协同的治理格局

治理资源的匮乏,是转型期中国社会治理面临的重大现实挑战。在这种现实挑战面前,寻求体制外资源的支持,是应对传统治理模式危机的必然选择。而在社会资源配置方式已经发生根本性变革,体制外的行为主体也初步确立了自身的自主性的情况,寻求体制外资源的支持只能是一个谋求合作而决不可能是强化行政管制,进而一味按照自己的意愿发号施令的过程。正如卡蓝默指出的那样,"一个强加于人凌驾于社会之上、能够实现发展的国家形象正在消失,取而代之的是采取一种更加客观的观念来审视公共行动、统合各种社会力量的条件。因此,国家和其他行动者的合作伙伴关系具有压倒一切的重要性。"①

现代社会治理创新的一个重要趋势,是建构"多中心治理"秩序,形成政府与社会组织和公民的网络化的合作治理机制。联合国全球治理委员会在1995年发表的一份题为《我们的全球伙伴关系》的研究报告中对治理作出了如下界定:"治理是各种公共的或私人的个人和机构管理其共同事务的诸多方式的总和。它是使相互冲突的或不同的利益得以调和并且采取联合行动的持续的过程。它既包括有权迫使人们服从的正式制度和规则,也包括各种人们同意或以为符合其利益的非正式的制度安排。"②

传统的治理模式或者说统治的基本特征,是单一的权力主体(通常以政府为代表)在一个特定的边界范围(通常是国家的疆域范围)中,通过制定政策和实施政策,借助自上而下的权力运作,实行对社会公共事务的单一向度的管理。由此带来的必然结果,是社会成员主体性地位的压制和社会治理资源的浪费。而现代"治理"(Governance)是一个有别于"统治"(Government)的概念。从治理的行为主体角度来看,多中心治理将打破传统的以政府或公共机构为唯一权威主体的模式,参与公共事务治理的既可以是公共机构,也可以是私人机构,或公共机构和私人机构的合作。"各国政府并不完全垄断一切合法的权力,政府而外,社会上还有一些其他机构和单位负责维持秩序,参加经济和社会调节。"③确切地说,"治理是政治国家与公民社会的合作、政府与非政府的合作、公共机构与私人机构的合作、强制与自愿的合作"。④多元的治理主体通过相互沟通、相互合作,共同形成一种多中心、互动式、开放型的治理结构。

---

① [法]皮埃尔·卡蓝默:《破碎的民主—试论治理的革命》,高凌瀚译,三联书店2005年版,第56页。
② 全球治理委员会:《我们的全球伙伴关系》,转引自俞可平:《治理与善治引论》,《马克思主义与现实》1999年第5期。
③ [法]皮埃尔·德·塞纳克伦斯:《治理与国际调节机制的危机》,载俞可平主编《治理与善治》,社会科学文献出版社2000年版,第241页。
④ 俞可平:《全球治理引论》,《马克思主义与现实》2002年第1期。

从权力运作向度和方式来看,多中心治理将改变传统的单向度的自上而下的权力运作模式,建立起一种上下互动、权力双向运行的管理机制,通过合作、协商、伙伴关系等方式实施对公共事务的有效管理。"治理的概念是,它所要创造的结构或秩序不能由外部强加;它之发挥作用,是要依靠多种进行统治的以及互相发生影响的行为者的互动。"①权力运作方式的这种改革,意味着等级政治向复合政治的转变。参与治理的行为主体在此不再形成一种等级隶属关系,而是结成一种平等的合作关系或伙伴关系,它们通过多元互动,找到共同的利益和目标。在此,"参与"、"谈判"和"协商"成为治理的三大关键词。②

从权威的来源来看,多中心治理的公共权威建立在参与者的共识、共同利益和共同目标确认上,而不是源自法规或政府的行政命令。因此,治理在很大意义上是一种自愿性的合作过程。"更明确地说,治理是只有被多数人接受(或者至少被它所影响的那些最有权势的人接受)才会生效的规则体系;然而,政府的政策即使受到普遍的反对,仍然能够付诸实施……因此,没有政府的治理是可能的,即我们可以设想这样一种规章机制:尽管它们未被赋予正式的权力,但在其活动领域内也能够有效地发挥功能。"③

在多中心的治理结构中,政府、市场和社会组织及公民基于有效的规则系统,在保持各自独立的权利、地位及自身的运作逻辑的前提下,在公共事务的治理过程中形成相互信任、相互合作的格局,既满足了多元主体参与公共事务治理的民主价值诉求,又将多元主体掌握的资源和工具有效地整合到公共事务的治理过程中来,充分发挥政府以外的治理主体在公共事务治理方式方法上的优势,对于提升公共事务治理绩效具有十分重要的积极意义。由此,"公共事务的完成是相互依存的管理者通过交换资源、共享知识和谈判目标而展开的有效的集体行动过程。公共管理已经演化成由政府部门、私营部门、第三部门和公民个人参与者组成的公共行动体系"。④

从民主实践发展的趋势来看,与公民切身利益密切相关的公共事务治理,正

---

① 引自[美]格里·斯托克:《作为理论的治理:五个论点》,《国际社会科学杂志》(中文版)第16卷第1期。

② 唐贤兴:《全球治理与第三世界的变革》,《欧洲》2000年第3期。

③ [美]罗西瑙等编:《没有政府的治理》,张胜军,刘小林等译,江西人民出版社2001年版,第5页。

④ 孔繁斌:《公共性的再生产——多中心治理结构的合作机制建构》,江苏人民出版社2008年版,第31页。

是实现公民民主参与的最重要的领域。公民通过各种社会组织,积极参与地方公共事务的治理,能够有效增进公民及社会组织与政府的沟通、信任、合作,是积蓄、提高地方公共事务治理的社会资本的根本途径。"在关系密集的社会里,经济和政治上的投机行为会大量减少"。① 在普特南看来,建立在公民广泛参与及公民共同体长期互动基础上的社会信任合作关系,正是使民主运转起来的决定性因素。"自愿的合作可以创造出个人无法创造的价值,无论这些个人多么富有,多么精明。在公民共同体中,公民组织蓬勃发展,人们参与多种社会活动,遍及共同体生活各个领域。公民共同体合作的社会契约基础,不是法律的,而是道德的。"②在共和主义思潮复兴的背景下,参与式民主、强势民主、协商民主、对话民主等当代民主话语,都把公民参与提到了前所未有的重要高度,培育"积极的公民身份"(Active Citizenship)也因此成为实现善治的重要条件。所谓"积极的公民身份"是相对于保护型民主体制下的被动地等待和接受国家保护其私人权利,被动地消费公共福利的消极公民的一个概念,它强调的是公民积极、主动地参与公共事务,参与对共同体之"善"的追求的政治姿态。在此,"政治参与和公共慎议活动不应该被视为沉重的责任或义务,而应该被视为具有内在的价值。人们应该高兴地接受民主公民资格的召唤,因为积极的公民生活事实上是我们的最高生活方式"。③

　　毋庸讳言,西方社会以"多中心治理"为方向的治道变革,是建立在相对清晰的政府职能定位,悠久的社会自治传统和发达的社会组织体系基础上的,而且"多中心"的治理结构目前充其量也只能说是初现端倪,因此简单地沿用这种思路来建构中国的社会管理体系,是不切实际的。但中国社会管理创新必须正视的一个基本事实是:社会结构和社会生活逻辑的深刻变迁,已使政府包揽社会事务管理的社会管理模式难以维续,探索和建构政府主导下的社会多元力量参与的协同治理格局,已经成为破解政府维稳与公民维权紧张关系的必由之路。一方面,社会多元化及权力资源的分散化,使得传统的国家主宰的公共事务治理模式及政府主导的公共产品供给模式都遇到严重的挑战。在今天,"不论是公共部门还是私人部门,没有一个个体行动者能够拥有解决综合、动态、多样化问题

　　① 普特南:《独自打保龄》,刘波等译,北京大学出版社2011年版,第10页。
　　② 罗伯特·帕特南:《使民主运转起来》,王列、赖海榕译,江西人民出版社2001年版,第215页。
　　③ [美]威尔·金里卡:《当代政治哲学》,刘莘译,三联书店2004年版,第530-531页。

所需的那部分知识与信息,也没有一个个体行动者有足够的知识与能力去应用所有的工具"。① 社会事务管理的复杂性和艰巨性,早已超过了政府拥有的公共资源及其信息获取能力的极限。另一方面,政府单一的行政化管理方式已无法适应日益复杂的社会利益格局。在多元化的社会利益格局下,利益冲突的各方权益具有平等的合法性,政府使用行政手段干预利益冲突,很容易出现政府动辄以公共利益为借口随意侵害私人利益以及刚性的行政干预造成偏袒一方的局面,导致政府最终成为社会利益矛盾的焦点。同时,行政权力一刀切式的管理方式,也很难适应社会事务琐碎、复杂的特点,不利于社会矛盾纠纷的协商化解。

必须看到,中国在全能主义政治和计划经济体制背景下形成的政府主导型发展模式,已经将政府在经济发展中的能动作用发挥到了极致,这种成功经验在很大程度上遮蔽了强势政府的主导作用派生出的种种社会负面问题。更重要的是,政府主导的经济建设模式,其相应的思想观念、角色定位及运作方式已经深刻地积淀在了经济、政治、社会体制之中,形成了强大的体制惯性。这种惯性力量直接制约着新时期社会管理思路和方式的创新。正如杨雪冬所分析的那样,目前无论是政府部门还是理论界,对社会管理的理解都带有强烈的"国家(或政府)中心论"色彩,并得到了观念和制度方面的支撑。如在观念上,社会被认为是"需要管理"和"可以管理"的;在制度上,国家改造了社会,并且正在创建着新的公民社会。从制度生产过程来看,社会是后于国家成长出来的。国家设定了社会的地理边界,并且划定了社会活动的合法性边界。对于国家来说,社会管理就是把社会有效地组织起来,控制国家与社会以及社会内部的冲突。② 在这样的背景下,强化社会管理"以人为本"的价值导向,健全"协同治理"和"公民参与"的体制机制,就有了特别重要的意义。

现代社会管理是一个以政府干预和协调为主导、基层社区自治为基础、社会组织为中介、公众广泛参与为基础的多元互动格局。增强社会组织的协同作用,既有利促进政府职能转变,也是创新政府社会管理模式,实现从直接管理向间接管理转变的重要途径。在传统的社会管理模式中,政府直接面对社会,直接从事大量具体而微观的社会管理活动。随着政府包办所有公共事务的传统逐步积淀

---

① [美]盖伊·彼得斯:《政府未来的治理模式》,吴爱明等译,中国人民大学出版社2001年版,第68页。

② 杨雪冬:《走向社会权利导向的社会管理体制》,《华中师范大学学报》2010年第1期。

成为一种社会心态,民众在社会生活遇到任何困难、矛盾,第一反应都是找政府。而政府基于维稳的政治需要,在传统全能主义政治思维的影响下,也往往不论相关事务是否属于政府职责范围,都会对这种诉求作出一定的回应。由此循环反复,最终使政府陷入各种琐碎的社会事务不可自拔。而当政府事实上直接承担起了所有社会事务的管理职责时,公众也就有理由将自己在社会生活中遇到任何不如意的事情都归咎于政府,政府也就成为所有社会矛盾的焦点。实践证明,只有当社会组织得到健康发展,并纳入政府主导的社会协同治理体系,承担起大量社会管理职能时,政府才能将大量自己不该管、管不了也管不好的社会职能转移出来,将自己从繁杂的微观事务社会管理中解放出来,集中精力做好社会建设、社会管理的中长期规划的制定,做好社会管理的法制、体制建设,提高间接管理的能力,从而实现"小政府大社会"的改革目标。

第五章　政府角色：
从社会控制到社会治理

　　国家,是人类社会发展到特定历史阶段的产物,是一个既具有阶级属性也具有社会属性的政治共同体。国家的阶级属性决定了国家是统治阶级意志的体现者,而其社会属性则意味着国家是社会利益关系的重要协调者。无论是统治意志的实现还是社会利益关系的调节都意味着,国家最重要的功能在于维持特定的社会秩序,或者说"把冲突控制在'秩序'的范围以内",[①]以确保国家意志和社会利益的实现。作为国家意志的执行者和公共权力的具体运作者,政府无疑是维持社会基本秩序的最重要主体,在社会秩序维护中占据其他社会主体无法替代重要地位。因而,在任何时空条件下,维护社会秩序都是政府的核心职责。

　　大体上,政府维持社会秩序的方式可以分为直接控制和间接引导两种。直接控制是通过国家的暴力强制(如警察、军队、监狱等)、行政命令及政府管制等方式对社会秩序进行直接干预,间接引导则是政府通过提供基本价值规范、制定公共政策等方式来调节社会利益关系,引导社会主体的行为预期,以实现对社会秩序的必要修复。当然,在不同的历史时期和不同的社会发展环境下,政府维持社会秩序的方式会有很大不同。我国有着几千年的大一统专制统治历史,自上而下的国家权力控制始终是维持社会秩序的基本方式。建国以后,在相当长的一段历史时期内,为了巩固新生的国家政权,集中精力尽快推进国家工业发展,我国实行了中央高度集权的管理体制,政府包揽了政治、经济、社会以及文化等几乎所有领域的职能,政府的权力向下渗透到社会的各个层面,政府成为社会秩序建构和维系的唯一主体。改革开放以后,虽然政府逐步减少了对经济社会活动的直接干预,但政府在维持整个社会秩序中仍然居于核心地位。相对于其他发展中国家,传统大一统秩序根深蒂固的影响,计划体制下全能型政府角色定位

---

① 恩格斯:《家庭、私有制和国家的起源》,人民出版社1999年版,第177页。

的路径依赖，以及政府主导型的发展模式，都决定了政府在中国社会秩序维护中发挥着更加突出的作用。与此同时，我们也应当看到，随着市场经济的发展以及社会组织结构的变迁，我国已经初步形成了一个相对独立的社会自主领域，政府不再是经济社会生活的主宰者，计划经济时代为政府垄断的权力资源已经日益广泛地为市场主体、社会组织所分享。在此历史背景下，传统管制型的社会管理模式已难以适应社会治理的现实需要。就此而言，当下中国社会治理模式的转型在很大意义上就是政府社会治理角色和治理方式的转型，政府治理模式转型的顺利与否直接决定着市场经济和开放社会条件下社会秩序重构的成败。

一、现代社会秩序生成中的政府角色

形成相对稳定的社会生活秩序，是人类进入文明社会的重要标志之一。按照《现代汉语词典》的解释，秩序是"有条理、不混乱的情况"。与其相对应的英文"order"一词有较为广泛的意义，其中主要有"命令"、"顺序"、"规则或法则"等几种含义。概括地讲，社会秩序是在社会交往实践中形成的规范人们交往的制度、规则，以及由此形成社会关系模式的总和，它随着社会分工和交往关系的发展而经历着从简单到复杂的演变。

社会秩序是一种特殊的公共物品，维护特定的社会秩序，是国家最重要的职能之一。恩格斯曾经指出，国家的出现就意味着"这个社会陷入了不可解决的自我矛盾，分裂为不可调和的对立面而又无力摆脱这些对立面"，因此，"为了使这些对立面，这些经济利益互相冲突的阶级，不致在无谓的斗争中把自己和社会消灭，就需要有一种表面上凌驾于社会之上的力量，这种力量应当缓和冲突，把冲突保持在'秩序'的范围以内；这种从社会中产生但又自居于社会之上并且日益同社会相异化的力量，就是国家"。① 在不同的历史条件下，由于社会利益结构、利益诉求以及构成社会秩序的结构性要素的差异，作为国家现实化身的政府履行社会秩序维护的职责及其具体方式，有着很大差别。在现代社会，政府除了要运用国家机器维护法律所代表的刚性秩序，以及相对稳定的社会利益结构，以保证公民享有基本的权利和自由，还需要通过满足公众日益增长的公共服务需求，来增进公众对社会的认同感。同时，在社会组织和公众越来越广泛地参与到

① 《马克思恩格斯选集》第4卷，人民出版社1995年版，第170页。

公共事务治理过程中来的情况下,以公共政策引导和规制社会组织的自组织行为,也成为政府维护社会秩序的新的重要方式。

1. 近现代西方社会秩序变迁中的政府角色

借鉴西方社会的历史经验,政府维护社会秩序中的角色定位在大转型的历程中发生了历史性的变迁。起初,政府维护社会秩序的职责及其基本方式,主要体现在健全法治秩序、保护私有财产等方面。随着市场经济的发展带来社会利益结构和社会组织方式的深刻变迁,在传统的建立在血缘、地缘、业缘基础上的小共同体趋于瓦解,而社会公平秩序的倾斜又使社会秩序面临日益尖锐的社会矛盾的严重冲击的背景下,通过健全社会保障体系、满足公众的基本公共服务需求,逐步成为维护社会正常秩序的重要方式。特别是在20世纪30年代以后,政府社会治理职能的履行已经同公共服务供给紧密地交织在一起,满足公众的日益增长的公共服务需求,以增强公众对现实社会秩序的认同感,逐渐成为政府的核心职能。大体上,近代以降,政府在社会治理方面的职能定位的演变主要经历了三个阶段:①

自由竞争时代"有限政府"的社会治理模式。在自由竞争时代,基于封建专制统治压制个人自由的深刻记忆,西方社会普遍对政府扩充公共权力的潜能保持着深切的戒备意识,"守夜人"式的最小化政府成为人们心目中的理想政府。政治学家和经济学家们都相信市场经济的运作可以自发地产生和谐的经济秩序和社会秩序,霍布斯、洛克等人虽肯定了政府不可缺少的作用,但都主张对政府的作用加以严格的限制。洛克在《政府论》中留给政府的任务就相当有限,主要就是保护个人自由和财产。作为古典自由主义经济学的代表人物,亚当·斯密在《国富论》中提出,理性的"经济人"基于其经济利益要求,会在市场这只"看不见的手"的引导下,在追求自身利益的过程中产生增进公共利益的结果,并由此自发地形成合理的社会经济秩序。在这样一种自生自发的秩序中,政府并没有发挥太大作用的机会、空间和任务。具体地讲,亚当·斯密认为政府的主要职责在于:保护本国的社会安全,使之不受其他独立社会的暴行与侵略;保护人民,不使社会中任何人受其他人的欺侮和压迫;建立并维持某些公共机关和公共工程,以便利社会商业活动;加强青年以及各种年龄人民的教育。为此,斯密甚至提出了这样的口号:最好的政府,就是最廉价的政府。在这样的背景下,政府很少介

---

① 李军鹏:《政府社会管理的国际经验研究》,《中国行政管理》2004年第12期。

入社会生活领域,除了法律秩序和公民权利保护,社会生活秩序主要依赖社会遗留下来的自组织秩序,政府基本上采取放任自由的态度。美国在罗斯福新政之前,"适者生存"社会达尔文主义依然是社会主流意识,政府的职能仅限于"保护自然市场秩序免受强制和欺压之害;政府做与个人权利相协调的事,消除市场障碍;保护人们免受犯罪之害;公平分配;维护国家安全;执行个人合同;对公共工程、公共福利和教育提高有限支持。政府要做的就是确保一个独立的个体能够在自由市场上竞争获利的框架。资源配置、社会财富分配职能基本上都是通过市场交换制度运作来实现的"。①

18 世纪中叶以后,欧洲加快了工业化和城市化的步伐,社会两极分化引起的失业、贫困、伤残与犯罪等社会问题日趋严重,贫困群体逐渐成为影响社会秩序稳定的重要因素,迫使政府不得不在一定程度上加强了对社会生活秩序的干预。1601 年,英国颁布了伊丽莎白济贫法,1834 年又推出了维多利亚时代的济贫法,开创了国家以立法形式救济贫民的先河。但这一时期,政府的济贫,主要方式还是鼓励和引导社会组织提供相关服务。据统计,从 1870 年到 1913 年,大部分西方国家政府公共支出占 GDP 的比重仅从 10.8% 提高到 13.1%。②

福利国家建设时代的政府社会治理模式。20 世纪初以来,依靠家庭、私人慈善机构和社会团体已无力解决日益增多的社会问题,为缓解社会矛盾向阶级对抗演化,政府开始着手通过建立保障体系广泛介入社会生活领域,福利国家建设随之成为政府维护社会公平秩序和维护社会稳定的重要方式。西方社会保障体系的建设,可以追溯到普鲁士首相俾斯麦,他分别在 1883 年、1884、1889 年制定了《疾病保险法》、《工人赔偿法》和《伤残和养老保险法》,建立了世界上第一个比较完整的社会保障法律体系。此后,欧洲其他国家纷纷效仿,英国 1905 年制定了《失业工人法》,1909 年制定了《退休法》和《劳工介绍法》,1911 年通过了《国民保险法》;法国 1894 年颁布了《强制退休法》,1905 年制定了《专业保险法》;挪威 1895 年制定了《工伤社会保险制度》,1906 年建立了有关失业的社保制度;丹麦 1898 年实行了《工伤保险法》,1907 年颁布了《失业保险法》。这一时期,无论是空想社会主义对社会不公平现实的深刻批判以及对未来理想社会的

---

① 陈振明等:《西方政府社会管理的理论与实践评析——"政府社会管理"课题的研究报告之二》,《东南学术》2005 年第 4 期。

② 李军鹏:《政府社会管理的国际经验研究》,《中国行政管理》2004 年第 12 期。

设计,还是社会学家对社会解组、社会失范现象的关注,都促使主流思想开始关注如何从体制上解决社会两极分化及其对社会秩序的威胁,出现了许多主张国家对自由放任的资本主义进行适当干预的思潮。19世纪末期,英国改良主义经济学家霍布森提出了"最大社会福利"思想,主张国家干预经济生活,实行免费医疗、老年抚恤金、比较充分的失业救济等"合理的健全的社会政策"。20世纪初,费边社会主义者韦伯夫妇提出了改良社会主义,主张通过税收和法律政策或国有措施,使"剩余价值"归政府所有,用于"社会福利"。①

"福利国家"一词最早由英国大主教威廉·坦普尔于1941年提出。同年,丘吉尔政府成立了由贝弗里奇领导"社会保险和救助委员会",专门研究战后英国的福利政策战略。1942年,该委员会提交了一份题为《社会保险及相关服务》的报告(后来被简称为《贝弗里奇报告》),正式采用了"福利国家"的口号。《贝弗里奇报告》提出英国战后重建必须战胜"五大巨人",即五个严重的社会问题:贫困、疾病、肮脏、无知和懒惰。② 为此就必须改革社会保险覆盖面太小、社会保障内容不完善、保障标准太低的现行社会政策体系。报告建议建立一个由国家组织的、尽可能包括所有雇员的社会保险体系,以保证所有雇员面临工伤、疾病、失业、年老等困境时领取能够保障基本生存的社会保险金。《贝弗里奇报告》的基本构想在战后上台的工党政府中变成了实际的社会政策。1945年英国颁布了"家庭津贴法案",1946年颁布了"国民保险法案"和"国民健康法案",1948年颁布了"国民救助法案"和"儿童法案",加上1944年颁布的《教育法案》,形成了一整套从贫困救助到社会保险的社会福利政策体系。1948年工党政府宣布英国建成"福利国家"。

随着1929—1933年经济大萧条的爆发,西方传统的"自由放任"、"自动均衡"等信念被彻底动摇。随之兴起的是以凯恩斯主义为理论旗帜的加强政府干预的职能模式。按照凯恩斯的"有效需求"理论,导致周期性经济危机的根源是投资需求和消费需求的不足,而仅靠市场自发调节无法自动扩大这种需求,因而应当通过政府干预来促进经济的增长。1935年,美国在罗斯福新政期间通过了《社会保险法》,开始着手建立全民性的社会保障体系建。60、70年代肯尼迪政

---

① 唐铁汉、李军鹏:《西方社会建设的基本理论及其演变》,《新视野》2006年第1期。

② 劳动和社会保障部社会保险研究所:《贝弗里奇报告——社会保险和相关服务》,中国劳动社会保障出版社2004年版。

府"向贫困宣战"和约翰逊政府建设"伟大社会"的运动更是深化了以福利国家
建设为核心的社会建设。大体是,20 世纪 50 年代后期到 70 年代初期,是西方
社会福利制度的鼎盛时期,西方主要国家普遍建立了全民共享的国家福利体系。
福利国家的建设,标志着政府职能的重大转型,收入再分配和社会福利保障成为
国家干预社会生活的主要方式,政府公共支出因此迅速增加。从表 5.1 可以看
出,西方主要发达国家公共支出占 GDP 的比重从 1937 年的约 23.8% 迅速上升
到 1980 年的 41.9% 。

表 5.1　1870 – 1996 年若干发达国家政府支出占 GDP 的比重(单位:%)①

国　　家	1870 年	1913 年	1937 年	1960 年	1980 年	1990 年	1996 年
美　国	7.3	7.5	19.7	27.0	31.4	32.8	32.4
新西兰	—	—	25.3	26.9	38.1	41.3	34.7
日　本	8.8	8.3	25.4	17.5	32.0	31.3	35.9
澳大利亚	18.3	16.5	14.8	21.2	34.1	34.9	35.9
瑞　士	16.5	14.0	24.1	17.2	32.8	33.5	39.4
爱尔兰	—	—	25.5	28.0	48.9	41.2	42.0
英　国	9.4	12.7	30.0	32.2	43.0	39.9	43.0
加拿大	—	—	25.0	28.6	38.8	46.0	44.7
联邦德国	10.0	14.8	34.1	32.4	47.9	45.1	49.1
挪　威	5.9	9.3	11.8	29.9	43.8	54.9	49.2
奥地利	10.5	17.0	20.6	35.7	48.1	38.6	51.6
意大利	13.7	17.1	31.1	30.1	42.1	53.4	52.7
法　国	12.6	17.0	29.0	34.6	46.1	49.8	55.0
瑞　典	5.7	10.4	16.5	31.0	60.1	59.1	64.2
平　均	10.8	13.1	23.8	28.0	41.9	43.0	45.0

　　与此同时,在社会组织快速成长并形成某种社会变革的压力机制的背景下,
政府也加强了对社会关系的调整,纷纷通过扶持弱势群体增强利益表达的组织
化能力,提高其利益博弈的话语权,来建立社会各阶层在社会利益博弈和政策博

---

　　① 数据资料来源:Vito Tanzi, Ludger Schuknecht: Public Spending in the 20th Century: A Global Perspective. Cambridge University press, 2000.

弈中的相对均衡格局。其结果是,修复社会公平秩序,保障弱势群体的基本生存权力,逐步成为政府社会政策的主流价值导向。从表5.2可以看出,1900—1940年代,正是西方社会权利大规模扩张,弱势群体获得基本社会权利的保障的重要历史时期。

表5.2 部分西方国家建立社会权利保障制度的进程(年)①

国 家	成年男子普选	全民普选	工伤保险	健康保险	养老金	失业保险
奥地利	1907	1918	1887	1888	1927	1920
比利时	1919	1948	1971	1944	1924	1944
丹 麦	1849	1915	1916	1933	1922	无
芬 兰	1919	1944	1895	1963	1922	无
法 国	1848	1946	1946	1930	1937	1967
德 国	1849	1946	1884	1883	1889	1927
意大利	1919	1946	1898	1928	1919	1919
荷 兰	1917	1919	1901	1929	1913	1949
挪 威	1898	1913	1894	1909	1936	1938
瑞 典	1918	1918	1916	1953	1913	无
英 国	1918(30岁以上)	1928	1946	1911	1925	1911

全球化时代的政府社会治理模式。福利国家建设在有力地缓解了社会矛盾,极大地提振了公众的消费信心,促进了西方经济快速发展的同时,也逐步暴露出了种种经济和社会弊端。1960—1975年间,欧盟国家的社会保障支出扩张速度比国民生产总值的增长速度快1倍左右,埋下了福利国家财政危机的祸根。② 70年代以来,西方国家普遍出现了以低经济增长、高通货膨胀、高财政赤字、高失业率为特征的"滞胀"现象,促使人们对现代市场经济条件下的干预型政府职能模式及其理论基础凯恩斯主义进行批判性反思,"政府失灵"现象引起了人们的广泛关注。新古典自由主义竭力主张重新回到亚当·斯密式的"守夜人"政府,力图把政府职能降低到最小、最弱的程度。经济学家冯·哈耶克在《通向奴役道路》提出,政府存在的唯一目的就是最大限度地实现个人自由,基

---

① 杨雪冬:《走向社会权利导向的社会管理体制》,《华中师范大学学报》2010年第1期。
② 唐铁汉、李军鹏:《西方社会建设的基本理论及其演变》,《新视野》2006年第1期。

于所谓的捍卫公正之类的理由允许政府随意干预市场是不合法的,并有可能像计划体制国家一样导向经济、政治和思想的奴役。除了经济学家外,一些学者也从政治哲学的角度强烈地抨击国家干预主义的政府职能理论,强调政府职权的不断扩大将会损害公民个人的权利与自由。政治哲学家罗伯特·诺齐克在1974年出版的《无政府状态、国家和乌托邦》提出,只有"最弱意义上的国家"才真正体现正义,个人权利是不可侵犯的,国家职能应当仅限于"防止暴力、盗窃、欺诈及保证契约履行"等方面,任何超越最低限度的职能和权限范围的国家都必然会侵犯个人自由。显而易见,诺齐克"最弱意义上的国家"实际上正是"守夜人"式国家的现代版。在日益繁重的福利国家财政压力及其在全球化进程中表现出来的国家竞争力下降等问题刺激下,20世纪80年代以来,许多国家兴起了旨在压缩政府职能范围,在公共服务中引入市场机制的改革。尽管新公共管理改革试图最大限度压缩政府的公共福利开支,但公共福利供给的刚性特征决定了西方国家事实上已经无法再回到传统意义上的"有限政府"。20世纪90年代后期,福利国家政策经过一系调整,开始以"后福利国家"或"第三条道路"的面目出现。

"第三条道路"理论寻求的是超越于传统的左派(社会民主党)与新右派(新自由主义)之上的中间道路,以克服政府与市场的双重失灵现象。"第三条道路"一方面主张在维护经济自由的同时,把平等和社会正义当作与自由同样重要的原则,继续坚持福利国家最基本的社会经济政策,以克服"市场失灵"带来的各种社会弊病;另一方面又针对福利国家制度的一系列弊端,主张用"社会投资型国家"来取代"福利国家",变消极的福利制度为积极的福利制度,将更多的公共资源用于人力资本投资,通过教育和培训来提高人们的就业能力,以缓解高福利政策带来的国家竞争下降等问题。

从西方社会秩序变迁过程中政府角色的渐进性调适来看,市场经济条件下政府在社会治理或者说社会秩序维护中的角色,决不是"守夜人"一个概念所能概括得了的。虽然西方整个社会秩序的维系及其变迁,体现的是市场、社会、政府既相互独立又相互支撑的互动关系,但政府的角色依然是决定性的。政府不仅是以法律秩序为代表的社会刚性秩序的塑造者,是社会利益结构这一社会秩序内核的重要调节者,而且是社会组织成长及社会自卫运动的重要依托力量。更重要的是,在现代市场经济和民主政治条件下,政府履行社会秩序维护职责的方式已经发生了重大转变,就是政府社会治理的角色已经越来越明显地转向通过健全社会保障体系,满足公众日益增长的公共服务需求,来不断增强公众对现实社会的认同感,奠定社会和谐稳定的坚实基础。正如有学者指出的那样,现代政府提供的公共物品中,除了完全体现国家暴力特征的那部分职能,已经很难区分公共服务和社会管理的准确边界。①

2. 从管控到治理:政府社会治理模式的转型

1949 年新中国的成立,结束了近代中国"一盘散沙"的总体性危机,整个社会秩序的结构及其整合机制发生了革命性的变迁。在巩固新生政权、建立计划经济体制的过程中,国家很快建立起了政治上高度集权、经济上高度集中、思想上高度统一的体制框架,塑造出了全能型的政府角色定位。在此,政府在整个社会生活处于绝对的支配地位,承担了经济、社会、政治、文化生活全部组织功能,并借助于强大的意识形态整合机制、垄断性的社会资源分配机制、行政化的组织整合机制及运动式治理机制,实现了对社会生活的全面介入和管控。

"全能主义与全能主义政治制度的一个基本特点是这个社会中没有一个政治权力机构不能入侵的领域","政治机构的权力可以随时地无限制地侵入和控制社会每一个阶层和每一个领域的指导思想。全能主义政治指的是以这个指导思想为基础的政治社会。"②在这个强大的国家"利维坦"面前,既没有相对独立的社会生活领域,没有神圣不可侵犯的私人空间,也没有作为个体自由屏障的法治秩序和社会自组织秩序。"这个社会中个人或集体的自由和权利没有受到道德、民意、法律、宪法的保障。他们的自由活动范围的大小和内容,是政治权力机构决定的。"③国家通过剥夺社会组织和个体的自主性,实现了自身的绝对自主性,即国家的意志可以不受限制地贯彻到社会生活的各个角落。中国传统的与"差序格局"相关的社会组织资源,近代以来生成的社会自组织资源几乎被肃清,所谓的社会秩序已经被完全整合到了国家政治秩序之中。这种社会秩序控制模式,借助于国家强大的整合能力,的确实现了社会秩序的刚性稳定,以至于即使发生了所谓的"三年自然灾害"这样的灾难性、全局性的经济危机,国家依然能够避免社会秩序发生激烈动荡。全能主义政治结构和"总体性社会"结构

---

① 陈振明等:《西方政府社会管理的理论与实践评析——"政府社会管理"课题的研究报告之二》,《东南学术》2005 年第 4 期。

② 邹谠:《二十世纪中国政治:从宏观历史与微观行动的角度看》,牛津大学出版社 1994 年版,第 7 页、第 3 页。

③ 同上,第 7 页。

最大限度地满足了党和国家集中权力，整合全社会资源以实现社会改造的宏大计划的愿望，但由此付出的社会活力被窒息的代价也是极其高昂的。

改革开放以来，伴随着经济、政治、社会体制改革的不断深入，特别是法制秩序和市场经济秩序的确立，国家逐步减少了对经济生活、社会生活及思想文化的直接干预，传统的"总体性社会"逐步趋于瓦解。问题在于，在国家权力干预范围逐渐缩小、干预强制力逐渐减弱的过程中，受各方面条件的限制，国家却没能通过推进社会治理模式的创新来提升国家治理能力，以弥补国家权力减缩给社会治理效力带来负作用。所谓国家能力指的是指国家将自己的意志、目标转化为现实的能力，具体包括国家的汲取能力、强制能力、规范能力、分配能力等等。一般来说，国家能力离不开一定的国家权力的支撑。但国家能力与国家权力却不是对等的，"一个集权的政府，即享有宽泛权力的政府，完全可能是一个在能力上比较软弱的政府"[1]。自秦汉帝国建立以来，中国国家治理结构的突出特点，就是强权力弱能力。国家可以将权力的触角随意地伸向任何一个社会角落，可以对任何社会行为进行强制干预，但国家却往往在公共事务的治理上表现出惊人的无能。对此，林德布洛姆曾经进行过很好的阐述。他指出：政府权力的强弱，可以从两个方面来观察：一方面可以从政府权力的范围，即从政府权力所涉及的广泛程度以及对社会各个领域涉及的深度看；另一方面，也可以从政府权力的有效性来看。比如从政府权力的范围看，中国政府是很强的，相比之下，美国政府权力的范围则非常有限。在许多具体领域，法律规定政府不能干预。但是，在自己权限范围之内，美国政府的权力却是非常有效的。仅从税收一点来讲，美国政府的税收能力非常强，基本上能够把自己所设计的税收都能够收上来。所以，从权力的有效性看，美国政府是很强的。[2] 国家（政府）权力涉及的是国家强制性权力在何种程度受到法律和制度的约束的问题，而政府能力涉及的是政府在法定的权限范围内有效地履行其职能的能力或效力。政府社会治理模式转型面临的一个重大挑战，就是如何在公权力不断收缩且运作受到越来越多的约束，而公民权利不断扩张的背景下，通过治理格局、治理方式的创新来提升政府的实际治理能力。

---

① 李强：《国家能力与国家权力的悖论》，《中国书评》（香港）1998 年第 11 期。

② 王书昆、安平：《市场规则与政府行为——访美国著名学者林德布洛姆教授》，《新视野》1996 年第 1 期。

对于政府的实际治理能力来说，社会大转型带来最大变化就在于，一个相对独立和自主的市场经济秩序和社会生活领域正在逐步形成，并对全能型的政府角色定位及强制性的社会秩序管控方式构成了某种现实的制约作用。着眼于当下中国市场、社会和国家的互动关系，特别是社会成长及社会自组织秩序的培育依然受到资本力量的威胁，迫切需要得到来自国家的扶持的现实，加快政府社会管理模式从"管控"向"治理"的转型，不仅切实提升政府社会治理能力和绩效的必由之路，也是推进整个社会秩序转型的重大现实课题。

其一，随着市场机制在社会资源配置中的基础性地位的奠定，政府角色的重塑问题变得日益紧迫。一方面，市场主体的充分发育及其在私人物品供给方面所发挥主导作用，要求政府必须加快退出竞争性领域；另一方面市场失灵现象的广泛存在，以及公众日益增长的公共服务需求，又要求政府切实承担起公共物品供给的职责。于是，政府角色的转型，就成为市场化进程中公共管理体系改革的主题。市场经济的运作有其自身内在的规律，只要政府能够切实尊重市场主体的自由选择权利，健全保障公平竞争的规则系统，并有效地克服市场失灵现象，市场经济的运作就能够形成相对自主的经济秩序。相反，政府保留过多的资源配置权力，过多过滥的行政干预，不仅会严重妨碍市场自发秩序的形成，而且会因为市场秩序波动而危害社会秩序的稳定，因为行政干预滋生的腐败而严重侵蚀政治秩序。为此，必须切实加快政府职能的转变，坚持"有所为、有所不为"，凡是市场和社会能够承担的职能，政府都应当尽快退出，充分保障市场主体的自主权，将政府职能真正转移到宏观调控、市场监管、公共服务和社会管理上来。对于政府来说，一旦能够通过健全市场经济的规则系统，克服市场失灵现象，通过市场主体的公平竞争形成相对规范和稳定的经济秩序，也就为建构形成良好的社会秩序奠定了坚实的基础。

其二，社会资源配置方式及社会组织形式的深刻变迁，已经从根本上改变了国家与个人的关系，传统的依托行政命令实施的社会管控机制在很大程度上已经失灵。从微观机制来讲，这种变革的最深刻之处，莫过于社会个体行为逻辑的重塑。当社会资源配置方式和社会成员的利益实现方式发生革命性变迁时，社会个体就从没有任何意义上的自主选择权利，不得不完全依附于国家机器的"零件"，蜕变成为了具有独立利益和自主意志的市场主体和社会行为主体，拥有了自主性的行为选择空间。"如果说经济型式即交换从一切方面肯定了主体的平等，那么也应该说那既推动着个人又推动着物体去参加交换的内容或素材，同时便肯定了自由。"①在计划经济时代,国家(政府)的权威性及其实现的"统一思想、统一意志、统一行动、统一步调"的社会控制,是建立在国家垄断所有社会资源,社会成员的生存与发展完全依附于国家的基础之上的。而在市场化的改革进程中,社会个体和社会组织资源获取和利益实现的渠道、方式的日益多元化,从根本上改变了以往不得不完全依附于国家的局面。于是,国家与社会个体和组织的关系不再是传统的命令服从关系,而是嵌入了大量横向的契约性关系和博弈性行为。地方政府与市场主体之间过去那种"单向依赖"关系已演变为一种"共存依赖"②关系。可以说,市场化进程中社会个体权利意识的历史性觉醒,使国家这个超级"共同体"泯灭个体独立价值的制度建构逐步丧失了其"天经地义"的合法性。大量民告官事件的出现,以及民众对自身合法权益的执着捍卫表明,法律意识、平等意识、民主意识日前增强的社会个体,将会以各种方式拒斥公权力的任意性强制,自上而下的强制行为将面临越来越大的社会阻力。

与此同时,社会利益结构的日益分化,导致各级政府越来越难以以全民利益或公共利益的天然代表身份进行公共决策和利益整合。竞争机制是市场机制的核心。社会资源的稀缺性决定了只要我们承认了社会个体的自主选择权利,社会成员对稀缺性资源的竞争就无法避免。有竞争,就会有成功和失败,就会有社会利益格局的分化。依法享有各项民主权利,享有市场主体自主选择权利的社会成员,根据自身的价值偏好努力实现个人收益的最大化,由此导致社会利益不断分化,并在这种分化过程中形成各种利益矛盾和利益冲突,这是现代开放社会的生活常态。阿罗的"不可能性定理"表明,在社会利益高度分化的背景下,社会往往不可能形成某种一致的选择,或对事物进行一致的优劣排序,即使将这里的所谓"一致"仅仅理解为多数决定也是如此。公共选择理论甚至认为,很难说存在着什么公共利益,至少不存在一种能够明确定义、在现实中能够实际起作用的公共利益,现实生活中存在的,只是各种相互冲突的特殊利益。从某种意义上说,在社会阶层分化达到一定的复杂程度时,公共问题实际上总是特定阶层的公共问题。于是,政府如何从利益的直接分配者转变为社会利益冲突的协调者,通过建立有效的公共选择机制,避免社会利益的分歧、冲突陷入"你死我活"式的

①　马克思:《政治经济学批判大纲》,二分册,人民出版社 1975 年版,第 10 页。

②　Wank, David L. The Institutional Process of Market Clientelism: Guanxi and Private Business in a South China city. The China Quarterly, 1996, 147:820~838.

零和博弈或"同归于尽"式的负和博弈困局,实现多元利益主体共存双赢,就成为公共决策面临的一个新的重大课题。

其三,民主化的历史潮流,特别是民众日前增强的民主参与诉求,迫切要求政府推进治理方式的民主化变革。社会的自主发展必然带来公民对于参与公共政治生活和与政府分享公共权力的诉求。"各个主体通过等价物而在交换中彼此发生关系,他们是价值相等的人,而且由于他们交换了彼此有利的物化形态,更加证明了他们是价值相等的人。"①拥有了独立于他人和组织的生存根基,并接受了平等交易原则的社会个体,产生了日益强烈的将经济平等扩大为社会平等、政治平等,将经济民主扩展为政治民主的权利诉求。拥有了独立的经济利益的社会行为主体,在社会的现实生活中越来越强烈地体认到政治在社会价值分配和利益实现中的权威性作用,体认到保障个体合法财产、自由和平等地位的民主政治秩序的重要意义,并进而力图通过对政治过程的介入来争取、实现和维护自己的利益,保障自己的自由空间。在社会的大转型时期,政府既要积极容纳社会的民主政治参与诉求,又要保持社会的和谐稳定,就必须切实转变政府的社会治理方式,重新认识和发挥多元社会主体在社会治理中的作用,构建政府与社会组织的合作治理结构。

其四,现代多元文化的发展,特别是价值观念和生活方式的多样化,使传统的借助不间断的"思想教育"和意识形态灌输实现的强制性的思想整合机制受到了严峻挑战。现代开放社会是一个思想和生活方式高度异质化的社会。后发的发展境遇使得中国经历着比当年欧美国家更加复杂的思想文化冲突。这里不仅有社会阶层分化带来的多元价值观念和生活方式的冲突,有市场经济发展过程相伴随的商业文化泛化等问题,更有农业文明、工业文明、后工业文明的思想文化的交叠和碰撞,以及本土文化与外来文化、传统意识形态与时尚文化的冲突。面对传统全能型政府的意识形态整合功能的逐步弱化,如何培育能够得到社会各阶层广泛认同的核心价值观念以及社会主流文化,维持主流意识形态与多元文化之间的张力,探索形成新的思想文化的整合机制,就成为政府创新社会治理方式,提升社会治理能力的重要任务。

其五,传统封闭性社会向现代开放性社会的转变,特别是社会流动规模和频率的革命性变迁,给传统行政化的组织控制机制带来的巨大的冲击。市场化进

---

① 马克思:《政治经济学批判大纲》,二分册,人民出版社1975年,第7页。

程中社会大流动的开放性格局,导致国家(政府)无法再借助于过去的单位体制、城乡分割体制及严格的户籍管理体制,对社会秩序进行静态的网格状管理。市场秩序的扩展,社会多层次、全方位的开放,必然带来各种社会资源与生产要素在越来越大的范围内的自由流动和合理配置,带来社会成员日益频繁的机械流动和有机流动。单就前者而言,每年数以亿计的民工流动,就往往足以令许多地方的政府管理措手不及。在旧的承载着社会控制功能的单位体制解体,体制外的社会组织大量涌现,没有任何组织归属的数以亿计的人口的跨地域流动,意味着各级政府不仅无法再借助于传统的行政化的组织网络实施对社会成员的网络化控制,而且必须积极推进社会的再组织建设,以改变政府直接面对规模庞大的孤立个体的社会治理困境。

二、公共服务:政府实施社会治理的基本途径

进入 20 世纪以来,工业化、城市化推动人类生存方式发生了变革,社会交往的复杂性和公共需求的迅速增长,迫使政府基于维护社会稳定秩序普遍强化了公共服务职能,并由推动了政府角色定位的历史性转型。实践证明,随着基本生存问题的解决,有助于缓解生存压力、提升生存质量公共服务,将逐步成为公众最为关切的生活需求。而城市集聚化的生活方式,也为政府大规模地提供标准的公共服务创造了有利的条件下。随着政府逐渐将核心职能转向公共服务供给,满足公众日益增长的福利需求,将公众的注意力引导到追求个人生活质量上来,随之成为政府履行维护社会稳定秩序的基本方式,政府的公共服务职能与社会治理职能,以及阶级统治职能与社会公共职能由此逐渐融为一体。党的十七大已经明确地将服务型政府建设确立为政府职能转变和行政体制改革的总体目标,随后又提出了社会建设和社会管理创新的战略任务。公共服务与社会管理相统一的社会建设战略地位的凸显,正预示着中国社会治理模式的重大变革,建立健全社会保障体系,满足人民群众日益增长的公共服务需求,缓解公众的现实生存压力,增强公众对政府及其代表的公共秩序的认同感,将逐步成为政府履行维护社会稳定秩序的职责的基本途径。

1. 公共服务与基于平等国民待遇的社会认同

国家具有的公共属性决定了国家最重要的职能之一,就是为公众提供各种公共服务。这种服务的范围将随着公众生活水平的提升而逐步扩大。事实上,

公共职能的履行正是国家实现其阶级统治职能的基本方式。或多或少体现着统治阶级意志的社会秩序能否得到巩固,从根本上讲,取决于政府的行为及其维护的公共秩序能否获得大多数民众的认同感,这种认同感正是政治统治的合法性基础。公众对现实社会秩序的认同感,来自于其对现实生存处境的满足感。一旦大多数公众满足于现有的生存处境,且对未来的生活变迁持有足够的信心,安居乐业就会成为他们基本的价值诉求,其生存态度和社会行为取向,就会与政府维护现有社会秩序的努力达成内在的契合。就此而言,在人类逐步告别物质匮乏的时代,政府维护社会秩序稳定的最有效途径,就是满足公众最基本的公共服务需求,维护公众基本的社会权利。

改革开放以来,我国通过建立社会主义市场经济体制基本解决了私人产品供给的问题,人民的生活水平大幅度提高,实现了初步建成小康社会的发展目标。但长期奉行经济增长第一的发展战略,也使整个社会建设长期滞后于经济发展水平。由于公众实际享有的公共服务水平远远低于经济发展水平,近些年来社会心态的发展演变呈现出一种极具悖论性的现象:一方面是社会各阶层的收入水平和物质生活水平较之于改革之初都有的显著的提高,另一方面却是社会不满情绪持续增长,现实的生存压力及对未来个人生活社会和社会发展莫名的焦虑,不断吞噬着真实的幸福感。显然,政府角色的偏差,特别是向公众提供的直接影响其生活质量的具体公共服务水平的低下,已经使社会进步与经济发展,以及公众对现实生活的满足感与社会秩序的维护之间出现某种程度的断裂现象。这正是目前社会管理及社会秩序维护缺乏坚实的社会心理基础的重要根源。

公共服务均等化,是推动社会总体福利最大化的必然选择。福利经济学家庇古就提出了两个著名命题:国民收入总量越大,社会经济福利就越大;国民收入分配越是均等化,社会的经济福利也就越大。帕累托最优理论同样认为,由于公共服务在产品属性上接近于纯公共品,符合受益的非排他性和消费的非竞争性特点,因此,在一定数量内扩大公共服务对象的范围不会有人受损,而一定会有人受益,这种"在不损害任何一个人利益的情况下至少有一个人的受益"的帕累托改善原则,最终会使社会福利接近最大化。卡尔多则在帕累托理论的基础上进一步提出了"卡尔多改善"的补偿原则,即当在改革过程中受益总量大于某些集团的损失时,只要能够设计出一种机制来补偿受损害的一方,那么整个社会的福利仍然得到了改善。对于产出的增加,市场经济本身的效率机制能够得以实现,这是提高整个社会福利的基础;而对于遭受损失的人的补偿,则需要政府运用公共权力来予以实现。作为"底线的平等"的基本公共服务均等化就是政府补偿环节的重要内容,是实施国民收入再分配的一种手段和方式,可以显著地解决我国城乡、地区以及不同群体之间差距过大的问题,是减少改革阻力和维护社会稳定的重要保障。

由政府来提供公共服务,目的在于促进社会公平正义,让弱势群体分享发展的成果,从而增进其对社会秩序的认同感,避免弱势群体因为陷入生存困境而产生对社会的对抗意识。因此,政府提供的公共服务,是基于社会公正的均等化基本公共服务。"正义的主题是社会基本结构,是社会主要制度分配基本权利和义务,决定由社会合作产生的利益之划分的方式。"①一般来说,即使是在机会平等的条件下,市场竞争也必然会导致社会分配的不平等,进而在马太效应的作用下将这种不平等推向两极分化。而一旦机会平等也因为资本、权力因素的侵蚀,以及发展战略的忽视,社会不公平现象就会被极大地放大,弱势群体就会因此产生强烈的被排斥感和社会对抗意识。政府维护公平社会秩序,不仅需要通过健全法治秩序、规范市场秩序,以保证全体社会成员享有平等的竞争机会和社会流动机会,而且需要通过再分配机制,对市场竞争产生的不公平的收入分配进行必要的调节。中国改革长期奉行"效率优先、兼顾公平"的价值准则,应当说,这里的"兼顾"的"公平"的本意,是指市场竞争的结果,而决不是机会平等。但在许多改革的具体实践中,一味地推崇"效率优先"事实上已经把机会平等也当作了仅仅是"兼顾"的对象,从而使得中国社会的公平秩序在机会平等与结果平等的双重意义上都受到严重的侵蚀。当前,我国城乡之间、地区之间、阶层之间的利益失衡及资源占有的不公平现象已经发展到令人不安的程度。以城乡之间为例,长期以来,为推行以工业为主导的非均衡发展战略,政府公共服务采取了城市偏向型的非均衡供给,导致城乡居民享有的公共服务水平差距不断拉大。按照世界卫生组织成员国卫生筹资与分配公平性评估排位,印度居第 43 位,我国居于第 188 位,重要的原因就是我国公共医疗 80% 的资金投入城市,其中绝大部分投往高等级医院。②

---

① 约翰·罗尔斯:《正义论》,何怀宏等译,中国社会科学出版社 1988 年,第 5 页。
② 孙友祥、柯文昌:《城乡基本公共服务均等化:价值、困境与路径》,《中国行政管理》2009 年第 7 期。

从理论讲,基本公共服务,特别是涉及义务教育、公共卫生、基本社会保障等公共福利,是现代社会国家应予保障的公民的基本社会权利。实现基本公共服务均等化,是落实社会成员平等的国民待遇的重要途径。借鉴发达国家社会转型的历史经验,工业化、城市化的中后期,是公众社会权利觉醒的时代。公众平等意识、权利意识、民主意识的萌发,必然会对社会的种种不公平现象产生强烈的改造意识。实践证明,没有基本生存条件的保障,弱势群体实际上是很难现实地拥有或实现宪法和法律确认的形式平等的公民权利的。加强服务型政府的建设,推进基本公共服务均等化,在社会治理上的重要意义就在于,它为社会弱势群体参与社会竞争创造了最基本的条件,是打破社会分化的马太效应以及阶层固化现象的重要途径。阿玛蒂亚·森提出的“能力”观就强调了政府给予所有社会群体建立在个人能力的基础上的以平等机会的重要意义,即“只有社会公众享有基本的、大致均等的公共服务,才会从起点上保障了每个人近似的发展机会”[1]。只有弱势群体能够在社会现实生活中切实地感受到他们享有近似的发展机会,他们才不对社会秩序产生强烈的压迫感和被排斥感,才不会将自己所有不幸的遭遇全部归咎于社会的不公平,进而形成社会对抗意识。因此,实现基本公共服务的均等化,对于促进公民的社会认同感,建立社会的利益整合机制具有重要的现实意义作用。所谓社会认同(social identity)指的是个体认识到他属于特定的社会群体,同时也认识到作为群体成员带给他的情感和价值意义。社会认同感意味着个体能够认识到自身在所处群体中的资格和地位,并在价值与情感上产生归属感。作为一个社会成员,如果不能享有均等化的基本公共服务,必然会在社会比较中产生社会弱势意识和社会疏离感,从而弱化对社会发展的认同,甚至对社会抱持对立和敌视的态度。近些年来,不断出现的各种报复社会的极端事件的出现,不能不说是我国经济社会非均衡发展下社会认同感缺失的后果。

在当前社会各群体对社会秩序的公平性信仰严重动摇的大转型时期,实现基本公共服务的均等化已经现实地成为维持社会稳定的重要方式。近些年来,我国已经在基本公共服务建设上投入了巨大的资金,在某些领域也取得了显著的成就。但必须指出,目前基本公共服务均等化建设,不仅缺乏必要的总体性设计,而且缺乏明确的指导思想。对于中国这样经济发展水平还不高的国家来说,

---

① 马桑:《国外公共服务均等化研究的经济学路径》,《天津社会科学》2012 年第 1 期。

坚持基本公共服务在供给水平的适度性、供给范围的全覆盖性，以及发展的可持续性是非常重要的，但基于实现社会有效治理的基本公共服务供给，还必须坚持一个最根本的原则，那就是平等性。作为国民待遇的重要体现，基本公共服务供给要实现的目标，就是国家保证全体国民，无论他/她生何处，家境如何，成功与否，都能享有最基本的生存条件。从社会秩序维护的角度讲，这种国民待遇正是个体和社会共同的安全阀。它在免除个体的基本生存之忧的同时，也使社会秩序避免了来自那些丧失了最基本的生存条件以致走投无路的个体的威胁。坚持基本公共服务供给的平等性原则，意味着需要从国家层面设计出一种适用于全体国民的基本公共服务标准体系，推广到全国各地，并由中央政府承担公共服务供给的职责。作为一种特殊的公共产品，基本公共服务供给具有很强的外部正效应，由中央政府承担最能发挥供给的规模效应和促进社会公平的社会效应。目前，由于国家在提出实现基本公共服务均等化战略时并没有从体制上就基本公共服务供给职责进行合理分工，并根据这种职责进行财政资源的合理配置，导致公共服务的供给职责依然只能按照压力型体制的惯性逐级下移，最终主要落实在县乡两政府身上。更值得关注的是，地方政府事权与财力的悖离是1994年分税制改革产生的一个最主要的负效应，因而地方政府越来越多地承担起公共服务的支出责任，客观上进一步加剧了地方政府事权与财力配置的背离现象。这种现象如果不能通过体制改革加以扭转，基本公共服务均等化所蕴含的促进社会公平正义的价值目标就无法实现，甚至可能进一步加剧城乡之间、地区之间及不同身份和职业之间公共服务实际享有水平的差距。

2. 公共服务供给与社会治理方式创新

提供公共服务是政府责无旁贷的职责，但这并不意味着政府就是提供公共服务的唯一主体。在现代多元社会的发展环境中，公共服务的多元化提供方式既是保障社会公共服务需求的必然选择，也是防止公共服务过程中"政府失灵"的可行之路。特别是20世纪80年代以来，由于社会公共问题日益复杂，公共服务需求规模及多样化日益扩大，主要依靠政府提供公共服务的传统模式暴露出诸多弊端，由此引发的政府改革浪潮就是，公共服务提供主体多元化与供给方式的多样化。事实上，公共服务供给方式创新，同样是社会治理方式创新的重要组成部分。在公共服务供给从决策到实施的整个过程，引入多元参与主体，不仅有利于公共服务供给及时地回应社会各群体多样化的公共服务需求及其变化，有利于提高公共服务供给的效率，而且有利于健全公共服务供给过程的社会监督机制,增进社会各群体对公共服务供给过程复杂性的了解。因此,旨在增强社会参与度的公共服务供给方式创新,为增进政府与社会组织及公民的信任合作关系,提供了最有效的渠道。

多中心的自主治理理论为公共服务的多元化供给提供了重要的理论支撑。奥斯特罗姆认为,与传统的治理理论相比,在基础设施等公共事物持续发展的制度选择中,多中心制度安排既保留了集权制度安排的一些优势,同时能够提供选择的多样性,为公民提供机会组建多样化的治理模式,是促进公共事物可持续发展的源泉。① 随着社会的不断发展进步,民众对于政府的期望愈来愈高,也愈来愈趋于多元化。传统的以强化层级节制、权责界限清晰、所有公共产品由政府部门提供的"单中心供给"模式难以保证公共服务的效率与质量。因此,以支持"权力分散、管理交叠和政府市场社会多元共治"为特征的多中心理论成为满足民众需求、提高服务质量和效率的理想选择模式。在奥斯特罗姆看来,现代公共事务的治理是一个"国家、社会、市场"上下互动的管理过程,而非仅仅运用政府的政治权威对社会公共事务实行单一向度的管理。② 多中心治理意味着在公共物品生产、公共服务提供和公共事务处理方面存在着多个供给主体,即政府、社会和市场的共同参与及多种治理手段的应用,其目的在于公共部门在提供公共产品和公共服务过程中,通过多中心体制实现资源配置的最优状态。

公共服务的多中心治理,为整个公共事务治理的多元化提供了有益的启示。众所周知,在异质性很强的多元社会,公共事务的有效治理却总是难以摆脱追求自身利益的社会个体的机会主义行为的侵扰。美国新制度主义经济学的重要代表人物,诺贝尔经济学奖获得者,印第安纳大学教授埃莉诺·奥斯特罗姆(Elinor Ostrom)在其著作《公共事物的管理之道》中从实证的角度证明摆脱公共事务治理困局或者说集体行动困境的两大传统方案,即"利维坦"和"私有化","都不是解决公共池塘资源的灵丹妙药"③,私有化的方案很容易遇到产权界定以及私人侵害公共利益的公共性难题,而霍布斯式的"利维坦方案",即由单一

① 埃莉诺·奥斯特罗姆:《制度激励与可持续发展》,毛寿龙译,上海三联书店2000年版,第204页。

② [美]文森特·奥斯特罗姆:《制度分析与发展的反思—问题与抉策》,王诚译,商务印书馆1992年版,第32页。

③ [美]埃莉诺·奥斯特罗姆:《公共事物的治理之道》,余逊达等译,上海三联书店2000年版,第3页。

的权力中心(利维坦)用投票的方式来决定公共物品的供给(代议制体制就是这样一种公共事务的治理模式)，由于缺乏有效的将个人偏好加权为集体偏好的机制，其决策结果往往是违背公众意愿的。立足于一系列典型的案例，奥斯特罗姆得出一个重要结论：在一个规模较小的公共池塘资源环境下，人们能够借助于小社群内部相互之间的沟通、信任及相互依赖建立起一种合作模式，人们为了集体利益而自主地组织起来采取集体行动，通过设置一些必要的规则对公共事务进行有效的治理。这种自主治理既不是借助外部的强制性力量，也没有采用市场的交易机制来实现，是一种区别于"利维坦"和"私有化"的第三种方案。

　　多中心治理理论重新确立了自主治理在社区层面的公共事务治理中的基础性地位。文森特·奥斯特罗姆曾明确提出："民主是一个多中心秩序环境中的自主自理的过程"，"如果为民主而奋斗，要创造这样的文明，它最看重实现自主治理的能力。"①自主治理理论及其实践，在很大程度上印证了马克思对人类民主实践发展的预期。在马克思看来，民主的一般意义就是"人民的自我规定"。"在民主制中，国家制度本身只表现为一种规定，即人民的自我规定。在君主制中是国家制度的人民；在民主制中则是人民的国家制度。民主制是一切形式的国家制度的已经解开的谜。在这里，国家制度自在地，不仅就其本质来说，而且就其存在、就其现实性来说，也在不断地被引回到自己的现实的基础、现实的人、现实的人民，并被设定为人民自己的作品。国家制度在这里表现出它的本来面目，即人的自由产物。"②这里，所谓"人民的自我规定"、"被设定为人民自己的作品"，意味着人民将摆脱一切外在强制性力量的束缚，在"全面而自由的发展"过程中实现自我管理。在《法兰西内战》一文中，马克思对巴黎公社采取的工人自我管理的自治形式给予高度评价，认为"公社给共和国奠定了真正民主制度的基础"③。在巴黎公社中，普通的劳动者不仅参与政治选举，而且直接参与政治管理和对公社权力的监督。马克思认为，这才是真正的"国民政府"，代表了"人民自己实现的人民管理制度的发展方向"，它最终将走向"社会把国家政权重新收回，把它从统治社会、压制社会的力量变成社会本身的生命力；这是人民

---

　　① ［美］迈克尔·麦金尼斯、文森特·奥斯特罗姆：《民主变革：从为民主而奋斗走向自主治理》，李梅译，《北京行政学院学报》2001 年第 4 期。
　　② 《马克思恩格斯全集》第 3 卷，人民出版社 1995 年版，第 39－40 页。
　　③ 同上，第 58 页。

群众把国家政权重新收回,他们组成自己的力量去代替压迫他们的有组织的力量;这是人民群众获得社会解放的政治形式。"①

目前,我国的公共服务供给方式,依然局限于政府自上而下的集中式供给。在此,提供什么、提供多少都是政府的事情。这种供给方式充其量只能适应于标准化的基本公共服务供给,而难以应对公共服务需求的多样化的趋势,但无法借助于公共服务供给这一公众最为关注的公共事务建立起协同治理机制及政府与公众的信任合作机制。多中心治理模式融公共服务供给与社会治理为一体,主张在自主治理的基础上建立广泛的参与式治理机制,为我国创新公共服务供给方式和社会治理方式提供了新的思路。通过打破政府提供公共物品和公共服务的垄断地位,允许私人企业、社会团体参与公共服务供给主体的竞争,参与公共事务的合作治理,不仅能够有效地缓解政府在公共服务供给和社会事务管理上的压力,而且正是培育和提升社会组织的自主治理和参与治理能力,训练和提升公众的公民参与意识的有效途径。

实践证明,在政府的有效规制下,社会组织完全能够承担起公共服务提供和公共事务治理主体的角色。社会组织因其自身所特有的社会性、自主性、公益性以及灵活性等特征,在很多公共服务提供领域,具有政府所无法比拟的服务质量和服务效率的优势。当然,不同的社会组织在公共服务提供中的角色和功能各不相同,这就需要政府发挥主导作用,通过有效的规制,取长补短,形成多元参与主体优势互补的局面,以实现公共利益的最大化。更重要的是,这种公共服务供给方式的创新,实际上蕴含着社会治理方式创新的丰富内涵。社会参与机制的广泛引入,将使公共服务供给由过去的政府与公民的双方关系,变成公共服务的提供者、生产者和消费者的三方关系。在此,提供者一般由政府担当,负责设定公共服务供给的基本规则,提供公共服务的资金保障,建立公共服务生产的监管体系等等。生产者是公共服务的具体供给者,负责承担公共服务的生产、输送任务,直接满足消费者的需求。与传统的单中心提供模式相比,除政府部门的机构和事业单位外,企业、社区以及社会组织等都可以承担公共服务的生产者角色。

在公共服务的多元化提供模式中,公民个体的参与也是重要的组成部分,特别是那些作为公共服务的公民,它们的参与更是具有重要的价值和实际作用。公共服务提供的最大推动力正是来源于享受公共服务的社会公众,他们对公共

---

① 《马克思恩格斯选集》第2卷,人民出版社1972年版,第413页。

服务的质量和效果有着最真切的体会,并能够据此对公共服务绩效做出最真实的评价。因此,就其本质来说,公共服务应当是一种政府与公民互动的过程,是公民的充分参与下政府与公民合作治理的过程。私营部门同样能够在公共服务的多元化提供中扮演重要的角色。从公共产品的生产特征上分析,有些公共产品的生产具有可分割性,而只要生产是可分割的,那么通过一定的价格机制,便能够在边际效益等于边际成本的资源配置的最优条件下完成市场交易,也即存在私人提供的可能性。这意味着,政府与市场的联合提供或私人部门的联合提供都成为可能。① 当然,应当严格地区分"公共服务领域引入市场机制"与"公共服务市场化"二者之间的本质区别,引入市场机制意味着政府为主导的前提下,充分发挥市场的积极作用,而公共服务的市场化意味着完全以市场为主导,将公共产品完全等同于私人产品。公共服务供给方式的市场化改革,既要充分发挥市场机制的效率优势,也要防止公共服务供给本身的过度市场化,避免政府将其无可推卸的职责当作"包袱"推给市场。

三、社会政策:社会协同治理的引导机制

现代服务型政府的出现表明,政府与社会之间的关系不再是单向的管制与被管制者的关系,而是呈现为一种复杂的互动关系。政府在公共服务供给和社会治理领域广泛发生的失灵现象,充分说明,政府无法再包揽公共事务的治理,建构一种政府主导的社会协同治理格局,已经成为缓解社会治理危机的必由之路。问题在于,可能参与到社会治理过程中来的多元主体,包括社会组织和公民,其参与的动机、参与治理的能力各不相同,政府如果无法建构形成有效的引导机制,就无法将多元主体建设性的参与热情及其各自拥有治理技术优势整合到基于公共利益最大化的治理过程中去,形成社会治理的整体优势。其结果,既可能因为政府主导机制的失灵而出现社会治理的混乱局面,甚至滋生出大量的腐败行为,也可能因为政府将主导演变为主宰,而导致被邀请的参与者主体在无法发挥自己的治理优势而逐渐失去对参与的热情。因此,在社会治理过程中引入多元参与主体,丝毫不意味着政府社会治理责任的弱化,相反,政府需要投入更大精力来探索实现政府主导下的社会协同治理的有效机制,包括参与的激励

---

① 汪来杰:《公共服务:西方理论与中国选择》,河南人民出版社 2007 年版,第 18 页。

机制与约束机制。这样,如何借助于公共政策,在社会治理领域形成规范、明晰的规制系统,引导社会组织和公民参与社会治理过程,并在政府、社会组织与公民互动过程中,基于信任合作的协同治理机制,是政府创新社会治理方式的重大现实课题。

1. 公共政策参与的协同治理寓意

在社会治理过程中广泛引入民主参与机制,最重要的意义,严格地讲,还不是减轻政府包揽社会治理的压力或提高社会治理的效率,而在于实现社会公平正义,多元治理主体将通过参与治理来表达和维护自身的利益,并在参与实践中建立同政府和其他参与者主体的信任合作关系,进而增强对社会现实秩序的认同感。有学者在研究农民的利益表达方式时发现,公民的利益表达方式与他们对政府的信任程度紧密相关,"农民向政府表达意见方式的选择,系以对政府权威和现行制度的信念为基础,这反映了他们对于党和政府的信心和价值取向。换言之,他们对政府有什么样的信念和看法,就会采取相应的行动方式"。① 这意味着,当民众对政府行为公平性持有基本的信任时,他们往往愿意采取与政府沟通、对话、协商的理性表达方式,这无疑有利于在政府的决策目标和民众的利益诉求之间找到某个平衡点。而当民众对政府缺乏应有信任之时,他们就完全有可能实施对抗性行动,包括采取各种极端的暴力形式来实现自身的利益表达。这是当前我国一些地方政府引导过程中面临政策执行低效甚至无效问题的重要原因所在。

现代化必然带来"社会和经济的变化,如城市化、文化和教育水平的提高、工业化以及大众传播的扩展等",而这些变化势必"使政治意识扩展,政治要求剧增,政治参与扩大"②。但需要指出的是,政治参与(Political Participation)并不必然导致政治民主,更不会直接带来社会秩序和政治秩序的稳定。塞缪尔·亨廷顿(Samuel P. Huntington)、阿尔蒙德(Gabriel A. Almond)等西方学者都曾依据发展国家的政治发展经验,曾经提出过"参与危机"、"参与爆炸"之类的概念,强调社会转型时期是最容易发生政治不稳定现象的。亨廷顿认为,而一旦国家的政治体制无法将公众的政治参与热情纳入制度化的轨道加以有效控制,就可能发生严重的参与危机。"社会动员和参政范围既深又广,而政治上的组织化和体制化的速度却十分缓慢,其后果便是政治上的不稳定和混乱"③。健全制度化

① 肖唐镖:《二十年来大陆农村的政治稳定状况》,《二十一世纪》2003 年第 4 期。
② [美]塞缪尔·亨廷顿:《变化社会中的政治秩序》,王冠华译,三联书店 1989 年版,第 39－40 页。
③ 同上,第 24 页。

的参与机制，将公众日益增长参与诉求纳入理性化的轨道，是控制参与热情高涨可能引发的社会秩序动荡的根本途径。一般来说，相对蕴含着更大的政治变革诉求的参与形式，政策参与是最容易被纳入政府控制的制度性渠道的，因而政策参与正是实现参与的有序化的有效渠道。

　　"政治是社会价值的权威性分配"①。公众广泛地参与政策过程，本来就是政治参与的主要形式之一。从某种意义上说，政治参与指的就是"参与制订、通过或贯彻公共政策的行动"②，就是公民通过直接或间接的合法途径影响公共政策以使其有利于自身利益的行为。《布莱克维尔政治学百科全书》就把政治参与定义为"参与制定、通过或贯彻公共政策的行动，这一宽泛的定义适用于从事这类行动的任何人，无论他是当选的政治家、政府官员或是普通公民，只要他是在政治制度内以任何方式参加政策的形式过程。"③亨廷顿也将政治参与定义为"旨在对政府决策施加影响的普通公民的活动"④。公众得以通过正式或非正式途径表达自己的意愿，广泛地参与到公共政策过程中来，这种参与过程作为公众与政府之间的沟通机制，对于增强公众与政府之间的互信合作，维护社会和谐具有十分重要的意义。一方面，公众参与对政策目标及措施的广泛讨论，有利于集思广益，减少决策的随意性与盲目性，避免政策收益与成本分布的严重不均衡。"日益扩大的视野可能有助于参与者们找到共同利益，发现新利益，或者以和他人更一致的方式优先考虑他们自己的利益。"⑤另一方面，公众通过正式或非正式途径表达要求、提出建议，这一参与过程本身就是一种公众与政府之间的沟通过程，有利于密切公众与政府之间的关系，消除误解，使政府获得来自公众的友善的合作，政策过程将会因此而变得更加顺畅。按照安德森的观点，公共政策的形成需要回答三个方面的问题：一是公共问题是怎样引起决策者注意的；二是解决特定问题的政策意见是怎样形成的；三是某一建议是怎样从相互匹敌的可供选择的政策方案中被选中的。⑥ 这其中任何一个问题的解决，实际上都是在复杂微妙的利益博弈过程中完成的，因而也迫切需要通过健全参与机制，来保证政策过程的公正性。

　　① ［美］戴维·伊斯顿：《政治生活的系统分析》，王浦劬译，华夏出版社1999年版，第25页。
　　②③ ［英］戴维·米勒、韦农·波格丹诺：《布莱克维尔政治学百科全书》，邓正来译，中国政法大学出版社1992年版，第563页。
　　④ ［美］塞缪尔·亨廷顿、琼·纳尔逊：《难以抉择——发展中国家的政治参与》，汪晓寿等译，华夏出版社，1989年，第8页。
　　⑤ ［美］马克·沃伦：《民主与信任》，吴辉译，华夏出版社2004年版，第318–319页。
　　⑥ ［美］詹姆斯·E.安德森：《公共决策》，唐亮译，华夏出版社1990年版，第65页。

公共政策在社会利益格局的形成,以及利益格局的调整中发挥着极为重要的作用。一方面,政策是一种"价值的权威性分配"。在任何一个特定的时期内,政府可以控制和使用的公共资源总是有限的,而公众的需求却是无限的,政府只能将有限的资源用于解决在其看来最迫切需要解决的公共问题。这就意味着政策利益在不同的社会阶层中的分布总是不均衡的。另一方面,公共政策本身就是一种利益调节工具,政府往往正是通过保护、满足一部分人的利益需求,同时抑制、削弱甚至打击另一部分人的利益需求的方式,达到调整社会利益关系的目的。因此,公共政策具有极为敏感的社会利益效应,从政策问题的形成、政策方案的选择,到政策出台时机的选择、政策的具体实施等等,整个公共政策过程,都缠绕着错综复杂的社会利益关系。

把公众关注的公共问题确立为政策问题,是政策过程的首要环节。但事实上,"公众"一词往往是一个含混不清的概念。阿罗的"不可能性定理"表明,社会往往不可能形成某种一致的选择,或对事物进行一致的优劣排序,即使将这里的所谓"一致"仅仅理解为多数决定也是如此。正因为如此,公共选择理论认为,很难说存在着什么公共利益,至少不存在一种能够明确定义、在现实中能够实际起作用的公共利益,现实生活中存在的,只是各种相互冲突的特殊利益。在社会转型时期,各种社会矛盾层出不穷地涌现出来,地方政府每天都面临着大量亟待解决的社会问题。这些社会问题,有的可能并不完全属于与政府职能密切相关的公共问题,有的却属于政府责无旁贷的职责范围。但即使在公共问题的范围内,由于政府掌握的公共资源有限,政府只可能把其中的一些公共问题列为当下的政策问题,启动政策制订和实施程序。然而,除了少数普遍性的公共问题之外,大部分公共问题都具有社会阶层属性。从某种意义上说,在社会阶层分化达到一定的复杂程度时,公共问题实际上总是特定阶层的公共问题,即不同的社会阶层关注着不同的公共问题。这样,政策问题的选择与确立本身,就成为一个重要的社会利益调整过程,甚至成为不同社会阶层利益冲突的政治表现。

公共政策过程是以公共政策问题的确立为逻辑起点的。一项利益诉求如果不能顺利地通过政策输入途径到达政策制定系统,就永远也不可能得到满足。正如塞缪尔·亨廷顿所言,"一个拥有高度制度化的统治机构和程序的社会,能更好地阐明和实现其公共利益。'①公共政策要发挥其利益整合功能,发挥均衡

---

① [美]塞缪尔·亨廷顿:《变化社会中的政治秩序》,王冠华译,三联书店1989年版,第23页。

社会利益和维护社会和谐的作用,首要的前提是社会各群体能够通过政策参与充分地表达自身的利益诉求。所谓利益表达,就是一定的利益表达主体,通过一定渠道能够直接或间接地向利益表达客体反映情况、提出意见、主张利益,并以一定的方式努力实现其既定目的的一种政治参与行为。利益表达是一种主观行为,这种行为在头脑中产生,必然要通过一定的渠道表达出来,换言之,利益表达的实现机制也就是提供利益表达渠道,使利益表达这种主观行为得以完成的机制。① 从某种程度上说,公民的利益表达就是整个政治体系运转过程的开端,正如阿尔蒙德和鲍威尔所指出的:"当某个集团或个人提出一项政治要求时,政治过程就开始了。"②社会各群体拥有的用于利益表达的社会资源及其话语权存在着极大的差异,政策过程如果没有广泛的民主参与机制,公共政策就极易为社会强势群体所"俘获"。群体事件的大量涌现是现阶段社会治理面临的最为严峻的挑战。尽管群体性事件的出现有着复杂的发生机理,但弱势群体利益表达机制的缺失或低效却是一个重要诱因。因此,将社会协同治理机制引入政策过程,重要目的,就是借助于多元主体的参与,来建构形成相对均衡的利益表达机遇,提高弱势群体的政策话语权,使得弱势群体的利益诉求能够及时地传递到决策中心,及时地转变为政策议题。

在政策议题的确立环节,我国公共政策过程存在的一个突出问题,是以政策主体的利益综合替代公众的利益表达,导致公共政策的公共性和公正性缺乏坚实的制度性保障。严格地讲,各级党委政府事实上依然是地方公共政策的唯一主体。党委政府不仅是公共政策的最终决策者,而且是整个公共政策过程的操控者。尽管近些年来,地方政府在制订政策的过程中也开始注重听取公众的意见,注重发挥专家的政策咨询作用,但从政策问题的确立,政策方案的制订,到政策的具体实施和最终的评估,政府始终发挥着主导性作用,政府的意志贯穿于整个政策过程。换言之,现阶段中国公共政策的制订实施,基本上还是一个体制内的自我循环过程。在一般情况下,各级党委政府会根据上级党委政府的要求,根据自身对社会发展形势的判断,以及自身的行政意图,不经过公众议程而直接将某些社会问题确立为迫切需要解决的政策问题,进而指令体制内的研究机构或

---

① 张惟英,姚望:《当代中国利益表达机制构建研究》,《科学社会主义》2007 年第 6 期。
② [美]加布里埃尔·A. 阿尔蒙德、小 G. 宾厄姆·鲍威尔:《比较政治学:体系、过程和政策》,曹沛霖译,上海译文出版社 1987 年版,第 199 页。

职能部门进行可行性论证,制订出具体的政策方案。不经过公众议程而直接由政策主体确立政策问题,并在体制内部完成政策方案制订,直接由政策决策主体的利益综合替代公众的利益表达,政策制定者在整个政策过程中始终占据着绝对的主导地位,政策输入过程由此变得异常顺利。这种政策模式的一大优势,是政策制订体现出了极高的效率,但单一政策主体主导下的封闭化的政策过程产生的一个突出问题,是政策绩效(包括政策的公正性)过度地依赖决策者的素质,不仅政策问题的确立取决政策主体的"问题意识"及其价值偏好,而且政府方案的选择也在很大程度上取决政策主体的视野和偏好,政策实施的效果更是明显地依赖于决策者的权威和政治资本。简言之,政策主体"驾驭"社会发展复杂局势的能力,直接决定着政策的公正性和政策维护社会和谐的绩效。我们不能不看到,如果社会和谐的维系最终只能取决于政策主体玄而又玄的所谓"驾驭"能力,取决于他们的"政治敏锐性",他们对社会问题的感知和主观评判,而不是公正合理的制度安排,以及有效的公共选择过程,社会和谐必然是缺乏稳固的社会基础的。

政策程序启动之后,利益群体的政策分歧与冲突将围绕政策方案的选择而展开。不同的政策方案选择,意味着政策收益与成本在社会各阶层中的不同分布。即使政策问题本身具有较高程度的公共性,但由于任何一种政策方案的收益与成本在不同社会阶层中的分布总是不均衡的,因而政策方案的选择,就具有一种利益格局调整的意义。要实现政策收益与成本的均衡化分布,就必须建立利益群体谈判、妥协的制度平台,通过利益群体之间讨价还价的协商,找到利益共同点,形成能够为冲突双方或多方共同接受的政策方案。

公众的政策参与不仅意味着公众参与政策问题的确定、政策方案的选择,以及在政策实施过程同政策执行主体展开合作的义务,而且意味着公众有权对政策实施及其结果作出自己的反应。从理论上讲,公众是政策这一公共产品的最终消费者,因而只有公众才是政策绩效最权威的评价者。作为预先付费(纳税)的消费者,公众有权要求生产者提供合意的公共产品,有权对政府提供的公共产品说三道四。这就需要建立健全体制外的公共政策分析评估机制。在公众很难对公共政策作出客观分析和评估的情况下,可以通过培育民间性政策分析评估机构,让它们以独立的,不依傍于政府的姿态,对政策方案以及政策实施结果进行深入的跟踪分析,并作出客观公允的评估。

显然,在社会利益群体不断分化,而每个利益群体都致力于实现自身利益最大化的过程中,公共政策过程客观上就成为一种利益群体的博弈过程。这样,公共政策对于社会和谐来说很可能就成为一把双刃剑。如果政策制订的相关制度安排存在重大缺陷,以致政策过程为社会强势集团左右,或者政策过程过于封闭,以致优先解决什么问题,选择什么方案均受制于具有特殊价值偏好的单一政策主体,政策本身就可能成为导致社会利益格局严重扭曲,社会利益矛盾不断激化的催化剂。相反,如果社会制度结构形成了较为合理的政策程序,政策过程能够充分容纳不同利益群体的利益诉求,并为不同利益群体的利益表达、利益协商提供一种公平的制度平台,政策过程就可能成为一种实现社会利益均衡的过程,一种不同的利益群体相互理解、相互包容和寻求共识的过程,也就是实现社会和解与和谐的过程。因此,健全公共政策过程的多元参与和理性协商机制,正是政府实现其对社会协同治理的有效主导的重要方式。

2. 社会协同治理的政府引导机制

建立健全社会协同治理格局的核心问题,是社会组织积极主动地参与到政府主导的社会治理过程,发挥其难以替代的社会治理功能。作为具有独立行为能力的民间性组织,社会组织可以避免政府官僚科层制的弊端,在组织体制、结构和项目运作等方面具有较大的灵活性和适应性。同时,社会组织作为具有利益代表性的组织,往往与特定的利益群体保持着密切的联系,在掌握特定社会群体的利益诉求,引导特定群体的社会行为等方面拥有特殊信息优势和影响力。改革开放以来,我国社会组织得到了快速发展,截止 2010 年,我国共有民间组织44.6 万个,相关从业人员达到 618.2 万人。[①] 目前社会组织的行业分布已经覆盖到了教育、文化、科技、劳动、民政、环保、工商、卫生、社会中介服务等社会生活的各个领域,初步形成了门类齐全、覆盖广泛的社会组织发展体系,在我国的政治、经济、社会以及文化等事业发展中扮演着越来越重要的作用。但从总体上讲,由于我国社会组织发展的历史相对较短,加之政府社会治理模式转型滞后,社会组织在社会治理中极其丰富的治理功能远未得到充分发挥,大多数社会组织的实际治理能力也亟待提高。

在中国现有体制条件下,要借助社会管理格局的创新,形成社会协同治理的有效机制,不仅需要建立健全引导社会组织积极参与社会治理,充分发挥自身在

---

① 参见黄晓勇:《中国民间组织蓝皮书:中国民间组织报告(2011—2012)》,中国社科文献出版社2012 年版。

治理方式的优势的有效激励机制,而且需要政府创新管理理念和思路,学会以有效政策手段,将社会组织的治理参与行为引导到增进公共利益的轨道上来。就此而言,社会协同治理是否有效,最终取决于政府能否创造出有效的引导机制。这种引导的有效性主要体现在:一是引导机制具有充足的激励效应,能够充分调动社会组织参与社会协同治理的积极性;二是引导机制具有明确的公共性导向,多元参与主体能够在增进公共利益上达成广泛的一致性;三是引导机制具有显著的协同效应,能够充分挖掘多元参与主体的各自优势,并形成协同治理的整体优势。

对于各级政府来说,实现从主宰到主导的社会治理角色转换,治理能力的提升是关键。主导的角色意味着政府必须放弃以居高临下的姿态,向社会治理的参与主体直接发号施令的管理方式,学会以平等协商的方式同社会组织建立信任合作关系,学会以有效的公共政策影响多元参与主体的行为。这方面,各级政府还需要在与社会组织的长期互动过程中逐步积累经验,探索出有效的引导机制。

还权于社会自治组织,培育社会自治组织的自主治理能力,毫无疑问是健全政府主导的社会协同治理格局最重要的现实切入点。基层社区自治是公民参与的重要场域,也是政府引导下的公民协同治理的重要实现方式。在当前我国的社区民主发展过程中,各地政府不同程度存在职能错位及越位现象,如对社区居民自治的微观事务管理过多,包揽了过多的应由社区自治组织承担的职能,甚至有些地方政府将社区自治组织作为依附于政府的附属单位或下属单位,直接干预和插手社区日常管理活动,这无疑极大地弱化了社区的自治功能,也使得政府无法有效建构起政府引导下的公民协同治理平台,无法找到社区公共事务治理中政府力量与公民参与的有效平衡点。社区自治中的政府引导职能,意味着政府应当着眼于规范基层政府服务职能,通过还权、转权、赋权等方式逐步引导公民参与到社区公共事务治理中来,强化社区公民参与下的自治能力培育。同时,政府应当重点为社区治理中的公民参与提供制度支持和体制、组织保障方面。制度方面,政府需要为社区的发展制定法律、法规和相关制度,明确各参与主体的权利、责任和义务,参与的原则、方式等;体制方面,政府要通过社区管理体制改革,实现居委会的去行政化,基于资源的合理配置的原则明确政府与社区居委会的职责边界;组织保障方,政府的引导职能则体现为通过培育社区治理所需要的人力资源入手,为社区治理提供人力资源支持,包括培养和引入受过专门训练的职业化、专业化的社区工作者,建立社区工作者的资格认证制度和培育专业化的服务人才队伍等等。

授权社会组织完成政府委托的公共事务治理职责,是政府引导社会组织参与社会治理的另一重要现实途径。中国在特定历史背景下建立了许多具有特定的政治地位的人民团体,以及或多或少承担了一定的行政职能的事业单位,如果能够深化相关管理体制改革,推动这些组织摆脱同政府的依附关系,增强其运作的自主性,这些特殊的社会组织完全可以按照法团主义思路,建立同政府的信任合作关系。政府可以通过明确的授权,委托其完成某些特定的社会治理职责。当然,政府授权的适用范围并不局限于这些传统意义上的带有准政府组织属性的社会组织,具有特殊的治理能力的民间组织,同样能够在政府的授权机制的引导下,完成某种特殊的社会治理事务。问题的关键在于政府必须摆脱那种以为只有完全依附于自身的组织才是可以信任的对象的封闭心理,学会以契约规范来引导民间组织的行为。

财政支持是政府引导社会组织参与者社会治理最直接的政策手段之一。以财政政策扶持特定的社会组织的运作,是发达国家通行的惯例。2009年美国非营利组织收入构成中,30%来自政府的拨款。[①] 根据资源依赖理论,如果掌握资源的重要程度和稀缺程度不同,建立在资源依赖基础上的双方关系就会出现权力上的不对等。社会组织与政府之间的关系也可以理解为一种基于资源相互依赖的非对称互惠关系。当前,制约社会组织特别是体制外的民间组织发展及其社会治理功能发挥的最重要因素,就是经费的短缺。目前民间组织资金最主要的来源,是会员缴纳的会费及少量的社会捐赠。由于多数社会组织规模过小,成员缴纳的会费远远无法维持组织的生存发展,在社会捐赠尚未形成社会风气的情况下,大部分草根性的民间组织事实上都处于艰难的维持生存的困境之中,根本谈不上自主性地发挥参与社会治理的作用。为此,各级政府除了应当出台更好地鼓励企业和个人向社会组织捐赠的相关政策,还可以结合授权社会组织的相关机制,选择那些公益强的,或者在参与社会治理方面贡献显著的社会组织,给予必要的财政扶持。

税收优惠是政府引导社会组织行为最重要的政策工具。借鉴发达国家的经验,旨在引导社会组织参与社会治理的税收优惠政策,主要有两大形式,一是对

① 黄震海:《促进我国社会组织发展的若干思考》,《学术界》2011年第6期。

社会组织本身的税收优惠,大部分发达国家采取行政许可的方式来认定社会组织的免税资格,同时对获得免税资格的社会组织的商业行为和非商业行为、以营利为目的的商业行为和不以营利为目的的商业行为进行严格的区分。二是对那些向社会组织捐赠的组织和个人实行税收优惠。公益捐赠减免税制度是鼓励和推动社会捐赠的重要措施。在英国,公司捐赠方面,根据公司法的规定,只要在公司账目中申明提供公益捐赠,捐赠的部分就可以免去公司所得税(约占30%)。在个人捐赠方面,个人向慈善组织的捐赠可获得免税待遇,但免税的对象主要不是个人而是慈善组织。[①] 在我国,《企业所得税法》已经明确规定,企业发生的公益性捐赠支出,在年度利润总额 12% 以内的部分,准予在计算应纳税所得额时扣除。作为一种政策杠杆,税收优惠意味着政府可以根据社会组织的性质,特别是其对于增进公共利益和参与社会治理的贡献,选择性赋予某些社会组织以特殊的税收征收待遇,借以形成引导性的激励机制。

以购买公共服务的方式扶持和引导社会组织,是近年来发达国家的普遍做法,也逐渐成为政府资助社会组织的主要方式。购买公共服务既包括政府将现有的部分职能转移给社会,又包括从社会购买政府目前还没有提供的服务。公共服务通常采取"公开招标、合同运作、项目管理、评估兑现"的方式外包给社会组织。英国、美国、日本、德国等国家大都如此。在英国,政府每年提供给社会组织的财政资源共约 33 亿英镑,其中大约一半来自英国政府的博彩收益——文化部将每年博彩收益的 28%,通过其下设的新机会基金和社区基金这两个政府基金,以公开招标的形式竞争性地分配给全国各级各类社会组织;此外,联邦政府和地方政府的各个部门也积极在财政预算中列出专门类别用于向社会组织购买公共服务,积极扶持资助社会组织。

3. 政府规制与社会组织的规范性引导

社会组织是政府在开放社会条件下实现有效的社会治理不可或缺的合作伙伴,但任何具有自主性品格的社会组织,其行为目标总是与政府意志存在着一定的偏差。更重要的是,大量社会组织都具有明确的利益代表性,除了公益性组织,大部分社会组织并不以增进公共利益为唯一宗旨。在缺乏有效的法律和政策规制的情况下,更是有可能出现为追逐小团体利益而不惜损害公共利益的社

---

① 周红云:《中国社会组织管理体制改革:基于治理与善治的视角》,《马克思主义与现实》2010 年第 5 期。

会组织。美国学者罗伯特·A.达尔在其著作《多元主义民主的困境——自治与控制》一书中就曾指出，"对于组织而言，独立或自治（这两个术语是交替使用的）也创造了作恶的机会。组织可能利用这样的机会增加或维持不公正而非减少不公正。它也可能损害更广泛的公共利益来促进其成员狭隘的利己主义，甚至有可能削弱或摧毁民主本身。"①因此，对于政府来说，有效的引导机制必然是同时具有激励与约束的功能的。学者顾昕在借鉴美国学者"能促型国家"的概念，提出国家在促进民间非营利组织发展过程中可以扮演"能促型"角色，一方面着力于建立一个规范的民间组织监管体系，另一方面应采取各种手段培育民间组织自主发展的能力。② 要促进社会组织的健康发展，并真正形成政府主导下的社会协同治理格局，政府引导机制的建构，必然奉行"培育发展与监督管理并重"的原则。

着眼于传统管控型的社会组织管理体制对社会组织成长的束缚，健全政府对社会组织行为的引导机制，毫无疑问应当首先立足于创造社会组织成长的宽松环境，没有社会组织的成长，也就谈不上对其的引导。从理论上讲，结社自由是现代社会公民享有的最基本的政治权利。我国宪法，以及《世界人权宣言》、《公民权利和政治权利国际公约》和《经济、社会和文化权利国际公约》等国际公约都明确肯定公民享有自由结社的权利。因此，政府对社会组织的有效监管，不能建立在对公民结社自由的限制上。由于历史的原因，我国对社会管理的管理，至今在很大程度上还具有浓厚的"预控"色彩，即主要依赖设置社会组织准入的多重门槛来实现对社会组织的控制。因此，要扶持和培育社会组织的成长，首先必须切实降低社会组织的设立门槛，进而实现对社会组织监管从"预控"到"追惩"的转变。

从1989年开始，我国在社会组织管理上逐渐形成了登记管理机关和业务主管单位分别负责的所谓双重负责管理体制。其基本特点是：分级登记、双重管理，即由登记管理机关和业务主管单位分别行使对社会组织的监督管理职能。具体地说，申请成立社会团体首先应当经其业务主管单位审查同意，并向登记管理机关提交业务主管单位的批准文件，然后再由登记管理机关作出批准或者不批准筹备的决定，也就是说在我国设立社会团体需要经过业务主管单位和登记

---

① ［美］罗伯特·A.达尔：《多元主义民主的困境——自治与控制》，周军华译，吉林人民出版社2006年版，第1页
② 顾昕：《能促型国家的角色：事业单位的改革与非营利部门的转型》，《河北学刊》2005年第1期。

管理机关双重主管部门许可批准。双重负责管理体制是在计划经济体制下国家在对社会团体归口管理的实践中形成的一种制度安排。这种制度安排首先是出于满足政府部门的管理需要和规避相关风险的需要设置,而不是以促进社会组织的发展为目标的。对于政府来说,这种管理体制方便了自身的行政管理,降低和控制了社会组织可能带来的政治风险,也规避了政府部门的相关管理责任风险。然而对于社会组织来说,这种管理体制却大大限制了其发展。① 实践证明,这种管理体制,不但极大地制约了社会组织的成长,而且造成了社会组织管理的严重混乱。一方面,双重管理体制极大地提高了民间组织申请登记的门槛,限制了公民结社权的行使,并造成了管理资源的严重浪费;另一方面,双重管理体制客观上使大量实际存在的草根性民间组织长期无法纳入监管体系,处于放任自流状态。据有关数据反映,目前经过正式登记的民间组织数量只占民间组织实际数量的 1/10 左右。②一旦社会组织管理出现了问题,双重管理体制事实上形成了登记管理机关和业务主管单位相互推诿的局面。由此也就形成了目前社会组织成长的一种极不正常的现象:许多体制内部生成的官方组织已经名存实亡,甚至沦为政府部门谋取私利的工具,而在体制外成长起来并发挥了很好的作用的草根性民间组织却又缺乏存在的合法性。③

从落实公民结社自由权利的角色讲,政府没有理由限制公民自发的结社行为,只有在社会组织的运作违反了国家相关法律和政策的情况下政府才能给予限制和惩罚。"民间组织能否按其章程确立的宗旨服务于社会,主要是通过其行为表现出来的,行为(而不是身份)才是法律真正需要予以规范的对象,才是判定其'合法'与'非法'的标准。"④为此,必须废止社会组织的双重管理体制,代之以登记备案双轨制,即对于工商经济类、社会福利类、公益慈善类社会组织直接向登记管理机关申请登记,而在社区范围开展活动的民间组织则实行备案制。目前,民间组织备案制度已经在北京、上海、天津、山东、浙江、湖北等许多地方试行,全国已经超过 20 万个备案组织,主要形式包括慈善组织、群众性文体组织、科普组织和为老年人、残疾人、困难群众提供生活服务的组织。⑤而深圳市等地也开始了废除双重管理体制的探索。实践证明,废除双重管理体制在极大地

①②⑤　周红云:《中国社会组织管理体制改革:基于治理与善治的视角》,《马克思主义与现实》2010年第 5 期。

③④　谢海定:《中国民间组织的合法性困境》,《法学研究》2004 年第 2 期。

促进了社会组织发育的同时,并没有导致社会组织管理失控的局面。

除了双重管理体制外,现有管理模式在准入门槛上的许多僵化规定,也应当予以废止。如《社会团体登记管理条例》第十三条规定,在同一行政区域内已有业务范围相同或者相似的社会团体,没有必要成立的,登记管理机关不予批准筹备。这种非竞争性原则"实际上人为造成了垄断,不利于同类组织通过竞争得到发展,而且也使处于垄断地位的民间组织由于这种垄断地位而易于偏离非营利性、公益性的组织原则"①。另外,《社会团体登记管理条例》第十条规定,成立社团应具备有50个以上的个人会员或者30个以上的单位会员;个人会员、单位会员混合组成的,会员总数不得少于50个;有合法的资产和经费来源,全国性的社会团体有10万元以上活动资金,地方性的社会团体和跨行政区域的社会团体有3万元以上活动资金。这些规定除了人为地提高准入门槛外实际上没有任何有效的监管意义,而且恰恰构成了对弱势群体、贫困山区公民的排斥性结社限制,给他们的自由结社划出了一道难以逾越的鸿沟,而就结社的意义和功能而言,恰恰他们才是对结社最有需要的。②

以法律和公共政策建立政府规制体系,是对社会组织的运作进行有效监管的能行惯例。所谓政府规制(Government Regulation)即政府运用公共权力,通过制定一定的规则,对个人和组织的行为进行限制与调控。法律规范是政府规制的形式,我国目前社会组织管理政策法规多为行政法规或部门规章,缺乏规范组织运作的专门法律。加紧研究并制定一部社会组织的基本法,将各种类型的社会组织置于一个统一和基本的法律框架下,对社会组织的法律地位、主体资格、登记成立、活动原则、经费来源、税收待遇、监督管理、内部自律等方面做出明确规定,为制定相关的管理法规和政策等提供基本的法律依据,显然是非常迫切的。需要指出的是,"新法必须平衡'管理'与'维权'两种立法取向。结社自由是公民的宪法权利,也是国际上都认可的一项基本人权。在对民间组织的管理和维护公民的结社自由两者之间,并不必然是非此即彼的关系,'结社自由'概念针对的是侵犯结社权的现象,管理针对的是滥用结社权的现象,追求两者的和谐应该是新的立法的价值取向。"③

在管理体制上,应当建立统一协调、相对集权的行政监管体制,取消社会组

---

① 王晨:《中国民间组织发展的三大不利性制度因素分析》,《社会科学》2005年第10期。
②③ 谢海定:《中国民间组织的合法性困境》,《法学研究》2004年第2期。

织的业务主管部门,将社会组织统一归口于民政部门管理,建立起全国性的社会组织监管体系。同时,要积极探索适合降低准入门槛之后社会组织监管的有效机制,积极推广社会组织的运作的信息公开制度、第三方的民间组织评估制度等。从2005年起,我国已经开始着手社会组织信息披露制度的改革,首先选择基金会作为信息披露的对象,进行了一系列的制度设计。信息披露制度的建立,对于加强社会组织的自律,提升社会组织的公信力,无疑具有十分重要的现实意义。从2007年开始,国家民政部也以基金会为试点,着手社会组织评估制度的改革,目前已制定了各种类型的民间组织的评估标准。这些探索的深化,完全有可能逐步形成一整套规范性的政府规制体系,保证摆脱了传统僵化管制体制束缚的社会组织的成长和运作,能够得到有效的监管。

第六章　社会建设：
开放社会的再组织化

　　社会的再组织化及其对社会生活自足性价值的守卫,既是"以社会制约权力"的现代宪政发展的重要成果,也是公民社会权利伸张和自我价值实现的重要表现形式。西方大转型以来社会秩序发展演变的历史经验表明,国家、市场、社会的相对分殊和相对自主的发展,是构建现代开放社会秩序的必由路径。正如达仁道夫指出的那样,"自由建立在三大支柱之上,亦即立宪国家(民主政治)、市场经济和公民社会"①,而"在民族的总体框架中,如果没有公民社会,政治民主和市场经济仍将是无本之木"②。

　　中国的现代化进程,特别是大转型时期社会秩序的蜕变过程,既体现为政府治理方式的现代转型,也体现在市场和社会相对于政府的自主性的成长。从总体性上讲,改革开放30多年来,政府治理方式的变革和市场体系的扩展已经取得了巨大的成就,但社会领域的自主成长过程却相对滞后,"一个相对独立的公民社会领域的付之阙如,使作为个体的'国民'始终不能成长为具有独立人格和权利意识的合格的公民,以保护公民权利为内核的公民社会自治团体始终不能出现"③。这不仅直接制约了社会自组织秩序的生根发芽,而且反过来制约了政府治理体系和市场体系的演进。科学发展观及和谐社会建设目标的提出,为中国的社会建设创造了重要的历史机遇,使相对独立于国家和市场的社会自组织秩序生成发展具有的现实的可能性。

　　在当下中国的语境中,"社会建设"是一个内涵极其丰富的概念。就政府职能的转变而言,社会建设包含了缓解民生困难、破解社会矛盾、发展社会事业、健

---

　　① [德]拉尔夫·达仁道夫:《现代社会冲突》,林荣远译,中国社会科学出版社2000年版,第36页。

　　② 同上,第250页。

　　③ 刘京希:《从政治发展看社会建设》,《天津社会科学》2012年第2期。

全公共服务体系、创新社会管理模式等内容,其核心问题则是通过健全最低限度的社会保障体系,缓解公众的生存压力和生存焦虑,增强公众对现实社会秩序的认同感,以维持社会秩序的基本稳定。就社会自身发展而言,社会建设的根本任务则在于积极推进社会组织体系的建设,努力实现开放社会的再组织化,以切实缓解社会大转型过程中出现的社会碎片化和个体原子化现象。社会的再组织化,既是个体摆脱原子式生存困境,有效抵御资本力量和行政权力的侵害,维护自身合法权益,进而实现有尊严的生存和全面自由发展的重要屏障,也是政府完善社会治理体系,创新社会整合机制的重要载体。基于公民社会建设目标的社会再组织化,在促进社会自组织因素成长,健全社会利益表达和利益协商机制的基础上,将有可能催生出中国社会的自组织秩序的生成机制,进而在同国家、市场的合作与抗争相统一的互动过程中,逐步形成国家、市场、社会既相对自主又相互支撑的文明秩序。

一、社会转型与社会再组织化

社会转型是整个社会秩序的结构性变迁过程,包括国家与社会的关系模式、政府治理体系、社会资源配置方式及经济活动组织方式、社会组织形式及社会生活样式等等的整体性变迁。实践证明,无论是市场经济秩序自生自发的演变,还是现代民族国家对社会秩序的人为设计和建构,最终都无法形成一个能够促进社会全面进步和个体全面自由发展的良好社会秩序。任何既能传承社会生活的自足性价值,又能抵御经济、政治的强制性力量挤压的社会秩序,都离不开社会自组织力量的成长。特别是在社会转型的大变革时期,在传统的社会关系模式、社会生活的规则系统分崩离析之际,新的社会交往结构和规则系统尚处于艰难的生成过程之中,能否依托残留的社会自组织因素,以及政府社会治理模式的转型,促进分化社会的再组织化,往往直接决定着社会秩序重建的成败。

1. 近现代西方社会的再组织化进程

按照丹尼尔·贝尔的分析,中世纪的西方社会结构既不同于近代资本主义社会的结构,也与古代社会结构存在着的重要差别。在古典世界中,社会与政治不分,政治决定着社会经济生活形式,共和国意味着公众生活、个人生活的真正内容。到中世纪时,这种关系则颠倒过来,每个人都由他的社会学地位所规定,他是一个特殊的等级或地位的成员,这就规定了他的权利和义务,并由此形成社会和政治地位的基础。① 等级制是中世纪西方社会结构的中轴逻辑。社会等级观念在中世纪第一个阶段便已牢固确立，并在教会组织中首先体现出来。在这一时期，等级是国家法的一个术语，"人们按照权利和义务划分的等级称阶层，国家最高当局通过法律来表达自己的意志，向这些等级授予或为他们规定权利和义务。因此，等级划分完全是法律上的划分，它同根据经济条件、智力条件、道德条件乃至体力条件进行的其他社会划分不同，是法律认可的。"②直到17世纪，社会等级观念仍然强烈地存在于各阶层民众中。英国革命时期平等派领袖之一理查德·奥佛顿在1646年的《千百万公民的抗议书》中就这样写道："为了保障个人和等级的正当的自由，一切被压迫的人民、富人以及宗教人士，有什么不可以做呢？"③

在封建等级社会，贵族奢侈享乐却在国家政治经济生活中拥有特权，勤勉地创造社会财富的劳动阶层却因身份低下无法参与国家的政治活动。对这种社会不平等现象的批判构成了资产阶级构思理想社会制度蓝图的基础。④ 在16、17世纪，社会生产体系发生了深刻变化，存在了上千年的生产技术和经济组织形式逐渐被新的东西所代替，作为资本主义经济成熟标志的工业革命推动了国家与社会关系的深刻变革。在法理上，"公法"和"私法"的划分在《罗马法》的基础上首次被明确提出，发现和规定那些作为私有财产的抽象关系，为相对于国家而独立存在的社会领域提供了法理基础。在国家重商主义政策的保护下，资本主义在封建社会内部逐渐成长起来，其最重要的表现形式之一就是市民阶级的壮大和成熟。市民阶级追求的是属于人本能发展所需要的物质和自由，"从这个市民等级中发展出最初的资产阶级分子"⑤。正是"市民"以及由市民组成的社会自治组织即"行会"，促进了中世纪时期政治组织与社会组织的有限分离，"市民"们在新兴城市中逐步探索和建构形成了区别于封建国家和教会组织的新的社会组织形态。

进入资本主义社会以后，随着市场经济的快速发展，市场交易规则迅速向社会生活各个领域扩展，成为社会生活的最高准则，西方传统的建立在血缘、地缘、

---

① ［美］丹尼尔·贝尔：《后工业社会的来临》，王建民译，新华出版社1997年版，第94页。
② ［俄］克柳切夫斯基：《俄国各阶层史》，徐昌翰译，商务印书馆1990年版，第1页。
③ ［英］阿萨·布里格斯：《英国社会史》，陈叔平等译，中国人民大学出版社1991年版，第158页。
④ 沈汉：《西方社会结构的演变：从中古到20世纪》，珠海出版社1998年版，第153页。
⑤ 马克思：《共产党宣言》，中央编译出版社2005年版，第13页。

业缘基础上的小共同体秩序，以及在中世纪逐步发展起来的城市自治、教会自治传统都受到了极大的冲击，整个社会陷入了严重的整合危机。在社会解组、社会失范的困境中，伴随着社会组织碎片化的，是个体的普遍原子化，孤立无援的个体成为资本力量肆意蹂躏的对象。"个体化的主要特点在于它的后果。在文化生活中不再有什么集体良知或社会参照单位作为补偿。说得更概略一些就是，不再是社会阶级代替身份群体的位置，或者家庭作为一个稳定的参照框架代替了社会阶级义务的位置。对于生活世界中的社会性来说，个体自身成为再生产单位。"①社会成员由此失去了普适性的价值认同，失去了可以给予人们崇高感和归属感的共同体关怀。

社会原子化是社会剧烈变迁过程的结果，其实质是现代性社会组织缺位和传统社会自组织秩序解体带来的社会失灵，是"由于人类社会最重要的社会联结机制——中介组织的解体或缺失而产生的个体孤独、无需互动状态和道德解组、人际疏离、社会失范的社会危机"②。西方国家社会转型过程中出现碎片化、原子化现象与其根深蒂固的个人主义价值传统有着深刻的内在联系。西方个人主义的源头可以追溯到宗教改革时期，新教开始注重个人的自主意识，并因此而直接冲击了固有的仪式化的权威。理性化是现代性的显著特征，它虽然极大地提升了现代社会的生产效率和管理效率，但其隐含的工具主义取向也毁坏了那些曾经为人们带来生活意义和目标的传统价值。贝克、吉登斯和拉什提出的"内省的现代化"概念，要义就在于阐明现代世界在摆脱了传统的束缚，赋予个体极大的自由之后，也使个体面临着自我选择的压力。③在个体化的时代里，每个人都必须明了自己选择生活道路的能力，更应该明了自己本身。这种将权威由"外部"转向"内部"的过程进一步强化了个人主义的生存逻辑，因为传统的弱化意味着人们的抉择范围与行为方式不再受过去相同的集体经验的局限，也不再受源自于某些特定共同体或社会所要共同遵从的信仰和文化准则的桎梏。这能够促进每一个人的主体道德体系的发展，从而使人们的行为以及行动准则更符合其自身的利益，而无需受制于那些赖以形成一种共同伦理文化的集体观念或集体意识。从某种意义上说，这就是要求人们在一个"不可预知的世界里"去

---

① ［德］乌尔里希·贝克：《风险社会》，何博闻译，译林出版社 2004 年版，第 159 页。
② 崔月琴等：《回到社会：非政府组织研究的社会学视野》，《江海学刊》2009 年第 5 期。
③ 参见霍普：《个人主义时代之共同体重建》，浙江大学出版社 2010 年版，第 21－25 页。

进行一次"自我探索的旅程"①。原子化的社会不仅使个体陷入了某种"无根"的生活境地，而且极大地放大了社会失序的风险。基于法国大革命的教训，托克维尔明确提出，社会原子化将无可避免地带来混乱与暴政，"如果每个公民随着个人的日益软弱无力和最后不再能单枪匹马地保住自己的自由，并更加无法联合同胞去保护自由，那么，暴政必将随着平等的扩大而加强"②。

对于西方社会来说，值得庆幸的是，社会残留的自组织力量，在国家基于防止社会冲突走向阶级对抗的社会关系调节行动的支持下，逐步形成了一种有效的社会自卫运动，遏制住了拥有丰富的自足性价值的社会沦为金钱至上的"市场社会"的趋势。社会自我保护运动是在社会保护原则支配下的政府干预和社会运动，"目标是对人和自然以及生产组织的保护；倚仗直接受到市场有害行动影响的群体——主要是但不仅仅是工人阶级和地主阶级——的各种各样的支持；它运用保护性立法、限制性团体和其他干涉手段作为自己的运作手段"③。上世纪初以来，在资本力量的种种野蛮行径的刺激下，西方社会涌现出了大量以保护弱势群体利益、维护公共秩序的社会组织。而国家基于摆脱阶级对抗对于资本主义体系的生存威胁，也开始着手对无孔不入的资本力量进行某种限制，进而通过建立健全社会保障体系来缓解日益尖锐的社会矛盾。从某种意义上说，正是社会自身的觉醒，以及国家干预市场失灵功能的强化，避免了西方资本主义社会秩序的全面崩溃。

如果说在大转型过程中西方社会的自组织秩序最初的主要威胁来自资本力量的野蛮侵蚀的话，那么，随着国家不断加强对经济社会生活的干预，进入上世纪中叶以来，社会领域的自主性却受到了国家行政力量越来越强大的挤压。一方面，日益健全的社会保障体系使国家力量逐步渗透进私人生活空间，国家在给公众提供无微不至的福利关怀的同时，实现了对公众生活全方位的监控。另一方面，自由民主体制基于对所谓"多数暴政"的恐惧，通过一整套程序民主，而将公众排斥在了公共政治生活之外。对于公众来说，权力无所不在，但它不是驾驭的对象，而是操控自己行为的庞大异己力量。当公共领域全面解体，社会大众沦为政治市场被动的消费者，沦为"政治秀"的看客时，人们只能将自己的精力和

---

① ［英］霍普：《个人主义时代之共同体重建》，沈毅译，浙江大学出版社 2010 年版，第 21－25 页。
② ［法］托克维尔：《美国的民主》（下卷），董果良译，商务印书馆 1988 年版，第 635 页。
③ ［英］卡尔·波兰尼：《大转型：我们时代的政治与经济起源》，冯钢、刘阳译，浙江人民出版社 2007 年版，第 114 页。

热情收缩到个人私利的争夺上,而不再理会政治共同体之善。公共领域的消失,政治大门的紧闭,将社会大众塑造成为只关心自我感受、个人享受的孤独个体。哈贝马斯相当准确地把这种现象概括为"公民唯私主义综合症"①。值得注意的是,代议制民主对公民参与的排斥,不是体制失灵的表现,而是这一体制的内在要求。以个人权利为本位的自由主义民主理论的一个显著特色就是"权利"至上,"自由主义者对参与政治的观念持一种轻视的态度,他们认为政治公共体是一种工具,而不具有内在的善。自由主义者的目的不是分享权力或者成为共同体中的一部分,而是抑制权力的共同体,同时依据它们如何影响自由和个人利益来批判它们。"②当年盛赞美国式民主的托克维尔,曾以极大的热情讴歌了美国人对公共事务的热情,认为公民的责任感及其对公共事务的积极参与,构成了美国民主大厦的基石。然而,在民主体制运行了200多年之后,号称世界民主典范的美国社会,却弥散着一股浓郁的逃避政治的氛围。贝拉等人的《心灵的习性——美国人生活中的个人主义和公共责任》、普特兰的《独自打保龄球:美国下降的社会资本》、卡尔·博格斯的《政治的终结》、马修·科瑞森与本杰明·金斯博格的《正在缩水的民主—美国的公民边缘化和公共生活私人化探究》,以及查特尔·墨菲的《政治的回归》等等,都对美国公民的公共精神的衰亡表现出了深切的忧虑。

上世纪中后期以来,以福利国家为表征的国家统摄社会的发展模式遭受了严重的合法性危机,人们普遍意识到,无论是在农业社会还是工业社会中,那些控制着政府的人能够决定社会竞争的规则,并且,依靠这种权力的作用,可以对这种竞争的后果产生深远的影响。因此,从分配过程的角度看,在工业社会中同在农业社会中一样,对政府机器的控制是至关重要的。③ 在这样的背景下,公民社会或第三域治理概念广泛兴起,成为反思西方社会治理模式及其变革的重要力量。20世纪80年代以来,"结社革命"更是在全球范围内涌现出来④,"这场革命对20世纪后期世界的重要性丝毫不亚于民族国家的兴起对于19世纪

---

① [德]哈贝马斯:《事实与规范之间——关于法律和民主法治国的商谈论》,童世骏译,三联书店2003年版,第670页。

② [美]本杰明·巴伯:《强势民主》,彭斌译,吉林人民出版社2006年版,序言第8页。

③ [美]伦斯基:《权力与特权:社会分层的理论》,关信平等译,浙江人民出版社1988年版,第332页。

④ [美]莱斯特·萨拉蒙:《全球公民社会——非营利部门视界》,贾西津等译,社会科学文献出版社2002年版,第4页。

后期世界的重要性。其结果是，出现了一种全球性的第三部门即数量众多的自我管理的私人组织，它们不是致力于分配利润给股东或董事，而是在正式的国家机关之外追求公共目标。"①社会组织在整个公共事务治理中作用由此再次受到了广泛关注，成为推进公共事务治理模式变革的重要依托。在治理理论中，社会组织作为公民社会的核心组成部分，被认为应该与政府、市场一起担负公共治理功能，在三方合作治理的复杂格局中，甚至可能出现"没有政府的治理"②。

　　揆诸西方历史，自资本主义萌芽以来，社会的自组织力量一直表现出了顽强的生命力，不仅在传统社会组织形式趋于解体的过程中，以职业团体、利益团体、志愿者组织、公益性的非营利组织等组织形式，在一定程度上实现了社会的再组织化，并一再通过其自卫运动有效地抵御了资本力量和国家权力对社会生活秩序的市场化、权力化的塑造，维持了社会领域的相对自主。一个世纪以前，托克维尔通过对美国民主制度社会基础的深入考察就曾发现，美国广泛的结社习俗，是克服个体原子化危机的重要力量。"美国居民享有的自由制度，以及他们可以充分行使的政治权利，使每个人时时刻刻和从各个方面都感到自己是生活在社会里的。""地方性自由可使大多数公民重视邻里和亲友的情谊，所以它会抵制那种使人们相互隔离的本能，而不断地导致人们恢复彼此协力的本能，并迫使他们互助。"③美国人把结社视为参与公共生活的重要途径，发展出了政治性结社、实业性结社、兴趣结社、宗教结社等门类繁多的结社生活。"通过政治结社，他们可以多数人彼此认识，交换意见，倾听对方的意见，共同去做各种事业。随后，他们又把由此获得的观念带到日常生活中去，并在各个方面加以运用"④。

　　正是悠久的参与公共生活以及小共同体自治的传统，以及由此培育出来的丰富的社会自组织力量及组织资源，使得西方社会的自组织秩序一直没有因为资本力量的侵蚀和国家权力的挤压而完全消亡，而总是能够以适应经济社会发展的方式显露出其特有的社会功能。目前，西方发达国家的各种非政

①　[美]莱斯特·萨拉蒙：《非营利部门的崛起》，谭静译，《马克思主义与现实》2002 年第 3 期。
②　[美]詹姆斯·N.罗西瑙：《没有政府的治理》，张胜军等译，江西人民出版社 2006 年版，第 3 页。
③　[法]托克维尔：《美国的民主》(下卷)，董果良译，商务印书馆 1988 年版，第 633、632 页。
④　同上，第 649 页。

府组织的发展和运作,已经进入了相当成熟的境地。一项对 22 个国家非营利组织的研究发现,如果将这些国家的非营利部门比作一个单独的国家,那么它将成为世界第八大经济大国,它提供的就业岗位占这些国家服务业就业总数的 14% ,这即是说,在每 5 位公共服务提供者中就有 2 位来自非营利部门。[①] 当然,这些被称作"非政府组织"、"非营利组织"、"第三部门"等社会组织的发展,并非要取代市场经济和议会民主政治,但它"超出了传统的议会统治与官僚统治方法而创造了一种被国家吸纳的新的干预和调节形式,并力图比多元主义或多个政党更有效地代表不同生产者的利益"[②]。"社团革命"之于社会发展的一个重要结果就是促使传统的"国家与市场"二元治理结构向"国家—市场—社会"的多元治理结构转化,由私人组成的、独立于政治国家的非官方组织所构成的社会系统之于社会发展的重要意义由此得以历史性地凸显出来。

2. 断裂与碎片:中国社会分化中的整合危机

如何在社会分化的过程中形成新的社会整合机制,是转型社会秩序重建的核心问题之一。对于社会分层现象,西方学界一直存在功能论和冲突论两种对立的价值判断。功能论的解释认同社会分层的必然性和合理性,认为所有社会都存在一定程度的阶层分化,社会资源在不同社会群体间的差异化分配正是推动社会进步和经济发展的重要驱动力。冲突论的解释则认为,社会分层是社会不平等的表现形式,是由于社会中的少数人通过各种手段控制和垄断资源并排斥其他社会成员所导致的结果,由此产生的贫富差距等社会不公现象将对社会进步与经济发展带来破坏性的负面影响。两种解释也代表着效率至上抑或公平至上两种不同的价值取向以及相应的经济社会发展政策取向。前者强调经济增长,追求经济效率,反对政府干预市场的自由竞争,后者则更看重社会公平这一目标,主张经济增长应该使绝大多数社会成员从中受益。

事实上,无论是功能论还是冲突论,事实上都秉持了这样一种"问题意识":即社会分层作为人类社会有史以来就始终存在的客观现象,在何种情

---

① 莱斯特·M.萨拉蒙等:《全球公民社会:非营利部门视界》,贾西津等译,社会科学文献出版社 2002 年版,第 9 - 10 页。

② 申建林:《西方社团主义的利益调整模式》,《国外理论动态》2010 年第 2 期。

形下是社会秩序的体现？在何种条件下是社会整合的条件和依托？又是如何演变为社会冲突和社会失序的根源的？[①] 功能论和冲突论都承认社会分层的不可避免性，也都认同社会分层对于社会发展所具有的正向激励作用，两者的分歧集中在导致这种分层的过程是否公正以及社会应当容忍何种程度的不平等的问题上。正如格尔哈斯·伦斯基指出的那样，在一个社会中，谁得到了什么，为什么得到，这是任何一个社会分层的理论都需要面对的中心问题。[②] 社会分层的价值观决定着，处于特定分层结构中之社会成员对于这种分层结构是接受、认同还是拒绝，进而影响着不同阶层之间是协调合作还是冲突对立。在人类社会历史上，从"劳心者治人，劳力者治于人"到"血统论"，从"安贫是一种美德"到社会达尔文主义，所有这些教条的共同目的，就是试图让人们相信既有分层现象是符合正义价值的。[③]

任何改革都是对社会利益结构的调整，而利益结构的调整必然会使一部分集团或群体获利而另一些集团损失利益。以此来审视改革开放 30 多年来的社会分层现象可以发现，改革进程中利益协调机制的失衡是造成社会阶层断裂及社会碎片化的重要原因。改革开放以前，我国社会分层主要体现为农民、工人和干部的简单三层结构，权力分层、声望分层、收入分层保持高度一致。具体的分层结构则包括城乡分割的身份制度、干部与工人农民的社会身份分层、干部内部的社会分层以及工作单位身份体制等。改革开放以后，我国社会分层结构发生了重大变化。从群体分层结构看，主要表现为农民身份开始分化、工人群体数量膨胀、新的个体私营工商层涌现、贫富群体之间差距拉大等。从制度变迁看，无论是城乡结构、社会交往关系，还是干部体系的官本位制、工人的单位身份制均发生了深刻的变迁。从利益获得和利益受损的视角进行考察，至少可以将社会成员区分为四个利益群体或利益集团，即特殊获益者群体、普通获益者、利益相对受损群体和社会底层群体。[④] 其中，特殊获益者群体，以民营企业家、大中型国有企业负责人、影视体育明星和部分

　　① 参见西摩·马丁·李普塞特：《一致与冲突》，张华青译，上海人民出版社 1995 年版。
　　② ［美］格尔哈斯·伦斯基：《权力与特权：社会分层的理论》，关信平等译，浙江人民出版社 1988 年版，序言第 2 页。
　　③ 王小章：《"自由"和"共同体"之间——从西方社会理论看社会建设的价值取向和实践层面》，《浙江社会科学》2011 年第 11 期。
　　④ 李强：《转型时期的中国社会分层结构》，黑龙江人民出版社 2002 年版，第 103－120 页。

以权谋私的政府领导为代表,他们在改革中获益最大,是社会上层群体。普通获益者包括各个阶层的人,其中既有知识分子、干部,也有一般的经营管理者、办事员、店员、工人、农民等,他们处在类似于中间阶级的位置上。利益相对受损群体主要包括市场转型初期因"脑体倒挂"而经济利益受损的脑力劳动者,以及转型中利益受损的部分体力劳动者,主要是失业、下岗职工群体。底层群体则是指经济收入低于贫困线以下的社会群体,主要包括农村贫困地区的贫困人口、下岗工人中的生活极端贫困者以及部分因无正当职业而生活困窘的农民工群体。也有学者以组织资源、经济资源和文化资源的占有为标准,将我国社会分为进一步细分为十大阶层,即国家与社会管理者阶层、经理人员阶层、私营企业主阶层、专业技术人员阶层、办事人员阶层、个体工商户阶层、商业服务业员工阶层、产业工人阶层、农业劳动者阶层、城乡无业失业半失业者阶层。①

　　无论以何种方式划分社会阶层,不争的事实是,阶层分化已经成为中国社会生活的常态。从西方社会分层的历史进程来看,市场经济发展与人身依附关系的打破是相伴而生的,无论是市场交易还是社会交往领域均呈现出了从"身份"向"契约"的转变。"所有进步社会的运动,到此为止,是一个'从身份到契约'的运动"②。以契约为基础的社会流动格局是现代开放社会结构的主要表现形式。在我国,由于现代开放社会的契约基础尚未完全建立,阶层分化依然过多地受到国家权力和资本力量的左右,受到失衡的体制性政策性因素的扭曲,社会分化过程夹杂着大量不公平的因素,并造成了相当严重的社会断裂现象。

　　社会阶层的"断裂化"问题最早由孙立平等人提出,指的是整个社会分裂为相互隔绝、差异鲜明的两个部分:经济财富及各类资源越来越多地积聚于上层社会或少数精英分子手中,而弱势群体所能分享到的利益越来越少,他们与社会上层精英分子的社会经济差距越拉越大,从而形成与上层社会相隔绝的底层社会。③ 社会的断裂化意味着难以以社会流动的方式来维系整个社会的有机体联系,社会底层很难通过公平竞争实现向上的社会流动,并由此导致阶层之间的对立情绪日益严重,而一旦这种对立意识无法得到有效缓

① 陆学艺:《当代中国社会十大阶层分析》,《学习与实践》2002 年第 3 期。
② [英]梅英:《古代法》,沈景一译,商务印书馆 1977 年版,第 96 页。
③ 孙立平:《断裂:20 世纪 90 年代以来的中国社会》,社会科学文献出版社 2003 年版,第 59-67 页。

解,无论社会上层还是底层都会对于社会秩序产生日益严重的排斥感和对立感。

与社会断裂相关联的另一个问题是政府权威和社会治理的碎片化问题。美国政治学家李侃如和奥森伯格在考察中国相关的决策过程时,最早提出了"碎片化权威"(fragmented authority)问题[①]。他们认为,由于政策过程缺乏衔接,制度化不足,人治化色彩过浓,中国国家制度结构碎片化特征已经表现得相当突出。一是随着意识形态的淡化,那些能够促进政策制定和执行的共享价值观不再像以往那样能够使基层官员保持对上级的忠诚和服从,不同地方、不同部门逐渐形成自身独有的部门价值和文化;二是在政治结构上,分权化改革导致权威主体的多元化和社会资源分布的分散化,地方官僚机构具备了追求地方经济发展成就、实现有自身特色的价值偏好以及维护自身利益所需要的权力和资源。特别是在地方经济发展的锦标赛中,预算外收入的增加强化了地方相对于中央的经济独立性,进而导致对上级政策的忠诚度下降;三是政府权力运行过程中信息传递的扭曲和失真,使得下级领导可以选择性地向上提供资讯,从而在很大程度上削弱了权威的有效性。美国学者戴慕珍则以政策自主性的悖论来解释中国国家治理体系的特征。一方面,国家制定政策的自主性程度是相当高的,几乎没有其他的社会力量可以能够有实质意义地介入这个过程,或者能够对某一项政府的政策提出有力的挑战。但在另一个方面,政策的执行过程又不能完全保持如同政策制定过程那样程度的自主性。中国的国家执行政策的能力并不一定有其制定政策的能力强。在基层的实际社会生活中,政策的实际影响力是极为有限的,其作用主要表现在界定什么是合法行动的边界上。[②]

在计划体制下的"总体性社会"中,各级政府组织从上到下在结构上是同质化的[③],各个单位组织作为国家的缩影,集政治、经济、安全、福利所有职能为一身,相互之间也有很强的同质性。西方一些学者曾把这种社会结构称作"蜂窝式结构"[④]。每个单位组织虽然是整个制度体系的一个部件,但就其

① Kenneth Lieberthal, Michel Oksenberg: Policy Making in China. Princeton University Press, 1990.

② 参见 D. H. 帕金斯等,《走向 21 世纪:中国经济的现状、问题和前景》,陈志标译,江苏人民出版社 1992 年,第 34—36 页。

③ 李强:《国家能力与国家权力的悖论》,《中国书评》(香港)1998 年第 2 期。

④ Vivienne Shue: The Reach of the State: Sketches of the Chinese Body Politic. Stanford University Press, 1988.

自身而言又是"大而全小而全"的自足性团体,相互之间像蜂窝煤一样互不沟通。改革之前,单位组织不具有行为自主性,国家借助于资源控制和组织控制,能够有效地保证各个单位组织切实贯彻执行国家的意志。改革开放以后,随着单位组织逐步演变成为相对独立的利益主体,追求单位自身利益的最大化(部门、地方及组织利益最大化)而不是切实履行公共职责成为单位组织的基本行为准则,对国家及上级制订的政策敷衍了事,讨价还价,以及对政策进行"选择性执行"、"象征性执行"等等成为体制内单位组织的常态,国家的权威因此受到严重削弱。李强认为,与全能主义时期相比较,后全能主义时期最大的改变是单位以及各级政府机构的行为方式发生了变化,这些组织不再以社会控制作为自己的主要职能。由此,国家治理体系出现一种"颇具悖论意义的情形":尽管国家机构作为一个无所不在的庞然大物依然存在,但这些机构已经不再履行、或不完全履行"国家"的职能。全能主义国家的层层职能机构正在演变为追求各自利益的行为主体,它们实际上已经将"国家"职能的履行当作业余职能。

戴长征则从压力型体制入手分析了国家权威碎片化的发生逻辑。戴长征认为,与经济上实行的"财政包干制"相对应,改革以来在行政上实行的是一种"政治承包制",即"压力型体制"。"财政包干制"和企业承包制使得国家丧失了"包干外收益的索取权",即所谓"交足国家的,剩下都是自己的","包干外收益"成为一种可以将国家排除在外的只在小共同体中分配的价值物。而"政治承包制"则意味着国家放弃了对承包外行政权力的监控权,国家首先设定了各种硬性指标和禁止性规范,只要部门、地方和基层达到了国家各项硬性指标的规定,不违背各项禁止性规范,它们的行动就是自由的。在"财政包干"和"政治包干"制度的诱导下,各级政府和部门演变成"企业化政府"(Entrepreneurial Government)和"企业化部门"(Entrepreneurial Department),它们利用"包干外收益"和外在于国家监控的行政自由裁量权追求个人和小共同体利益,导致国家权威被各个体制内的利益主体切割得支离破碎。① 所谓"上有政策、下有对策",以部门、地方和单位利益分割侵蚀公共利益;行政执行过程中的有令不行、有禁不止,行政执法过程中的有法不依、执

① 戴长征:《国家权威碎裂化:成因、影响及对策分析》,《中国行政管理》2004年第6期。

法不严、违法不究、知法犯法、徇私枉法、贪赃枉法,以及潜规则盛行等等,都是这种国家权威碎片化的反映。套用瑞典发展经济学家缪达尔的概念,碎片化的权威必然是一种"软政权"(Soft state)①,即政治运作不具备起码的社会整合效能、稳定性与发展战略的宏观导向性。

政府权威的碎片化带来了公共事务治理主体之间在政策制订及政策执行上的不协调,以及公民与政府部门的大量冲突。政府治理的碎片化现象"在政策执行过程中表现得比政策制定过程中明显严重,在基层政府层面比在中央政府或者高层地方政府层面明显严重,在政治领域比在经济领域明显严重,在21世纪之初比上世纪80年代明显严重"。② 体制上的碎片化体现为不同层级政府及部门之间,形成相互割裂的组织单元;职能的碎片化体现为职能部门的职责不清,导致公共事务的治理形成了相当普遍的有利争着管,无利互相推诿的现象。由于政府正式权威的碎片化,以私人交往所构建的关系网络成为政府正式权威的重要替代,从而出现"私人事务公事化、公共事务私人化"的错位现象。政府权威体系的碎片化意味着政府难以实现对社会的有效管理,也难以对政府系统内部的运行过程进行有效的监控和规范。

无论是社会断裂还是社会治理的碎片化,都反映出当下中国社会再组织化的滞后,已经使个体生存和政府治理都陷入了某种困境。如前所述,社会碎片化和个体原子化是转型社会一种相当普遍的现象。就后者而言,社会学家米尔斯(C. Wright Mills)在《社会学的想象力》一书的开篇就曾这样说道:"现在,人们经常觉得他们的私人生活充满了一系列陷阱。他们感到在日常世界中,战胜不了自己的困扰,而这种感觉往往是相当正确的:普通人所直接了解及努力完成之事总是由他个人生活的轨道界定;他们的视野和权力要受工作、家庭与邻里的具体背景的限制;处于其他环境时他们则成了旁观者,间接感受他人。"③如果说西方社会借助于社会的自组织体系和基于契约的社会交往方式较好地缓解了孤立的个体在陌生人世界中的生存焦虑的话,那么,转型期的中国却因为社会自组织资源的匮乏却不得不让公众承受了更多

---

① [瑞]冈纳·缪尔达尔:《世界贫困的挑战》,顾朝阳等译,北京经济学院出版社1991年版,第184－186页。

② 赵树凯:《乡镇治理与政府制度化》,商务印书馆2010年版,第267页。

③ [美]米尔斯:《社会学的想象力》,陈强等译,三联书店2001年版,第1页。

的生存压力。按照费孝通的解释,区别于西洋社会结构的"团体格局",传统中国社会结构是一种"差序格局",是由人与人之间具体的社会关系衍生出来的,围绕血缘、地缘、业缘的亲疏关系建构的人际关系模式。[①] 通常,这种通过血缘、地缘、业缘差序相连接的人际关系是一种熟人社会的交往模式。在工业化、城市化和市场化的现代性变革过程中,这种人际关系模式和社会结构不可避免地走向了衰亡。建国以后,中国借助强大的国家力量,建立起了行政化的社会组织网络体系,将社会成员无一例外地纳入了国家体制的控制范围。为强化国家体制的整合能力,传统的以血缘、地缘、业缘为基础的社会关系模式在历次政治运动中受到了极大的冲击,使得传统的社会组织资源消失殆尽。

建国以后建立的以城市单位为典型的社会组织形式,是一种集社会资源分配与社会秩序控制为一体的社会组织单元。单位如同微型国家,既是工作场所,又是一种特殊的生活空间。单位既监控着组织成员的思想、行为与日常生活,又满足着单位成员基本的生活需要。单位成员的婚丧嫁娶、吃穿住用、学习娱乐等,都完全依赖于单位的资源分配。单位制度在给单位成员提供福利保障和种种组织关怀的同时,也剥夺了单位成员的自主选择权利,更剥夺了体制外各种社会组织存在的合法性。市场化进程中单位体制的变迁,在推动"单位人"向"社会人"转变的过程中,虽然使"单位人"摆脱了单位组织的束缚,同时也使他们因为缺乏替代性的组织归属而重新沦为孤立的个体。在此,单位制之下单位成员所享有的住房、医疗、教育、养老等福利被剥离,原来由单位履行的社会功能逐渐社会化;个体社会成员难以再通过单位组织的力量表达和捍卫利益;单位仅仅成为一个职业场所,劳资关系取代了单位制下的人情关怀;社会成员间亲密关系的断裂,人们长期所依赖社会关系网络迅速缩减。[②]

在单位体制解体、社会流动规模迅速扩大的过程中,无论是走出单位的人还是原本就没有单位归属的人,事实上都以孤立的个体的身份进入到了一个"陌生自由人社会"[③]。陌生自由人社会是由众多相对独立的陌生自由人

① 费孝通:《乡土中国》,上海人民出版社2006年版,第20页。
② 李宁宁等:《后单位制时代社会支持的断裂与再造》,《南京社会科学》2010年第11期。
③ 刘志民、杨友国:《陌生自由人社会及其内卷化——关于中国社会结构现状的思考》,《甘肃行政学院学报》2009年第4期。

个体所组成的集合体,它既区别于传统计划经济体制下高度组织化的行政社会,也区别于以社会自组织为依托的成熟公民社会,更区别于中国古代乡村以差序格局为基础的熟人社会。理想状态的公民社会是一个高度自组织化的社会,而陌生自由人社会则是一个自组织孱弱,相对碎片化、原子化的社会。中国在传统熟人社会的"差序格局"和行政化组织网络均告消解的过程中,以公民社会为导向的社会组织发育以及整个社会再组织化进程的严重滞后,客观化就使社会处于一种相互陌生的碎片化的"原子格局",正如一袋差异明显、相互陌生的"马铃薯"①。

　　在市场秩序还很不成熟和规范,行政权力的运作也没有得到有效约束的条件下,孤立的个体无疑正是野蛮的资本力量和放纵的行政权力得以肆意侵夺的对象,他们最容易沦为"沉默的羔羊"。对于既没有任何组织归属,无法指望有任何组织在自身权益受到侵害时会伸出援助之手,又无法对维系人们社会交往的抽象化规则持有信任心理的个体来说,生存的压抑感,以及对自身安全的焦虑感无疑是深入骨髓的。"个体安全可以理解为,作为安全主体的个人与其外界环境及社会之间的和谐共存关系,是个人在客观上没有面临威胁、在主观上没有恐惧感受的一种状态。一般而言,个人的不安全状态根源于外界和社会存在的危险和风险。"②一旦个体长期陷入安全感缺失的生存焦虑之中,往往会对自身的遭遇作出非理性的甚至极端化反应,从而使社会秩序面临防不胜防的威胁。对于地方政府来说,由孤立的个体聚合而成的"乌合之众"及其非理性行为,恰恰正是社会治理最难应对的现实挑战。"一旦当大多数民众游离于国家正常的政治渠道之外,不能参与国家的政治,那么国家形势将是爆炸性的"③。

　　原子化的生存困境,决定了社会个体往往只能以极端化的非理性行为,或者聚合性行为来表达自己的利益诉求,宣泄自己的不满情绪,以期引起社会和更高层级的政府的关注。在维稳高压的驱使下,地方政府为了尽快平息事态,往往倾向于用个性化的方案去满足极端化行为主体或群体性事件参与

---

　　① 刘志民、杨友国:《陌生自由人社会及其内卷化——关于中国社会结构现状的思考》,《甘肃行政学院学报》2009 年第 4 期。
　　② 杨敏、郑杭生:《个体安全:关于风险社会的一种反思及研究对策》,《思想战线》2007 年第 4 期。
　　③ 杨光斌:《政治学导论》,中国人民大学出版社 2003 版,第 236 页。

者的要求,而不是以具有普遍意义的体制创新和政策调适来缓解社会矛盾。显然,社会原子化的后果往往是看似矛盾实则共存的一个两极化现象:一方面,是没有组织归属的社会个体在日常生活中屡屡遭受霸道的资本力量的权益侵害,其维权诉求则一再受到傲慢的政府部门的漠视和压制,陷入孤立无援、求助无门的境地,这种现象的频繁上演则使整个社会日益广泛地弥漫着对抗性的悲情意识;另一方面,政府一旦面对绝望个体的极端化行为,或者"乌合之众"的群体性行为时,进退失据,往往只能以无原则的退让来尽快平息事端,沦成软弱可欺的对象,由此形成日益严重的"小闹小解决、大闹大解决、不闹不解决"的社会非理性现象的诱导机制。

3. 社会再组织化:重建社会共同体

社会建设特别是社会组织体系建设滞后于工业化、城市化进程,是我国社会治理面临的一个突出问题。以陆学艺为代表的一批学者经过对比和测算,认为中国社会结构变动大约滞后经济结构 15 年,经济结构和社会结构之间存在着严重的结构差,这是我国经济社会发展中最大的不协调,也是产生导致中国诸多经济社会矛盾和问题久解不决的结构性原因。[①] 我国社会建设的滞后,不仅表现在公共服务供给及社会保障体系建设严重滞后于经济发展水平,更突出在表现在社会自组织能力的羸弱上。目前,我国社会组织的发展尚处于起步阶段,其独立性、治理能力等等更是远远无法满足社会秩序重构的现实需要。组织能力的缺位就是政治能力的缺乏,"组织是通向政治权力之路,也是政治稳定的基础,因而也就是政治自由的前提"[②]。因此,社会再组织化的发展状况将在很大程度上影响我国政治、经济以及社会的整体现代化进程。正视原子式个体的生存困境与政府的社会治理困境,以社会的再组织化来构建国家与社会之间的互动平台,形成开放性社会治理的组织网络,提高社会的组织整合的水平,乃是实现社会重建的必由之路。

第一,功能不一、组织形态各异的社会组织,是现代开放社会原子式个体重新获得组织归属和价值关怀的根本依托。人是一种社会性动物,任何人都需要有一定的组织或小共同体归属以缓解面对陌生世界及随时可能遭遇的

① 陆学艺:《当代中国社会结构变动中的社会建设》,《甘肃社会科学》2010 年第 6 期。
② [美]塞缪尔·亨廷顿:《变化社会中的政治秩序》,王冠华等译,三联书店 1989 年,第 427 页。

生存安全威胁的紧张感。这种需求，不仅是现实利益维护的需要，更是一种本体论意义上的生存需求。迈克尔·桑德尔认为，所谓共同体，就是那些具有共同的自我认知的参与者组成的，并且通过制度形式得以具体体现的某种安排，其主要特征就是参与者拥有一种共同的认同。桑德尔提出了三种不同性质的共同体：工具意义上的共同体；感情意义上的共同体和构成意义上的共同体。所谓"构成意义上的共同体"是由有着共同的理想追求的人所构成的共同体，对共同的理想的追求赋予了生活一种超越性的意义。同样，丹尼尔·贝尔在《共同体主义及其批评者》一书中概括出了地域性共同体、记忆性共同体、心理共同体三种共同体形式，认为基于共同参与的活动而形成的共同的心理体验，以及成员之间相互信任、合作和奉献精神，会给共同体成员带来更强的精神归属感。[①] 显然，人们对共同体的需求总是包含着丰富的心理和精神层面的内涵。社会原子化是由于人类社会最重要的社会联结机制——中间组织（intermediate group）的解体或缺失而产生的个体孤独、无序互动状态和道德解组、人际疏离、社会失范的社会危机。[②] 原子式的个体由于失却了组织归属，无法从组织内部成员之间面对面的互动活动体验到人际间的信任、友情，无法指望在自身遭遇生存困境时获得援助之手和来自他人的情感慰藉，孤立无援的生存体验极易使他对周遭的环境和陌生人的行为作出乖张的反应，这将使整个社会弥漫着急躁、焦虑的气息，充斥着各种人际冲突。和谐社会的建设不仅需要必要的物质基础，同样也需要特定的社会心理基础。概括地讲，一个和谐的社会必然大多数社会成员心态比较从容、开放，没有太多的对未来的焦虑不安和对他人的戒备猜忌心理的社会。而只有社会成员自发地结成的社会组织，才有可能取代传统的建立在血缘、地缘、业缘基础的小共同体，给予个体情感的归属和生存的情感慰藉。

　　第二，发达的社会组织是健全社会利益表达机制和利益协商机制的重要前提。相对均衡的利益结构，是维护社会公平秩序，化解社会阶层的对抗意识的坚实基础。实现社会利益的相对均衡固然离不开政府的利益调节作用，但更基础性的社会支撑条件是社会各阶层拥有畅通的利益表达机制，社会各

---

① 俞可平：《社群主义》，中国社会科学出版社 2005 年版，第 74、76 页。
② 崔月琴、吕方：《回到社会：非政府组织研究的社会学视野》，《江海学刊》2009 年第 5 期。

群体拥有相对均衡的公共政策话语权。在社会强势群体拥有压倒性话语权的背景下,推进弱势群体利益表达和利益协商的组织化,提高弱势群体的协商谈判能力及其在公共政策过程的话语权,就成为维护社会公平秩序的重要突破口。正如有学者指出的那样,当前社会矛盾产生的重要原因在于国家与社会之间缺乏一种利益整合机制,公共政策与社会成员多元化的利益诉求之间存在一定的冲突。如果社会成员对公共政策缺乏认同,同时个人又缺乏足够有效的途径来表达自己的意见和利益诉求的情况下,社会矛盾就容易聚积起来,最后爆发。在一个社会成员极端多元化、社会信息化的情况下,制度化、组织化的信息沟通和利益表达机制就成为社会秩序的一个重要保障机制。①

事实上,利益表达和利益协商的组织化,正是将社会矛盾的化解纳入理性化轨道的必由之路。在社会原子化的格局中,社会个体的利益诉求必然会因为表达方式的情绪化、表达内容的互相冲突,以及表达渠道的非制度化而无法有效纳入公共政策过程,更无法有效地提高其在利益博弈中的话语权。其结果,要么是众多个体分散化的表达被强势群体有效的组织化表达所瓦解,要么是非理性化和非制度化的表达酿成严重的社会冲突事件。借助于规范化运作的社会组织来集中地表达社会各群体的利益诉求,既可以有效地提高弱势群体的话语权,将弱势群体的利益诉求及时地传递到决策中心,避免公共政策对弱势群体诉求的盲视效应,又可以借助于社会组织自身的利益整合机制,有效地过滤个体性利益表达的非理性成分,是避免利益博弈零和化的重要途径。只有利益表达的组织化,才能够超越分散的大多数在"无所事事"和"无所顾忌"两种极端状态之间跳跃的困境。通过让分散的个体分担集体行动的成本,分享组织化行动的收益,同时建立健全组织内部的行为规则,社会组织能够有效协调个体的行动步骤、节奏和方向,从而在获得行动能力的同时,将这种行动控制在理性化的范围内,这就为理性协商提供了基础,避免了聚众行为带来的不可控制的破坏性力量。②

第三,社会组织具有强大的公共服务替代及社会管理参与潜能。在社会

---

① 胡仙芝:《积极培育社会组织 构建社会矛盾调节体系——以社会中介组织为视角》,《国家行政学院学报》2006 年第 6 期。

② 王锡锌:《利益组织化、公众参与和个体权利保障》,《东方法学》2008 年第 4 期。

价值观念、生活方式和利益结构日趋多元化,公共服务需求日趋多样化甚至个性化的现代社会,政府在公共服务的供给上不可能实现对个体"无微不至"的关怀。由分层化、地方化、专业化的社会组织分担政府的公共服务职责,不仅有助于减轻政府在公共服务供给具体事务上的负担,而且有助于提高公共服务供给的效益和质量。埃莉诺·奥斯特罗姆已经从实证角度证明,在绝大多数时候,政府与市场都无法有效解决现代社会中的公共池塘问题,但社区或小共同体的自组织治理机制却往往能够有效地破解这一问题。①

更重要的是,加强社会组织体系建设,将个体的社会参与行为纳入组织行为的框架,正是培育社会秩序的自组织因素,提升社会自组织水平,积蓄社会治理的社会资本的重要途径。社会组织作为社会行为主体的结合体,其运作必然以对其成员行为的必要约束和规范为前提,就此而言,社会组织的发展壮大,只要受到了国家法律和政策的有效规制,都必然意味着社会组织化水平的提高,意味着社会组织对社会秩序控制职责的分担,这将极大地分解政府从事社会具体事务管理的压力,推动政府社会管理方式从直接管理向间接管理转变,从而改变政府因社会管理职责范围过大、社会事务干预过细而导致自身成为社会矛盾焦点的被动局面。

第四,社会组织是凝聚社会力量,形成国家权力制衡机制的重要载体。健全社会组织网络体系,不仅提升社会组织化水平,形成社会的自组织秩序的必然要求,而且健全公共权力的约束机制,推进政府治理体系现代转型的内在要求。在现代民族国家条件下,特别是在"强国家弱社会"的格局中,公民权益的保障及社会自组织秩序的培育,最容易受到的威胁恰恰正是缺乏有效制约机制的公共权力。实践充分证明,仅仅依赖体制内的制衡及权力主体的自我监督、自我约束,是很难将公共权力的运作纳入法治化、规范化的轨道的,公众也很难由此形成对公共权威的信任。没有有效的组织载体及其运作机制,分散的个体是无法成功组织集体行动,以抵制公共权力的伤害的。其结果只能是社会治理陷入对抗性的两极:孤立的个体不是沦为任人宰割的"沉默的羔羊"就是蜕变为无法无天的"暴徒",强势政府不是一再无视弱势群体的利益诉求就是被个体极端化的行为和"乌合之众"的暴力威胁所裹

① 参见埃莉诺·奥斯特罗姆:《公共事物的治理之道》,余逊达等译,上海译文出版社2012年版。

挟,进退失据,行为乖张。

　　具有自主性品格的社会组织在政治过程中扮演社会自治、利益表达和政策协商的组织者角色,是民主体制得到有效运作的重要社会支撑条件。托克维尔写道,"如果一个民主国家的政府到处都代替社团,那么,这个国家的道德和知识方面出现的危险将不会低于它在工商业方面发生的危机"。"在民主国家,结社的学问是一门主要学科,其余一切学问的进展,都取决于这门学科的发展。在规制人类社会的一切法则中,有一条法似乎是最为正确和明晰的,这便是要是人类打算文明下去或走向文明,那就要使结社的艺术随身份平等的扩大而正比例地发展和完善。"①应当说,社会组织的自治功能及其对公共事务的广泛参与,本身就是治理结构"去中心化"的具体实现形式,它对于增强公共事务治理的公共性具有重要的保障作用。泰勒在总结托克维尔有关社团的民主政治功能的思想时指出,"抵制温和专制主义的唯一堡垒就是社团。各类自发的社团都是有价值的。但是他们的意义在于,他们赋予我们自治的趣味和习惯。所以,带有政治目的的社团是根本的。然而如果它们真的成为自治的场所,它们必须是非巨型的(non‑gigantic)和为数众多的并在政体的诸多层面存在。这本身就应该非中心化,以便自治也能在地方层面而不仅仅是国家层面得以实践。如果前者逐渐消失,后者也会身临险境。'在民主国家里,社团科学乃是科学之母。'"②与此同时,社会组织也是将公民参与纳入理性化轨道的重要管道。利益表达和政治参与的组织化,既有利于增强公众特别是弱势群体利益诉求的政治效力,也有助于避免利益表达诉诸于非理性甚至暴力手段。

　　综上所述,通过加强社会组织体系建设,实现开放社会的再组织化,既是维护稳定的社会秩序的必然要求,也是提升社会成员的生存质量,创造促进社会成员全面自由发展条件的重要保障。就此而言,社会组织乃是"社会的血脉","人们拥有社会组织的多寡已成为衡量一个国家社会化程度的重要标志;参与社会组织的多寡也已成为衡量一个人的社会地位的尺度"③。令人欣喜的是,改革开放以来,特别是近十多年来,我国的社会组织得到了迅猛

---

　　① ［法］托克维尔:《论美国的民主》(下卷),董良果译,商务印书馆1988年版,第638页、640页。
　　② 转引自［美］查尔特·墨菲:《政治的回归》,王恒等译,江苏人民出版社2001年版,第195页。
　　③ 邓伟志:《论和谐社会》,《新华文摘》2005年第6期。

的发展。"截止2007年底,依法登记的社会组织已经超过38.69万个,其中社会团体21.16万个,民办非企业单位17.3万个,基金会1340个,较之1988年增长了87倍。目前,仍以每年10%-15%的速度在发展"①。作为"全球结社革命的一部分"②,中国社会组织的快速发展,已经在维护多样化的利益诉求和多元化的权利主张、参与政府主导的公共服务供给和社会管理、增强对行政权力的异体监督等方面显示了巨大的潜力。出于创新社会管理格局考虑,近些年来,中央已经一再强调要扶植、培育各种类型的社会组织。十六届三中全会着眼于完善社会主义市场经济体制,提出要"按照市场化的原则,规范和发展行业协会、商会等自律组织。"十六届四中全会立足加强党的执政能力建设,要求"发挥社团、行业组织和社会中介组织提供服务、反映诉求、规范行为的作用,形成社会管理和社会服务的合力。"十七大更是提出要"发挥社会组织在扩大群众参与、反映群众诉求方面的积极作用,增强社会自治功能"。我们完全有理由设想,随着国家基于社会秩序控制的现实压力持续推进社会管理体制改革,加快营造"党委领悟、政府负责、社会协同、公众参与"的社会管理格局,中国社会组织成长的体制环境将会得到进一步的优化,而社会组织化水平的快速提高,也完全有可能为社会和谐稳定走上良性循环的轨道,以及社会秩序的现代转型提供强有力的内生动力。

二、中国社会再组织化的内在逻辑

对于曾经有过极其厚重的行政化的社会组织体系建设的历史遗产,又经历了市场化改革带来的社会原子化变革的当代中国来说,推进开放社会条件下的社会再组织化的核心问题,是如何重新理解和界定"国家与社会"的当下关系。因此,社会再组织化的模式选择,同样应当置于"国家与社会"理论的范畴中进行审视。

1. "国家建设社会"的内在局限

"国家"与"社会"是人类社会组织和秩序供给的两种基本形式。两者不

---

① 孙伟林:《探索有中国特色的社会组织发展之路》,《社团管理研究》2008年第10期。
② 王绍光、何建宇:《中国的社团革命——中国人的结社版图》,《浙江学刊》2004年第6期。

同的组合方式,直接决定着社会秩序的结构性特征。国家与社会关系的首要问题是两者的主次问题,即究竟社会是第一性还是国家是第一性,一切有关国家与社会的理论研究几乎都是围绕着这个问题展开的。当代学者们从两种不同的立场出发得出了两种不同理论研究范式,即"社会国家化"和"国家社会化"。

"社会国家化"意味着国家凌驾于社会之上,国家统治、支配、主导社会并全面干预社会生活。"社会国家化"最经典的表述来自于黑格尔。在黑格尔国家观中,国家甚至可以看作至高无上的地上神物:"国家是神的意志,也就是当前的、开展成为世界的现实形态和组织的地上精神"。① 在承认国家与社会分离的前提下,黑格尔认为国家具有至高无上的绝对权威和神圣性,而个人和社会只是国家的工具和附庸,国家的存在就是为了保护共同的利益,其方式就是直接介入社会活动之中。社会的"不自主性"决定了一切的社会意义的实现最终只能诉求国家或依凭政治而获致。在国家和社会的关系模式上,"社会国家化"反映的是"强国家—弱社会"的格局。"国家社会化"的理论范式由洛克创造,强调的是市民社会先于或外于国家而存在,国家因社会的赋权而存在并为社会服务,接受社会控制,社会享有对国家的最高裁判权。"国家社会化"的相关理论体现的是自由主义的立场,反映了"弱国家—强社会"的格局,并为现代宪政体制及"有限政府"的建构提供了理论支持。

众所周知,在计划经济时代,我国建立政治上高度一元化的组织体系和领导体制,国家与社会几乎完全合为一体,国家直接介入社会生活的各个领域,从而将传统的"强国家—弱社会"的格局推向了极致。改革开放以后,承载着国家统摄社会的意志的科层制度和一统观念受到了多重挑战,"科层制度承担越来越多的治理功能,不堪重负;一统观念制度受到多元社会的碰撞挑战而难以为继"②。传统的基于意识形态的合法性基础逐渐式微,而政府治理的有效性特别严重是经济增长的绩效逐渐成为国家的新的合法性基础。由此,国家控制的范围逐渐缩小,国家与社会的分殊迫使政府的治理模式开

---

① [德]黑格尔:《法哲学原理》,范扬等译,商务印书馆 1996 年版,第 271 页。
② 周雪光:《权威体制与有效治理:当代中国国家治理的制度逻辑》,《开放时代》2011 年第 10 期。

始由传统的高度集权体制走向新的政府主导下多元化治理转变。然而,虽然国家与社会的关系不再是单纯的命令服从关系,但国家依然可以依靠政府的组织资源和权威优势,通过正式和非正式的动员网络的使用实现自己的意志。总起来说,和其他的新兴工业化国家一样,现阶段中国国家与社会的关系仍然具有鲜明的"强国家—弱社会"特征,这既体现在政府与市场的关系中,也体现在政府与社会的关系中。在经济发展上,借助于政府强大组织功能和资源整合功能,为经济发展创造有利的内部与外部条件,即以超常规的政府职能的发挥来获取超常规的经济增长速度。在社会建设上,则是通过政府对社会发展资源的掌控,以有选择的福利制度建设和社会组织培育来推动社会发展。

政府主导的经济社会发展模式,优势是显而易见的,政府强有力的推动作用已经创造出了举世瞩目的增长奇迹,并在某些社会建设领域取了得突飞猛进的成就,但这种模式的局限性同样也是显著的,它已经在很大意义上使中国经济社会发展在人与自然、人与人的关系陷入了双重不可持续的境地。正如有学者所指出的,世界上大多新兴工业化国家经济增长达到一定水平之后,为了进一步的经济增长和社会进步,原先那种国家高度渗入社会的模式也必然要加以调整,以扩大社会的政治民主的程度和增加社会自身的独立性和自主性。[①]

针对性经济社会建设的失衡局面,中共十六届四中全会明确将"社会建设"作为当下中国的重要发展方略。十六届五中全会又进一步提出社会建设的七个着力点,要求以扩大就业、完善社会保障体系、理顺分配关系、发展社会事业为着力点,妥善处理不同利益群体关系,认真解决人民群众最关心、最直接、最现实的利益问题。但是,严格地讲,社会建设的上述内容只属于治标性内容,并未触及社会建设的根本所在,即国家与社会关系的适度调适。上述社会建设内容在政府强力推动下往往可以取得一时之效,却由于缺乏赖以巩固的社会自组织的根基,难以在根本上给予我国的政治发展以助益,从而也难以形成国家与社会相对独立却又良性互动的治理格局。[②]

---

① 唐士其:《国家与社会的关系——社会主义国家的理论与实践比较研究》,北京大学出版社1998年版,第53页。

② 刘京希:《从政治发展看社会建设》,《天津社会科学》2012年第2期。

正是由于在国家与社会关系认识上的局限,对于社会组织角色功能的认识,国家的相关指导思想长期以来都比较模糊,政策规定和管理体制更是具有相当突出的消极保守倾向。直到社会管理面临的形势日益严峻,政府越来越难以包揽社会管理事务,国家才开始逐步转变态度,肯定了扶持和引导社会组织参与公共服务供给和社会管理的必要性。从总体上讲,我国社会组织发育还处于初级阶段,其发展还普遍面临着诸多的体制性、政策性障碍和支撑条件不充分等问题。目前我国每万人平均拥有民间组织数量为1.45个,远低于法国110.45个、美国51.79个、巴西12.66个、印度10.21个、埃及2.44个的水平。① 更重要的是,目前大部分规模和影响力较大的社会组织,要么是生存发展过度依赖于政府,行政化倾向过于严重,要么是功利性目标过分突出,商业化气息过浓,角色定位无法满足社会建设的现实需要。而大量草根民间组织则由于规模过小,仍处于艰难的维持生存状态。从总体上讲,我国公民社会发展的制度环境中存在着大量不利于民间组织发展的制度性因素,由此导致我国民间组织发展中存在着规模实力偏小、资金缺乏、能力不强、效率不高、内部管理不规范等结构性缺陷,尚不完全具备组织性、非政府性、非营利性、自治性和志愿性等基本特征,具有明显的过渡时期组织的特征。②

社会组织成长存在的种种制度性障碍,同传统控制型的社会管理理念有着深刻的内在联系。"控制型管理类似于家长对未成年孩子的管教,是基于管理者相对于管理对象的权威,为防患于未然,通过严密监督、控制等手段,避免管理对象做出对国家、社会、他人和自身有害的行为。"③基于这种管理理念,国家往往对自主性的社会组织成长抱有种种不必要的戒心,甚至存在着某种"有罪推定"的潜意识,总是过多地担心公民自发地组织起来会损害政府的权威,甚至形成社会组织与政府的对立局面。在国家控制着立法权和政策制定权,且掌握着在一定历史条件下的公共资源的条件下,国家完全能够通过制定法律和政策来规范社会组织的运作,并运用公共资源形成引导社

---

① 王名、刘国翰、何建宇著:《中国社团改革——从政府选择到社会选择》,社会科学文献出版社2001年版,第105页。

② 何增科:《中国公民社会组织发展的制度性障碍分析》,《中共宁波市委党校学报》2006年第6期。

③ 谢海定:《中国民间组织的合法性困境》,《法学研究》2004年第2期。

会组织行为激励机制和约束。更重要的是,"政府限制民间组织,取消社会动员和社会整合的中介,可能会使政府自身保持很强的政治动员能力,但是,也很容易造成政府直接面对民众,使社会矛盾沿着政府方向的生成,影响公众对政府的认同,影响政府的合法性乃至社会的稳定。"①显然,我国的社会建设的一项重大任务,就是要通过大力扶持社会组织成长,逐步提升其自主治理能力,来提升整个社会的组织化水平,培植社会的自组织秩序。

2. 从"建设社会"到"社会建设"

虽然近些年来我国的社会建设中,无论是社会福利保障,还是社会组织培育,都取得了明显的成就。但受"强国家弱社会"格局及传统的国家控制社会的执政意识的制约,社会建设依然在很大程度上存在着"国家建设社会"的倾向。它表明在社会自组织主体缺失、政府主导型的发展模式塑造出政治国家与市场经济、公共权力与强势市场主体的合谋关系的背景下,旨在实现社会和谐的社会建设,很可能会因为"国家建设社会"的路径依赖现象而重新出现向"社会国家化"回归的危险趋向。

传统意义上的"国家建设社会"实践,建设主体无疑是政治国家,它体现的是国家通过将全体社会成员纳入行政化的组织网络体系而实现对社会生活秩序的全面控制,保证社会完全按照国家意志运行的政治意图。在此,"作为建设之主体的政治国家具有外在性,而作为建设客体的社会则居于'被建设'的位置。"因此,这种社会建设仍然没有摆脱既有建设模式的窠臼,"社会建设的主体仍然是各级政府,其建设目标仍是一个'泛政治化的社会',其运作方式仍是我们惯常所做的那样,通过政治权力无所不及的触角,去建构所谓的社会机构,去扶植所谓的社会组织。"②其实,社会建设是一个国家逐步还权于社会的过程,其建设实践必然是一个政府与社会组织的合作博弈过程。虽然政府在社会建设中必然还要发挥主导性的作用,但社会建设决不是国家按照自己的意志来随意形塑社会,更不是政府基于短期的维稳目标而重新加强对社会和公民的政治控制,具有自主性品格的社会组织的成长壮大,进而通过积极主动地参与社会建设,给社会建设注入国家意志之外自

---

① 刘培峰:《结社自由及其限制》,社会科学文献出版社 2007 年版,第 296 – 297 页。

② 刘京希:《从政治发展看社会建设》,《天津社会科学》2012 年第 2 期。

主性因素,是"社会建设"实践最重要的内在规定性。就此而言,承担着"社会建设"职责的各级政府必须有足够的心理准备,那就是:"社会建设"的过程必然是社会权利的伸张过程,必然是社会的觉醒过程。

其实,在国家与社会的关系问题上,马克思借助于对黑格尔颠倒国家与社会关系的思辨哲学的批判,已经非常明确地阐明了国家之于社会的次生性,认为在最终的社会发展中政治国家必将消亡。马克思认为,在前资本主义的中世纪,社会结构的重要特点是市民社会与政治国家浑然一体,国家从市民社会中夺走了全部权力,市民社会的等级就是政治等级,整个社会生活高度政治化。资产阶级政治革命的重要意义,就是将市民社会从政治国家中解放出来,政治国家从市民社会中撤出,上升为"普遍事务",市民社会从此成为一个独立的领域而不再受到政治国家的"家长"式干预,以自由、平等、财产、安全为基本内容的资产阶级人权得到国家和政府的承认和保护。与此同时,马克思强调,资产阶级革命完成的政治解放所确立的所谓的普遍人权不过是资产阶级任意地使用和处理自己财产的"自私自利的权利"[1]。"只有当现实的个人同时也是抽象的公民,并且作为个人,在自己的经验生活、自己的个人劳动、自己的个人关系中间,成为类存在物的时候,只有当人认识到自己的'原有力量'并把这种力量组织成为社会力量因而不再把社会力量当做政治力量跟自己分开的时候,只有到了那个时候,人类解放才能完成。"[2]人类解放的前提,是结束政治国家与市民社会的对立,"不再把社会力量当做政治力量","国家不得不重新承认市民社会,恢复它,服从它的统治",也就是说,"在真正的民主制中政治国家就消失了"[3]。通过推进社会组织化来提高社会自主治理能力,正是最终实现权力回归社会的重要前提。当社会已经具备了自主治理的能力时,"国家政权对社会关系的干预将先后在各个领域中成为多余的事情而自动停止下来"[4],最终则是国家为一个"以生产者自由平等的联合体为基础的、按新方式来组织生产的社会"[5]所代替。

---

[1] 马克思:《资本论》第1卷,人民出版社,2001年,第338页。

[2] 《马克思恩格斯全集》第1卷,人民出版社,1956年版,第443页。

[3] 同上,第282页。

[4] 《马克思恩格斯选集》第3卷,人民出版社,1972年版,第320页。

[5] 同上,第170页。

　　显然，就国家与社会关系的历史演化而言，"社会建设"在很大意义上是公民社会的自我建设或"自助建设"，其运作方式则是"在一个相对宽松和宽容的社会政治环境之中，由深具公民意识的公民所构成的社会自组织的自然发育与成长"①。因此，"社会建设"的成果，严格地讲，还不是体现在政府建立了多少社会组织上，而是体现在具有相对自主性的社会的成长和觉醒上，体现在社会组织自主性品格及自主治理能力的提升上。对照现实，目前，我国大部分规模较大、运作较规范、社会影响力也较大的社会组织，恰恰都是这种生存在政府羽翼之下缺乏应有的自主性的社会组织。有学者根据北京大学公民社会团体研究中心 2000—2002 年对北京、浙江、黑龙江三地社团组织大规模问卷调查结果，对党和政府对民间组织的影响进行了定量分析。该分析表明：多数社团是由政府主管部门发起成立的，目的是协助其进行管理工作；党和政府有关民间组织管理的法律政策具有强大的约束力；业务主管单位比登记管理机关具有更大的影响力；业务主管单位主要是通过推荐或派遣社团领导人、出席社团会议、参加社团活动、审查社团年度工作报告和财务报告、派遣人员到社团任职并发放工资等方式影响社团；党和政府还通过在社团建立党组或选派党政官员在社团做领导来影响社团。其结果是社团的自治争取行政管理权的强烈行政化色彩。清华大学 NGO 研究所的一项研究也表明，在被调查的非营利组织中，根据组织章程民主选举产生管理干部的非营利组织不到 30%，而近三分之二的干部或者直接来源于业务主管部门的派遣和任命或者由组织负责人提名并得到业务主管部门的批准。②

　　社会组织自主性品格的缺失，正是"国家建设社会"思维及其体制惯性在"社会建设"实践中延续的反映。应当看到，"国家建设社会"、"国家控制社会"作为传统执政思维的重要组成部分，早已广泛地渗透到各级党委政府巩固党的执政地位和维护社会稳定的工作实践中，内化在于相关的体制建构之中，甚至形成了某种特殊的思维定势和管理模式，并派出了某些特殊的利益结构。因此，政府主导的自上而下的社会建设，本身就隐含着强化政治权力对社会的"统制"的风险。更值得关注的是，社会建设和社会管理的提出，

---

　　①　刘京希：《从政治发展看社会建设》，《天津社会科学》2012 年第 2 期。
　　②　何增科：《中国公民社会制度环境要素分析》，载俞可平主编《中国公民社会的制度环境》，北京大学出版社 2006 年版，第 121 – 165 页。

在很大意义上是对社会不稳定因素日益增多的政治反应。事实上,不少地方已经出现了把社会管理狭隘地理解成为"维稳",把加强社会管理理解对社会生活的管控的迹象。这意味着地方社会秩序面临的挑战和维稳压力越大,地方党委政府越有可能强化公共权力对社会生活的控制,越有可能将组织化的利益表达,以及具有自主性品格而不完全受政府控制的民间组织的成长视为"社会不稳定因素"加以压制。这种现象如果不能通过社会维稳体制的创新而加以校正,"社会建设"实践很大可能会被地方党委政府基于维稳的短期政治目标而被有意无意地重新纳入"社会国家化"的框架。这无疑正是"社会建设"实践面临的最大的现实挑战。

社会建设迫切需要确立社会的主体性。社会的再组织化,决不是要将获得了日益广泛的自由生活空间的个体重新纳入行政化的组织网络体系,成为国家直接控制的对象。建国后几十年的历史已经充分证明,以国家体制的力量来直接控制社会成员,即使能够实现社会局势的总体稳定,但这种稳定充其量也只是一种静态的稳定,而且是以社会活力的窒息为代价的,因而也是无法长期持续的。

政府既是社会建设的重要主体,又是其他建设主体如社会组织、公民成长及参与社会建设的体制环境的营造者,因而政府治理理念及治理模式的转型,直接决定着中国社会建设的成败。在此,政府既不能充当社会建设的主宰者,也不能成为社会建设的旁观者,而是要扮演好社会建设的规划者、引导者的角色。各级政府应当尊重社会组织独立的法律和社会地位,积极致力于完善有利于社会组织成长的法律体系和政策体系,努力营造社会组织及其自主性成长的宽松环境。从某种意义上讲,当前政府在社会组织建设上面临的任务和挑战,同上世纪80、90年代建设市场经济时的境遇有很大的相似性。发展市场经济,首要的问题是培育市场主体。为此,政府不仅需要推进国有经济和集体经济改革,使国有企业、集体企业转变为合格的市场主体,而且需要营造宽松的环境,促进体制外的民间市场主体的成长壮大。这时,对于政府来说,实现从计划经济向市场经济转变需要突破的一个重大的观念束缚,就是改变那种以为只有国有经济和集体经济才是社会主义国家的经济支柱,才是应当给予保护、扶持的对象,而民营经济是一种为了发展经济而不得不默认其存在的异己力量的僵化意识。中国市场经济发展历程的经验充分证明，只有给予各种市场主体平等的国民待遇，才能形成公平合理的市场秩序，才能促进市场主体真正走向成熟。而一旦市场主体发育达到相对成熟的境地，政府就能够大规模地退出微观经济领域，实现政府对经济建设的领导从直接组织经济活动，直接干预经济运行的微观过程，转变为通过宏观经济调控、市场监管、公共服务和社会管理来引导经济的健康发展。在社会的组织化建设过程中，各级党委政府同样需要打破那种将体制外的民间组织视为异己力量的封闭心态，致力于为各种类型的社会组织的成长营造宽松的环境，在尊重社会组织的自主性同时，加强规范社会组织运行的法律和政策体系建设，引导社会组织在遵守国家法律制度的前提下提升自主治理的水平，在政府主导的社会治理过程中发挥不可替代的作用。一旦多元的社会组织及其运作发展到较为成熟的境地，并同政府形成了合作治理的关系模式，政府依托发达的社会组织体系，就可能实现社会管理从直接管理到间接管理的重大转变。

3．公民社会：社会再组织化的目标定位

无论是西方世界市场、社会、国家之间错综复杂的互动博弈及其形成的三者既相互独立又相互支撑的秩序结构，还是中国几千来过度依赖行政权力控制社会局势的历史教训，以及建国以来国家统摄社会造成的社会活力窒息的局面，都在启示我们，社会组织体系建设的根本目标，不是要将走出全能主义国家控制的社会成员重新纳入自上而下的组织控制体系，而是培育出相对独立于国家的公民社会，以及社会的自组织秩序。

中国的社会大转型，浓缩了西方国家几百年的历史变革进程，由此产生社会秩序变革的深刻性、广泛性和剧烈性，都是发达国家当年的经历难以比拟的。这一转型面临的一个重大的结构性挑战，就是中国既要避免基于原有结构的政府权威在变革中过度流失，以维持一定的社会秩序和政府动员社会资源的能力，防止因政治危机而引起社会失序和动乱，又必须防止转型中的政府权威因其不具外部社会制约或因社会失序而出现的向传统"回归"。① 现阶段社会转型发生的种种问题，往往都根源于两者之间难以维持适度的张力，要么是政府权威严重流失导致社会治理陷入碎片化境地，要么是在应对

---

① 邓正来：《国家与社会：中国市民社会研究》，北京大学出版社 2008 年版，第 1 页。

社会秩序混乱的挑战中自觉不自觉地回归"社会国家化"的传统。正如邓正来指出的那样,我国现代化两难症结真正的和根本的要害"在于国家与社会二者之间没有形成适宜于现代化发展的良性结构,确切地说,在于社会一直没有形成独立的、自治的结构性领域"。① 这个结构性的自治领域,就是国家与社会论域中独立于国家而存在的"公民社会",它的形成过程就是社会自组织秩序的孕育过程。

公民社会(civil society),亦称市民社会、民间社会,一般是指"处于国家和家庭之间的大众组织,它独立于国家,享有对于国家的自主性,它由众多旨在保护和促进自身利益或价值的社会成员自愿结合而成"②。从政治学维度来看,"公民社会"是保护公民权利和公众政治参与的民间组织,其特点是"民间性";从社会学维度来看,公民社会是介于国家与家庭、企业之间的中间领域,其特点是"中间性"。怀特(Gordon White)指出:"从公民社会这一术语的大多数用法来看,其主要思想是,公民社会是出于国家和家庭之间的大众组织,它独立于国家,享有对于国家的自主性,它由众多旨在保护和促进自身利益或价值的社会成员自愿结合而成。"③公民社会的主体是公民组织,而公民组织的基本特点在于其独立性、自愿性和利益代表性。

查尔斯·泰勒认为,"市民社会包含三种含义:(1)就最低限度的含义来说,只要存在不受制于国家权利支配的自由社团,市民社会便存在了。(2)就较为严格的含义来说,只有当整个社会能够通过那些不受国家支配的社团来建构自身并协调其行为时市民社会才存在。(3)作为对第二种含义的替代或补充,当这些社团能够相当有效地规定或影响国家政策之方向时,我们便可称之为市民社会。"④西方的公民社会理论有多重思想渊源,它们赋予了公民社会理论丰富的思想内涵。第一个理论来源是英国政治学家约翰·洛克和霍布斯的思想,他们的社会契约论历史性地将国家从"神殿"上拉下来,在论证了国家的世俗合法性的同时,也明确地提出了国家与社会的分殊和冲

① 邓正来:《国家与社会:中国市民社会研究》,北京大学出版社2008年版,第3页。

② [英]戈登·怀特:《公民社会、民主化和发展:廓清分析的范围》,何增科编译:《公民社会和第三部门》,社会科学文献出版社2000年版,第69页。

③ 俞可平主编:《治理与善治》,社会科学文献出版社2000年版,第327页。

④ [加]查尔斯·泰勒:《市民社会的模式》,邓正来、[美]杰弗里·亚历山大主编《国家与市民社会——一种社会理论的研究路径》,上海人民出版社2006年版,第7页。

突问题。第二个理论来源与托马斯·佩因及苏格兰启蒙运动有关,其之于公民社会的重要启示意义在于,劳动的分工使商业和制造业得以发展,因而公民社会具有了其自身所特有的内容和活动范畴。第三个理论根源与法国政治学家托克维尔有关,托克维尔雄辩地证明了公民社会发展与现代民主发展之间的内在必然联系。第四个理论根源与德国哲学家黑格尔有关,并且由马克思以及葛兰西等加以拓展,他们为我们展现了现代国家、市场以及公民社会之间辨证的发展逻辑。① 总的说来,公民社会虽然有时被视为是一个与国家或市场具有对抗关系的概念,但它并无意取代国家和市场的应有功能。公民社会确实对国家政治过程和市场经济活动过程保持着警惕,但其目的在于防止国家权力和资本逻辑对公民社会领域的侵害,当然,这种警惕和防范也隐含对国家权力的监督和对市场机制扩张的纠偏。

需要着重指出的是,公民社会的发展虽然脱胎于"国家与社会"的二分理论,但现代公民社会的发展环境已发生深刻变化,传统的国家与社会二分理论已经无法准确地反映社会发展的真实面貌。葛兰西在批判公民社会和国家的两分框架时指出,公民社会是有别于国家和市场的第三领域,市场与公民社会有着完全不同的价值基础和运行逻辑,是完全不相同的两个领域。因而,现代公民社会的组成要素是各种非国家所属的公民组织,包括非政府组织、公民的志愿性社团、协会、社区组织、利益团体和公民自发组织起来的运动等,但并不包括企业、公司等市场活动单元。这种从二分法到三分法的演化,意味着现代公民社会结构性要素的新的变化,除传统的私人领域和志愿性社团外,公共领域和新社会运动进入到公民社会的结构性要素之列。同时,第三域的理论视角既强调公民社会相对于国家的独立性和自主权,也反对经济系统的过分扩张对公民社会独立性的侵蚀。为此,有学者指出,国家并不总是对公民社会的生存和发展构成威胁,相反,国家的扶持、规制对于公民社会的健康发展是必不可少的。②

在中国"强国家弱社会"的历史和体制背景下,政府如何对待社会自治组织的发育,在何种程度上允许社会组织以何种方式参与公共事务的治理,

---

① 参见戈兰·海登:《公民社会发展面临的挑战及其前景》,载刘明珍选编《公民社会与治理转型:发展中国家的视角》,中央编译出版社 2008 年版,第 11－12 页。

② 李恒光:《市场与政府之中介——聚焦当代社会组织》,江西人民出版社 2003 年版,第 73 页。

不仅关系到政府角色的转型和政府管理模式的创新,而且直接制约着国家与社会关系的合理调适。在国家与社会的关系,西方传统的主流思想,即多元主义思潮立足于彰显个人权利的自由主义价值立场,主张在结构分化基础上对权力进行多元配置,建立"强社会弱国家"的治理模式,由社会多元组织的自主竞争,制约国家权力对个人和社会权利的侵犯,进而使国家成为一个反映社会多元要求的合约①,形成竞争性权力均衡格局。基于社会结构多元分化给政治秩序带来的冲击,80 年代以来,一种有别于传统多元主义立场,主张国家与社会合作的思潮,即法团主义受到了广泛的关注。一般说来,法团主义(Corporatism,又称合作主义)指的是这样一种体制现象:代表功能利益的垄断组织与国家之间建立常规协商关系,它们为有关的公共政策提出意见,作为交换,国家要求它们必须说服其成员与国家合作来实现政策的有效实施。② 在法团主义的模式中,社会组织被吸纳到政治体系中来,这些组织通过合法的、非竞争的渠道和政治组织保持联系,它们的代表性地位和联系渠道受到政治组织的承认和保护,同时,在制定政策时它们有义务向政治组织提供意见。法团主义希望通过建立一个稳定的、良好控制的、具有广泛联合能力的体制,让社会从广泛激烈的团体冲突中解脱出来,避免社会的分裂。③

应当说,就现阶段中国国家与社会关系的演变来说,"多元主义的竞争仍然是不可或缺的"④,毕竟中国的权力结构性分化才刚刚开始,建立在权力分化和公民权利基础上的公民社会尚处于萌芽状态,而没有充分的结构性分化和相对成熟的公民社会,全能主义国家的体制弊端就无法克服,国家与社会的合作也就无从谈起。但也正是由于悠久和强大的国家主义的背景,决定了按照多元竞争的思路推动国家与社会关系的演变,中国的转型必然面临着难以克服的治理危机。在此,一方面是自治性的社会组织的发育还处于初级阶段,其自主性性格也亟待提高,建立在权力分化和权利意识普遍觉醒基础的公民社会成长还需要一个漫长的过程;另一方面却是政府职能转变以及转

---

① [英]戴维·赫尔德:《民主的模式》,燕继荣译,中央编译出版社 1998 年版,第 261 页。
② 张静:《法团主义》,中国社会科学出版社 1998 年版,第 25 页。
③ 同上,第 16 – 18 页。
④ 徐勇:《治理转型与竞争——合作主义》,《开放时代》2001 年第 7 期。

型社会出现的大量社会管理事务，都迫切需要广泛借助社会力量来承担起相应的治理职责。原先国家包揽一切公共事务的治理模式，在新的公共事务急剧增加和政府职能转变的双重变革进程中，已变得越来越难以为继。期望社会自治组织按照自生自发的演进逻辑发育，进而以社会自治以及社会组织的多元竞争，化解转型社会的治理危机，显然是不切实际的。

更重要的，当下的中国迫切需要一个稳定的转型秩序。因此，合作、协商而不是竞争、对抗，才是社会自治组织成长及其角色定位唯一可能的现实路径。正是在这样的背景下，近些年来法团主义的思路受到了国内学者的广泛青睐，成为思考中国国家与社会关系演变的重要思想借鉴。的确，法团主义关于国家（政府）和社会团体进行制度性合作，实现双赢的主张，对于当代中国政治社会发展和治理模式的转型似乎更有积极意义①。在此，"一方面，社会中分散的利益按照功能分化的原则组织起来，有序地参与到政策形成的过程中去；另一方面，从这种制度化参与机制中，国家权力获得了稳定的支持来源（合法性）和控制权。"②毕竟只有在合作主义的制度框架下，国家才能解除对社会自治组织可能挑战自身权威，以及多元竞争可能威胁社会秩序稳定的顾虑，社会自治组织才能获得自身发展以及在公共事务治理中发挥积极作用的合法空间。反过来，也只有当社会自治组织被纳入国家设定的制度性渠道，在公共事务治理中积极发挥建设性而不是挑战性的作用时，从政府转移出来的大量社会管理职能，以及政府无法有效承载的大量新涌现出来的管理职能，才有可能找到适宜的承接对象。

法团主义代表人物斯密特（P. C. Schmitter）根据政治组织与社会组织的力量对比，将法团主义的制度安排区分为"国家法团主义"和"社会法团主义"两大类型。社会法团主义所体现的是制度化的协商机制，协商由各方自愿进行，不受政府直接控制。在国家法团主义体制中，决策权主要由政府来掌握，甚至连法团主义组织都要由政府来创建并管理，这种法团主义的政治结构，"通过一种代表制度，将有组织的社会经济生产者团体整合起来，形成有组织的合作与互动，并实现社会的动员与控制"③。正如有学者指出的那

①　徐勇：《治理转型与竞争——合作主义》，《开放时代》2001 年第 7 期。
②　张静：《法团主义》，中国社会科学出版社 1998 年版，第 7 页。
③　[英] 米切尔·黑尧：《现代国家的政策过程》，赵成根译，中国青年出版社 2004 年版，第 64 页。

样,在中国这样一个具有革命型全能主义遗产的国度,公民社会在初期发展阶段显然受到初始条件的制约,国家主义依然主导着国家与社会的关系,社会团体无疑一方面高度依赖于国家,另一方面也高度受制于国家,从而极有可能呈现"国家法团主义的特征"①。

90 年代以来,有关国家与社会"良性互动"的理论进一步打破了国家与社会二分,及其隐含的国家与社会的零和博弈关系的思维定势,以米格代尔(JoelS. Migdal)、埃文斯(PeterB. Evans)、奥斯特罗姆(Elinor Ostrom)为代表的学者提出了国家在社会中、国家与社会共治、公与私合作伙伴关系等理论,认为国家与社会存在合作与互补的关系,二者是互相形塑的。米格代尔的"国家在社会中"(State in Society)的理论规避了国家与社会的零和博弈,强调国家与社会的互动可以达致不同的结果,既可能是国家对社会的渗透导致国家全面控制社会,也可能是国家与现存社会力量合作,即国家吸纳新的组织、资源、符号和力量,使它可以对现存的社会组织进行控制,建立一个新的统治模式。② 彼得·埃文斯"国家与社会共治"理论强调国家与社会、公与私之间并没有明确的分界,公民参与可以加强国家力量,国家制度可以建立一个促进公民参与的环境,二者互为条件,通过一定的制度安排将国家嵌入社会或者让公众参与公共服务,实现国家与社会共治。埃文斯把国家与社区的合作关系分为互补型(complementarity)与嵌入性(embeddedness),前者由国家提供私人不能提供的公共物品来培育人们的合作,后者则是政府官员通过参与社区的日常生活塑造自己的社区成员身份,以获得社区成员的信任和认同。无论哪种类型,国家在公民合作能力建构中都起着积极的作用,缺少国家的参与,传统的互助组织和关系网络并不会自动转换成现代的具有生产性的社会资本。③

国内学术界有关中国公民社会成长方式的讨论,在 20 世纪 80 年代末和 90 年代初经历了短暂的"市民社会对抗国家"相关思路的探讨之后,大部分

---

① 顾昕、王旭:《从国家主义到法团主义——中国市场转型过程中国家与专业团体关系的演变》,《社会学研究》2005 年第 2 期。

② Joel S. Migdal, State in Society: Studying How State and Society Transform and Constitute one another, Cambridge. Cambridge University Press, 2001.

③ Peter B. Evans ed. State – Society Synergy: Government and Social Capital in Development, Berkeley: University of California, 1997. 参见李姿姿:《国家与社会互动理论研究述评》,《学术界》2008 年第 1 期。

学者基于中国社会组织"官民二重性"的属性及其成长的现实路径的实证分析,开始更多地以建设性地姿态来探讨以增进政府与民间组织的合作为导向的公民社会成长方式。正如邓正来指出,"市民社会与国家的关系,在大陆论者那里,更多地被设想为一种基于各自所具有的发展逻辑和自主性而展开的良性互动关系,是一种能否成为实现民主政治的可欲的基础性结构;因此市民社会与国家的良性互动关系对中国大陆论者来讲更是一种目的性状态,从而他们的研究多趋向于对此一状态的构设以及如何达致这一状态的道路设计。"①

　　世纪之交以来,国家与社会"良性互动"的理论受到了国内学者的广泛青睐。黄宗智明确指出,中国实际的社会政治变迁过程从未真正地来自对针对国家的社会自主性的持久追求,而是来自国家与社会在第三领域中的关系作用。② 郁建兴借鉴"国家在社会中"理论分析了社会组织与国家的关系,提出中国的民间组织正在从"政府的助手"变为"政府的合作者",它们在从国家中分离出来的同时又以新的方式与之建立起连接:一方面,国家以特别的方式对民间组织进行管理,将其整合进政府系统,另一方面,民间组织也借用某些特殊的形式来获得合法性,如主动引入国家符号和进入国家正式体制参与公共决策。因此,中国民间组织的发展实际上带来了政府组织的扩张,只不过这种扩张方式不再是行政命令,而是一种基于利益表达基础上的有组织的服务。③ 顾昕基于专业社团的分析,论证了现阶段国家对专业社团空间无所不在的穿透和无所不能的控制已经不复存在,专业人士自发组建专业性社团的常规性合法渠道已经存在。国家在专业性社团空间的发展中不仅维持了控制,而且还提供了一定的支持。因此,当政府进一步转变职能,在实现从全能性政府向服务性政府转变的过程中,把更多的服务递送工作转移给民间非营利性组织时,将可以出现国家与社会相互增权的局面。④

---

① 邓正来:《国家与市民社会:一种社会理论的研究路经》,中央编译出版社1999年版,导论第13页。
② 黄宗智:《中国的"公共领域"与"市民社会"——国家与社会间的第三域》,邓正来、亚历山大编:《国家与市民社会:一种社会理论的研究路经》,中央编译出版社1999年版,第443页。
③ 郁建兴、吴宇:《中国民间组织的兴起与国家–社会关系理论的转型》,《人文杂志》2003年第4期。
④ 顾昕、王旭:《从国家主义到法团主义——中国市场转型过程中国家与专业团体关系的演变》,《社会学研究》2005第2期。

可以预见的是,中国社会组织及公民社会成长的体制环境,特别是国家基于维护社会秩序稳定而保持的对社会生活的主导者和终极控制者的角色,不可能有实质性的改变。一味地凸现公民社会对抗国家的政治寓意,试图通过培育完全摆脱国家指导和规制的社会组织来营造社会领域完全独立的自主性,只会人为地挑动政府与社会组织的矛盾,助长国家对自主性的社会组织的猜疑、戒备心理,使社会组织及公民社会的成长陷入作茧自缚的困境。相反,如果能够从国家与社会合作的视角来审视社会组织及公民社会的社会治理角色,以建设性的姿态推进社会组织参与到政府主导下的社会治理过程来,中国的社会组织及公民社会就可能获得一个极大的发展空间。

当然,基于国家与社会合作的公民社会建设,需要政府与社会组织双方共同完成行动策略的转换。对于政府来说,无论是着眼于政府治理体系的现代转型,还是推进社会和谐建设走上良性循环的轨道,都迫切需求重新认识社会组织在未来社会治理格局中不可替代的重要作用。为此,就必须积极创新执政理念,消除对具有自主性品格的社会组织"有罪推定"的潜意识,摆脱那种以为只有完全听命于自己的社会组织才有可能成为和谐社会秩序建设的合格参与者的封闭心理,一方面通过深化社会组织管理体制的改革,为社会组织的成长营造宽松的政治和政策环境;另一方面基于扶持和引导社会组织参与社会治理的建设性姿态,加强规范社会组织运作的规制建设,积极拓展社会组织参与公共事务治理的渠道,从税收减免、公共服务外包、资金扶持以及合理赋权等方面探索引导社会组织参与公共事务治理的有效机制,从而推动社会组织成为政府提高社会管理绩效的重要参谋助手。对于社会组织来说,无论基于实现推进社会全面进步、保障社会成员权利和自由的角色功能,还是基于拓展自己生存和发展空间的策略考量,以建设性的姿态积极主动地参与政府主导下的社会治理过程,都是至为关键的。为此,就必须在政治层面上与政府的治理目标保持一致性,同时切实加强组织自身的建设,通过规范自身的运作、提高自身的治理能力,来摆脱自身在财政、业务等方面对政府的过度依赖,彰显自身在公共事务治理中无可替代的功能。

三、社会再组织化的现实路径

如前所述,市场经济和开放社会条件下的中国社会的再组织化,同传统意义上的"国家建设社会"实践有着完全不同的内涵。基于公民社会的社会组织体系建设,不仅要为原子化的个体重新提供生存和发展的组织归属,为他们抵御资本力量和行政权力的侵害提供不可缺少的组织屏障,而且还要通过社会组织的自主治理、自主运作,积蓄基于信任合作的社会资本,培育相对独立于政治秩序和经济秩序的社会自组织秩序。当然,社会与国家合作的重要现实意义,同样决定了这种社会再组织化,不可能完全是一种体制外的秩序建构,而必然要将民间组织的培育同体制内组织的创新有机地结合起来。

1. 体制性路径:推进社区组织的自主化治理

在我国的社会治理体系中,基层社区自治(包括农村村民自治和城市居民自治)无疑具有无可替代的重要作用。虽然村民自治组织和城市居民自治组织,都是国家建构出来作为城乡居民的组织归属的,具有某些体制内组织的属性,但其居民自治组织的定位,依然赋予了它们走向自主治理的现实空间。社区自治组织一头靠着国家,一头联系着社会,正是国家与社会合作治理背景下实现城乡居民再组织化现实的组织载体。

公民对小共同体公共事务的自主治理,是最符合民主本意的民主实现形式。只有当公民不仅参与公共事务的协商、讨论,而且直接参与公共事务的决策,实现对共同体公共事务的自我管理,才能使公共事务的治理最大限度地接近于他们的真实意愿,并塑造出合格的积极公民。托克维尔曾盛赞美国乡镇自治的政治传统,认为乡镇自治及其激发出来的乡镇精神,不仅是抵御专制统治的强大力量,而且是公民公共精神成长最好的熔炉。"新英格兰的居民依恋他们的乡镇,因为乡镇是强大的和独立的;他们关心自己的乡镇,因为他们参加乡镇的管理;他们热爱自己的乡镇因为他们不能不珍惜自己的命运。"[①]正是自治实践让新英格兰的居民将乡镇视为自己的精神归依,把乡镇自治及其成效视为"自己的作品",自觉地承担起作为共同体成员的政治责任和道德义务。

众所周知,中国几千年专制统治的历史,几乎完全清除了小共同体自主治理的土壤。这种历史背景决定了中国即使通过制度移植在短期内建立起民主政治制度,也会因为缺乏小共同体民主自治的微观机制的支持而无法得

---

① [法]托克维尔:《论美国的民主》上卷,董果良译,商务印书馆1988年版,第76页。

到有效运作。改革开放以来建立的城乡社区自治制度,为打破这种格局创造了历史性的机遇。在乡村治理中,自 1982 年全国人大制定《宪法》宣告废除人民公社制度以来,以村民自治为主体的农村基层社会组织化建设取得了巨大的历史成就。村民自治制度是中国政治基础的一场重大变革,村民自治"既是对中国民主化进程的缺憾的一种补充,又对中国民主化道路提供了一种经验性范式。"①实践证明,由农民组织起来的自治组织是我国民主政治发展的重要载体,亦是我国公民社会发展的重要推动力,它从根本上改变了乡村治理格局,使乡村社会治理开始了由国家行政主导向社会自主治理转变的历程。至少就制度设计而言,村民自治制度破天荒地赋予了村民民主选举、民主决策、民主管理和民主监督的权利。从理论上讲,村民自治制度已经在相当程度上确立了村民自主治理的政治合法性,这一制度如果能够得到有效运作,将会给中国基层社会的自主治理及其有效运作奠定坚实的制度基础。

当然,我们也必须看到,从公民社会成长及基层自组织秩序培育的愿景来看,我国的村民自治无论是在组织定位还是结构功能等方面仍存在较大问题。首先,村民自治组织的目标冲突使得村民自治难以摆脱"国家"对"社会"的侵蚀问题。按照《中华人民共和国村民委员会组织法》规定,村民委员会作为村民的自治组织,承担村庄公共事务的治理职责(村务),同时有义务协助乡镇政府完成国家下达的各项行政任务(政务)。这两大相互冲突的组织角色定位使村民委员会从诞生开始就面临着行政化与自治化的冲突。从国家政权角度来看,国家要保持对社会的控制,保证国家政策的落实和获取国家发展资源,村民自治只不过是一种国家在乡村权威资源不足的一种补充。从农民的角度来看,村民自治演化为国家功能的替代,自治并不改变农民"被治"的文化心理和生活习惯。② 在许多地方,村级组织的行政化现象已经表现得相当突出,一些地方的村级组织事实上已经演变为国家控制基层社区的行政末梢。其次,村民自主治理机制的缺失,事实上使村民自治形成了"有民主选举而无民主治理"的格局。民主选举只是村庄民主治理过程的一个环节,如果村民投完票之后就被排斥村庄治理的具体过程之外,无法行使

① 徐勇:《草根民主的崛起:价值与限度》,《中国社会科学季刊》(香港)2000 年夏季号。
② 谢舜、蒋永甫:《市场逻辑下农民组织化发展的实践路径》,《广西民族大学学报(哲学社会科学版)》2012 年第 3 期。

民主决策、民主管理和民主监督的权利,那么,村庄治理的"代理人主权"甚至"黑恶化"现象就无法避免。其结果是,缺乏集体行动能力的原子化村民几乎无法有效地制约当选的村干部,名义的村民自治组织逐步失去了对村民的"凝聚力和吸引力",村民对村委会也不再有"依赖感"①。长期以往,必然导致村民自治制度严重衰变、退化。再次,国家设计和建构的村民自治制度,一直存在着同村民自主治理真实需求的紧张关系。现行的村民自治制度是自上而下建构形成,是由专家和官员设计出来运用到各个村庄的。不用说全国范围,即使在一个省域之内,村与村之间,在经济发展水平、村民的文化素质、村庄的文化习俗等各方面都存在着巨大的差异。因而,村民自治的话语体系及相关制度安排,难免会让村民感到同他们的实际生活隔了一层。如何把普适性的村民自治制度,同村庄的文化习俗及其积累的社会资本有机地结合起来,创造出既符合村民自治的基本原则,又能体现村民的意志,并充分照顾到村庄生活习俗的村民自治形式,是增强村庄治理自主性一个不可忽视的重要问题。

随着单位体制的逐步解体,城市居民由"单位人"向"社会人"演变,借鉴村民自治的制度安排,城市社区自治制度也逐步在我国建立起来。从国家与社会的关系视角来审视城市社区自治,可以将当前社区治理模式大致分为行政主导型、边缘自生型以及混合过渡型和业主自治型四种。在行政主导型社区中,社区治理主要依靠居委会为代表的国家行政力量,没有其他任何社会性组织力量介入;边缘自生型社区则表现为缺乏有效的组织管理,无论是国家的行政组织还是社会组织均存在缺位现象;混合过渡型社区中的居委会、业委会与物业公司分别代表着国家、社会与市场力量发挥作用;业主自治型社区中,业委会与业主大会基本主导着社区治理过程,国家力量则不直接介入。后两种类型社区代表了当前社区治理模式创新的基本方向。② 在混合过渡型社区,国家直接以居委会行政组织的形式介入社区治理,而在业主自治型社区,国家的间接性介入主要体现为提供外部制度环境,相关职能部门在诸如环保、治安等功能性治域对社区治理施加影响。总的来看,当前我国的城市社区绝大部分属于行政主导型和混合过渡型,而边缘自生型和业主自

---

① 赵树凯:《政府应该怎样管理乡村》,《社会科学报》2005年7月7日第2版。
② 沈毅:《社区建设的组织化困境》,《城市问题》2009年第11期。

治型仅在一些创新实践较为活跃的地区存在,因此城市社区治理依然有着相当突出的行政化倾向,社区居委会作为名义上的"自治组织"却行使着"行政组织"的职责。除居委会以外,社区内部的民间组织发育严重不足,更缺乏应有的治理和服务能力。这表明,当前城市社区自治中存在明显的国家力量主导、社会力量参与的治理特征,社区自治的自主性同样受到了行政化社会整合机制的削弱,并形成了行政化运作与居民参与淡漠的相互强化的局面。由于居民的社会分层更为复杂,社区公共利益更为抽象,城市社区自治中的公民参与甚至普遍弱于乡村社区。

我国基层社会自治组织运作存在的上述问题,既是传统"强势国家弱势社会"体制格局的历史惯性使然,也是政府主导的"社会建设"模式下社会自治发展"主体性不足"的结果。特别是近些年来,克服社会整合危机的现实考量,已经在很大程度上限制了基层社区自治制度本身蕴含的自主治理功能的拓展。显然,社区自治框架下的城乡居民的再组织化,核心问题不是通过强化对社区自治组织的行政化控制,使之进一步演变为国家控制社会成员的组织载体,而是要通过强化社区组织的自主治理功能,使之真正成为城乡居民实现自主治理的组织载体。这是一个由"他者"组织化向"自我"组织化的模式转变过程。虽然这个过程中离不开政府的"在场",但居民不再是"被组织"而是需要"自组织",即居民在平等协商的过程自主性地寻求社区公共事务的解决之道。十七大报告首次将"基层群众自治制度"纳入"社会主义政治制度"的范畴,强调"人民依法直接行使民主权利,管理基层公共事务和公益事业,实行自我管理、自我服务、自我教育、自我监督,对干部实行民主监督,是人民当家作主最有效、最广泛的途径,必须作为发展社会主义民主政治的基础性工程重点推进。"如果城乡社区治理创新能够沿着自主治理的方向不断前行,"扩大基层群众自治范围,完善民主管理制度",最终就可能"把城乡社区建设成为管理有序、服务完善、文明祥和的社会生活共同体"。实践证明,只要地方特别是基层党委政府切实转变治理理念,积极鼓励和引导社区组织及居民立足于社区治理的实际需要,开展各种形式的旨在增强社区自主治理的探索试验,就完全有可能在激活现有的群众自治制度的过程中,实现提升基层治理的自主性与优化社会治理绩效的良性循环,逐步探索出有中国特色的现代基层社会的治理体系。

2. 功能性路径:提升社会组织的自主性品格

各种形式的社会组织,是社区自治组织以外实现社会再组织化的另一重要载体。任何社会组织的生存发展空间及其在社会治理体系中的地位都是由其所具有的功能决定的。作为社会组织体系的重要组成部分,社会组织要得到政府和公众的尊重,就必须大力提升其自主治理及参与社会治理的能力,彰显出维护公民权益、参与政府主导的社会治理的积极作用。

社会组织是指那些不以营利为目的,主要开展公益性或互益性活动,独立于党政体系之外的正式公民组织。国际社会运用的较多的相关概念是"非政府组织"、"非营利组织"、"第三部门"等。这其中,"非政府组织"一词最初为联合国相关文件采用,主要强调这类组织与政府组织的区别;"非营利组织"一词重在强调它与企业组织的区别,即不以追求利润为目的;"第三部门"一词强调的是它与政府和企业的关联性,指的是在政府与私人企业之间从事着政府与私人企业不愿意做或做不了、做不好的事情的社会组织。国内学者在90年代早期更多地使用"社团组织"、"非营利组织"等概念,近期则更多采用"民间组织"、"社会组织"等表述,基本内涵并无多大差异,只是涵盖对象略有差异。

社会组织的生命力在于其社会性。社会组织只有在给社会成员提供多方面的组织关怀的基础,借助于组织的整合功能,将分散的个体利益诉求纳入公共政策过程,进而在政策博弈过程中最大限度地争取组织成员的合法权益,才能有效地增强其内部凝聚力和外部吸引力,显示出其作为多元社会的重要整合形式的功能。正如美国学者梅尔瑟所指出,"自愿性社团在那些结构已经变得规模宏大、因素众多,异质性强的社会中似乎成为社会共同体整合的适当形式。"[①]只要具备适合的社会和政治条件,利益表达和利益协商的组织化必然成为社会个体维护自身权益的理性选择。但需要引起注意的是,不同的利益主体拥有组织化资源及参与公共政策过程的话语权存在着很大的差别,因而虽然不同的利益主体或多或少都会存在"组织化"的需求,但并不是所有的利益主体都能达到相同的组织化程度。这意味着,"社会中必然存在利益组织化程度的不均衡态势"[②]。因此,政府在主导社会组织建设的

① [美]N.梅尔瑟:《经济社会学》,方明、折晓叶译,华夏出版社1989年版,第178页。
② 王锡锌:《利益组织化、公众参与和个体权利保障》,《东方法学》2008年第4期。

过程中,应当充分关注社会弱势群体的组织化困境,通过积极扶持代表弱势群体利益的社会组织,在推进社会再组织上化的过程中形成相对均衡的利益博弈格局。应当看到,组织化具有明显的"外部性"效应,如果一些利益主体的利益表达实现了充分的组织化,而另一些利益主体的组织化水平很低,将会进一步加剧社会利益格局的不公平现象,甚至使这种不公平格局凝固化。在"结构功能主义"理论体系中,一个系统或组织功能的发挥过程就是对各种外部要求的加工过程。这个过程可以分为三个环节,即利益表达、利益综合、决策制定。社会组织的治理功能就体现在,通过组织化的途径构建利益表达、利益博弈和利益冲突化解的理性化、制度化机制。其中,组织化的利益表达是基础性要件,组织化的利益博弈和利益冲突化解机制则将在利益得以充分表达的基础上进一步寻求社会利益整合的可能性。弱势群体由于组织化程度很低,其利益的分散性和利益表达的无序性,使得其利益诉求难以对公共政策产生实质性影响,最终往往只能以集体上访或群体性事件等非制度形式来表达和宣泄长期积蓄的不满情绪。因此,充分发挥社会组织在利益表达中的整合凝聚功能及在利益博弈中的有序化功能,对于实现社会利益均衡具有重要现实意义。

社会组织的自主性与政府对社会建设的主导性的内在紧张,是制约社会组织成长及其治理能力提升的关键问题。社会组织的自主性是指组织的运作和发展独立于政府及其他社会团体的程度。通常,组织自主性越强,组织的内聚力就越强,反之亦然。罗伯特·达尔认为,"独立的社会组织在一个民主制中是非常值得重要的东西,……也是为民主过程本身运作所必需的,其功能在于使政府的强制最小化、保障组织自由、改善人的生活"。[①] 由于我国现有的大量社会组织是从原政府机关或事业单位分离出来的,功能定位和运作经费过度依赖于政府,带有浓厚的官办和行政化色彩,缺乏社会组织所应有的自主治理精神,也缺乏参与社会治理的现实能力。而近些年发展起来的体制外的民间组织,又普遍因为缺乏政府的扶持,存在着组织规模过小、资金来源单一、人才严重匮乏等问题,自主治理能力也相当有限。

提升社会组织的自主性,有赖于政府进一步营造社会组织成长的宽松环

---

① [美]罗伯特·达尔:《民主理论的前言》,顾昕 朱丹译,三联书店1999年版,第227页。

境,改革社会组织双重管理体制,改变以"行政合法性"作为"法律合法性"前提的偏颇,并从法律上确定社会组织独立的社会地位,确保社会组织以特定的法人形式获得相应的法律保障并享有相应的政策待遇。就社会组织自身而言,需要在明确组织的角色功能定位的前提下,积极拓展社会资源吸取渠道,健全组织运作的制度规范,进而通过积极参与公共事务治理建立同政府及其他社会组织的合作关系。

在国家与社会合作框架下提升社会组织的治理能力,关键是实现社会组织运作的规范化。只有规范化的运作,才能有效提升社会组织对社会成员的凝聚力,提升政府对社会组织的信任。社会组织的良性运行和协调发展,首先需要通过组织内部恰当的规范来约束组织成员的行为,构建组织内部的良好秩序。这种规范既包括硬性规定,也包括道德约束,二者共同构成一个约束群体成员的规范体系。只有建立严格的自律规范,形成良好的运行机制,不断提高组织的专业化管理水平和服务水平,社会组织的发展才能获得所需要的公信力和社会声望。与此同时,政府也应加大对社会组织培育和扶持的力度,通过为社会组织的成长提供必要的人、财、物和相关法律法规支持,健全引导社会组织参与公共服务供给和社会协同治理的激励机制,为社会组织提升组织内部的自主治理水平及参与社会治理水平,创造良好的外部条件。

3. 社会性路径:积蓄社会自组织秩序的社会资本

社会组织及公民社会成长对社会治理重要而深化元意义,体现在借助社会组织这一中介,社会成员得以走出个人及家庭生活的狭小空间,广泛地参与到公共生活中来,建立起各种形式的平等互动关系。这种广泛而频繁的社会交往关系,正是积蓄基于信任合作的社会资本,培育社会自组织秩序的重要前提。近几十年来,"社会资本"概念得到了社会科学家的广泛认可,被当作解释经济增长、政治稳定及社会秩序的一个关键性因素。按照帕特南的界定,社会资本"指的是社会组织的特征,例如信任、规范和网络,它们能够通过推动协调的行动来提高社会的效率"①。社会资本的积蓄,对于社会自组织秩序的培育具有十分重要的意义。"由于各种原因,在一个拥有大量社会

---

① ［美］帕特南、罗伯特·D.《繁荣的社群:社会资本与公共生活》,载李惠斌、杨雪冬《社会资本与社会发展》,社会科学文献出版社 2000 年版,第 155 - 156 页。

资本存量的共同体中,生活是比较顺心的。首先,公民参与的网络孕育了一般性交流的牢固准则,促进了社会信任的产生。这种网络有利于协调和交流,扩大了声誉,因而也有利于解决集体行动的困境。当政治和经济谈判是在社会互动的密集网络中进行的时候,机会主义的动机减少了。同时,公民参与的网络体现了过去的合作成果,这一成果可以充当未来合作的文化样板。最后,由于把'我'发展成了'我们',或者(用理性选择的理论家们的语言)提参与者对集体利益的'兴趣',互动的密集网络有可能扩大参与者对自我的认识。"①

社会组织的成长与社会资本的积蓄之间存在复杂而密切的互动关系。一方面,以社会组织为中介和桥梁的社会成员广泛而密切的互动关系,正是培植社会资本的重要途径;另一方面,基于信任合作的社会资本,正是社会组织成长及其社会治理功能得以充分挖掘不可缺少的网络资源。信任是相互承诺及其合理期待,它所标识的不只是个体间的私人交往关系,更重要的是一种共生共在的存在范式。② 传统社会人们相互间的信任关系,建立在共同的生活经历、共同研究的生活场景和"群体共有的伦理规范"③之上,对这种规范的普遍认同,构建了共同体生活中一种强大的无形压力,迫使人们自觉服从世代相传的规范秩序。这种生活秩序,使得人们在作出某种行为选择时,可以对他人和社会的反应作出合理的预期,并由产生一种生活的稳定感和自信心。在"差序格局"的行为规范的作用下,传统中国人在家和家族,甚至村落的熟人世界形成了很强的信用关系,但同时却对共同体以外的成员抱有很深切的戒备甚至不信任心理。因此,一旦传统的世界解体,人们从"家"和熟人世界走出来,进入一个陌生人世界时,一方面在个体不得不独立地作出行为选择,必须独自面对由此可能发生的一切,独自承担起相关的责任与风险时,人们可能会产生一种强烈的不安全感,陷入一种无"家"可归的精神痛苦;另一方面,在个体从一个熟悉的生活世界走入一个陌生的世界时,又可

① [美]帕特南、罗伯特·D:《繁荣的社群:社会资本与公共生活》,载李惠斌、杨雪冬《社会资本与社会发展》,社会科学文献出版社2000年版,第167-168页。
② 高兆明:《信任危机的现代性解释》,《学术研究》2002年第4期。
③ [美]弗兰西斯·福山:《信任——社会道德与繁荣的创造》,李宛蓉译,远方出版社1998年版,第34页。

能陷入于价值与道德的失范境地,对陌生世界规则的不熟悉很可能使他感到无所适从,共同体道德压力的解除有可能诱使他奉行各种道德机会主义,从一个恪守信用人演变为一个为了蝇头小利而肆意背叛信用关系的人。

传统中国之所以缺乏基于普遍主义的社会信任机制,关键就在于公共生活传统以及横向社会交往的极度贫乏。一方面,自给自足的小农经济与"差序格局"的社会关系结构,长期将人们的生活束缚在家庭及家族的狭小空间之中,人们很少能够基于现实的生存方式而拓展社会交往的方式及空间,因此也借助这种横向的社会交往经验来建立普遍主义的信任规则;另一方面,大一统的专制政治体制也以多种方式清除了社会信任与普遍信用的社会土壤。在专制政治体制下,中国人自古以来就缺乏具有广泛参与性的公共生活传统,即缺乏家族以外的公共生活的经验积累。同古希腊人很早就形成了公共生活传统的情形有很大不同,中国大一统的政治体制对老百姓参与公共生活有着极强的排斥力。出于维护专制统治绝对权威的考虑,历代统治者对于任何可能削弱或妨碍自身权威的蛛丝马迹都保持着高度的戒备。如严格禁止民间结社,严厉打击宗教的组织化行为等等。在政治体制内部,更是不允许发生任何意义的横向关系。在古代中国,臣下结盟,形成横向势力,历来是触犯专制体制之大忌的行为。专制政治统治只能派生出垂直的依附关系网络,而"垂直的网络,无论多么密集,无论对其参与者多么重要都无法维系社会信任和合作。信息的垂直流动,常常不如水平流动可靠,其原因部分地在于,下属为了免受剥削而对信息有所保留。更为重要的是,那些支撑互惠规范的惩罚手段,不太可能向上实施,即使实施了,也不太可能被接受。只有那些缺乏与同伴合作、胆大莽撞的下属,才会寻求惩罚上级。""庇护——附庸的垂直关系的特性是依附性,而不是共同性,在这种关系中,在庇护者和附庸者这两方面都更有可能出现投机行为,对于前者这是剥削,对于后者则是逃避义务。"①更有甚者,专制统治者出于维护统治利益的需要甚至公然鼓动民众为了自保而互相伤害,更是直接削弱了人与人之间起码的信任感。历代统治者为捕捉犯罪特别是叛乱的信息,都积极鼓励"告奸",鼓动老百姓为了自

---

① [美]罗伯特·帕特南:《使民主运转起来》,王列、赖海榕译,江西人民出版社2001年版,第205页。

己的私利检举邻里朋友可能存在的反体制行为,同时还通过实行"连坐"、"连保"等方式,驱使人们相互监督。这种统治手段一方面为制造人与人之间的猜疑、戒备和不信任推波助澜;另一方面迫使人们不得不将有限的信任严格地限制在狭小的范围之内,从而进一步强化了信任与信用的特殊主义取向。

在计划经济时代,高度集中的计划经济体制与高度集权的政治体制相结合,塑造了人类有史以来最为严密的自上而下的社会控制机制。这种体制几乎排斥了一切自主性的横向组织的发展,一切集体性的行动都来自自上而下的政治动员,社会组织及其成员自发性的互动行为因此而销声匿迹。高度集权的管理体制一方面严格限制了社会横向关系网络的发展,另一方面却为纵向权力依附关系的滋长提供了天然沃土。尽管"总体性社会"也时常有大规模的群众性政治参与活动,但这种依靠国家政治动员实现的政治参与,没有任何社会成员的自主性可言,社会成员也没有在参与活动中得到公民意识的培育和理性化的政治参与能力的训练。

吉登斯认为,从最深刻的意义上说,信任的对立状态便是这样一种心态,"它应被准确地概括为存在性焦虑或忧虑。"①这是一种随生活世界不确定性因素的大量出现,以及人们对生活世界的陌生感陡然增加而产生的精神焦虑。现代社会的流动性与异质性,却使传统的熟人社会发展成为现代陌生人的社会,这就在很大程度上打破了人们对共有规范的认同,造成了人们无法合理预期他人行为的心理紧张,并诱发出了大量了机会主义行为。缓解现代开放社会信任危机的重要途径,除了建立健全以法律为代表的抽象信任系统,就是扶持公民社会的发育,引导社会成员通过各种社会自治组织,积极参与到地方性的公共事务治理过程中来。"普遍互惠的规范和公民参与网络,鼓励了社会信任与合作,因为它们减少了背叛的动力,减少了不确定性,为未来的合作提供了模式。"②"假设其他条件相同,参与者之间的交往(直接的或间接的)越多,他们之间的互信就越大,合作也就更容易。"③社会组织蕴含的

---

① [英]吉登斯:《现代性的后果》,田禾译,译林出版社2000年版,第87页。

② [美]罗伯特·帕特南:《使民主运转起来》,王列、赖海榕译,江西人民出版社2001年版,第207 –208页。

③ 同上,第204页。

政治发展功能正在于此。

事实证明，公民社会的成长，有助于激发其对公共事务的兴趣和对促进公共利益的责任感，增强社会成员的理性参与能力。"与非组织成员比较，组织成员作为一名公民，可能把自己看作更有潜力，在政治上更能动的参与者，也可能更了解政治和更关心政治。因此他更可能接近成为民主制公民的典范"[1]。而公民通过各种社会组织，积极参与地方公共事务的治理，增进公民及社会组织与政府的沟通、信任、合作，正是积蓄、提高地方公共事务治理的社会资本的根本途径。帕特南指出："社会资本的存量，如信任、规范和网络，往往具有自我增强性和可积累性。良性循环会产生社会均衡，形成高水准的合作、信任、互惠、公民参与和集体福利。它们成为公民共同体的本质特征。与此相反，缺乏这些品质的非公开精神共同体，也是自我增强的。在恶性循环的令人窒息的环境里，背叛、猜疑、逃避、利用、孤立、混乱和停滞，在相互强化着。这表明，至少存在着两种广泛的均衡，所有面临集体行动问题的社会，往往都会朝着其中之一发展，而且，均衡一旦实现，往往会自我增强。"[2]

社会资本的存量是影响社会组织运作及其绩效的重要因素。对于作为公民自愿联合的社会组织来说，由于不拥有政府组织的强制力，那些隐藏于社会结构之中的社会关系以及公民参与网络、信任和互惠规范等社会资本形式，对于社会组织的持续健康发展起着不可或缺的重要作用。任何组织如果缺乏与其他社会主体间的基本信任，其组织网络的构建及运作就不可能顺畅进行。我国社会组织信任问题主要来自三个方面，一是政府对社会组织的信任问题，即政府是将社会组织的成长看作是对政府权威挑战者还是社会治理的重要合作伙伴；二是社会组织成员对于组织运作和发展的信任问题，即社会组织能否提供其成员所需要的组织关怀和权益维护；三是组织外部的社会成员对社会组织的信任问题，即社会组织的公信力问题。在这三种信任关系中，社会组织与社会成员之间的信任关系无疑是最为核心的东西，它决定了社会组织存在的社会意义。信任关系的建构，主要有三种模式：一是来源于

---

① 　[美]阿尔蒙德、维巴：《公民文化》，马殿君等译，浙江人民出版社 1989 年版，第386页。

② 　[美]罗伯·帕特南：《使民主运转起来》，王列、赖海榕译，江西人民出版社 2001 年，第208页。

过程的信任,即信任源自个人屡次参与交换的经历,互惠是其核心;二是来源于特征的信任,即信任建立在义务规范和社会相似性培育出来的合作基础之上;三是来源于制度的信任,即信任与正式的社会结构紧密相连。① 在社会组织的信任资本构建中,社会组织与政府之间的信任关系主要建基于正式的社会制度之上,二者以模式化的制度交往方式确立各自的权责范畴和功能界限。而对于社会组织成员和民众的信任来说,基于特征的信任为社会组织提供了原初的信任基础,因为共同的社会地位、经济地位、种族等特征可能催生信任,但源自过程的信任更具有社会交往意义。为此,社会组织应通过各种方式,积极搭建与社会民众互动交往的机制和平台,从而增进各主体间的信任,积蓄社会组织成长的社会资本。

良好的价值规范和网络基础对于社会组织顺利运行具有基础性保障作用。任何一个社会组织都有自己特定的目标、规范和价值观念,当某一群体内部价值观一致时,该群体在发展的过程中就更加有效率并且更加具有集体意识。② 只有形成组织基本价值的共识,社会组织才有规范和结构的协调,才会使社会成员行动一致,更好地实现组织的目标。社会组织要提升自己的社会声望,就必须拥有深刻的伦理基础和道义内涵,并将其体现在组织运作的公益性、志愿性、非营利性和组织性上,体现在组织对社会公共利益和他人利益的关注上,体现在对社会的道德责任感以及对弱势群体的人道主义伦理关怀上。因此,社会组织应当致力于将群体价值体系内化到每个成员的价值观念当中去,大力培育组织成员的现代公民意识,以促进多元社会组织相互之间的信任合作,将组织之间的各种外部冲突纳入"正和游戏"的轨道。

① [美]道格拉斯·里德、雷蒙德·E.米尔斯:《组织中的信任》,载罗德里克·M.克雷默、汤姆·R.泰勒编《组织中的信任》,管兵等译,中国城市出版社2003年版,第123—124页。
② [美]马斯洛:《动机与人格》,马良诚等译,陕西师范大学出版社2007年版,第145页。

第七章　民主治理：
探寻现代社会治理之道

现代社会的大转型是整个社会秩序的大变革过程,涉及到经济、政治、社会、文化等各个领域的结构性变迁。因此,社会治理模式的现代转型,内在地包含着如何顺应社会利益结构分化和民主参与诉求高涨的趋势,推进公共事务决策方式和治理方式变革的要求。推进中国民主政治建设,既是实现民主这一现代政治普适价值,探寻中国民主政治的具体实现形式的表现,同时也是推进社会治理模式现代转型的重要组成部分。政治民主化是"从其理想和现实的相互作用中,从应然的推动力和实然的抗拒力的相互作用中产生和形成的"①,是民主的价值理性与工具理性的统一。将民主政治建设与社会治理转型有机地结合起来,通过健全社会治理整顿的民主参与机制,创新社会治理格局,充分发挥民主作为一种治理形式、一种治理技术的功能,是顺应民主化发展潮流,创新社会治理方式,提高社会治理绩效的重要现实途径。

一、民主的社会治理功能

在现代政治生活中,民主无疑是使用频率最高的一个词汇。在某种程度上,民主已经成为现代政治体系、现代政治文明的代名词。正如科恩指出的那样,"民主已成为整个世界头等重要的政治目标"②。但极具吊诡性的是,以代议制民主为代表的西方主流民主体制,无论其真实性、合理性还是有效性却一直饱受争议。上世纪 80 年代以来,西方出现了一系列全面质疑自由民主体制的理论思潮,预示着在后工业社会,作为近现代工业文明的政治表

---

① 萨托利:《民主新论》,冯克利、阎克文译,东方出版社 1993 年版,第 9 页。
② [美]卡尔·科恩:《论民主》,聂崇信、朱秀贤译,商务印书馆 2005 年版,序第 1 页。

征的民主体制及其治理思维,正面临着全面"解构"的可能性,具有前瞻性视野的学者们对民主体制的质疑,正反映了人们对现有民主体制的失望及其对后工业社会治理方案的探寻。① 从共和主义的复兴,到治理理论、协商民主理论的相继兴起,从行政民主的倡议到多中心治理的方案,多元民主理论及相关探索实践共同呈现出一种值得关注的趋势,那就是民主开始被广泛地当作一种社会治理形式来看待,选举之后公共事务的民主治理成为民主理论发展新的焦点。

1. 代议制民主体制的内在局限

经过几百年的发展演变,建立在市场经济及国家与社会相对分离基础之上,以保障个人自由权利为主旨,以竞争性政党制度和分权制衡的宪政体制为保障的代议制民主体制,逐步成为欧美国家民主政治体制的基本形式。代议制民主通过主权与治权的分离,既在形式上保证了政治统治的合法性基础,又避免了多数统治可能产生的暴政威胁,成为民主政治在国家层面最为成熟的体制建构。但是,这种在现代化进程中形成的政治体制,在后现代社会却越来越明显地暴露出种种同社会生活变迁不相适应的流弊。事实上,即使是在代议制民主政体的大本营,西方国家的自由民主体制在实际运作过程中同样也是问题丛生,就连代议制程序民主最有影响力的辩护者熊彼特也承认,"再也没有比罗列一份给人印象深刻的民主方法的失败事例的清单更容易的事了。"②西方国家的政治现实清楚地表明,代议制民主不仅因为其委托代理的治理机制将大众排斥出公共事务治理的范围,从而偏离了"人民的统治"或者"民有、民治、民享"的民主本质,而且在实际运作过程中也派生出了种种非民主甚至反民主的政治后果,形成了民主体制形式与实质严重背离的悖论现象。

(1) 民主体制的非民主后果

代议制民主作为一种间接民主形式,是根据限制治理主体以防止多数暴政的指导原则建立起来的。在这一体制中,少数由经公民选举产生的"官员""代表"公民行使公共权力,公众授权他们对公共事务进行治理。选举不

---

① 张康之:《西方学者对社会治理过程中民主的反思》,《马克思主义研究》2007 年第 2 期。

② 〔美〕熊彼特:《资本主义,社会主义和民主》,吴良健译,商务印书馆 1999 年版,第 421 页。

仅是公众选择代理人的途径,而且是公众授权"代表"以体现公共权力合法性的必要形式。周期性的自由竞争选举构成了自由民主政体的核心,甚至被等同于民主政治本身。亨廷顿就曾明确地提出,"全民选举最高决策者是民主的实质。"①罗伯特·达尔也认为,"在最民主低水平上,……民主理论关心的是普通公民借以对领导行使相对强的控制的过程"②。

代议制将民主落实为一整套选举的程序性技术,从而将民主的核心问题从"由谁统治"转变为"选举谁来统治"。在熊彼特看来,所谓的"共同福利"和"人民的意志"都是虚幻的,民主政治不可能实现"人民的统治"或"大多数人的统治",而只能追求选举程序的合理性,将民主体制落实为竞争性选举的技术性制度安排。③ 但是,对照现实,程序民主可能产生的流弊却丝毫不比"共同福利"和"人民意志"等含糊概念少。在代议制民主体制下,严格按照形式上公正合理的民主程序运作的政治过程,完全可能产生一个违背民主精神的政治结果。一是程序民主遵循的多数决定原则,决定了即使当选的政党和政治家是以微弱多数获胜,依然能够宣称代表全体人民,获得了人民的授权。密尔在《论自由》中早就指出这一事实,即代议制政府中"所谓人民意志,实际上只是最多的或者最活跃的一部分人民的意志,亦即多数或者那些能使自己被承认为多数的人们的意志。"④代议制民主的辩护者尖锐地抨击直接民主会导致公共权力的掌握者动辄以公意或人民的意志压制、迫害一部分公众,但严格地讲,代议制民主体制同样未能有效地解决这一问题。二是程序民主将公众的政治参与限制在参与周期性的投票上,由此产生的政治疏离感和无力感,不可避免地会导致公众政治责任感的不断下降,进而使选举的政治产品即当选政治家的水准缺乏应有的保证。无论是安东尼·唐斯(Anthony Downs)选民"理性无知"理论⑤,还是新近由布赖恩·卡普兰(Bryan Caplan)提出的"理性的胡闹"(rational irrationality)⑥假说,都证明代议制

① [美]亨廷顿:《第三波》,刘军宁译,上海三联书店,1998 年版,第 6 - 9 页。
② [美]达尔:《民主理论的前言》,朱丹、顾昕译,北京:三联书店 1999 年版,第 180、3 页。
③ [美]熊彼特:《资本主义,社会主义和民主》,吴良健译,商务印书馆 1999 年版,第 272 - 273 页。
④ [英]密尔:《论自由》,程崇华译,商务印书馆 1959 年版,第 4 页。
⑤ Anthony Downs, An Economic Theory of Democracy, New York:Harper and Row,1957.
⑥ Bryan Caplan. The Myth of the Rational Voter: Why Democracies Choose Bad Policies,Princeton University Press. 2007.

民主的政治决策不可能建立在公民普遍的理性选择之上。三是程序化的民主选举过程,极易受到金钱及大众媒体的操控。无视社会生活中广泛存在的不平等、不自由状态,仅仅满足于维持形式上公正合理的民主选举制度,合乎逻辑地造成了一种民主的悖论现象:社会各领域的非民主现象不断从各个方面侵蚀着政治体制的民主内涵,甚至使民主政体的运作受到严重的扭曲。同时,当民主选举蜕化为一场场"政治秀","做秀"能力远比国家治理能力更为重要时,公众事实上根本无法指望他们选举产生的"代表"能够真诚地落实自己的意愿,有效地承担起公共事务治理的职责。可以说,民主选举越是呈现出众声喧哗的热闹场景,也就越是远离了民主的精神实质。

代议制民主的委托代理机制难以体现和实现多数人意志的问题,不仅反映在选举过程之中,而且体现在选举之后的公共决策之中。传统政治理论认为,只要进行自由投票,并以少数服从多数的原则作出决定,政治决策就能较好地体现民意。但阿罗的"不可能性定理"①表明,大多数通过民主投票程序作出的决策都不可能是真正民主的,只可能是强加的。如果众多的社会成员具有不同的偏好,而社会又有多种备选方案,那么在民主制度下,我们将无法从不同的个人、不同的利益集团的偏好中推导出一个所有人赞同的共同利益,不可能得到令所有的人都满意的决策结果。

(2) 民主精神在政府治理过程中的失落

代议制政体制度设计的基本逻辑是:拥有天赋权利的公民作为政治委托人,通过政治选举将治权交给其选出的议会,议会作为表达和凝聚国家意志的机关,代表人民行使公共权力,行政机关作为国家意志的执行者,依据议会制定的法律和政策实施对公共事务的具体治理,司法机关则负责行政行为的审查,以纠正法律和政策执行中的偏差以及可能发生的对公民权利的侵害。这种制度设计实际上隐含着双重的委托代理,即公民委托议会凝聚国家意志,行使公共权力;议会委托、控制行政机关具体实施公共事务的治理。如果说前一种委托代理机制内含的缺陷在于公民无法对议会及政治家可能发生的背离委托人意愿的行为进行及时、有效的控制和校正的话,那么,后一种委托代理机制的内在缺陷则在于行政机关同样有可能摆脱政治对行政的控制,

---

① [美]阿罗:《社会选择:个性与多准则》,钱晓敏、孟岳良译,首都经济贸易大学出版社2000年版。

甚至形成代理人主权局面。双重的委托代理,隐含着公众意志最终被忽视、扭曲的极大可能。正如有学者指出的那样,政治民主只是给人民管理国家、保护权利设定了一种制度框架,提供了一种权力运行的政治基础。不要说人民选出的议会不一定会制定出代表民意的法律,就算法律是民意地地道道的体现,行政机关能否完全按照法律设定的目的和方式行使行政权,以良善的愿望执行法律,仍然是不确定的变数。可能性被无数的事实证伪:可依之法并不等于必依之法,良善的动机也可能产生不良的结果,形式的法治并不能代表实质的法治。[①]

代议制民主体制下政治与行政的分离及不同的功能定位派生出了其各自不同的运作规则,概括地讲,那就是政治讲民主,行政讲集中(效率)。按照代议制的制度设计思路,民主原则贯彻在政治选举以及议会的议事过程之中,只要政治选举遵循了程序化的民主规则,议会制定的法律和政策经历了自由辩论并贯彻了多数决定的原则,就可以保证国家意志充分体现公众的意愿,保证民主的实现。而既然民主的价值已经体现在国家意志的凝聚过程之中,那么,承担国家意志执行的行政系统,就只需要按照效率优先的原则,贯彻执行好议会制定的法律和政策。这就意味着,民主止步于政治过程,政府的行政运作是一个与民主价值无涉的技术性操作领域。从威尔逊到韦伯,西方公共行政理论的演进也因此明显地呈现出了一种将公共行政技术化的态势,"效率"而不是民主成为行政科学最高的"善",行政管理创新追求的不过是通过组织内部的技术性改良不断提高行政运作的效率。由此产生的必然结果,是行政过程民主价值的失落,公共行政只重视管理技术手段,而不再关心公共行政的目的性价值。正如沃尔多指出的那样,"无论民主多么美好,多么合乎需要,都只是某种处于行政管理边缘的东西。"[②]

行政权力的不断膨胀,事实上使西方民主体制下的国家治理发生了严重的合法性危机。传统的代议制体制将民主限制在政治过程,尚有一个差强人意的解释,那就是民主、公共性等基本价值通过政治(议会)控制行政(政府)

---

① 孙学玉、杜万松:《政治民主向行政民主拓展的逻辑与保障》,《中共中央党校学报》2004年第3期。

② Waldo, Dwight. The Development of a Theory of Democratic Administration. American Political Science Review, 1952, 46.

的体制结构间接地体现到行政过程。问题在于,当这种控制机制逐步弱化甚至出现某种逆转之势,即行政逐步成为国家权力的体现者时,以效率而不是民主为最高之"善"的行政过程实际上有可能造成整个国家治理的民主价值的失位。一方面是越来越多的公共事务交由官僚机构管理,行政组织的权力及其控制的资源不断膨胀,公众的现实命运越来越仰仗于行政组织的运作;另一方面却是民主原则、民主机制被排斥在整个行政过程之外,行政组织漠视公众的需求,傲慢地按照自己的愿意行使公共权力,其结果,只能是一种令人绝望的局面,"'民主'之后不可避免地要付出的代价是实际的'独裁'。"①

(3) 程序民主与政治冷漠症的蔓延

雅典式的古典民主,是建立在城邦公民普遍地参与公共事务治理的基础上的。在此,政治意味着一种公共的生活方式,它是健全公民人格的必由之路。积极参与公共事务,不仅是公民的基本权利,更是公民不可推卸的道德义务。正如汉娜·阿伦特所阐释的那样,在雅典,公共生活意味着人们学会放弃诉诸暴力和强制,以言辞和劝说来实现公共理性,从而使不同背景和属性的人们能够"通过政治的互动作用来表达和交流他们对善的理解"②。在雅典的政治家和思想家们看来,"政治参与具有内在价值","积极的公民生活事实上是我们的最高的生活方式","政治生活优越于纯粹私人性的天伦之乐、邻居友谊和职业追求,因此应该占据生活的中心位置。"③

相形之下,代议制民主虽然从宏观上解决了现代多元社会的民主的可操作性和政治合法性问题,却以体制形式排除了公民政治参与的必要性和可能性,它使得"民主已变成一种纯粹用来挑选和授权政府的机制,它已沦为精英分子之间的一种竞争。而公民则被看成政治市场中的一些消费者。"④政治于是成为一个与道德无涉、与公民无关的特殊领域,古典式民主的基本场域,即公共领域因为没有任何存在的必要而逐渐荒芜。自由民主体制排斥公民参与所产生的直接后果,就是公众在体制力量的挤压下产生日益严重的政治无力感。在此,权力无所不在,但它不是驾驭的对象,而是操控公众行为的

① 转引自[美]罗伯特·丹哈特:《公共组织理论》,项龙等译,华夏出版社2002年版,第65页。
② [英]戴维·赫尔德:《民主的模式》,燕继荣等译,中央编译出版社1998年版,第21页。
③ [美]威尔·金里卡:《当代政治哲学》,刘莘译,三联书店2004年版,第531页。
④ [美]尚塔尔·墨菲:《政治的回归》,王恒等译,江苏人民出版社2005年版,第137页。

庞大异己力量。当公共领域全面解体,社会大众沦为政治市场被动的消费者,沦为"政治秀"的看客时,人们只能将自己的精力和热情收缩到个人私利的争夺上,而不再理会政治共同体之善。公共领域的消失,政治大门的紧闭,将社会大众塑造成为只关心自我感受、个人享受的孤独个体。哈贝马斯相当准确地把这种现象概括为"公民唯私主义综合症"①。

问题在于,代议制民主对公民参与的排斥,不是体制失灵的表现,而是这一体制内在要求。基于对公民参与可能导致的多数暴政的本能式恐惧,自由主义民主理论把控制公民参与视为实现民主的重要前提,而代议制的委托代理逻辑,以及政治与行政二分的体制建构,都以限制公民参与为重要的功能性目标。"在当代民主理论中,少数精英的参与才是关键的,缺乏政治效能感的冷漠的、普通大众的不参与,被看作是社会稳定的主要屏障。"②换言之,在代议制民主条件下,公民的政治冷漠不仅不会被视为民主体制的局限,反而被理解成为实现民主的必要条件。一种民主体制不仅无视公民公共精神沦落现象,反而把公众对政治参与的冷漠当作体制正常运作的安全屏障,这无疑是对民主精神的莫大讽刺。美国政治学家塞缪尔·鲍尔斯毫不留情地指出:"在民主乃是保障个人自由权和使权力运用负有社会责任这个直截了当的意义上面,今天没有一个资本主义会可以合理地称为民主社会。"③显而易见的是,政治体制的封闭性与公众的政治冷漠是一个铜板的两面,而且会形成某种恶性循环的政治后果,它将使民主体制的运作越来越远离民主的理想,直至抽空民主体制的民主精神内涵。

2. 基于治理创新的民主思维转向

基于对自由民主体制存在着深刻的内在局限的反思,当代西方民主理论和实践发展的一个重要趋势,就是多元民主思潮的互相交融,多个领域的民主实践的相互渗透,以及多种形式的民主政治实践的互相交织,共同构成了一个开放性的形塑复合型民主的局面。在此,如何将民主价值及公共理性贯

---

① [德]哈贝马斯:《事实与规范之间——关于法律和民主法治国的商谈论》,童世骏译,三联书店2003年版,第670页。

② [美]帕特曼:《参与和民主理论》,陈尧译,上海人民出版社2006年版,第98页。

③ [美]塞缪尔·鲍尔斯、赫伯特·金蒂斯:《民主和资本主义》,韩水法译,商务印书馆2003年版,第3页。

穿于公共事务的具体治理过程,成为多元民主思潮关注的焦点。

(1) 行政民主与行政逻辑的重塑

行政在民主实践中究竟应扮演何种角色,抑或政治与行政的关系问题,一直是政治学和行政学理论研究中备受关切的课题。在政治—行政二分的公共行政模式中,行政组织被视为静态的、不受外在环境因素,尤其是不受政治选举活动影响的执行机构,因而以效率为最高价值,更多地采用集权式管理。这样,公共行政被化约成政治决策的执行工具,只需向议会负责而无需向社会负责,由此忽视了对民主价值的捍卫和对公民道德生活的提升使命。在美国学者 Mosher 看来,行政权力与直接民主已有三步之遥:人民将治理权力委托给民意代表与政治领袖,即由直接民主转为代议政治,是第一次脱离直接民主;第二次脱离则是由政治领袖再将权力委托给政治性任命人(行政领导);最后再由常任文官来为社会做权威性价值分配。①

上世纪六七十年代以来,随着民权运动、水门事件、女权运动、反战运动等等一系列社会运动风起云涌,美国要求进行行政改革的呼声日趋高涨。在这样的社会背景下,以美国为代表的西方公共管理学界的多个理论学派对政治与行政二分体制,特别是行政管理的技术化倾向所导致的公共性和民主价值的缺失问题进行了深刻的批判,它们把推进行政民主化视为行政管理体制改革的核心问题,力图将民主价值理念贯穿于整个公共行政过程,打破政治讲民主、行政讲集权(效率)的局面,进而促进整个治理模式的民主化变革。

诞生于20世纪60年代末的美国新公共行政学派,率先从"公共性"的视角就行政民主化的必要性与可能性进行了探讨。新公共行政学派强调政治与行政的价值关联,认为"行政管理者不是中性的。应责成他们承担起责任,把出色的管理和社会公平作为社会准则、需要完成的事情或基本原理。"②新公共行政学派高度重视民主、政治回应性、社区自治等基本价值,并将"社会公平"确立为行政的首要价值,从而使行政学重新回归了政治学。1983年多位美国教授合力完成了《公共行政与治理过程:转变政治对话》一文,即《黑堡宣言》(Blacksburg Manifesto),同样提出了"重建民主行政"的理

---

① Mosher, F. C. 1968;Democracy and the Public Service. New York: Oxford University Press.

② [美]弗雷德里克森:《论新公共行政学》,见彭和平:《国外公共行政理论精选》,中共中央党校出版社1997年版,第301页。

论主张,呼吁重建行政官僚的合法性地位,使他们真正承担承担起人民委托者的角色。黑堡学者强调"公共行政者的任务是扩大贤明的少数的范围——发起对公共利益的理性辩论,并且利用机会促使公众真正参与治理过程。""行政者必须力求增加公众直接参与治理的机会,公众才能增长其实践才智,这是好的行政信念中信任的最终基础。"①对民主制行政理论进行系统阐述的是文森特·奥斯特洛姆(V·Ostrom)。在《美国公共行政的思想危机》一书中,奥斯特洛姆明确提出,"威尔逊-韦伯"模式由于过于关注行政过程中的效率,并透过集权与控制的机制来追求效率,已经造成了公共行政学的"知识危机"。为此,"公共行政学必须在官僚制行政研究的基础上引入民主制行政的研究,公共行政的实践也必须在官僚制行政的基础上引入民主制行政的实践。"他明确主张用"民主制行政范式"去替代"官僚制行政模式",以实现美国行政管理的"哥白尼式的转换"②。

按照奥斯特罗姆的阐释,民主制行政是一种以权力的分散性和公民广泛参与公共行政过程为典型特征,以行政机关与普通公民身份的平等性为行为前提的管理模式。其理论基础体现在:"政府的主要宗旨和任务是为了提供服务。在行政过程中行政行为体现的是部门平等、社群意识、多元公民参与、分权与民主、自由、开放等特点。由此可见,民主行政的基础在于关注'平等至上、重要决策的共同决定、命令权力范围的最小限定与行政机关地位的公仆化'"。③ 概括地讲,行政民主化思潮的基本理念主要体现在:一是重构公共行政的核心价值,突出强调行政的公共属性,反对将行政变成与民主价值无涉的技术化和程序性过程。在新公共行政学派看来,从政治选举中获得的人民授权并不代表政府及治理行为具有充足的合法性。"政府存在的合法性基础是因为政府接受并服从于宪法,而不是因为民主选举把政府选出来了,政府就算合法了。政府的合法性主要体现在政府行为、意图及其可接受性上。"④行政过程是否坚持了公共性,是否增进了"公共的善",比程序化的

① [美]加里·万斯莱:《公共行政与治理过程:转变美国的政治对话》,《中国行政管理》2002年第2期。
② [美]文森特·奥斯特洛姆:《美国公共行政的思想危机》,毛寿龙译,上海三联书店1999年版,第5、169-170页。
③ 同上,第87页。
④ [美]乔治·弗雷德里克森:《公共行政的精神》,张成福等译,中国人民大学出版社2003年版,第40页。

民主选举更重要。二是打破政治与行政的人为壁垒,强调从制度设计上把政治与行政区分为两大功能、规则各异的运作系统,只能造成行政机构因为缺乏必要的民主机制的制约而演变成为与公众相对立的异己力量,造成民主等政治价值因无法落实到政府与公众互动的具体过程之中而成为空中楼阁。新公共行政学的代表人物沃尔多明确提出,"如果行政的确是政府的核心,那么二十一世纪的民主理论必须拥抱行政"①。打破政治与行政的壁垒意味着民主价值必须贯穿于公共事务治理的整个过程,而不是止步于挑选公共事务的决策主体。三是健全行政过程的公众参与机制。"新公共行政提倡在公共事务中广泛程度的公民与公务员参与,它寻求增加在组织事务和公共政策形成过程中所有公共部门员工的参与。它鼓励公民以个体或集体的形式广泛地参与公共行政,从而使公共行政更响应公众呼声和以顾客为中心。"②

民主制行政的理念与实践突破了民主选举高于一切的迷思,建立起了公共行政在民主治理过程中的正当性角色,表达了在公共管理领域增加公民民主实践的强烈愿望,是对代议制政治民主的扬弃和对政府治理民主化的追求。③ 这一理论思潮充分地证明,只有实现公共事务治理过程及治理方式的民主化,才能真正将民主的价值落到实处。换言之,只有行政民主才能确保政治民主,才能最终实现民主的价值理念。

(2) 参与式民主与公共事务治理结构的民主化

20 世纪 60 年代兴起的参与式民主(participatory democracy)理论同样对代议制民主体制进行了深入的批判,认为这种民主体制将实现民主的注意力集中于国家层面上的体制建构,忽略和排斥了公民的政治参与,严重背离了民主的本质,导致社会大众的政治疏离和政治冷漠日益增强,对政府的信任感日益降低。"民主理论不再集中关注'人民'的参与,不再关注普通人的参与活动,民主政治体系的主要优点也不再认为是与普通人身上所体现出来的与政治有关的必要品质的发展。"④美国政治学家本杰明·巴伯(Benjamin R. Barber) 在 1984 年出版的《强势民主》一书中把排斥公民参与的自由民主称作"弱势民主",认为真正意

---

①② [美]康特妮、马克·霍哲:《新公共行政:寻求社会公平与民主价值》,载《中国行政管理》,2001年第 2 期。

③ 曹任何:《治理的行政民主理念》,《湘潭大学学报》,2004 年第 3 期。

④ [美]卡罗尔·佩特曼:《参与和民主理论》,陈尧译,上海人民出版社 2006 年版,第 98 页。

义的民主是政治系统中的所有公民在持续地参与中自我作主、自行治理所有的公共事务，委托他人不符合"民主"旨意，因而代议民主是"反民主"①的民主政治，它将民主体制沦落为一种交易政治、动物管理式的政治，极大地削弱了公民的政治地位。

以领域广泛、形式多样的政治参与来弥补代议制民主的不足，是参与式民主理论的基本立足点。这一理论主张通过公民对公共事务的共同讨论、共同协商、共同行动来自主解决共同体的公共事务，强调只有这种自主性的参与，才能把大众从政府的顾客、毫无政治功效感受可言的管理对象甚至被圈养的动物培育成真正意义的公民。首先，参与式民主理论把参与活动看作是公民教育和公民塑造的过程，并以共和主义的思路突出了民主参与的非工具性价值。佩特曼认为，"对自由的平等权利和自我发展只能在参与性的社会中才能实现，这个社会培植政治效率感，增加对集体问题的关心，有助于形成一种有足够知识能力的公民，他们对统治过程保持持久的兴趣。"②巴伯也强调，"强势民主""依赖于一种自治的公民共同体的理念，使公民联合起来的不是同质的利益而是公民教育，使其公民的共同目的和互助行动成为可能的不是他们的利他主义和其他美好的性格而是他们的公民态度和参与制度。"③在巴伯看来，只有当我们拥有公民身份的时候我们才是自由的，而且我们的自由和平等只有在公众承担起公民角色的时候才能维持。其次，参与式民主强调公民参与应当贯穿于政治及公共政策的整个过程。代议制民主重视的只是公共政策制定者的民主产生过程，其内含的委托代理治理机制实际上排除了公民参与政策过程中的必要性和可能性。参与式民主则主张通过公民的直接参与来避免公共事务的"多数决定原则"可能造成的对部分人群的利益侵害，相信公民自主的讨论、协商，能够达成利益共识，实现政策过程的互助、互利和共赢。巴伯指出，"强势民主被界定为参与模式中的政治：从字面上讲，它是公民的自治政府而不是冒用公民名义的代议制政府。在这里，积极的公民直接进行管理，他们并不必要在每个层次和每个事件上进行具体管理，但是在作出基本决策和进行重大权力部署的时候他们必须经常充分地和详尽地参与。"④参与式民主理论虽然并不要求公共事务事事都由公民亲自决

---

① ［美］巴伯：《强势民主》，彭斌译，吉林人民出版社 2006 年版，第 176 页。
② ［英］戴维·赫尔德《民主的模式》，燕继荣等译，中央编译出版社 1998 年版，第 340 页。
③ 同①，第 145 页。
④ 同上，序言第 8 页。

定,但强烈主张重大决策必须保证公民的充分参与,而不能将决策权完全委托给少数政治精英。再次,参与式民主理论致力于拓展民主的实践领域,主张在社会生活各个领域建立民主治理的微观运行机制,以推进整个社会生活的民主化。佩特曼认为,公民参与活动最恰当的领域是与人们生活息息相关的领域,如社区或工作场所,因为这是人们最为熟悉也最感兴趣的领域。只有当个人有机会直接参与和自己生活相关的决策时,他才能真正控制自己日常生活的过程,逐步习得民主实践的能力。"只有当个人在工作场所中获得自我管理的机会,只有当工业在一种参与的基础上组织起来,这种训练奴役的机制才能转化为对民主方法的教育,个人才能熟悉民主程序,逐渐形成适应有效的大规模民主政治所必要的民主性格。"[①]为此,佩特曼主张致力于建构一种"参与性社会","即社会中所有领域的政治体系通过参与过程得到民主化和社会化"[②]。

"公民参与的有效性,对于理解民主政治尤其是不可或缺的"[③]。从某种意义上说,参与式民主与代议制民主恰好构成了底层民主与高层民主、微观民主与宏观民主的两极,两者的相互匹配,共同构成了一种民主的"金字塔体制"。在金字塔体制的上层,依然可以实行代议制所代表的间接民主。而在金字塔的底层,在社区、邻里、工作场所以及基层的公共事务治理中,参与式民主大有用武之地,这种基础层面的治理,完全可能通过面对面的沟通协商,根据共识和多数决定原则实现直接民主。同时,地方性公共事务的治理同样也能够容纳多种形式的公民参与,通过建立有效的民主参与机制,增强地方公共事务的治理过程的公共性和回应性。

(3) 协商民主与公共事务治理方式的民主化

如果说参与式民主理论代表了一种促进公共事务治理结构民主化的变革取向的话,那么协商民主理论则将关注的焦点转向了公共事务的治理方式创新。狭义的"协商民主"(deliberative democracy,也译为慎议民主或审议民主)通常指的是由约瑟夫·毕塞特、伯纳德·曼宁和乔舒亚·科恩等人倡导的一种学术理论,广义的"协商民主"理论则涵盖了哈贝马斯的"话语民主"、吉登斯的"对话民主"等具有相近取向的理论思潮,它已经成为90年代以来西方最有影响力的政

---

① [美]卡罗尔·佩特曼:《参与和民主理论》,陈尧译,上海人民出版社2006年版,第36页。
② 同上,第39页。
③ [英]米勒、波格丹诺:《布莱克维尔政治学百科全书》,邓正来译,中国政法大学出版社2002年版,第608—609页。

治或治理思潮之一。大体上可以将协商民主界定为这样一种治理形式："自由而平等的公民（及其代表）通过相互陈述理由的过程来证明决策的正当性，这些理由必须是相互之间可以理解并接受的，审议的目标是做出决策，这些决策在当前对所有公民都具有约束力，但它又是开放的，随时准备迎接未来的挑战。"①作为一种体制创新的思路或方案，协商民主理论针对的问题同样是程序化的"票决式民主"，认为这种民主形式只关心意见的表达和聚合，一味以多数原则形成公共决定，损害了民主的理性交流功能，挤压了少数人的权利。

哈贝马斯在比较自由主义和共和主义两大民主思潮的基础上提出了自己的"协商政治"（deliberative Politic）理论。这一理论既顾及到了保护个人权利的自由主义原则，又强调了公民参与政治交往、政治协商的责任和权利，以及这种交往、对话对于增强民主体制社会合法性的重要意义。在他看来，公民在广泛的对话、协商过程中达成的共识，是民主政治的重要合法性基础。"这些无主体的交往过程，无论是在议会的复杂结构和旨在做出决议的商议团体之内，还是在它们之外，形成了可以讨论同全社会有关并有必要调节的问题的论坛，以及就这些问题进行或多或少合理的意见形成和意志形成过程的场所。公共的意见形成过程、建制化的选举过程、立法的决定之间形成了交往之流，这种交往之流的目的是确保能够通过立法过程而把舆论影响和交往权力转换为行政权力。"②不同于纯粹的程序民主理论的是，哈贝马斯坚持认为，公共意志的形成不能仅仅依赖普选权、代议制及其运作程序，而必须首先立足公民的协商讨论，只有当公共领域内的协商带来共同利益和道德的普遍性共识，进而影响到了最终由建制性的程序所完成的政治决策时，民主才真正得以实现。哈贝马斯把民主看成是公民通过协商交往实践形成政治意志和公共舆论，进而影响法律过程和政治过程的一系列行动，表现出了融合程序民主与实质民主的倾向。③

与哈贝马斯的思想相类似，吉登斯也提出了"对话民主"（dialogue democracy）概念，把社会各群体的自由平等的对话视为推进社会生活民主化的重要途径。对话民主"是这样一种情况：那里有发达的交往自主权，这种交往构成对

---

① ［美］埃米·古特曼、丹尼斯·汤普森：《审议民主意味着什么》，载谈火生编：《审议民主》，江苏人民出版社2007年版，第4—7页。

② ［德］哈贝马斯：《在事实与规范之间——关于法律和民主法治国的商谈理论》，童世骏译，三联书店2003年版，第371—372页。

③ 参见卢瑾：《"第三种"民主模式——哈贝马斯协商民主观剖析》，《探索》2008年第4期。

话,并通过对话形成政策和行为"①。吉登斯强调,"对话民主制的中心不是国家,而是以一种重要的方式折射回到它身上。处在全球化和社会反思的情况下,对话民主制在自由民主政体范围内鼓励民主国家的民主化。"②也就是说,对话民主不是一种体制内活动,而是旨在实现社会生活民主化的社会各领域的自主沟通、协商机制。吉登斯认为,对话民主在西方社会已经在多个领域中取得了积极进展:个人生活领域的"情感民主",包括婚姻、性关系、友谊、亲属关系等的民主化;社会运动和日益增多的自助团体所打开的讨论和对话空间;组织内部的民主化程度的发展;全球秩序中且对话机制的发展,等等。③

协商民主的倡导者更愿意将协商民主理解为选举和公共决策之前,以及公共事务具体治理过程中公共理性的形成过程,即平等、自由的公民通过公共协商,提出各种相关理由,说服他人,或者转换自身的偏好,就公共利益达成广泛同识,从而赋予立法和决策以更加丰厚的合法性基础。瓦拉德斯认为,"协商民主是一种具有巨大潜能的民主治理形式,它能够有效回应文化间对话和多元文化社会认知的某些核心问题。它尤其强调对于公共利益的责任、促进政治话语的相互理解、辨别所有政治意愿,以及支持那些重视所有人需求与利益的具有集体约束力的政策"④,这无疑将是公共治理方式的一种重大变革。为此,近些年来协商民主理论的倡导者立足不同国家的探索实践,已经归纳出了多种有助增进公共理性精神的协商民主的操作程序及相关制度设计。

3. 作为一种治理形式的民主

治理理论的兴起及其在各领域的广泛运用,是近几十年来全球公共事务治理模式变革最值得重视的现象之一。治理理论的宏大变革抱负,表现出了从根本上超越代议制民主体制的局限,打破政治民主与行政集权以及体制内民主与体制外民主的分隔,实现程序民主与实质民主、间接民主与直接民主的融合,以推进公共事务治理结构革命性变革的旨趣。治理理论及全球治理革命的兴起,是政治民主向更广泛的社会领域拓展的一种尝试,也是对传统代议制民主的一种全新的社会性矫正,它不仅要在现有的代议制民主的框架内增加直接民主的

① [英]安东尼·吉登斯:《超越左与右——激进政治的未来》,李惠斌等译,社会科学文献出版社2003年版,第119页。

②③ 陈家刚:《协商民主概念的提出及其多元认知》,《公共管理学报》2008年3期。

④ Jorge M. Valadez. Deliberative Democracy, Political Legitimacy, and Self - Democracy in Multicultural Societies. USA Westview Press,2001. P30.

成分,而且期望在广泛的社会生活领域实现民主的价值和公共生活的良好状态。治理革命关于多中心治道、公共事务治理中的公民参与、公私合作、去中心化等诉求,是在当代社会现实的基础上发展和完善民主政治的一种极富价值的探索与创新,它为如何实现公共事务治理的民主化提供了全新的视角。

以"多中心治理"为代表的治理话语,带来了对民主的全新理解,极大地丰富了民主理论的视野,并成功地兼容了参与式民主、协商民主相关理论创新。"多中心"(Polycentrity)一词最早是由迈克尔·博兰尼(Michael Polanyi)在《自由的逻辑》中使用的,意在强调除了类似霍布斯秩序的那种单一权力中心通过链式的指挥—服从关系来维持的强制性秩序外,还存在着一种各个行为主体在追求自身利益的过程中自觉遵守相互间达成的规则所自发形成的多中心秩序。文森特·奥斯特罗姆(Vicent Ostrom)将这一概念运用到公共事物治理的讨论中来,强调由多个形式上相互独立的决策中心共同构成的政治秩序的现实可能性及其对优化治理的重要意义。"'多中心'意味着有许多在形式上相互独立的决策中心……它们在竞争性关系中相互重视对方的存在,相互签订各种各样的合约,并从事合作性的活动,或者利用核心机制来解决冲突,在这一意义上大城市地区各种各样的政治管辖单位可以以连续的、可预见的互动行为模式前后一致地运作。"①概言之,"多中心"治理结构是一种社会多元的独立行为主体(各种政府机构、商业组织、公民组织、政党组织、利益团体及公民)基于一定的集体行动规则,通过相互博弈、相互调适、相互合作等方式实施的公共事务治理模式,它将通过创新治理结构和治理方式赋予公共事务治理过程更加丰富、更加真实的民主内涵,并有效地提升公共事务治理的绩效。

首先,多中心治理民主致力于推进整个社会生活的民主化,建立各种形式的公共事务民主治理机制,不断丰富民主实践的内涵、拓展民主实践的空间。长期以来,民主一直被限定在政治领域,作为一种特殊的政治统治方式而存在。随着政治、经济、社会、文化逐步分化成为相对独立的领域,公民在政治领域的民主权利的确立很自然地引发了其它领域民主权利诉求的涌动。公众逐步意识到专制、压迫等反民主现象在经济社会各个领域依然存在,并使公民形式上拥有的政治民主权利事实上受到极大的限制。福柯曾经深刻地揭示出,现代社会权力并

---

① [美]奥斯特罗姆、帕克斯、惠特克:《公共服务的制度建构——都市警察服务的制度结构》,宋全喜、任睿译,上海三联书店2000年版,中文版序言第11-12页。

不仅仅限于以往人们所认识到的那种掌握在国家手里的政治强制力,而是弥散在社会的每个角落,"权力以网络的形式运作在这个网上,个人不仅流动着,而且他们总是既处于服从的地位又同时运用权力"。① 权力资源的分散化及社会各领域的民主价值诉求的高涨,形成了一股推进社会生活民主化的变革趋势,民主实践因此有可能从单纯的政治领域扩展到社会生活的各个领域,从一种宏观的制度架构演变成一种社会生活方式。多中心治理顺应了社会发展的这一趋势,倡导在社会生活各个领域建立民主化治理机制,体现了追求"更多的民主"的新理念。正如卡蓝默指出的那样,"面对建立合理合法的治理问题,建立民主机构的问题已经销声匿迹。治理不限于机构和规则,而是要包括整个复杂的社会实践。"② Boyte 认为,治理在政治学语境下,应该实现从民主国家(democratic state)到民主社会(democratic society)的转变。③ 对"更多的民主"的追求,意味着在治理民主视野中,民主已被理解为一种公民以各种方式、通过多样化的途径参与公共生活的过程,而不再是仅仅是一种特定的政治制度安排。"参与"将逐步由一种特定的政治行为演变为一种社会组织形式,即卡罗尔·佩特曼所说"参与型社会"④。

其次,多中心治理理论倡导的自主治理与参与式治理,体现了一种追求更真实的民主的变革旨意。在 20 世纪晚期的政治复兴实践中,"以公民为中心的治理才算是一份真正的公共生活"的理念成为超越各种理论思潮的基本共识。⑤治理理论在包容参与式民主和协商民主理论所主张的公民参与思想的基础上,立足于公民自主治理和合作治理,倡导建立多中心的治理结构,正是这一趋势的集中体现。戴维·赫尔德指出,"治理"或 Governance 话语包含但超越了这一词的传统(动词)含意,个中原由大体上根源于民主自治传统在当代的恢复和拓展。⑥ 这一新的民主理念完全打破了代议制民主体制下公民在公共事务治理过程中的消极被动局面,在一定程度上实现了程序民主与实质民主的有机统一。

在治理民主的视域中,通过构建多样化的沟通与协商机制,民主将成为一种

---

① [法]米歇尔·福柯:《必须保卫社会》,钱翰译,上海人民出版社 1999 年版,第 28 页。

② [法]皮埃尔·卡蓝默:《破碎的民主——试论治理的革命》,高凌翰译,三联书店 2005 年版,第56 页。

③ 包国宪、郎玫:《治理、政府治理概念的演变与发展》,《兰州大学学报》2009 年第 2 期。

④ [美]卡罗尔·佩特曼:《参与和民主理论》,陈尧译,上海人民出版社 2006 年版,第 39 页。

⑤ [美]卡尔·博格斯:《政治的终结》,陈家刚译,社会科学文献出版社 2001 年版,第 10 页。

⑥ [英]戴维·赫尔德:《民主的模式》,燕继荣等译,中央编译出版社 1998 年版。

探究式的公共生活方式,一种以沟通、对话、协商寻求相互理解、认同及形成共识的过程,这将能够有效地回应现代多元社会公共事务治理的诸多难题。"民主之根在于人的状况之中,也在于使邻里通过协作性的共同努力解决共同问题的沟通方式之中"①。这种建立在理性交往基础的民主实践具有"多视角"的特性,即通过自由、平等的主体间的理性商谈,公共治理将演变为不同社会背景的人们相互沟通和协作活动,它将不再是一个把个体意志整合进集体意志的过程,而是一个自我理解和相互理解的过程,一个让民主更"真实"、更符合人性要求的过程。更重要的是,治理理论在参与式民主和协商民主的基础上,重新确立了自主治理在公共事务民主化治理中的基础性地位。文森特·奥斯特罗姆曾明确提出,"民主是一个多中心秩序环境中的自主自理的过程","如果为民主而奋斗,要创造这样的文明,它最看重实现自主治理的能力。"②重新确立自主治理在公共事务治理以及民主体制中的基础性地位,意味着将民主体制的运作奠定在广泛的微观自主治理基础,最大限度地接近于民主的本质要求,使民主变得更加"厚实"和"真实"。诺贝尔经济学奖获得者阿玛迪亚·森认为,"民主的本质是'pulic reason',可以把它叫做公共理性,或者公共辩论,通过公共辩论,使与社会、国家有关的重大问题达成人民共识,保证人们都能参与公共事务,不管它是弱势,或是少数。"③尽管治理理论没有否定程序民主的作用,但它倡导的自主治理,以及在公共事务治理过程建立广泛的参与机制、协商机制,却将程序民主可能背离民主精神实质的危险限制在了较低的程度。它表明,人民既可以将权力委托给单一的政治机构进行集中治理,也可以在社群范围内直接自主地组织公共治理活动。

再次,多中心治理理论昭示的治理结构和治理方式,有可能带来更为显著的民主治理绩效。公共事务的良好治理状态是任何治理形式追求的直接目标,从治理民主的视角来看,在传统的某些民主治理机制已经失灵的情况下,有效的治理意味着需要通过更适当的民主运作机制来应对各类公共议题。除了自主治理,合作式治理是治理理论最为看重的一种体现了新的民主理念的治理机制。

---

① [美]迈克尔·麦金尼斯、文森特·奥斯特罗姆:《民主变革:从为民主而奋斗走向自主治理》,载《公共论丛:宪政主义与现代国家》,三联书店2003年版。

② [美]迈克尔·麦金尼斯、文森特·奥斯特罗姆:《民主变革:从为民主而奋斗走向自主治理》,《北京行政学院学报》2001年第4期。

③ [法]皮埃尔·卡蓝默:《破碎的民主》,高凌翰译,三联书店2005年版,第13页。

合作式治理主张通过持续的互动式行动来实现公共利益目标,它是一种基于社会多元利益主体共同参与、共同安排的治理形式,其现实目标则是实现社会组织与政府在公共物品和公共服务提供上的全面合作。多元社会的合作治理既以普遍信任为前提,同时又是信任合作得以不断扩展的根本途径。这种信任不是个人之间的"单向"的人际信任,而是基于现实社会制度的社会交往主体共有的信心或认知。一般来说,双向信任关系比单向信任关系更稳定、更有生产性,如果委托人与受托人之间存在双向信任关系,维系委托代理关系所需要监督、约束成本就可以大大降低。这种信任关系正是构成民主社会运转所必需的社会资本的重要组成部分。

实现更好的民主治理绩效,不仅需要探索更有效的民主治理机制,而且需要在多中心的治理框架中实现公共事务治理资源的有效整合。在今天,"不论是公共部门还是私人部门,没有一个个体行动者能够拥有解决综合、动态、多样化问题所需的那部分知识与信息,也没有一个个体行动者有足够的知识与能力去应用所有的工具。"①要适应这样一种社会发展趋势,囿于传统的单中心治理结构,仅仅在"完善"代议制体制上做文章已远远不够,而是需要探索和建构一种新的既更能体现民主的本质要求,又能有效地整合分散在多元社会主体手中的资源,从而实现公共事务有效治理的治理结构。在多中心的治理结构中,政府、市场和第三部门及公民基于有效的规则系统,在保持各自独立的权利、地位及自身的运作逻辑的前提下,在公共事务的治理过程中形成相互信任、相互合作的格局,从而既满足了多元主体参与公共事务治理的民主价值诉求,又将多元主体掌握的资源和工具有效地整合到公共事务的治理过程中来,充分发挥政府以外的治理主体在公共事务治理方式方法上的优势,将会有效地提升公共事务治理的绩效。由此,"公共事务的完成是相互依存的管理者通过交换资源、共享知识和谈判目标而展开的有效的集体行动过程。公共管理已经演化成由政府部门、私营部门、第三部门和公民个人参与者组成的公共行动体系。"②多中心的治理模式既打破了体制内与体制外的界线,也消融了政治与行政的人为藩篱,将有能在相当大程度上舒缓代议制体制的低效率困局,显示出治理民主在公共事务治理

① [美]盖伊·彼得斯:《政府未来的治理模式》,吴爱明等译,中国人民大学出版社2001年版,第68页。

② 孔繁斌:《公共性的再生产——多中心治理结构的合作机制建构》,江苏人民出版社2008年版,第31页。

上的绩效优势。

戴维·赫尔德在对民主理论和民主体制进行类型学分析时曾经提出,自霍布斯以来,自由主义政治理论的一个核心问题是:在一个以合理合法地追求私利为特征的世界上,政府自身应如何维持、应采取何种形式? 在资产阶级革命胜利之初,西方国家普遍对市场经济实行自由放任政策,政府只是充当守夜人式的保护角色。与此相适应,在古典民主理论的框架下,民主作为一种制度安排其首要的目的在于保护公民的平等自由权利。这种民主体制,赫尔德称之为"保护型民主"。保护型民主从理论上讲主要涵盖四个方面的内容[①]:一是人民主权学说,基于天赋人权理论强调法律面前人人平等,国家最高权力为人民所有;二是议会至上的代议制政府理论,由民选代表组成代议机构作为国家最高立法机关,指导和监督着整个政府的运作;三是权力制约,主要体现为三权分立的制度安排。四是最小国家论,强调国家只是社会的仲裁者,其权力和范围受到严格限制。

随着公共事务的日益增多,政府介入经济社会事务的领域不断扩大,特别是"行政集权民主制"的逐步形成,民主体制的功能发生了重大变化,即民主越来越多地被当作一种公共事务的治理方式来运用,它所追求的不仅仅是从结果上对公民的民主权利进行保护,民主作为一种治理形式所具有的效率意义受到了越来越突出的关注。赵成根相当贴切地将这种民主称作为"可治理型民主",并对其区别于传统保护型民主的特征进行了描绘:[②]一是公共利益优先。如何有效地代表和实现公共利益,超越保护公民权利和自由,成为可治理型民主的首要目标。"保护型民主"的制度安排旨在实现公权力制约和公民自由权利保护的消极功能,而随着现代市场经济的发展和政府职能的扩张,政府除了需要继续运用一系列法律和政治手段来保护公民的自由权利外,还必须制定并实施大量的公共政策,来规范和调节社群的公共生活,向社会提供各种公共物品和公共服务,政府的经济政策和社会服务政策,取代了一般性法律,成为政府管理社会的主要手段。如何协调不同利益群体之间的矛盾,使公共政策目标体现均衡的社会公共利益,成为国家治理的基本问题。二是自由、平等的内涵不断丰富,公民

①　参见包亚军:《西方民主治理与宪政改革》,《南京社会科学》,2004 年第 7 期。
②　赵成根:《民主与公共决策研究》,黑龙江人民出版社 2000 年版,第 16 - 31 页,并参见包亚军:《西方民主治理与宪政改革》,《南京社会科学》,2004 年第 7 期。

权利由单纯的政治权利向经济、社会、文化权利延伸。在公民的政治权利已经从体制上得到基本保障之后,经济社会文化各领域的不平等和压迫现象逐步凸现出来,成为社会关注的焦点,民主价值的诉求逐步向非政治领域扩展。三是多元组织的政治参与。随着社会组织的勃兴,传统的原子社会被由无数个相互交叉的组织构成的团体社会所取代,团体主义取代个人主义,成为政策过程中的一种主要的影响因素。四是民主的强政府。建设一个稳定的、决策行动能力强的政府是可治理型民主的关键。发达国家政治制度结构发生的一个重要变化,就是传统的三权分立的民主制度在实践中做出深层次调适,行政权力成为主导性的政治权力形式。[1]

在政治统治的合法性已经借助于程序(选举)民主获得解决,同时代议制民主体制又在公共事务治理上表现出种种内在局限,而社会利益结构及生活方式的多样化又促使人们越来越多地将政治参与热情收缩到社区层面的公共事务治理上来时,民主如何促进公共事务的有效治理合乎逻辑地成为人们关注的焦点。"公众参与"民主理论的重要代表卡尔·科恩就曾提出,"民主是一种社会管理体制,在该体制中社会成员大体上能直接或间接地参与影响全体成员的决策"[2]。由此,"近代以来以权力制约和保护自由为制度安排核心原则的保护型民主,逐渐向可治理型民主转化",民主叙事的重心"从(人民)统治功能至上"转向了"公共治理功能扩展"[3]。正如哈耶克所说的那样,"民主本身并不是一种终极的价值或绝对的价值……民主很可能是实现某些目的的最佳方法,但其本身却不是目的。"[4]在民主体制保护公民自由权利,维护社会正义的功能得到进一步巩固的前提下,当代民主实践通过增强政府的公共服务功能,扩大社会组织和公民参与公共政策过程的渠道,加强政府与社会组织及公民的合作,极大地凸现了民主作为一种治理方式、治理技术的重要功能。

---

① 周亚权、孔繁斌:《从保护型民主到自主治理——一个多中心治理生成的政治理论阐释》,《南京社会科学》,2007 年第 9 期。

② [美]卡尔·科恩:《论民主》,聂崇信、朱秀贤译,商务印书馆 1988 年版,第 10 页。

③ 孔繁斌:《公共性的再生产——多中心治理结构的合作机制建构》,江苏人民出版社 2008 年版,第 76 页。。

④ [英]哈耶克:《自由秩序原理》上,邓正来译,三联书店 1997 年版,第 129 页。

二、基于有效治理的中国民主政治建设

民主话语一直是中国共产党政治意识形态的重要组成部分,建立更广泛、更彻底的社会主义民主,是执政党体现自身合法性的基本政治承诺。改革开放以后,随着经济、社会、政治发展重新步入正轨,中国在全面融入世界文明发展潮流的过程中赶上的全球性的民主化浪潮,更是极大地突出了民主政治建设的重要性和迫切性。在正视民主成为普适价值的大趋势,深刻总结以往社会主义实践的历史教训的过程中,执政党全面提升了对民主政治的认识。"没有民主就没有社会主义,就没有社会主义现代化"[①];"人民民主是社会主义的生命。发展社会主义民主政治是我们党始终不渝的奋斗目标"[②],这些不断深化的执政党民主话语和多种形式的基层民主政治实践给政治行政体制注入的新的民主气息,预示着民主在中国已经从抽象性的政治承诺及执政党倡导的工作作风,演变为国家治理结构的变革和创新过程。

1. 有效性:中国民主政治成长的基本逻辑

当代中国民主政治成长的社会境遇是极其特殊和复杂的。一方面,改革开放带来的西方民主政治的示范效应,发达国家借助民主话语霸权施加的政治压力,以及中国自身不断积蓄起来的民主政治建设的内部压力,使得顺应人类政治文明发展的潮流,接纳民主的普适价值并积极推进民主政治建设,成为巩固政治统治合法性,应对转型社会治理危机的内在要求。另一方面,巨型国家的特殊国情以及近代以来民族国家的特殊历史遭遇,又使国家面临着极其紧迫和繁重的发展压力,满足民众的基本生存需求进而促进民众生活水平的逐步提高以维持政治和社会秩序的基本稳定,是国家压倒一切的治理目标。既要顺应民主的潮流,又要切实应对国家治理的种种现实难题,这种发展的特殊时空境遇,决定了有效性合乎逻辑地成为权力中心应对民主政治建设压力,选择民主政治建设突破口、现实路径,以及考量各种战略、策略选择的基本尺度,决定了权力中心需要将民主政治建设纳入整个现代化建设的框架之内,从经济社会政治发展的全局来审视民主政治建设,从经济社会政治协调发展的总体效应来取舍民主的具体

[①] 《邓小平文选》第2卷,人民出版社1994年版,第168页。

[②] 同上,第176页。

实现形式及其操作策略。

从各国的政治实践来看,一个国家的民主政治能否得到平稳的发展取决于该国建构的民主体制能否充分体现其合法性与有效性。美国政治学家利普塞特对此进行了清晰的界定:"任一民主国家的稳定不仅取决于经济发展,也取决于它的政治制度的合法性与有效性。有效性指实际的政绩,即该制度在大多数人民及势力集团如大商业或军队眼中能满足政府基本功能的程度。合法性涉及该制度产生并保持现存政治机构最符合社会需要的这种信念的能力。""有效性主要是指作用;而合法性是确定价值。群体按照政治制度的价值观念是否符合他们的价值观念来确定该制度是合法的或非法的。"①民主政治的发展深刻地镶嵌在经济社会秩序的变革之中,能否与经济社会建设形成相互匹配、相互支撑的互动关系,直接制约着民主政治建设的的成败。回顾历史,中国有过多次将民主政治建设游离于经济社会发展之外的惨重历史教训。北洋军阀统治时期,统治当局简单地复制西方民主制度,举凡政党、竞选、议会、责任内阁、地方自治等西方民主政治形式,几乎无一不具备,但无论是当时还是现在,没有一个人会认为那是一个充满希望的民主时代,那种政治秩序能够给人民带来福祉。就实际政治功效而言,那种所谓的民主建设,与其说是政治进步,勿宁说是政治衰败。同样,"文化大革命"时期那种片面而激进的所谓"大民主"试验,其基于政治动员的非理性政治参与,不仅没有为中国民主政治建设积累任何积极的成果,反而造成了经济社会发展和现代政治秩序建构的"十年浩劫"。相反,改革开放以后中国民主建设此取得的一条重要经验就是:要将民主的普适价值转化成为既能满足民众的政治参与愿望,又能有效地促进经济社会协调发展的政治秩序,就不能将民主政治建设游离于经济社会的发展过程中之外。只有内生于经济社会的发展过程之中,并同经济社会发展形成相互匹配、相互促进的互动关系的民主政治建设,才能充分发挥其保障、促进经济社会健康发展的积极功能,才能实现民主政治的可持续进步,也只有这种民主政治建设,才能给国家和民众带来真正的福祉。

基于改革开放以来中国政治发展的历史经验,林尚立教授曾经提出,"政治有效性是中国政治建设和发展的中轴原理"②,这无疑是一个准确而富有启示

---

① [美]利普塞特:《政治人》,商务印书馆1993年版,第53页。
② 林尚立:《有效政治与大国成长——对中国三十年政治发展的反思》,《公共行政评论》2008年第1期。

的判断。事实上，有效性是中国整个改革开放实践的基准价值。从"发展是硬道理"，到"猫论"、"摸论"；从"三个有利于"标准到"生产力标准"，有效性一直是改革思路、方案、战略、策略选择的基本尺度。落实到民主政治建设上，那就是以有效性作为民主政治建设进程考量、民主具体实现形式取舍及民主政治发展策略选择的基本标准，将民主政治建设内化于中国现代化的进程之中，内化于实现社会的有效治理的过程中。综合改革开放30年来的政治发展的基本逻辑，民主政治建设的有效性原则，至少包含着三重含义：

一是民主政治的推进及其具体实现方式必须有助于维持政治局势的总体稳定，有助于巩固中国共产党的执政地位。民主是现代政治发展的普适价值，是中国政治成长的基本方向，而稳定却是中国现实政治压倒一切的价值诉求。"民主是我们的目标，但国家必须保持稳定"①。邓小平敏锐而准确地道出了中国政治发展的核心问题：如何在保持政治局势稳定的前提下推进民主政治的持续发展。稳定是古今中外一切政治统治追求的底线政治目标。中国传统政治思维根深蒂固的秩序情结，近代以来政治混乱局面留给国人的深刻印象，以及改革之初沉重的发展压力都决定了社会各阶层在"稳定压倒一切"上最容易达成共识。换言之，能否实现政治稳定是考量执政党是否具有政治统治的绩效合法性的第一标准。一个执政党如果在推进民主政治建设的过程中使社会陷入了动荡，很可能是新合法性基础还未确立，传统的合法性基础早已荡然无存。另一方面，无论是经济落后积累的异常繁重的发展压力、民生压力，国力羸弱所经受的外部压力，还是有效地协调大国治理所面对的种种两难抉择，都只有在保持政治局势稳定的前提下才有回旋的余地。在有效性原则的制约下，任何影响政治局势稳定的政治改革方案，无论具有多大的现实针对性都会被毫不犹豫地放弃；任何民主政治试验无论就其本身而言具有多大的积极意义，只要隐含着较大的稳定风险，都会被暂时搁置。相反，某种治理方式哪怕用现代民主政治的眼光来看是多么的"传统"，只要有利于政治局势的稳定，则依然可能被暂时保留。尽管这种选择方式也可能派生出诸如错失民主政治发展良机，甚至将"稳定压倒一切"当作人为延宕政治改革的借口等流弊，但在总体上它依然不失为一种理性的政治发展策略。

二是民主政治的推进及其具体实现方式必须有助于实现经济的快速发展和

---

① 《邓小平文选》第3卷，人民出版社1993年版，第285页

社会的和谐稳定。拉里·戴蒙德在研究发展中国家民主政治发展的种种悖论性现象时指出,除非民主政治能够有效地处理社会和经济问题,并达到适度的秩序和公正,否则,它将不会被人们看作是有价值的。"假如民主不能起作用,人们则可能宁愿选择不经他们同意的统治,他们可能选择不再忍受去作出政治抉择的痛苦。因此,存在一个悖论:民主需要同意。同意需要合法性。合法性需要有效率的运作。"①对于发展中国家来说,经济发展以及民众基本生存需求的满足,相对于民主体制建设具有逻辑和历史的优先性。正如林兹所说的,"没有一个有效的政府,任何民主都是毫无意义的"②。在国际竞争日趋激烈的今天,政府能否在经济社会发展与政治稳定之间维持某种动态平衡,能否抓住稍纵即逝的发展机遇,能否通过公共政策的有效实施充分发挥政府引导市场发育和经济发展的作用,往往能够对一个国家的经济社会发展绩效起到决定性的作用。要充分发挥政府在经济社会发展中的主导作用,民主政治建设就不能一味追求公共权力的最小化和公众参与的最大化,而是需要随着经济发展特别是市场体系的发育逐步规范和调整政府的角色功能,逐步扩大政治参与面。相反,"如果追求形式上的民主,结果是既实现不了民主,经济也得不到发展,只会出现国家混乱、人心涣散的局面。"③

三是民主政治的推进及其具体实现方式必须有助于民主成果的巩固,有助于实现民主的可持续成长。对后发国家来说,启动民主化进程容易,驾驭民主化进程却很难;建立民主体制容易,巩固民主体制却很难,让民主体制有效运转起来并实现可持续发展更是难上加难。实践证明,以政治的实效性为现实目标和基本准则的政治发展模式更有可能形成民主政治的可持续发展格局。发展中国家如果从一开始就致力于建构以西方民主体制为蓝本的政治体系,可能会因为缺乏相应的经济、社会条件的支撑而导致形式上完美的民主体制根本无法得到有效运作,此时经济危机、社会混乱同民主失灵相互交织反而可能使民主政治发展陷入灾难性的境地。"民主的巩固"(Democratic Consolidation)需要在经济发展与民主改革之间找到一种均衡点,需要各种政治力量达成妥协和共识;民主的可持续发展更是需要形成民主政治建设与市场发育、公民社会成长的良性互动

---

① [美]拉里·戴蒙德:《民主政治的三个悖论》,载刘军宁编《民主与民主化》,商务印书馆 1999 版,第 123 – 124 页。

② 王绍光:《民主四讲》,三联书店 2008 年版,第 131 页。

③ 《邓小平文选》第 3 卷,人民出版社 1993 年版,第 220 页。

关系。这一切都要求民主政治建设的领导力量具有高超的政治艺术，能够有效地解决经济增长所带来各种经济社会问题，应对纷至沓来的危机挑战。

概而言之，当代中国面临的特殊发展境遇，决定了民主政治建设必然要以有利于政治稳定、有利于经济社会的发展、有利民主政治自身的可持续发展为基本前提。民主是中国发展的重要价值，但决不是唯一价值或元价值，经济增长、社会和谐更具有价值和逻辑上的优先性，在很大程度上，民主政治建设乃是实现经济增长、社会和谐的工具和手段。即使是在政治领域，相对于政治过程的民主化，政治稳定、法治建设同样是更为迫切、更需要优先解决的政治课题。坚持民主政治建设的有效性原则，就是要将民主政治建设纳入现代化建设的总体框架之中，突出民主政治建设对于保障国家能力提升，保障经济社会发展的工具性价值，使民主政治建设在推动经济社会发展的同时实现自身的可持续发展。里查德·斯克拉针对"发展型独裁"（Developmental Dictatorship）的概念，提出了一种"为了发展的政治理论"，即发展型民主理论。"为了发展的政治理论就将阐明民主参与、宪政自由、社会多元与经济效率之间的互补关系。"①发展型民主强调民主与发展的相互协调、相互促进，主张建立能够促进经济社会发展并保持自身可持续发展的民主政治体制。中国民主政治建设注重政治体系的实效性与合法性的统一，无疑符合发展型民主的定位。

以追求政治实效性为现实目标的中国政治发展模式的最大特色，是将政治发展纳入整个社会发展进程，将发展民主政治视为促进经济社会发展的重要手段，最大限度地发挥政治体系对于经济社会发展的保障作用。这就是邓小平所说的，"先把经济搞上去，一切都好办。现在就是要硬着头皮把经济搞上去，就这么一个大局，一切都要服从这个大局。"②在整个80年代，邓小平谈政治体制改革，几乎都是围绕如何调动人民积极性、促进生产力发展、保障经济体制改革成功等的角度展开的。"扩大社会主义民主，把人民群众和基层组织的积极性调动起来"③；"调动积极性是最大的民主"④；"不搞政治体制改革，经济体制改革难于贯彻"⑤。基于政治发展的实效性取向，邓小平甚至提出了一种特殊的政

① 郭定平：《制度积累与渐进替代：中国民主政治发展机制解析》，《学习与实践》2008年第11期。
② 《邓小平文选》第3卷，人民出版社1993年版，第129页。
③ 同上，第160页。
④ 同上，第242页。
⑤ 同上，第177、176页。

治观,强调发展经济本身就是最大的政治。他一再指出:"就我们国内来说,什么是中国最大的政治? 四个现代化就是中国最大的政治"①,"经济工作是当前最大的政治,经济问题是压倒一切的政治问题。"②在此,政治体制改革或者说政治发展都不是独立于经济社会发展之外的任务,而是直接服务于经济发展,其具体的任务和目标都是根据经济发展的需要来设定的,政治发展实际上是一种政治体系适应经济发展要求的调适过程。中共十四大的报告将政治发展的实效性目标表达得最为清楚:"要围绕经济建设这个中心,加强社会主义民主法制和精神文明建设","同经济体制改革和经济发展相适应,必须按照民主化和法制化紧密结合的要求,积极推进政治体制改革。"十五大报告也指出:"推进政治体制改革,必须有利于增强党和国家的活力,保持和发挥社会主义制度的特点和优势,维护国家统一、民族团结和社会稳定,充分发挥人民群众的积极性,促进生产力发展和社会进步。"十七大报告则将这种以有效性为现实目标的政治发展战略概括为:"以保证人民当家作主为根本,以增强党和国家活力、调动人民积极性为目标,扩大社会主义民主,建设社会主义法治国家,发展社会主义政治文明"。

2. 基于有效治理的民主政治发展导向

在推动经济快速发展的同时保持政治秩序和社会秩序的稳定,是当代中国社会治理的核心问题。一方面,国家需要借助于党的领导来维持整个社会秩序的相对稳定,并通过政府对经济社会建设的主导作用,来实现改革和发展进程的可控性。政党是现代政治的稳定器。"政党不仅是现代政治组织的独特形式,而且是它的中心。"③在这方面,亨廷顿的眼光无疑是独到的。上世纪60年代,亨廷顿通过对多国政治发展经历的比较研究,曾经得出结论,"在现代化中国家,谁有了政治组织,谁就控制了未来。"④在广大发展中国家,政党拥有最为庞大和有效的组织体系,执政党的权威和社会整合能力更是没有任何一个社会组织能够相提并论。在社会自组织体系发育迟缓的情况下,依托执政党的权威及其组织体系建立政治权威体系,有效整合社会秩序,几乎是维持稳定的政治秩

---

① 《邓小平文选》第2卷,人民出版社1994年版,第234页。

② 同上,第194页。

③ [英]杰弗里·巴勒克拉夫:《当代史导论》,张广勇等译,上海社会科学院出版社1996年版,第124页。

④ [美]塞缪尔·亨廷顿:《变革社会中的政治秩序》,李盛平译,华夏出版社1988年版,第444页。

序的必然选择。与此同时,政府主导,既是中国经济社会发展的最大优势所在,又是实现社会利益整合的根本依托。"国家越落后,一个开拓性政府的作用范围就越大"①。作为一个后发国家,中国改革开放以来之所以能够取得举世瞩目的"增长奇迹",最根本的经验就是充分发挥政府在资源整合方面的组织优势。虽然经济结构和社会结构的转型迫切需求调整政府主导的具体实现方式,但经济发展和社会治理日趋复杂的形势决定了政府主导依然是实现经济社会协调发展的重要保障。

另一方面,社会大转型内生的利益分化和利益诉求的多样化,以及与此相伴随的公众权利诉求和民主诉求的高涨,决定了国家越来越难以用传统的"国家驾驭社会"的方式来整合社会各阶层的利益,维护社会的和谐稳定,决定了国家必须顺应民主政治发展的潮流,顺应社会日益增长的民主诉求,创新公共事务治理的方式。社会转型中的政治和社会稳定,在很大意义上是国家制度建设能否适应、容纳多元的利益诉求和参与诉求的问题。亨廷顿认为,政治稳定与政治体系的制度化水平成正比,与政治参与的水平成反比,即一个政治体系的稳定性主要取决于现有制度能够在多大程度上容纳新增的社会政治参与要求。② 戴维·伊斯顿也指出,发展中国家在社会转型期发生的政治动乱,"主要是社会飞速变革,以及新的集团被动员起来涌入政治领域,而同时政治制度却发展缓慢的结果。"③因此,要实现政治和社会的稳定,根本出路是国家积极主动地致力于健全民主制度、丰富民主形式、拓宽民主渠道,及时将现代化进程中不断增长的公众政治参与热情纳入民主制度的轨道。相反,只讲稳定不讲民主,把那种用管制手段人为制造出来的死水一潭式的寂静当作社会稳定,甚至陷入为稳定而稳定的怪圈,最终必然会因为民主发展的停滞而出现政治体系全面崩溃的危险。就此而言,重温邓小平当年的提醒无疑是十分必要的:"强调稳定是对的,但强调得过分就可能丧失时机。"④

显然,在国家与社会关系发生深刻而复杂的变迁的背景下,当下中国社会治理面临的最大挑战,就是如何在社会分化与社会整合之间保持必要的张力,如何在保持国家对社会秩序及其变迁的控制与容纳公众日益增长的权利、民主诉求

---

① [美]阿瑟·刘易斯:《经济增长理论》,梁小民译,上海三联书店1990年版,第520页。
② [美]亨廷顿:《变革社会中的政治秩序》,李盛平译,华夏出版社1988年版,第85页。
③ [美]戴维·伊斯顿著:《政治生活的系统分析》,王浦劬等译,华夏出版社1999年版,第39页。
④ 《邓小平文选》第3卷,人民出版社1993年版,第368页。

之间找到一条现实的变革路径。借鉴改革开放以来将民主政治建设统一到整个现代化进程中的实践经验，这种变革的现实路径必然是将社会治理创新与民主政治建设有机地统一起来，将健全民主制度、丰富民主形式、拓宽民主渠道作为创新社会管理格局和社会管理方式的重要途径，在有效提升社会治理的绩效的同时，将社会高涨的民主诉求纳入有序参与的轨道。

社会结构和社会秩序的剧烈变动，特别是社会利益多元化已经使我国已经进入了一个社会冲突的高发时期。面对日益复杂的社会利益结构，日益高涨的权利及民主参与诉求，单纯借助国家的强制力来实现对社会生活的管控，不仅无法推动社会和谐走上良性循环的轨道，反而会同公众日益增长的权利和民主参与诉求发生激烈冲突，不断积蓄社会对抗意识。简单地依赖"花钱买平安"，更容易造成政府行为乖张、进退失据，以至威信尽失的局面，形成"大闹大解决、小闹小解决、不闹不解决"的诱导机制，助长以极端化的非制度化表达方式来实现和实现利益诉求的不正常现象。更值得关注的是，上述这种社会秩序控制模式在一定程度上已经与社会冲突的加剧形成了恶性循环，即社会冲突越是频繁、激烈，政府越是可能无暇顾及公众的权利和民主参与诉求，越是依赖强制力和金钱赎买来实现"摆平"的短期效果。其结果是，政府在疲于应付日益增多的社会冲突之际，逐渐将民主治理视作不能承受之重。

社会治理的现实困顿，迫切要求我们创新社会治理的基本理念，摆脱"社会管理维稳化"、"稳定摆平化"的短视、狭隘思维，把实现民主政治建设与社会管理创新的有机统一上升到促进社会治理模式现代化、科学化的战略高度，通过健全民主制度、丰富民主形式、拓宽民主渠道来创新社会治理格局和社会治理方式，积极探索民主治理的有效方式，实现民主政治成长与社会治理绩效提升的双赢。

首先，只有不断健全和完善民主治理机制，才能从根本上摆脱"政府维稳"与"公民维权"的对立状态，舒缓逐渐向政府集中的社会不满情绪和对抗意识。随着物质生活水平的提升、高等教育的普及，以及社会分化进一步深化，今后几十年必然是公众权利意识普遍觉醒、民主参与诉求全面高涨的时代。沿袭传统的社会管控模式，不断强化国家权力对社会秩序的强制控制，只能不断刺激国家与社会、政府与民众的对抗意识，形成"越维越不稳"的局面，不断放大全局性崩溃的风险。要推动社会和谐走上良性循环的轨道，只能主动顺乎民意，在社会治理中广泛引入民主参与机制，适度满足公众的权利诉求和民主参与诉求，在化解社会对抗意识的基础上逐步形成政府与民众的合作治理格局。也只有这样，才能切实降低社会管理的成本，提升社会治理的绩效。

其次，在社会治理过程中广泛引入民主参与机制，是实现政治参与有序化的有效途径。"社会——经济发展促进政治参与的扩大，造就参与基础的多样化，并导致自动参与代替动员式参与"①。市场经济的发展培育出了威权政体难以应对的社会行为主体，他们基于日益增强的自主意识、权利意识、平等意识，会自发性地产生参与公共事务决策的内在冲动。虽然中国在计划经济时代也有政治参与，但只有到了市场秩序初步形成，传统的大一统式的社会利益格局逐步为多元化的利益格局所取代的今天，大众的政治参与才从传统的动员式参与演变成为自主性的参与，演变为基于自身利益诉求的政治参与。已经在市场化的进程中获得了基本经济民主权利的社会公众，必然希望通过直接参与公共选择过程来保障自己的切身利益，阻止公权力对市场过程的任意干预和对自身合法权利的随意践踏，将市场经济的平等、合理的交易原则扩展到整个公共生活领域，将自己的经济民主权利扩展为政治民主权利。与此同时，经济生活水平的提高，社会交往范围的扩大，信息交流的便捷化，也极大地拓展了公众的视野，产生了显著的现代政治理念的社会动员效应。来自发展中国家的大量经验研究表明，经济起飞阶段恰恰是一个国家最容易陷入政治秩序危机的。一个核心的问题就是所谓的"参与危机"，即政治生活制度化发展的滞后使得国家正常的制度渠道无法容纳公众迅速增长的政治参与热情。在当下的中国，弱势群体大量的利益诉求无法通过正常制度渠道表达，而只能借助集体上访、大规模的群体性事件，以非理性、非制度化的方式宣泄出来，同样也预示着如何有效地容纳社会各群体的政治参与愿望，已经成为政治发展的重大现实课题。

民主政治建设的内涵是极其丰富的，民主选举只是其中一个重要环节，它所解决的是公共权力的授权机制的程序合法性问题。然而，无论是西方还是当下的中国，公共事务治理面临的大部分是"后选举"问题。民主选举的落幕，只是民主政治运作的开始，而决不是终结。尽管民主选举直接影响到选举后的权力运作，但对于公众而言，更具有实质意义的往往恰恰是选举之后的公共权力运作，或者说地方公共事务的治理问题。正如有学者指出的那样，基层民主政治建设既可以从选举开始着手，也可以将优化权力运行的环节作为破题。② 在权力

---

① ［美］塞缪尔·亨廷顿：《难以抉择》，汪晓寿、吴志华、项继权译，华夏出版社 1989 年版，第 69 页。
② 景跃进：《行政民主：意义与局限——温岭"民主恳谈会"的启示》，《浙江社会科学》2003 年第 1 期。

授予的机制、形式问题(选举)一时难以取得较大的突破的情况下,在涉及民众切身利益的基层社会治理领域,广泛引入民主化的治理机制,可以有效地将公众的参与者热情导入微观层面的公共事务的具体治理,避免公众的参与愿望因为无法具体化而直接指向政体的变革。

再次,推进社会治理的民主化,是有效整合社会治理资源,提升社会治理绩效的重要途径。在国家逐步放松对经济社会和文化生活的控制的今天,政府社会治理面临的最大挑战之一,就是体制内资源的匮乏。寻求体制外资源的支持,将丰富多元的体制外资源整合到政府主导的社会治理过程中来,已经成为摆脱传统治理模式危机的必然选择。市场化改革带来的一个重大的社会结构变迁,就是体制外资源的大量涌现,社会各群体都不同程度地占有和分享了分散化的治理资源。一是随着市场经济的快速发展,多元的市场主体借助于其拥有的日益庞大的社会资源已经成为社会治理的重要力量。他们作为地方财富创造的主体力量,通过大量雇用地方劳动力,解决地方就业问题,出资兴办地方各种公益事业等方式,对地方公共事务的治理产生了越来越大的影响,已经成为地方政府推动地方经济发展和维护社会秩序稳定不得不倚重的重要力量。二是市场体系的发育以及社会利益的分化,催生出了大量自主性不断增强的各种社会自治组织,它们在提供市场中介服务,维护组织成员利益,建立行业及群体自身的自律及自治机制,以及协助政府协调群体间的利益关系,制订行业发展规划,承接政府转移的社会管理职能,协作政府扩大公共服务的供给规模等方面,显示出了越来越强的生命力。三是在社会成长过程中涌现出了越来越多具有较强公共意识和参与意识的公民,他们在"网络问政"、志愿者服务以及参与环保等公益事业表现出来的热情,预示着日益成熟的公民参与已经给社会治理储备了极其丰富的治理资源。丰富的体制外资源既给传统的政府单一中心的治理模式的运作带来了诸多挑战,同时也为政府整合资源,创新治理模式提供了一个相当大的自主空间。对于地方政府来说,漠视、排斥或压制体制外潜在的社会治理参与主体的影响,他们就可能演变为一种异己的反体制力量,就会以各种无形而有效的方式阻碍地方政府对公共事务的治理,并在这一过程中严重削弱地方政府的权威。相反,如果地方政府能够以开明、务实的态度,尊重社会多元主体的利益,为他们发挥自身在地方公共事务治理中的作用提供一定的舞台,就可能将各种体制外资源有效地整合到地方公共事务的治理过程中来。就此而言,社会治理创新的重要内容,就是通过社会治理格局、创新社会治理方式,健全社会组织、公民、市场主体参与社会治理的机制,把各种新生的体制外资源(市场资源与社会资源)纳入政府主导的社会治理体系,将体制内资源与体制外资源、传统治理机制与现代治理技术有机地统一起来,以切实提高社会治理的实效性。

三、拓展民主的社会治理功能

如何对待民主,是中国社会治理转型面临的重大现实挑战。如果将民主视为是对政府权威的挑战,担心容纳民主参与诉求会弱化政府对社会的控制能力,担心引入民主治理机制会降低社会管理的效率,仍然将政府的强制力作为维护社会稳定的主要工具,那么,加强社会管理势必不断加剧"政府维稳"与"公民维权"的紧张关系,民众难以满足的参与热情就可能演化为指向宏观政治体制的不满情绪,民主政治的建设就会因为受到越来越多的非理性情绪的干扰而陷入困境。相反,如果能够以积极地态度对待民主诉求的增长,将民主参与诉求视为社会治理的宝贵资源,把民主政治建设与社会治理创新有机地统一起来,通过健全民主参与机制,充分挖掘和发挥民主作为一种治理方式、治理技术的功能,就能够在顺应和满足公众日益增长的民主参与诉求的过程中有效地提升社会治理的成效,形成民主政治成长与社会治理创新的良性互动。

1. 以民主促民生:民生问题的民主治理之维

"一切人类生存的第一个前提,也就是一切历史的第一个前提,这个前提就是,人们为了能够创造历史,必须能够生活"。① 民生指的是民众的基本生存状态,包括民众的基本生存条件、基本权益实现及发展机会,是和谐社会建设最基础性的内容。民生诉求会随着经济社会的发展而呈现出动态演变的趋势。在最原初的意义上,民生问题涉及的是民众最基本的物质生存条件层面的问题。但从更核心的意义上讲,民生问题更多地是一个政治和社会问题,与民主制度建设和公众社会权利保障直接相关联。在公民与国家的关系上,"民为国之本;同时,民为国之主"②,一个国家的民生诉求及其满足,直接反映了民众在经济和政治生活中的实际地位。中国"人民国家"建设任务,"决定了其民主发展的逻辑起点不是民主的制度建构,而是人民掌握国家权力,成为国家主人",为此,"将

① 《马克思恩格斯选集》第1卷,人民出版社1995年版,第79页。
② 林尚立:《民主与民生:人民民主的中国逻辑》,《北京大学学报》2012年第1期。

广大人民凝聚为一个有机整体,并使其不仅在政治上,而且在经济上获得真正的主导地位,就成为中国建设现代民主国家的必然要求。"①而就改革开放以后中国民主政治建设的现实历程来看,保障民众的基本经济权利,恰恰构成了整个改革的历史与逻辑的起点。正如邓小平所指出的那样,"农村实行家庭承包责任制,发展多种经营,发展新型的乡镇企业,把权力下放给基层和人民,在农村就是下放给农民,这就是最大的民主。我们讲社会主义民主,这就是一个重要内容。"②

从政治学意义上说,通过民主建设来解决民生问题,其实质就是通过政治参与、政治决策的民主化来缓解因结构因素导致的经济和社会不平等。这从正面回答了现代政治生活中的一个基本问题,即如何解决民主所追求的政治平等与现实的经济社会不平等之间的关系问题。社会资源占有的不平等导致政治资源占有的不平等,进而因为政治话语权的差别而不断强化经济生活和社会生活中的各种压迫现象,是所有市场经济国家不争的事实。民主是在反对政治专制的过程发展起来的,但专制显然并不仅仅只是政治领域特有的现象,不平等、压迫、不自由状态同样广泛存在于社会生活各个领域,特别是经济领域。实践证明,政治上的形式平等无法有效保证大众在经济和社会生活中享有实际的平等,经济地位、信息占有等方面存在的巨大差异,往往导致弱势群体无法有效控制自己的命运,无法运用和实现其拥有的形式上的平等权利。因此,只有实现民生问题的民主治理,才能真正赋予低层民众更多的控制生活环境的机会,对于关涉他们生活的地方公共政策施加更大的影响力。西方民主体制在社会治理过程中遭遇的种种困境已深刻地表明,当代民主的发展需要超越政治民主的藩篱,在更广阔的社会空间中去寻求更丰富的民主实现路径和更有效的社会治理之道。

阿玛蒂亚·森曾经围绕"以自由看待发展",深刻地阐述了民主、自由的经济或民生意义。森从实质意义上来理解自由,认为自由是享受人们有理由珍视的那种生活的可行能力(capability),"就是实现各种不同的生活方式的自由"③。自由不仅是发展的目的,而且具有促进发展的工具性作用。森列举了五种类型的工具性自由:政治自由、经济条件、社会机会、透明性保证、防护性保障,这些工

① 林尚立:《民主与民生:人民民主的中国逻辑》,《北京大学学报》2012年第1期。

② 《邓小平文选》第3卷,人民出版社1993年版,第252页。

③ [印]阿马蒂亚·森:《以自由看待发展》,任赜、于真译,中国人民大学出版社2002年版,第62页。

具体性自由不仅能直接扩展人们的可行能力，帮助人们按照自己的意愿过有价值的生活，而且它们之间也能互相补充，互相强化，如政治自由对保障经济自由、防止社会饥荒等的作用。同自由相对照，"贫困必须被视为基本可行能力的被剥夺，而不仅仅是收入低下，而这却是现在识别贫困的通行标准"①在《贫困与饥荒》中，森批驳了那种认为落后国家发生饥荒的主要原因是食物短缺或发生干旱、洪水、骚乱等天灾人祸的传统论调。森强调，饥饿不仅是一个食物的供给，更重要的还是一个食物的分配问题。"如果经济繁荣表现为社会不平等的扩大（如有利于城市人口，不利于农村劳动力），那么，繁荣过程自身就有可能成为饥荒的诱因。""饥饿是指一些人未能得到足够的食物，而非现实世界中不存在足够的食物。虽然后者能够成为前者的原因，但却只是很多可能的原因之一"②。贫困、饥饿等问题反映的是"不同阶层的人们对粮食的支配和控制能力"，"这种能力表现为社会中的权利关系，而权利关系又决定于法律、经济、政治等的社会特征。"③人们之所以遭受饥饿，关键在于他们的某些权利、行动能力遭到了剥夺。基于饥荒问题的深入研究，森指出了一个重要事实，饥荒在世界历史上从来没有发生在有效运行的民主体制中，它通常发生在殖民地、权威主义社会以及官僚专制体制当中。这是因为"权威主义统治者，他们自己是绝不会受到饥荒的影响的，因而他们通常缺少采取及时的防范措施的动力。与此相反，民主政府需要赢得选举并面对公共批评，从而有较强的积极性来采取措施，防止饥荒或其他类似的灾难。""至今还没有确凿的证据表明，在某次饥荒中，一个国家的所有阶层都遭受饥饿。这是因为，不同社会阶层对食物的控制能力是不同的。"④因此，贫困、饥饿等严重的民生问题产生的深刻根源，是处于底层的社会成员无法唤起政府对这些问题的关注。而只有民主政治建设，赋予公民必要的权利及行动的能力才有可能改变这一局面。"政治和公民权利能够有力地唤起人们对普遍性需要的关注，并要求恰当的公共行动。对于人们的深切痛苦，政府的反映通常取决于对政府的压力，这正是行使政治权利（投票、批评、抗议等等）可以造成重大区别的地方。这是民主和政治自由的'工具性作用'的一部分。"⑤

---

① ［印］阿马蒂亚·森：《以自由看待发展》，任赜、于真译，中国人民大学出版社2002年版，第85页。

② ［印］阿马蒂亚·森：《贫困与饥荒》，王宇、王文玉译，商务印书馆2001年版，第201页、第1页。

③ 同上，第198页。

④ 同上，第11页、第186页。

⑤ 同①，第152页。

近年来,我国一些地方政府在缓解弱势群体的基本民生问题的过程中,有意识地采用了一些民主参与机制,为探索民主与民生协同发展之路提供了有益的借鉴。杭州市的"以民主促民生"实践,在尊重人民主体地位基础上,让人民群众从"身边的民主"入手改善民生状况,通过"问情于民"落实人民群众的知情权、"问需于民"落实选择权、"问计于民"落实参与权、"问绩于民"落实监督权,逐步形成了"民生问题人民做主"的治理格局。"民主促民生"实践将老百姓最为关切的民生问题作为微观民主实践的切入点,成功地激发了民众的民主参与热情。参与式民主实践面临的最大现实挑战,就是公众参与热情的式微,普通民众对远离他们日常生活世界的政治问题不感兴趣。亚里士多德早就说过,"凡是属于最多数人的公共事务常常是最少受人照顾的事务,人们关怀着自己的所有,而忽视公共的事务;对于公共的一切,他至多只留心到其中对他个人多少有些相关的事务。"①在中国,随着运动式群众参与活动的终结,现有体制基于维护政治稳定需要对自主式参与的抑制,同样导致公众日益退缩到个人世界,满足于各种"小圈子"内的互惠式交往。对于本来就缺乏公民社会根基的中国来说,培育公众的理性参与意识以及基于公共利益的参与行动,实际上构成了民主大厦建设的基础性工程。杭州的实践告诉我们,没有理由对公众参与热情、参与能力持悲观的态度。"以民主促民生"实践从老百姓"身边的民主"②做起,从事关人民群众切身利益,容易引起他们共鸣的民生问题切入,有效地激发了公众的参与兴致。事实证明,只要政府积极主动从公众关注的问题入手,建立健全便捷的参与渠道,就可以有效地扩大社会参与,将公众的参与热情导入政府设定的轨道,实现公众参与的可持续发展。

政治民主向社会民主演进是20世纪中叶以来西方民主思潮发展演变的一个重要趋势。有共和主义和社会主义思想渊源的民主思潮,无不把拓展民主实践的领域,推进整个社会生活的民主化作为救治自由民主体制弊病,使民主体制变得更加民主的重要途径。在这种新的民主理论的视野中,民主在很大程度上已经从一种政治体制演变为一种公共生活方式,民主的焦点也逐渐从政党竞争、政治选举转向就业、医疗、教育、住房等民生问题。吉登斯就曾将当代政治生活

---

① [古希腊]亚里士多德:《政治学》,吴寿彭译,商务印书馆1983年版,第48页。
② 蓝蔚青:《杭州市构建党政、市民、媒体"三位一体"的"以民主促民生"工作机制研究》,杭州网 2009年01月31日

变迁的主题概括为"解放政治"向"生活政治"的转变。在重大的体制性压迫被打破之后,原先为"解放政治"忽略的微观生活问题逐步成为人们关切的焦点。与此同时,高度现代性的社会生活境遇,导致人们越来越失去自主性,自我认同问题开始成为时代的重要问题。"生活政治学是关于生活方式的一种政治学"①。"在现代社会生活中,生活方式的概念具有特殊的意义。传统的控制愈丧失,依据于地方性与全球性的交互辩证影响的日常生活愈被重构,个体也就愈会被迫在多样性的选择中对生活方式的选择进行讨价还价。……由于今天社会生活的'开放性',由于行动场景的多元化和'权威'的多样化,在建构自我认同和日常活动时,生活方式的选择就愈加显得重要。"②在"生活政治"的语境中,现实生活中各种民生问题、各种人际关系,以及多元生活方式的选择都被纳入到了民主实践的领域,需要通过"协商民主"、"对话民主"、"情感民主"等新的民主实践形式来重新塑造。

以民主促民生实践,一方面为中国民主政治成长的找到了一个重要的现实切入点,有效地调动了公众的民主参与热情,并将这种热情导入政府主导的社会事务治理过程中;另一方面也为提高民生问题的治理绩效提供了重要支持。杭州"以民主促民生"试验的一条重要的经验,就是将"老百姓的事老百姓自己办"作为解决民生问题的重要指导思想,积极主动地创造公众参与的载体和平台,将公众参与贯穿于民生政策制定、实施、评估的全过程,在充分发挥群众智慧作用的同时,有效地增进公众对政府行为的认同感。近些年来杭州市实施的五大"民心工程",针对的都是人民群众最关心的切身利益问题,民众对政府的政策议题具有广泛的认同感。作为直接受益人,市民对民生工程的落实情况高度关切,在工程实施的具体细节上为政府部门的决策提供了大量真实可靠的信息,为政策的完善及有效执行贡献了大量智慧,而政府部门在工程的实施过程中也深切地感受到了公众对公益性事业的热情,以及公众参与带来的政策执行绩效的显著改善。这种互动的信任合作关系如果能够得以不断地持续下去,就可以为地方自治以及地方公共事务的合作治理奠定良好的基础。

2. 赋权社会组织:多元利益诉求的制度性表达

利益表达是公民权利的重要组成部分,也是民主政治的一个重要功能。正

---

① [英]安东尼·吉登斯:《亲密关系的变革》,社会科学文献出版社2001年版,第251页。
② [英]安东尼·吉登斯:《现代性与自我认同》,赵旭东、方文译,三联书店1998年版,第6页。

如美国政治学家穆拉维契克所说的那样："民主是对深深期望得到体面对待的人的回应。民主是人类出自天然本性的期望,期望人人对他们各自的命运都有发言权"①。和谐社会秩序的重要基石,是相对均衡的利益结构,而维系相对均衡的利益结构的一个重要制度支撑,是健全社会各群体利益表达机制,使社会各群体能够通过制度化的渠道表达自己的利益诉求,以便政党和政府能够对多元社会利益诉求进行必要的调节,并尽可能在政策层面上达成社会利益的整合。利益诉求的制度化表达,不仅为公民维护自身权益提供了重要渠道,而且也为提高公共决策的有效性和合法性提供了重要保障。

公共政策是政府实现行政意图最重要的手段,也是政府最主要的行为方式。能否通过制订和实施有效的公共政策,整合不同阶层的利益要求,将社会利益冲突控制在不影响社会稳定的范围之内,避免利益冲突引发大规模的群体事件,是当前地方政府面临的一个严峻挑战。这就需要通过优化公共政策过程,增强政策过程的开放性、回应性、协商性,使政策的制订、实施成为一种缓解、平衡利益冲突的长效机制。和谐社会的公共政策,不应单纯取决于领导集团的偏好,取决于他们的主观评判,而必须成为社会各种利益群体公共选择的结果。只有不断优化政策过程,将公共政策的决策建立在公共选择的基础上,公共政策才能包容、综合不同社会阶层的利益诉求,得到不同社会阶层共同的认可和接纳。通过制度创新,建立起这样一种制度化、公正化、开放化的政策过程,使不同利益群体的利益诉求得到充分体现,避免政策收益与成本分布的严重不均衡,应当成为我们探索建立实现社会和谐的长效机制的基本着眼点。

必须看到,为公众所普遍关注的重大民生问题,往往都是影响社会稳定与和谐的社会热点和焦点问题。公共政策如果对公众的普遍性需求缺乏必要的"回应性",长期漠视公众普遍性的利益诉求,或者由于公共政策制订的相关制度安排导致政策主体无法及时有效地获得公共需求的信息,相关的利益群体在利益表达受挫过程中会产生强烈的被剥夺感和不公平感,并因此给社会稳定埋下重大隐患。要让事关社会能否实现持久和谐的重大社会现实问题顺利地进入公共政策程序,相关的利益群体就必须能够通过制度性的渠道,将其利益诉求充分地表达出来,并方便地传递到政策制订者那里。换言之,政策主体的利益综合必须建立在充分的利益表达之上,公共政策对影响社会和谐的重大现实问题的敏感

① [美]穆拉维契克:《民主与民主化》,商务印书馆1999年版,第41-42页。

反应,应当建立在民主化的制度安排上,而不是仅仅依赖于政策主体的政治敏锐性或"驾驭"局势的能力上。只有这样,多数社会成员才会对公共政策形成基本共识,接受政策引导下形成的利益格局,以此形成社会和谐的基础性力量。

利益表达制度化的重要前提,是利益表达的组织化。没有任何一种国家政治制度,能够有效地容纳数以亿计的分散个体的情绪化利益表达。作为国家与个体的中介,社会组织的最重要的政治功能之一,就是借助于组织自身的利益整合机制,过滤掉组织成员情绪化的非理性诉求,将个体分散的甚至相互冲突的利益诉求整合为整个组织共同的合理化政策诉求,进而借助于组织与组织、组织政府之间的沟通对话机制,将政策诉求纳入政策过程,并最大限度地维护和实现组织成员的利益。如果社会各个群体都拥有能够充分代表其意志的自主性的社会组织,及时地表达相关社会群体的利益诉求,而国家建构的政策博弈制度框架又能够保证多元社会组织拥有相近的话语权,那么,建立在多元社会组织理性化的政策博弈基础上的公共政策,就能够较好地平衡多元社会主体的利益诉求。

在罗伯特·达尔所代表的多元主义者看来,民主政治的奥秘正在于多元利益主体的组织化博弈。达尔认为,民主可以被定义为"多重少数人的统治",而不是"多数人的主权",更不是空洞的"人民主权"。在民主体制下,权力资源高度分散,形成了一种多中心或无中心的格局,其中任何一个中心都不可能完全占有主导地位。相互竞争的各种利益集团运用各自的资源去影响政府的决策,并形成了一种相对均衡的博弈格局。这种分散的权力中心和动态变化的竞争格局,可以有效地防止权力的集中,确保政治民主的运行。"独立的社会组织在一个民主制中是非常值得需要的东西,至于在大型的民主制中是如此。一旦民主的过程在诸如民族－国家这样大的范围内被运用,那么自主的社会组织就必定会出现。而且,这种社会组织的出现,不仅仅是民族－国家统治过程民主化的一个直接结果,也是为民主过程本身运作所必需的,其功能在于使政府的强制最小化、保障政治自由、改善人的生活。"①达尔认为,多重独立的社会组织的存在,提供了一种相互控制的机制,从而能有效地抑制等级体系和支配。因为正是多元的社会组织的存在,使得对各种统治资源的拥有呈现为分散化的状态,从而使得

---

① Robert Dahl, Dilemmas of Pluralist Democracy: Autonomy vs. Control (New Haven: Yale University Press, 1982), p. 1.

统治者进行垂直统治的成本增大。理性的统治者在统治成本高于统治收益时，有可能会放弃对某些事务的控制。一个弱小团体的成员，或者诸多弱小团体，可以把他们拥有的资源结合起来，从而加大统治者进行控制的成本，推进政治自主性。有了这种多元的社会组织，任何精英群体也难以压制社会从而使多元政体走向权威主义。①

在社会利益高度分化的背景下，要健全社会利益整合机制，维系相对均衡的利益结构，就必须在积极推进社会再组织化基础上，赋权社会组织，使社会组织能够有效地承担起多元社会群体的利益整合功能，为国家或地方层面的体现在公共政策之中的社会利益整合提供必要的基础。必须看到，现阶段中国各群体利益的组织化表达，存在严重的不均衡格局。一方面，是体制内的精英群体借助于官方组织使自己的利益得到了较好的维护，以资本力量为代表的强势群体也通过建立行业协会、商会等，利用组织和个人与政府之间便捷的沟通对话机制，获得了很大的政策话语权；另一方面，则是规模庞大的弱势群体由于组织成本较高，组织资源稀薄，加之政府基于维稳考量采取的一些压制性措施，无法建立能够代表他们利益诉求的组织，提高自己的政策话语权。因此，在推进社会治理民主化的过程中，各级地方政府应当有意识地扶持、帮助弱势群体建立代表自己利益的自治组织，使弱势群体的利益诉求和政策愿望能够及时地反映到公共政策的决策过程中来，避免弱势群体只有通过大规模的非法集体行动，形成强大的体制外压力，甚至酿成重大事端，才能迫使政策主体对其利益诉求作出反应的不正常现象。

3. 协商民主：社会冲突的理性化解之道

利益冲突是开放社会的常态现象，但利益冲突如果无法纳入理性协商、谈判的轨道，就可能发展成严重威胁社会秩序稳定的社会对抗。西方民主政治的发展经验表明，自由民主政体虽然能够为多元利益主体的理性博弈提供宏观的体制架构，却不足以化解现实生活中纷繁复杂的利益冲突。就公共政策过程而言，由于社会多元利益的存在以及道德认知上的差异，公共政策过程的参与者都是有限理性的行动者，不同的政策主体基于各自不同的视角对公共政策问题会有不同的认知取向，并可能以不同的方式去影响公共政策过程。因而，对于一个有

---

① 参见顾昕：《以社会制约权力——托克维尔、达尔的理论与公民社会》，载《市场逻辑与国家观念》，三联书店1995年版。

效的民主治理来说，其关键问题就是如何将以下三个要素有机地结合在一起：协商、决策以及全体公民。①

当代协商民主的产生，是对西方自由主义民主理论和实践批判性反思的结果，它超越了自由主义民主与共和主义民主的历史视域，主张通过公民的理性协商来重新型构现代民主政治的社会基础，以寻求民主与权威的平衡。如果说自由主义民主认为公民应当仅仅是对政府决策进行"反应"而非"行动"的话，那么，激进的共和民主论者则主张公民对生活环境和公共政策过程进行有效控制。两种主张预设了公共权威与公民之间要么"公民服从"要么"公民控制"的非此即彼的选择。而协商民主治理模式表明，通过完善的制度设计和安排，公共权威与公民之间并不是绝对对立，可以在更广泛的视野中寻求公民与公共部门之间的互动。协商民主鼓励各种形式的沟通对话，在确保所有人都能够充分表达自己观点的基础上寻求共识，从而将个人的经验与公共问题联系起来，并最终将统治、决策、公民参与以及公共利益合理地联系起来。

协商民主的滥觞，在很大意义源于自由民主体制在"风险社会"治理上的困境。一方面，风险社会的出现打破了代议民主的知识基础——科学对理性的垄断。随着现代社会问题的日益复杂化，政治决策者日益仰赖科技专家来提供技术和信息咨询，专家在整个社会体系中占据着越来越重要的地位，科学对理性的垄断使得代议民主模式具有相对稳定的知识基础。然而现代风险所具有的高度不确定性使得专家很难显示出他们在常规事务处理中所拥的专业知识优势，人们已越来越普遍地对对专家的风险应对能力失去信心，传统的根据专家的科学判断对风险和危机作出合理反应的治理模式已经失灵。另一方面，风险社会的出现损坏了代议民主运作的责任机制。贝克曾用"有组织地不负责任"来揭示现代国家治理体系应对风险失灵的体制性困境。现代社会的风险的因果链条错综复杂，其有效治理大大超过了单一专业机构应对能力，因而虽然公司、政策制定者、政府机构都可能是风险的直接制造者或加剧者，但它们都可以建立起一套话语将自己的责任推卸干净。② 这就意味着，以代议制程序民主为基本框架的现代国家治理体系在应对日益突出的风险挑战上，存在着责任体系严重混乱的致命缺陷。

正是"风险社会"的出现为实现民主政治模式的转型提供了机遇。从总体

① [美]詹姆斯·博曼：《公共协商：多元主义、复杂性与民主》，中央编译出版社2006年版，第150页。
② [德]乌尔里希·贝克：《风险社会》，吴英姿、孙淑敏译，南京大学出版社2004年版，第191页。

上讲,现代社会的风险越是具有不确定性和不可预见性,专家和专业机构越是充分地暴露出风险和危机应对能力的不足,就越是需要借助于民主的治理方式,更加突出公民的主体地位,保障公民的自主权利,重新平衡决策者、专家与公民的权力——责任关系,发挥社区、家庭、非政府组织的作用;需要突破民主政治的常规体制,在更广泛的社会民主基础上搭建更加开放的对话平台,以更加开放的民主化社会来应对社会生活的不确定性。吉登斯把"民主化"民主社会的突破口放在"对话民主"(dialogic democracy)上。"在分离已经不再可能的社会秩序中,在很多领域内,暴力之外的唯一选择是'对话性民主'——即相互承认对方的真实性,准备聆听或辩论对方的看法和观点。"①对话民主本质上是一种情感民主,它要求对话者基于理解、同情、信任的情感和平等交流的姿态展开彼此间的对话沟通。因为只有这样一种带着情感的对话,才能建构和维持积极的信任关系。

在多元社会发展中,协商民主重要的治理意义在于,它使得不同社会主体间的利益偏好具有了基于理性基础上进行改变的可能,并由此寻求不同利益主体间的平衡点和强化社会整合的共同基础。协商民主论者认为民主思想的关键点在于偏好的转换,而不是偏好的简单聚合,相信人们会在与他人的讨论中不断调整自己对社会的看法。② 在传统的以选举为核心的程序民主理论认为民主的决策不需要进一步的正当性验证,认为多数原则(公众投票)和功利主义原则(如成本—效益分析法)就是决策本身正当性的保证。它将公民的偏好作为既定的事实,不探究偏好所依据的理由,因此它所关注的不是对公民偏好的证明,而是对聚合这些偏好的决策方法的正当性证明。而协商民主治理模式实践则表明,将公共协商作为公共事务治理中多元社会主体间的核心互动方式,能够为社会冲突的化解提供一个共同的伦理价值基础。因为,公共协商具有的"正当性验证"特征,能够为最终的公共决策提供合法性基础。正如哈贝马斯曾经指出的,商议性政治的重要价值就在于其参与者通过互相了解和相互商谈的辩论过程在原则允许的条件下最终形成一致的意见。③ 协商民主的成功并不取决于一个有

① [德]乌尔里希·贝克、[英]安东尼·吉登斯、[英]斯科特·拉什:《自反性现代化》,赵文书译,商务印书馆2001年版,第133页。

② [美]朱迪思·斯夸尔斯:《协商与决策:双轨模式中的非连续性》,毛里西奥·帕瑟琳·登特里维斯主编:《作为公共协商的民主:新的视角》,中央编译出版社2006年版,第80-81页。

③ [德]哈贝马斯:《哈贝马斯在华讲演集》,中国社会科学院哲学研究所编,人民出版社2002年版,第79页。

集体行动能力的全体公民，而取决于相应的交往程序和交往预设的建制化，以及建制化商议过程与非正式地形成的公共舆论之间的共同作用。要实现民意的充分表达和聚合，在决策过程中如何确保公民协商的公正、公平和真实性，无疑是其关键所在。在这个过程中，民主程序"通过运用各种交往形式而在商谈和谈判过程中被建制化，而那些交往形式则许诺所有按照该程序而得到的结果是合理的"①。

在当下中国的语境中，协商民主作为一种社会治理方式的重要现实意义，是为缓解政府与公众的紧张关系提供了一种建设性的思路。由于整个社会治理结构的历史延续性，现阶段社会矛盾最突出的表现形式依然是传统的官民对立，是基于社会不公平感的社会抗争事件。官民之间的利益冲突，以及政府信用的瓦解，造成了官民之间缺乏基本的信任心理，日趋恶化的官民心理隔膜和情绪对抗，不断消解着政府与公众合作治理的基础。如果不致力于治理结构的民主化变革，反而依据局部或短期的威权主义治理模式的成效，对民主治理模式产生抵触心理，进而试图通过重新加强行政管制来压制日益尖锐的社会矛盾，势必只能形成社会矛盾激化——行政控制的强化——社会利益诉求、利益协商渠道的堵塞——社会对抗风险放大的恶性循环。如果不能广泛而深入地推进地方治理的民主化创新，政府与公众关系就可能沿着民众"被""刁民化"而官员"被""贪官化"的趋向被建构起来。2011年广东乌坎事件从恶化到平息的整个过程，充分说明，今天的中国比西方社会更需要通过拓展对话民主、协商民主的发展空间，来化解官民矛盾的死结。作为公共事务治理之道，民主最基本的内涵，是参与治理的社会主体基于公共利益和共同体的责任感，以平等协商的方式讨论、决定公共事务的治理之策。这其中，处于强势地位的政府围绕地方公共事务治理主动搭建各种有效的对话平台，坦诚地接受公众对政府的监督及政策建言，使公共事务治理最大限度地回应地方公众的需求，是最为关键的。

4. 合作式治理：增强政府与公众的信任合作

民主是一个复杂的治理体系，不仅包含各种层面的制度安排，及与之相匹配的运行机制，而且包含一整套与之相适应的政治信念、道德准则和公共生活方式。中国民主政治建设的巨大挑战之一，是要建立起一个同民族几千年的治理传统完全不一样的国家治理体系，这一治理体系的有效运作所需要的一整套思想观念、政治交往方式，乃至国民的政治人格和精神气质，都是同几千年的历史

---

① [德]哈贝马斯：《在事实与规范之间》，童世骏译，三联书店2003年版，第377页。

积淀并传承下来的政治文化格格不入的。公民社会及其对国家权力的制约、公众参与公共生活的传统、民主政治的游戏规则等等,说到底都是我们所陌生的东西。这些民主政治的软件,是无法通过一次性灌输形成的,它们需要在长期的实践中习得,并积淀到人们的行为方式之中。这也就决定了中国治理民主的成长,将是一个长期的在民主实践中学习民主,并逐步积累公民文化的过程。不仅普通民众,包括官员在内的所谓社会精英群体都需要通过参与民主实践,熟悉民主政治的游戏规则,习得同民主政治运作相适应的思想观念和行为习惯,培养并逐步提升公共意识和现代公民政治人格。

民主的成长,是建立普遍的政治交往,特别是加强政府与公众的政治互动,从中不断增强公众的政治功能效感的过程。只要社会治理创新不是主政者自导自演、自娱自乐的纯粹"政治秀",任何旨在满足公众参与愿望或提升治理绩效的公民参与实践,都有助于建立政府与公众的相互信任机制。正如孙柏瑛分析指出的那样,公民参与过程为参与主体提供了直接体验、彼此感知、谋求策略的现实场景,是参与主体进行协商对话、施加话语影响力、增进理解并改变分配规则的交互学习场所。在参与的体验中,参与主体间的积极交往和互动能够产生诸多不同层次的功效:一是公民有机会表达产生并分散于民间的诉求与利益信息,使政府得以及时了解民间的要求和利益分化情况,为公共政策制定提供重要依据。二是公民参与提供了公民向政府施加影响力以及改变某些权力行使规则的条件,打破了权力的垄断格局,促使权力被置于阳光之下,从而释放社会"安全阀"的能量。三是在互动中,参与主体间的交互影响促使参与主体考虑对方的诉求,体验并理解对方的生活环境与状态,互换角色并不断地认同彼此角色,以学习尊重对方和平等互利的交往能力,增强彼此的信任程度。四是在实践过程中,基于体验和相互交流,参与主体间逐渐发现谋求互惠才是利益达成的关键,于是在互动中共同学习打破僵局、克制冲动、斡旋冲突、化解矛盾、解决危机的策略和技能,成为参与主体获得共同发展的动力。五是公民参与为公民施展管理公共事务的能力,表现自主管理的才智提供了广阔的舞台,使政府及其官员逐渐意识到,在一些层级的公共事务领域,尤其是在社区公共服务领域,民间组织介入公益事务管理的价值与潜能很大,并表现出明显的创造力,能够成为政府公共管理有力的合作伙伴。①

---

① 孙柏瑛:《我国公民有序参与:语境、分歧与共识》,《中国人民大学学报》2009 年第 1 期。

政府与公众围绕公共事务治理展开的各种互动,是培育和提升参与者的公共理性精神的根本途径。公共理性是各种政治主体(包括公民、各类社团和政府组织等)以公正的理念,自由而平等的身份,在政治社会这样一个持久存在的合作体系之中,对公共事务进行充分合作,以产生公共的、可以预期的共治效果的能力。① 在罗尔斯看来,公共理性是一个民主国家的基本特征。公共理性的目标是公共之善或社会的正义,其本质是公共性。② 只有公共事务治理的参与者普遍摆脱了一己之私利的束缚,能够将参与行动建立在正义等抽象的价值信念以及作为共同体成员的道德责任感之上,才能最大限度地限制资本、黑恶势力等对民主的"俘获",才能促进治理民主朝着有利于增进共同体之善的方向发展。只有权力精英和普通民众都切实地体验到了民主之善,体验到了民主所体现的增进平等、信任、合作的功能,才能真正避免"民主厌倦",让民主的普适价值在公众内心深处扎下根来,为民主的可持续发展奠定坚实的社会基础。

揆诸现实,公共服务提供中的合作治理,是构建政府与公众的信任合作机制最重要的现实路径之一。在不同的国家和地区,公共服务提供中的合作治理方式往往各不相同。有些国家采用中央机构负责公私伙伴合作关系模式的运作(如荷兰),有些国家则让州政府或者市政府具体负责公私合作事宜(如澳大利亚的"财政管理改进计划"),还有些国家以服务外包等民营化方式运作(如葡萄牙的"重大选择计划")。尽管这些合作关系的具体形态各不相同,但都包含着一些共同性要素:能够清晰地表明和衡量服务成果、存在激励空间、改进服务质量、建立良好的工作关系以及具备透明的问责制实施程序。③ 面对知识化和信息化社会的挑战,西方一些学者还提出了"整合性公共服务"模式,试图以此解决公共服务和公共事务治理的碎片化困局,其主要特征包括④:跨界性协同的公共服务,各种公共服务组织跨部门边界、组织边界和区域边界进行伙伴关系式的服务提供;以公民为中心的公共服务,实行以面为基础的高效性、无缝隙的整合

---

① [美]罗尔斯:《公共理性观念再探》,载《公共理性与现代学术》,三联书店2000年版。
② [美]罗尔斯:《政治自由主义》,万俊人译,译林出版社2000年版,第225页。
③ [英]达霖·格里姆赛、[澳]莫文·K·刘易斯:《公私合作伙伴关系:基础设施供给和项目融资的全球革命》,中国人民大学出版社2008年版,第241页。
④ 曾维和:《整合性公共服务——当代西方国家公共服务提供的新模式》,《上海行政学院学报》2012年第1期。

性服务;以信息技术为基础,使公民能够轻易地获取信息、数据等公共资源,能够快速和便捷地获取整合性服务。

合作式治理模式的精髓在于建立社会组织与政府的信任合作关系,拓展政府与多元社会主体基于共同的目标展开多样化的互动合作。在公共服务的多元提供模式中,公共机构仍然是重要的参与者,但作为个体的公民和社会组织无疑也是不可或缺的组成部分,并发挥着越来越重要的作用。法团主义认为,公民的利益实现可以由一些组织化的功能单位来完成,这些具有组织化功能的团体被组合进一个有明确责任(义务)的、数量限定的、非竞争性的、有层级秩序的结构安排之中,并进而联合到国家的决策结构中去。这意味着,治理民主实践中社会多元主体间的合作,即涉及国家决策过程,也包括各种以功能团体形式出现的社会参与,它们互相承认对方的合法性资格和权利。我国公共服务的合作式治理,同样需要政府与社会通过持续的互动式行动来实现公共利益目标,它是一种基于社会多元利益主体间共同参与、共同协商的互动关系的民主化治理形式。在这个过程中,公民在参与中的需求表达,决定了公共服务的主要内容。同时,合作治理中的参与,也使得公民能够对公共服务质量进行评估,将评估反馈到新一轮的公共服务供给中,从而促使公共服务最大限度地接近于公民的真实需求。

5. 公民参与:塑造社会治理的"积极公民"

要让民主运转起来,成为社会治理的有效形式,不仅需要探索和设计出一系列支撑性的制度安排,而且需要有相适宜的社会土壤。仔细梳理西方民主思想的发展史不难发现,许多政治思想家们都非常重视民主的民情基础,注重从社会的主体因素去探寻民主产生、发展及衰败的原因。托克维尔认为,在维护美国民主制度的条件中,"法制比自然环境更有助于美国维护民主共和制度,而民情比法制的贡献更大"①。科恩也曾指出,在民主的诸项条件中,社会成员必须具备的性格特点和思想习惯是最基本的,而民主的其它条件取决于此。② 罗伯特·达尔同样把"民主的信念和政治文化"③作为一个国家实现民主的三个关键性条件之一。阿尔蒙德和维巴以英、美和墨西哥等国的比较研究为基础,对政治文化

---

① [法]托克维尔:《论美国的民主》,董果良译,商务印书馆,1997年,第354页。
② [美]科恩:《论民主》,商务印书馆,聂崇信、朱秀贤译,1988年,第172页。
③ [美]罗伯特·达尔:《论民主》,李柏光等译,商务印书馆1999年版,第155页。

和民主政治之间的关系做了深入考察，认为"一个稳定的、有效的民主政府的发展，不仅仅依赖于政府和政治的结构：它还依赖于人们对政治程序的取向——依赖于政治文化，除非政治文化能够支撑一个民主的系统，不然，这个系统成功的机会是很渺茫的。"①政治文化是一个民族在特定的历史过程中形成的政治态度、政治信仰和政治感情的总和。阿尔蒙德将政治文化区分为三种类型②：在地域型政治文化中，人们从来没有感觉到自己是一个国家的"公民"，他们不关心政治事务，认识不到自己对政治体系可能施加的影响或应该承担的义务，对政治能力和政治功效毫无感觉。在顺从型政治文化中，人们虽然意识到他们是"公民"，是政治体系组成的一部分，但他们是被动地接受政府行动而不是主动地影响政府行动，其政治能力和政治功效是低层次的。当人们习惯于把自己看作被驯服的客体而不是积极的参与者时，民主就难以扎根。在参与型政治文化中，人们不仅认识到他们是国家的"公民"，而且积极参与政治，相信自己只要努力去做就能够在某种程度上影响政治事务。显然，一个社会只有在观念上普遍认同了民主价值和民主政治的游戏规则，公众较为普遍地完成了从臣民、顺民到公民的转变，民主政治体制才能得到有效的巩固。

公民文化的发展与公民参与实践是互为因果的。上世纪 60 年代以来，共和主义思潮的复兴，参与式民主、协商民主理论的崛起，以及全球治理革命都将公民参与的重要性提高到了前所未有的高度。在公民共和主义看来，公民的参与首先是一种政治共同体成员的责任、德性而非权利。"他们的身份感以及他们如何看待潜在竞争的其他民族、种族或宗教的身份；他们对于不同于自己的他人予经宽容和共事的能力；他们为了促进公共利益以及为了使政治权威承担责任而参加政治活动的愿望；他们在自己的经济需求上以及影响他们健康和环境的其他个人选择上表现自我约束和实施个人责任的愿望。如果没有具有这些素质的公民的支撑，民主制度将步履艰难甚至遭到动摇。"③而多中心治理理论倡导的"积极的公民资格"（Active Citizenship），也强调公民不是被动接受管理和服务的消极顾客，而应当是积极主动的参与者。在此，"政治参与和公共慎议活动

---

① ［美］加布里埃尔·阿尔蒙德、西德尼·维巴：《公民文化——五国的政治态度和民主》，马殿君、阎华江 郑孝华译，浙江人民出版社 1989 年版，第 586 页。

② ［美］加布里埃尔·阿尔蒙德：《比较政治学：体系、过程和政策》，曹沛霖等译，上海译文出版社 1987 年版，第 29 页。

③ ［美］威尔·金里卡：《当代政治哲学》上，刘莘译，上海三联书店 2005 年版，第 512 页。

不应该被视为沉重的责任或义务,而应该被视为具有内在的价值。人们应该高兴地接受民主公民资格的召唤,因为积极的公民生活事实上是我们的最高生活方式。"①埃莉诺·奥斯特罗姆指出,"在今天,我们必须重新界定公民的作用了。他们已经从政府服务被动的消费者变成了创造社区特定性格的积极的活动者。这意味着公民已经成为其社区管理的一部分,他们承担着社区的责任,而不是把自己要么看作是孤立的地方政府服务的消费者,要么看作是政府对立或反对的力量"。② 事实上,富有道德责任感的"积极公民"广泛而深入地参与公共事务治理,已经成为摆脱代议制民主的"弱势民主"困境,实现更厚实、更真实的民主治理的希望所在。

"公众参与"民主理论的重要代表卡尔·科恩认为,应当从公民参与深度、广度和范围来考察一个国家的民主化程度。民主的广度是个数量问题,决定于受政策影响的社会成员中实际或可能参与决策的概率。民主的深度反映的是参与的充分程度,是由参与的性质来确定的。"从某种意义上说,深度的衡量居于次要的地位,因为一种民主必须先要有一定的广度,才能评价其深度。一个社会内少数人完全而且有效的参与,不能构成民主。取得了合理的广度以后,下一个问题便是要看参与者参与时是否充分、有效。……如果一个社会不仅准许普遍参与而且鼓励持续、有力、有效、并了解情况的参与,而且事实上实现了这种参与并把决定权留给参与者,这种社会的民主就是既有广度又有深度的民主。"③显然,只有在整个社会治理过程中广泛建立民主化的治理机制,才有可能使民主化达到应有广度和深度。卡罗尔·佩特曼针对代议制民主的局限,强调"真正的民主应当是所有公民的直接的、充分参与公共事务的决策的民主,从政策议程的设定到政策的执行,都应该有公民的参与。只有在大众普遍参与的氛围中,才有可能实践民主所欲实现的基本价值如负责、妥协、个体的自由发展、人类的平等等。"④参与式民主理论虽然并不完全否认主权与治权相对分离的现实意义,但始终坚持一个基本原则:公民没有也不应当完全放弃治权,相反,公民广泛参与公共事务,以及地方或社区式的公民自治,始终是民主最核心的内涵。"如果公

① [美]威尔·金里卡:《当代政治哲学》,刘莘译,三联书店2004年版,第530-531页。
② 转引自孙柏瑛:《全球化时代的地方治理:构建公民参与和自主管理的制度平台》,《教学与研究》2003年第11期。
③ [美]卡尔·科恩:《论民主》,聂崇信、朱秀贤译,商务印书馆1988年版,第21页。
④ [美]卡罗尔·佩特曼:《参与和民主理论》,陈尧译,上海人民出版社2006年版,第8页。

民有作为公民而积极行动的实际权利,也就是说,当公民享有一系列也许他们要求民主参与并把民主参与视做一种权利的时候,民主才是名副其实的民主。"①

要建立民主体制并让它有效地运转起来,首先要求多元参与主体接纳民主的价值,并学会遵守和运用民主的规则。学会民主意味着养成关心并积极主动地参与公共事务的习惯,学会以协商、沟通、讨论的方式处理公共事务,学会以妥协、退让的理性态度来处理矛盾和分歧,熟悉和掌握参与共同体生活的规则、艺术。只有当官员和民众都普遍认同民主规则,并开始主动地以民主的方式来处理公共事务时,民主的理念才会真正在人们的心灵深处扎下根来。戴蒙德指出,"要想得到巩固,民主必须在政治精英、政治组织、广大民众等三个水平上达到深厚、宽广和持久的合法性。在每个水平上,行动者都必须在规范上坚信民主是最好的治理形式,在行动上遵守宪政制度的规则和程序。"②对于我们这样一个极度缺乏公共生活传统,缺乏民主和法治传统的民族来说,在民主的实践中学习、掌握民主的规则和艺术,提升民主操作的水平,乃是民主政治成长的自然历史过程。

在市场经济条件下利益冲突是社会生活的常态。民主作为一种公共生活方式,其重要功能,就是为利益冲突的各方提供了一种用协商、谈判的方法达成妥协和共识,以实现双赢或多赢的政治博弈框架和规则。妥协是一种重要的民主政治心态、民主政治智慧,一种成熟和理性的政治博弈艺术。中国几千年的政治博弈积淀下来的政治规则,是"成王败寇"、"赢家通吃",是"打天下者坐天下",几乎没有给妥协留下什么余地。而"在二十世纪中国的政治冲突中从没有一次能够产生出一种使中国人能够理性解决冲突的制度性结构和社会心理预期,亦即用谈判、讨价还价,以及一系列无终止的妥协和相互调整去解决冲突,反过来又进一步加强这种解决冲突的制度性结构和社会心理期望。"③要改变这样一种政治博弈格局、这样一种政治心态,就需要通过各种形式的民主参与实践,让参与者学会在公开的游戏规则之下展开理性的政治博弈,并切实体会到妥协的重要意义;就需要广泛建立政府与社会组织及公民的合作机制,让参与者学会尊重

① [英]戴维·赫尔德:《民主的模式》,燕继荣等译,中央编译局出版社1998年版,第398页。
② Larry Diamond, Doh C. Shin. Institutional Reform and Democratic Consolidation in Korea. Hoover Institution Press, 2000:18-19.
③ 邹谠:《二十世纪中国政治:从宏观历史与微观行动角度看》,牛津大学出版社(香港)1994年版,第136页。

博弈对手,学会换位思考,进而在分歧中体认到共同利益,在利益博弈中达成基本共识,逐步体验和积累乐于妥协、善于妥协的政治智慧。

"积极的公民"不仅意味民主的心智,而且意味着民主治理的能力。具体说来,公民的参与能力主要包括:一是独立思考和判断能力。有效的政治参与要求参与者能够独立思考,并能够对相关的政策做出自己的判断。二是交流能力。即参与者能够将自己的思想和判断与他人进行充分的信息交换。"培养交流思想的技巧应永远是民主教育一项中心的目的。"[①]三是合作能力。在民主政治运行中,个体的力量永远是渺小的,而通过不同主体间的合作则能够形成合力,这也正是社会组织在现代民主政治体系中的重要功能所在。合作能力的培育,意味着公民需要对相关的参与者进行分析和分类,并从中找出可能的合作者。而在合作的过程中,现代公民文化所需要的信任、平等、互助等内涵亦能够得以彰显。

---

① 科恩:《论民主》,聂崇信、朱秀贤译,商务印书馆 1988 年版,第 169 页。

后　记

　　本书的写作源于作者承担的浙江行政学院"公共危机管理实验室"基本理论项目的研究,在随后的调查研究中有感于当下地方政府社会管理实践存在的现代治理理念缺失问题,研究思路作了一些调整。2011 年作者牵头的"地方政府创新实践研究"团队入选了浙江省重点创新学术团队,团队研究的重点内容正是经济社会转型中的政府治理角色的现代转型。因此之故,本书写作的重点转向了现代开放社会秩序何以可能的问题,希望能够借鉴西方大转型过程中社会秩序生成的历史经验,就市场经济、民主政治、开放社会、多元文化条件下的中国和谐社会秩序可能的生成方式进行初步的探讨。

　　本书第五、六、七章由吴兴智博士完成初稿,其余工作由何显明完成。

何显明

2011 年 10 月

www.ingramcontent.com/pod-product-compliance
Lightning Source LLC
Chambersburg PA
CBHW080043280326
41935CB00014B/1767